■2025年度中学受験用

# 広尾学園小石川中学校

## 4年間スーパー過去問

### 入試問題と解説・解答の収録内容

| | | |
|---|---|---|
| 2024年度　1回 | 算数・社会・理科・国語 | 実物解答用紙DL |
| 2024年度　2回 | 算数・国語 | 実物解答用紙DL |
| 2024年度　3回 | 算数・国語<br>（解答のみ） | 実物解答用紙DL |
| 2023年度　1回 | 算数・社会・理科・国語 | 実物解答用紙DL |
| 2023年度　2回 | 算数・国語 | 実物解答用紙DL |
| 2023年度　3回 | 算数・国語<br>（解答のみ） | 実物解答用紙DL |
| 2022年度　1回 | 算数・社会・理科・国語 | 実物解答用紙DL |
| 2022年度　2回 | 算数・国語 | 実物解答用紙DL |
| 2022年度　3回 | 算数・国語<br>（解答のみ） | 実物解答用紙DL |
| 2021年度　1回 | 算数・社会・理科・国語 | |
| 2021年度　2回 | 算数・国語 | |
| 2021年度　3回 | 算数・国語<br>（解答のみ） | |

～本書ご利用上の注意～　以下の点について，あらかじめご了承ください。

★別冊解答用紙は巻末にございます。実物解答用紙は，弊社サイトの各校商品情報ページより，一部または全部をダウンロードできます。
★編集の都合上，学校実施のすべての試験を掲載していない場合がございます。
★当問題集のバックナンバーは，弊社には在庫がございません（ネット書店などに一部在庫あり）。

# 合格を勝ち取るための
# 『スーパー過去問』の使い方

本書に掲載されている過去問をご覧になって，「難しそう」と感じたかもしれません。でも，多くの受験生が同じように感じているはずです。なぜなら，中学入試で出題される問題は，小学校で習う内容よりも高度なものが多く，たくさんの知識や解き方のコツを身につけることも必要だからです。ですから，初めて本書に取り組むさいには，点数を気にしすぎないようにしましょう。本番でしっかり点数を取れることが大事なのです。

過去問で重要なのは「まちがえること」です。自分の弱点を知るために，過去問に取り組むのです。当然，まちがえた問題をそのままにしておいては意味がありません。

本書には，長年にわたって中学入試にたずさわっているスタッフによるていねいな解説がついています。まちがえた問題はしっかりと解説を読み，できるようになるまで何度も解き直しをしてください。理解できていないと感じた分野については，参考書や資料集などを活用し，改めて整理しておきましょう。

## このページも参考にしてみましょう！

**◆どの年度から解こうかな　「入試問題と解説・解答の収録内容一覧」**

本書のはじめには収録内容が掲載されていますので，収録年度や収録されている入試回などを確認できます。

※著作権上の都合によって掲載できない問題が収録されている場合は，最新年度の問題の前に，ピンク色の紙を差しこんでご案内しています。

**◆学校の情報を知ろう!!「学校紹介ページ」**

このページのあとに，各学校の基本情報などを掲載しています。問題を解くのに疲れたら息ぬきに読んで，志望校合格への気持ちを新たにし，再び過去問に挑戦してみるのもよいでしょう。なお，最新の情報につきましては，学校のホームページなどでご確認ください。

**◆入試に向けてどんな対策をしよう？「出題傾向＆対策」**

「学校紹介ページ」に続いて，「出題傾向＆対策」ページがあります。過去にどのような分野の問題が出題され，どのように対策すればよいかをアドバイスしていますので，参考にしてください。

**◇別冊「入試問題解答用紙編」**

本書の巻末には，ぬき取って使える別冊の解答用紙が収録してあります。解答用紙が非公表の場合などを除き，(注) が記載されたページの指定倍率にしたがって拡大コピーをとれば，実際の入試問題とほぼ同じ解答欄の大きさで，何度でも過去問に取り組むことができます。このように，入試本番に近い条件で練習できるのも，本書の強みです。また，データが公表されている学校は別冊の１ページ目に過去の「入試結果表」を掲載しています。合格に必要な得点の目安として活用してください。

本書がみなさんの志望校合格の助けとなることを，心より願っています。

株式会社　声の教育社　編集部

# 広尾学園小石川中学校


**所在地** 〒113-8665 東京都文京区本駒込2-29-1

**電　話** 03-5940-4187

**ホームページ** https://hiroo-koishikawa.ed.jp/


**交通案内** 都営三田線「千石駅」A1出口より徒歩2分，JR山手線「巣鴨駅」「駒込駅」より徒歩13分，東京メトロ南北線「駒込駅」出口2より徒歩12分

くわしい情報はホームページへ

**トピックス**

★2021年,小石川の地に新たな広尾学園が誕生。初年度入試から高倍率で大人気。
★インターナショナルコースは，外国人教員と日本人教員のW担任制。

創立年 令和3年　男女共学　高校募集 国際生のみ

## 応募状況

| 年度 | 募集数 | | 応募数 | 受験数 | 合格数 | 倍率 |
|---|---|---|---|---|---|---|
| 2024 | 帰国生 | 約25名 | 368名 | 353名 | 144名 | 2.5倍 |
| | ① | 本科　15名 | 86名 | 64名 | 12名 | 5.3倍 |
| | | SG　15名 | 92名 | 64名 | 23名 | 2.8倍 |
| | ② | 本科　10名 | 204名 | 165名 | 27名 | 6.1倍 |
| | | SG　10名 | 180名 | 136名 | 28名 | 4.9倍 |
| | ③ | 本科　10名 | 284名 | 177名 | 17名 | 10.4倍 |
| | | SG　10名 | 257名 | 159名 | 22名 | 7.2倍 |
| | ④ | 本科　5名 | 313名 | 155名 | 9名 | 17.2倍 |
| | | SG　5名 | 258名 | 125名 | 21名 | 6.0倍 |
| | 国 | AG　15名 | 98名 | 85名 | 21名 | 4.0倍 |

※①～④は，SGから本科へのスライド合格で44名を含む。

## 教育方針

**本物になる―BE INSPIRED―**

これからの生徒たちが活躍する舞台は，国際的な協調と的確な対応が求められます。本校は最先端の教育環境に加え，第一線で活躍する人々との出会いを大切にしています。

**教育理念は「自律と共生」**

目標を自分自身で設定し，仲間たちと力を合わせて達成しながら，自分の未来をつくりあげていきます(本科コース)。

**国際教育**

広尾学園は海外帰国子女受け入れ指定校として，長年にわたり国際教育の実績を上げてきました。この小石川の地にも新たな国際教育の拠点が誕生します。国境を越えて活躍する本物の国際人になってほしいと願っています(インターナショナルコース)。

## 学校説明会等日程（※予定）

【授業体験会＆学校説明会】要予約
9月14日／10月19日
午前の部　9：30～
午後の部　14：00～
※授業体験会は小学6年生レベルで行います。

【入試傾向説明会＆学校説明会】要予約
11月16日／12月15日
午前の部　学校説明会9：30～
入試傾向説明会11：00～
午後の部　学校説明会14：00～
入試傾向説明会15：30～
※12月15日は午前の部のみです。

【いちょう祭(文化祭)】要予約
9月21日・22日
※1家族2名までです。

## 入試情報（参考：昨年度）

・試験日程：
帰国生①…2023年11月12日午前(AG)
帰国生②…2023年12月18日午前(AG)
帰国生本科・SG回…
2023年12月19日午前(本科・SG)
一般①…2024年2月1日午前(本科・SG)
一般②…2024年2月1日午後(本科・SG)
一般③…2024年2月3日午後(本科・SG)
一般④…2024年2月6日午後(本科・SG)
国際生AG回…2024年2月2日午前(AG)
※AGはアドバンストグループ，SGはスタンダードグループの略です。

編集部注―本書の内容は2024年6月現在のものであり，変更されている場合があります。正確な情報は，学校のホームページ等で必ずご確認ください。

# 算数　出題傾向＆対策

## ◆基本データ（2024年度１回）

| | |
|---|---|
| 試験時間／満点 | 50分／100点 |
| 問　題　構　成 | ・大問数…６題<br>計算・応用小問１題（５問）／応用小問１題（５問）／応用問題４題<br>・小問数…22問 |
| 解　答　形　式 | 応用問題の一部では考え方を書くものもある。単位などは解答用紙に印刷されている。 |
| 実際の問題用紙 | Ｂ５サイズ，小冊子形式 |
| 実際の解答用紙 | Ｂ４サイズ |

## ◆出題傾向と内容

**▶過去３年の出題率トップ３**
１位：四則計算・逆算16％　２位：角度・面積・長さ10％　３位：計算のくふう７％
**▶今年の出題率トップ３**
１位：四則計算・逆算14％　２位：整数・小数・分数の性質９％　３位：場合の数など７％

計算問題では，小数と分数の混じったやや複雑な四則計算が出題されています。中にはくふうが必要な計算問題も見られます。

応用小問では，周期算，平面図形の面積，年齢算，仕事算，整数の性質，相当算，立体図形の表面積などが取り上げられています。各分野からはば広く基本的なことがらが試されます。

応用問題では，規則性，平面図形，速さ，濃度に関する問題などが出されています。点の移動や相似，数の性質や図形とからめた問題，比を利用する問題などが多いようです。

## ◆対策～合格点を取るには？～

出題分野がはば広いので，ある分野だけを集中してやればよいというわけにはいきません。苦手分野を作らないようにしましょう。

計算力に関しては，計算問題集や過去問題集を使って毎日欠かさず練習し，速く正確に解けるようになることが大切です。

図形問題は，角度・面積の求め方などの公式を身につけるのはもちろんのこと，点や図形の移動なども練習しましょう。

特殊算については，参考書などにある「○○算」の基本を学習し，公式をスムーズに運用できるようになりましょう。

| 分野＼年度 | | 2024 | | | 2023 | | |
|---|---|---|---|---|---|---|---|
| | | 1回 | 2回 | 3回 | 1回 | 2回 | 3回 |
| 計算 | 四則計算・逆算 | ◎ | ◎ | ◎ | ◎ | ○ | ● |
| | 計算のくふう | | ○ | | ○ | ○ | |
| | 単位の計算 | ○ | | | | | ○ |
| 和と差 | 和差算・分配算 | | | | | | |
| | 消去算 | | | | | | |
| | つるかめ算 | ○ | | | | ○ | |
| | 平均とのべ | | ○ | | ○ | ○ | ○ |
| | 過不足算・差集め算 | | | | | | |
| | 集まり | | ○ | | | | |
| | 年齢算 | | | | | | ○ |
| 割合と比 | 割合と比 | | | | | ○ | ○ |
| | 正比例と反比例 | | | | | | |
| | 還元算・相当算 | | | ○ | | | |
| | 比の性質 | | | | ○ | | |
| | 倍数算 | | | | | | |
| | 売買損益 | | ○ | ○ | ○ | ○ | |
| | 濃度 | | | | | | ○ |
| | 仕事算 | | | ◎ | | ○ | |
| | ニュートン算 | | | | | | |
| 速さ | 速さ | ○ | ○ | | | | |
| | 旅人算 | | | ○ | | | |
| | 通過算 | | | | | | ○ |
| | 流水算 | | | | | | |
| | 時計算 | | ○ | | | | ○ |
| | 速さと比 | | | | ○ | | |
| 図形 | 角度・面積・長さ | ○ | | ○ | ○ | ○ | ○ |
| | 辺の比と面積の比・相似 | | ○ | | | | |
| | 体積・表面積 | ○ | ○ | ○ | ○ | ○ | |
| | 水の深さと体積 | | | | ○ | ○ | |
| | 展開図 | | | | ○ | | |
| | 構成・分割 | | ◎ | | | | ○ |
| | 図形・点の移動 | | ○ | | | | |
| 表とグラフ | | | ○ | | | | ○ |
| 数の性質 | 約数と倍数 | ○ | | ○ | | | |
| | N進数 | | | | | | |
| | 約束記号・文字式 | ○ | | | | | |
| | 整数・小数・分数の性質 | ○ | ◎ | ○ | | | |
| 規則性 | 植木算 | | | | | | |
| | 周期算 | | ○ | | ○ | | ○ |
| | 数列 | | | ○ | ○ | ○ | |
| | 方陣算 | | | | | | |
| | 図形と規則 | | | | | | |
| 場合の数 | | ◎ | | ○ | | | |
| 調べ・推理・条件の整理 | | ◎ | | | ◎ | ◎ | |
| その他 | | | | | | | |

※　○印はその分野の問題が１題，◎印は２題，●印は３題以上出題されたことをしめします。

# 社会 出題傾向＆対策

## ◆基本データ（2024年度１回）

| | |
|---|---|
| **試験時間／満点** | 30分／50点 |
| **問題構成** | ・大問数…４題<br>・小問数…21問 |
| **解答形式** | 記号の選択と用語の記入が中心だが，字数制限のない記述問題も複数見られる。 |
| **実際の問題用紙** | Ｂ５サイズ，小冊子形式 |
| **実際の解答用紙** | Ｂ４サイズ |

| 分野 ＼ 年度 | | | 2024 | 2023 | 2022 | 2021 |
|---|---|---|---|---|---|---|
| 日本の地理 | | 地図の見方 | ○ | ○ | ○ | ○ |
| | | 国土・自然・気候 | ○ | ○ | ○ | ○ |
| | | 資源 | | ○ | | |
| | | 農林水産業 | | | ○ | ○ |
| | | 工業 | | | ○ | ○ |
| | | 交通・通信・貿易 | ○ | | ○ | |
| | | 人口・生活・文化 | ○ | ○ | | |
| | | 各地方の特色 | | ○ | ○ | |
| | | 地理総合 | ★ | ★ | ★ | ★ |
| 世界の地理 | | | ○ | ○ | | |
| 日本の歴史 | 時代 | 原始～古代 | ○ | ★ | ○ | ○ |
| | | 中世～近世 | ○ | ○ | | |
| | | 近代～現代 | ○ | ○ | ○ | ○ |
| | テーマ | 政治・法律史 | ○ | | | |
| | | 産業・経済史 | | | | |
| | | 文化・宗教史 | | | | |
| | | 外交・戦争史 | | | | |
| | | 歴史総合 | ★ | ★ | ★ | ★ |
| 世界の歴史 | | | | | | |
| 政治 | | 憲法 | | ○ | | ○ |
| | | 国会・内閣・裁判所 | ○ | ○ | | |
| | | 地方自治 | | | | |
| | | 経済 | | ○ | | |
| | | 生活と福祉 | | | | |
| | | 国際関係・国際政治 | ○ | | ★ | ○ |
| | | 政治総合 | ★ | ★ | | ★ |
| 環境問題 | | | | ★ | | |
| 時事問題 | | | ○ | | ★ | |
| 世界遺産 | | | | | | |
| 複数分野総合 | | | ★ | | | ★ |

※　原始～古代…平安時代以前，中世～近世…鎌倉時代～江戸時代，近代～現代…明治時代以降

※　★印は大問の中心となる分野をしめします。

## ◆出題傾向と内容

各分野とも基本的な問題が中心となっていますが，社会科の知識にとらわれず，グラフや資料を読んだうえで，現代の社会について広く考えさせるような問題が出されていることも特ちょうといえます。記述問題は字数制限がなく，ある程度の分量を書くことが求められるため，時間配分に気をつけないと最後まで書ききれなくなる可能性があります。

●**地理**…ほとんどの問題でグラフや表，雨温図，地形図などの資料が用いられています。これらをもとに，国土や気候，産業，地形図の見方などが出題されています。

●**歴史**…あるテーマを題材にした文章をもとに，はば広い時代にわたる知識が問われています。特に，明治時代までの政治や文化，戦乱が中心的に出題されています。

●**政治**…現代の日本について，はば広い知識が問われています。１つのテーマにもとづき，日本国憲法や三権分立，国際関係について問う問題が出題されています。

## ◆対策～合格点を取るには？～

まず，基礎を固めることを心がけてください。また，記述問題への対策として，身につけた知識を文で説明する練習をしておくとよいでしょう。

地理分野では，地図と各種の統計を頭に入れておく必要があります。白地図作業帳を利用して地形や気候などをつかみ，これらと産業を結びつけて覚えるようにしましょう。地形図が速く正確に読み取れるように練習しておくことも大切です。

歴史分野では，教科書や参考書を読むだけでなく，自分で年表を作って覚えると学習効果が上がります。できあがった年表は，各時代，各分野のまとめに活用できます。本校の歴史の問題にはさまざまな分野が取り上げられていますから，この作業は非常に役立つはずです。

政治分野の出題は現代社会について問うものとなっておりますので，日本国憲法や政治のしくみなどの基本的な知識を身につけておくことに加え，時事問題やそれに関連する歴史などを確認しておくことが必要です。ふだんから新聞やテレビ番組などでニュースを確認し，日本の政治や経済の動き，世界各国の情勢などについて，ノートにまとめておきましょう。

# 理科　出題傾向＆対策

## ◆基本データ（2024年度１回）

| | |
|---|---|
| 試験時間／満点 | 30分／50点 |
| 問題構成 | ・大問数…４題<br>・小問数…19問 |
| 解答形式 | 記号選択と数値，適語の記入が多くをしめる。そのほかに作図や記述もある。 |
| 実際の問題用紙 | Ｂ５サイズ，小冊子形式 |
| 実際の解答用紙 | Ｂ４サイズ |

## ◆出題傾向と内容

「生命」「物質」「エネルギー」「地球」から１題ずつと，年度によっては「実験方法などを考える記述問題」が出題されています。どの分野も，実験や観察の結果を予想したり，考察したりする問題が中心になっていますので，知識や計算だけでなく，文章を読み，そこから考える力が要求される問題といえそうです。

**●生命**…アサガオの実験，発芽に関する実験，特定外来生物に関する問題が出されました。今後も植物や動物についてはば広い内容の出題が予想されます。

**●物質**…水溶液の性質，気体の性質，ものの溶け方について出題されました。実験結果を予想する問題なども出されています。

**●エネルギー**…表面張力の問題，ふりこの運動，音の速さの計算問題が出されました。グラフを選ぶ問題なども出されています。

**●地球**…太陽・地球・月の動き，太陽系のわく星，火山，台風と雲，仮定をもとに考える問題などが取り上げられています。

| 分野 | 年度 | 2024 | 2023 | 2022 | 2021 |
|---|---|---|---|---|---|
| 生命 | 植物 | | ★ | ★ | |
| | 動物 | ★ | | | |
| | 人体 | | | | ★ |
| | 生物と環境 | | | | |
| | 季節と生物 | | | | |
| | 生命総合 | | | | ○ |
| 物質 | 物質のすがた | | | | |
| | 気体の性質 | | | ★ | |
| | 水溶液の性質 | | ★ | | ★ |
| | ものの溶け方 | ★ | | | |
| | 金属の性質 | | | | |
| | ものの燃え方 | | | | |
| | 物質総合 | | | | |
| エネルギー | てこ・滑車・輪軸 | | | | ★ |
| | ばねののび方 | | | | |
| | ふりこ・物体の運動 | | ★ | | |
| | 浮力と密度・圧力 | ★ | | | |
| | 光の進み方 | | | | |
| | ものの温まり方 | | | | |
| | 音の伝わり方 | | | ★ | |
| | 電気回路 | | | | |
| | 磁石・電磁石 | | | | |
| | エネルギー総合 | | | | |
| 地球 | 地球・月・太陽系 | | ★ | | ★ |
| | 星と星座 | | | | |
| | 風・雲と天候 | ★ | | | |
| | 気温・地温・湿度 | | | | |
| | 流水のはたらき・地層と岩石 | | | | |
| | 火山・地震 | | | ★ | |
| | 地球総合 | | | | |
| 実験器具 | | | | | |
| 観察 | | | | | |
| 環境問題 | | | | | |
| 時事問題 | | | | | |
| 複数分野総合 | | | | ★ | ★ |

※　★印は大問の中心となる分野をしめします。

## ◆対策〜合格点を取るには？〜

必要な知識は基礎的なものが中心ですが，実験，観察から結果を予想したり，考察したりする問題が多く出されています。日ごろから学校の授業で行われる実験などに積極的に参加し，実験における注意点や考え方などを身につけましょう。

「生命」は身につけなければならない基本知識の多い分野ですから，確実に学習する心がけが大切です。動物や植物のからだのつくり，人体などを中心に知識を深めておく必要があります。

「物質」では，気体や水溶液の性質に重点を置いて学習してください。中和反応や溶解度など，表やグラフをもとに考える問題にも積極的に取り組んでおきましょう。

「エネルギー」は，よく出題される力のつりあい（てこ，ばね，輪軸・滑車，浮力）の計算問題はさまざまなパターンの問題にチャレンジしてください。また，電気回路，音や光の進み方，熱の伝わり方なども学習計画から外すことのないようにしておきましょう。

「地球」では，地層のでき方，天気と気温・湿度の変化，太陽・月・地球の動き，季節と星座などが重要なポイントです。

# 国語 出題傾向＆対策

## ◆基本データ(2024年度1回)

| | |
|---|---|
| 試験時間／満点 | 50分／100点 |
| 問題構成 | ・大問数…4題<br>文章読解題2題／知識問題2題<br>・小問数…19問 |
| 解答形式 | 記号選択と文章中からのことばの書きぬきが大半をしめているが，25～90字程度で書かせる記述問題も数問出題されている。 |
| 実際の問題用紙 | B5サイズ，小冊子形式 |
| 実際の解答用紙 | B4サイズ |

## ◆出題傾向と内容

**▶近年の出典情報(著者名)**
説明文：内田　樹　伊勢武史　山口裕之
小　説：金原ひとみ　森　絵都　柚木麻子

**●読解問題**…長文読解題の引用文は論説・説明文と小説・物語文です。設問は，正確に読み取る力，筋道を立てて考える力に重点を置いたものになっており，具体的には，接続語や指示語の内容を選ぶもの，本文中の表現を使って記述するもの，本文の内容と一致する選択肢を選ぶものなどが見られます。ほとんどの問題は，本文をきちんと読めば解答につながる部分が見つかるようになっていますが，選択肢には内容的にまぎらわしいものがふくまれていることもあるため，十分に読みこむことが必要です。

**●知識問題**…漢字の書き取りは標準的なレベルですが，読みには難しいものもいくつかふくまれています。慣用句・熟語に関する問題も多くみられるので，注意が必要です。

## ◆対策～合格点を取るには？～

読解力をつけるために，まず，読書に慣れることから始めてみましょう。そのさい，①指示語のさす内容，②段落・場面の構成，③登場人物の性格と心情，④読めない漢字，意味のわからないことばについて，つねに注意しながら読み進めてください。

漢字は辞書などで確認するのはもちろん，問題集を使って音訓の読み方や熟語の練習をしましょう。慣用句・ことわざなどの知識についても，問題集を選んで取り組んでください。

| 分野 | | 年度 | 2024 1回 | 2024 2回 | 2024 3回 | 2023 1回 | 2023 2回 | 2023 3回 |
|---|---|---|---|---|---|---|---|---|
| 読 | 文章の種類 | 説明文・論説文 | ★ | ★ | ★ | ★ | ★ | ★ |
| | | 小説・物語・伝記 | ★ | ★ | ★ | ★ | ★ | ★ |
| | | 随筆・紀行・日記 | | | | | | |
| | | 会話・戯曲 | | | | | | |
| | | 詩 | | | | | | |
| | | 短歌・俳句 | | | | | | |
| 解 | 内容の分類 | 主題・要旨 | | ○ | ○ | ○ | | ○ |
| | | 内容理解 | ○ | ○ | ○ | ○ | ○ | ○ |
| | | 文脈・段落構成 | | ○ | | | | |
| | | 指示語・接続語 | ○ | ○ | ○ | | ○ | |
| | | その他 | ○ | ○ | ○ | ○ | ○ | ○ |
| 知 | 漢字 | 漢字の読み | ○ | ○ | ○ | ○ | ○ | ○ |
| | | 漢字の書き取り | ○ | ○ | ○ | ○ | ○ | ○ |
| | | 部首・画数・筆順 | | | | | | |
| | 語句 | 語句の意味 | | ○ | ○ | ○ | ○ | ○ |
| | | かなづかい | | | | | | |
| | | 熟語 | ○ | ○ | ○ | ○ | ○ | ○ |
| | | 慣用句・ことわざ | ○ | ○ | ○ | ○ | ○ | |
| 識 | 文法 | 文の組み立て | | | | | | |
| | | 品詞・用法 | | | | | | |
| | | 敬語 | | | | | | |
| | 形式・技法 | | | | | | | |
| | 文学作品の知識 | | | | | | | |
| | その他 | | | | ○ | | | |
| | 知識総合 | | ★ | ★ | ★ | ★ | ★ | ★ |
| 表現 | 作文 | | | | | | | |
| | 短文記述 | | | | | | | |
| | その他 | | | | | | | |
| 放送問題 | | | | | | | | |

※　★印は大問の中心となる分野をしめします。

2025年度 中学受験用

# 広尾学園小石川中学校　4年間スーパー過去問

をご購入の皆様へ

## お詫び

本書、広尾学園小石川中学校の入試問題につきまして、誠に申し訳ございませんが、以下の問題は著作権上の都合により掲載することができません。設問と解説、解答は掲載してございますので、ご必要とされる方は原典をご参照くださいますよう、お願い申し上げます。

記

2023年度　〈第2回入試〉国語　四　の問題文

以上

株式会社　声の教育社　編集部

2024
年度

# 広尾学園小石川中学校

【算　数】〈第１回入試〉(50分)〈満点：100点〉

《注意事項》円周率は3.14として計算してください。

**1** 次の□に当てはまる数を答えなさい。

(1) $\left\{1.34 \div \left(1\frac{1}{2} - \frac{2}{3}\right)\right\} \times \left(5\frac{1}{3} - 1.25\right) \div 5\frac{2}{13} = \square$

(2) $\square \div 3\frac{1}{3} - 2.25 \times \left(\frac{5}{6} + \frac{1}{9}\right) = 1.3$

(3) 0.023 $m^2$は□ $cm^2$です。

(4) 3けたの整数で，6でも15でも割り切れない数は□個あります。

(5) $[A]$はAより大きくない最大の整数を表します。

$\left[\frac{2}{3} \times \left[13\frac{2}{3} \div 2\frac{3}{4}\right]\right]$の値は□です。

**2** 次の問いに答えなさい。

(1) 右図のようなＡＢ＝ＡＤ＝４cm，ＡＥ＝８cmの直方体があります。辺ＣＧ上の真ん中の点をＰとし，辺ＡＥ上にＥＱ＝６cmとなるように点Ｑをとります。この直方体を３点Ｄ，Ｐ，Ｑを通る平面で切ると点Ｈを含(ふく)む立体の体積は何$cm^3$ですか。

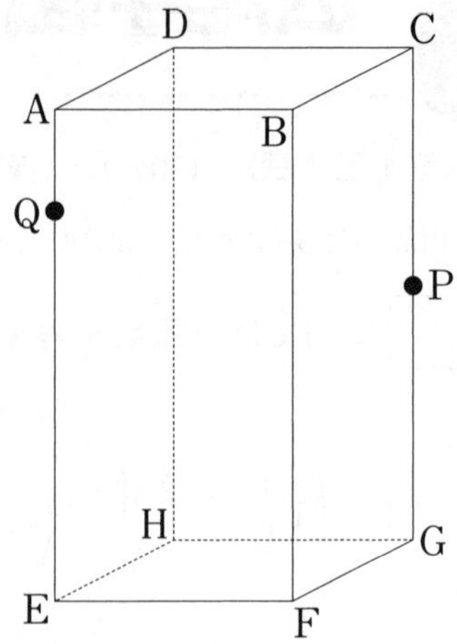


(2) 右図のような正六角形ＡＢＣＤＥＦがあります。
点Ｐは初め点Ａの位置にあり，１個のさいころを１回投げて出た目の数だけ反時計回りに点Ｐを移動させる操作を繰り返します。
さいころを３回投げたあと，点Ｐが初めて頂点Ａで止まるさいころの目の出方は何通りありますか。

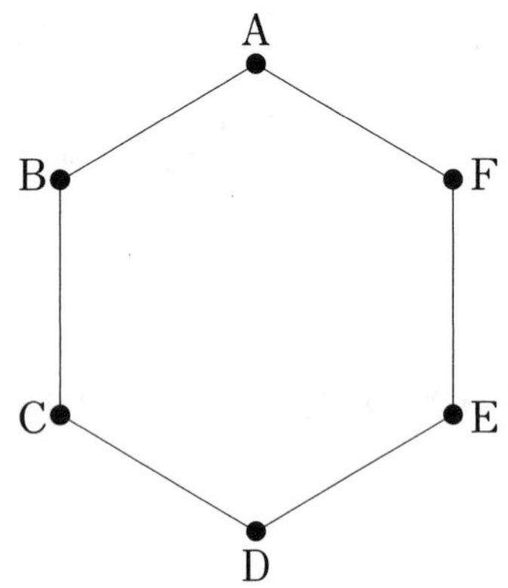


(3) 右図のような直径 16 cmの半円があります。斜(しゃ)線部分の面積は何$cm^2$ですか。

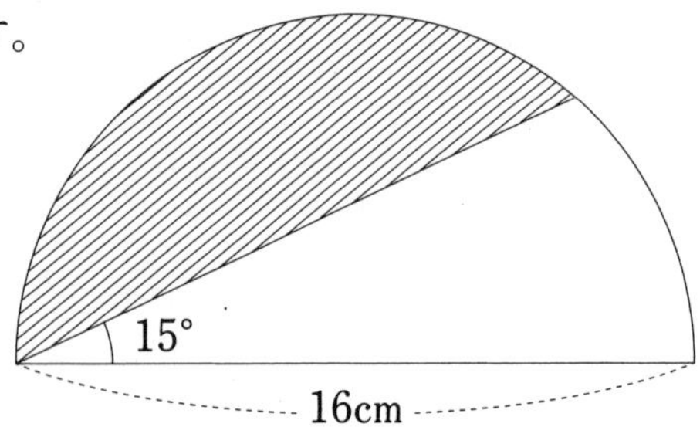

⑷　1個160円のリンゴと 1個600円のマンゴーと 1個2100円のスイカが売っています。
ある日のリンゴとマンゴーとスイカの売り上げが合計34360円で，計60個売れました。このとき，スイカは何個売れましたか。

⑸　あるクラスに，A店，B店，C店，D店の4つのお店に行ったことがある人を調査しました。調査の結果，①～⑤のようになりました。
このとき，AとDの両方に行ったことがある人の人数は何人ですか。

①　全員がA，B，C，Dのうち1つまたは2つのお店に行った
②　BまたはCに行ったことがある人は24人だった
③　Bに行ったことがある人はAに行ったことがある人より3人多かった
④　AとDの両方に行ったことがある人は，Bに行ったことがある人数の$\frac{1}{4}$，Cに行ったことがある人数の$\frac{1}{4}$だった
⑤　BとCの両方に行ったことがある人はいなかった

**3** 右図の立方体において，点Ｐが頂点Ａを出発し，辺の上を移動して頂点Ｂに到着する方法について考えます。
ただし，進む方向を変更(こう)できるのは立方体の頂点の場所だけです。

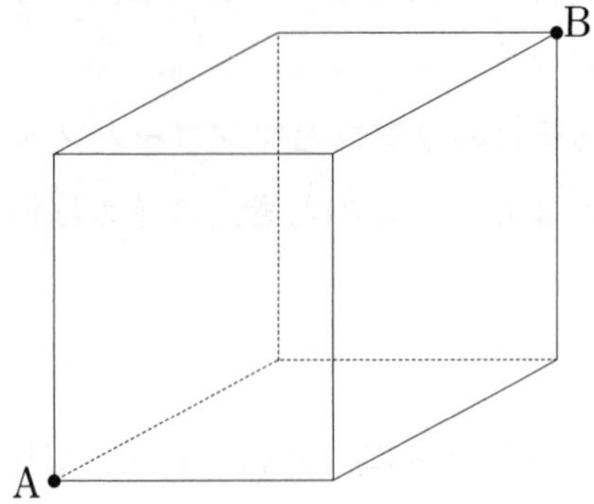


【ルール】
① 点Ｐははじめ，頂点Ａにいます。
② 一つの辺を移動するのにかかる時間は１秒です。

次の問いに答えなさい。

(1) 点Ｐが３秒後にはじめて点Ｂにたどり着く方法は何通りありますか。

(2) 点Ｐが５秒後にはじめて点Ｂにたどり着く方法は何通りありますか。
ただし，同じ頂点を通ることはできますが，一度通った辺を通ってはいけません。

(3) 点Ｐが５秒後にはじめて点Ｂにたどり着く方法は何通りありますか。
ただし，一度通った辺を通ってもよいものとします。

先ほどの【ルール】に次のことをつけ加えます。
③ 点Ｐは一度だけ立方体の頂点で１秒間止まることができます。

(4) 点Ｐが４秒後にはじめて点Ｂにたどり着く方法は何通りありますか。

(5) 点Ｐが６秒後にはじめて点Ｂにたどり着く方法は何通りありますか。
ただし，同じ頂点を通ることはできますが，一度通った辺を通ってはいけません。

(6) 点Ｐが６秒後にはじめて点Ｂにたどり着く方法は何通りありますか。
ただし，一度通った辺を通ってもよいものとします。

**4** A君とB君は山頂まで山登りをしました。A君は10時にスタート地点から山頂に向かって歩き出しました。B君は10時11分にスタート地点から山頂に向かって走り出しました。スタート地点から山頂までのちょうど$\frac{2}{5}$の地点でB君はA君を追いこし，10時48分に山頂に着きました。B君が山頂に着いたとき，A君は山頂の1089 m手前の地点にいました。
次の問いに答えなさい。

(1) A君が山頂に着く時刻を答えなさい。

(2) スタート地点から山頂までの道のりは何kmですか。

**5** 100人に修学旅行の場所を決めるアンケートをとったところ，以下のような表になりました。

| | 沖縄 | 京都 | 広島 | 北海道 |
|---|---|---|---|---|
| 第１希望 | 35 | 25 | 20 | 20 |
| 第２希望 | 35 | 40 | 20 | 5 |
| 第３希望 | 10 | 30 | 60 | 0 |

実行委員のAさん，Bさん，Cさんはそれぞれのルールで点数を定め，より多くの点数を集めたところを行き先にしようとしています。同点の場合は，票数を多く集めた場所に行きます。また，第１希望は第２希望より点数が高く，第２希望は第３希望より点数は高く設定し，点数は整数とします。
次の問いに答えなさい。

(1) Aさんのルールに従って，行き先を決めることにします。Aさんは第１希望の点数を５点，第２希望の点数を３点，第３希望の点数を１点としました。行き先はどこになりますか。

(2)　Ｂさんのルールに従って，行き先を決めることにします。Ｂさんは第１希望の点数を６点，第３希望の点数を２点としました。第２希望の点数を何点以上にすれば京都に行き先が決まりますか。

(3)　Ｃさんのルールに従って，行き先を決めることにします。Ｃさんは第３希望の点数を５点，第１希望の点数を15点としました。沖縄を２位とするとき，第２希望の点数は何点以上何点以下であれば良いですか。
考え方も含(ふく)めて答えなさい。

**6**　以下の文章は，先生と生徒の算数に関するやり取りです。
［あ］～［し］に入る適切な数を答えなさい。

先生：１つの分数を複数の分数の和で表すことを考えてみましょう。
$\frac{1}{2}+\frac{1}{3}=\frac{5}{6}$ を計算するとき　$\frac{3}{2\times3}+\frac{2}{3\times2}=\frac{5}{6}$ となることを利用して
$\frac{5}{6}=\frac{1}{\bigcirc}+\frac{1}{\square}$ となる○と□に当てはまる数を考えてみましょう。

生徒：$\frac{5}{6}=\frac{1}{\bigcirc}+\frac{1}{\square}=\frac{\square}{\bigcirc\times\square}+\frac{\bigcirc}{\square\times\bigcirc}$ となるので
かけて　6，たして　5になる数を考えると○と□の数が求められると思います。

先生：そうですね。$\frac{9}{20}=\frac{1}{\bullet}+\frac{1}{\blacksquare}$ の場合の●と■の数を求めてみよう。分母の数を小さい順に並べると

生徒：●＝［あ］，■＝［い］ですか。

先生：正解です。では $\frac{3}{5}$ について考えてみましょう。$\frac{5}{6}$ の場合とは違(ちが)って，かけて５，たして３になる数はありません。

生徒：$\dfrac{3}{5}=\dfrac{\boxed{え}}{\boxed{う}}=\dfrac{1}{\triangle}+\dfrac{1}{☆}$と考えて，分母の数を小さい順に並べると

$\triangle=\boxed{お}$，　$☆=\boxed{か}$になります。

先生：よくできましたね。次に$\dfrac{3}{5}=\dfrac{1}{▲}+\dfrac{1}{★}+\dfrac{1}{◆}$を考えてみましょう。

生徒：１つの分数を３つの分数の和にし，分母の数を小さい順に並べると，

$▲=\boxed{き}$，$★=\boxed{く}$，$◆=\boxed{け}$になります。

先生：最後にもう１問解いてみましょう。

$\dfrac{5}{13}=\dfrac{1}{♡}+\dfrac{1}{♤}+\dfrac{1}{♧}$

数が大きくなるので，工夫が必要になります。

生徒：答えは，$♡=\boxed{こ}$，$♤=\boxed{さ}$，$♧=\boxed{し}$です。

**【社　会】**〈第１回入試〉（30分）〈満点：50点〉

**1**　次の文章は，ヨーロッパから東京の中学校に留学中のエマさんと同級生の広樹さんが，夏休みを前に日本での旅行について話し合っているものです。これを読んで，あとの問いに答えなさい。

広樹：今年（2024年）は，日本で①東海道新幹線が開通してちょうど60年目なんだよ。世界で最初の鉄道は，19世紀前半に［　X　］で開通したことは有名だけど，世界で初めて高速鉄道が走ったのは日本だということは案外知られていないよね。

エマ：そのときの高速鉄道って，どのくらいのスピードが出たの？

広樹：最高時速200kmで，開業した翌年の1965年には東京から新大阪までの移動時間がそれまでの約半分になったんだ。

エマ：日本の新幹線は世界的に有名よ。日本を追いかけるように，ヨーロッパでも次々と高速鉄道が開通したの。フランスの「TGV」や［　X　］とヨーロッパ大陸をつなぐ「ユーロスター」などは，日本の新幹線の技術をいかして，今やヨーロッパの重要な②インフラとなったわ。

広樹：新幹線も，私たちの国にとって必要不可欠なインフラだよ。開業から60年の間に，北海道から九州まで縦断して走るようになったんだよ。

エマ：ところで，夏休みに新幹線に乗って日本の祭りを見に行きたいんだけど，どの地方がおすすめかしら？

広樹：それなら東北地方がいいんじゃないかな。夏休みには，③各地方で大きな祭りが見られるし。

エマ：行ってみたいわ！　ほかにも日本らしさを楽しめるところはありますか？

広樹：北陸新幹線では，車窓から雄大な北アルプスや日本海の風景を楽しめるよ。山がちな地形や④日本の川の特徴がよくわかると思う。北陸新幹線は，2024年３月には⑤敦賀（つるが）市まで延長されるよ。

エマ：ありがとう。いろいろ行ってみたいところが増えました。そういえば高速鉄道は，近年ではユーラシア大陸を一つに結ぼうとする［　Y　］の躍進（やくしん）がめざましく，すでに世界最長の路線網を構築しているそうよ。

広樹：そうなんだ。私も海外の高速鉄道に乗ってみたくなってきたよ。

問１　下線部①について，次の図Ⅰ～Ⅴは日本の都道府県の形を示したものです。これらを東京から東海道新幹線に乗るときに通過する順番に並べかえたとき，３番目に通る県の県庁所在地はどこですか。ただし，この新幹線が通らない県の図も１つ含まれています。また，これらの図は同じ縮尺ではありません。

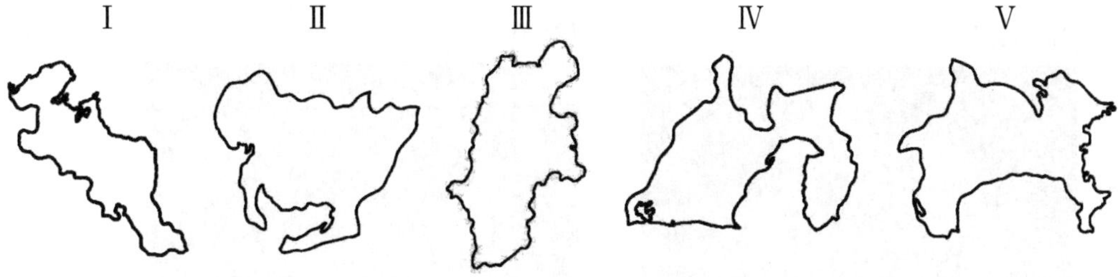


問２　文章中の空欄 X ・ Y に入る適切な国名の組合わせとして正しいものを，次のア～エから１つ選び，記号で答えなさい。

ア．Ｘ－イギリス　Ｙ－インド　　イ．Ｘ－イギリス　Ｙ－中国
ウ．Ｘ－ドイツ　Ｙ－インド　　エ．Ｘ－ドイツ　Ｙ－中国

問３　下線部②について，次の地図記号ア～オのなかから，インフラに関わるものとして適切ではないものを１つ選び，記号で答えなさい。

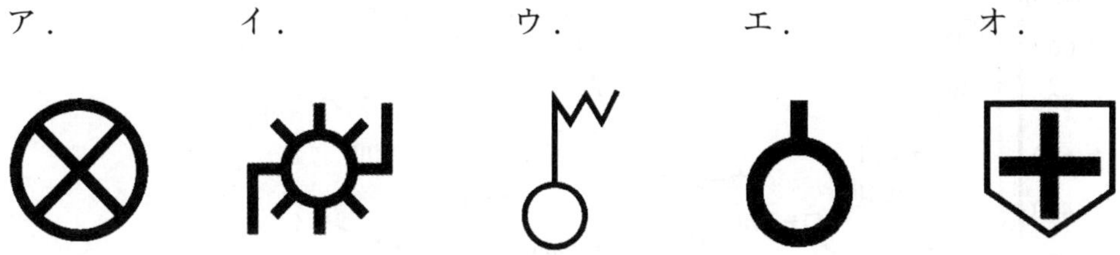


問４　下線部③について，あとの問いに答えなさい。

（１）日本の各地方の都市のうち，行政・経済の中心的な役割を果たし，政府の出先機関や大型の商業施設などが集まる人口50万人以上の都市を何といいますか。漢字６字で答えなさい。

（２）東北地方では，冬の間の農家の副業などとして，地元でとれる材料を使って伝統工芸品が作られてきました。次の写真が示す,夏祭りの【写真ａ】【写真ｂ】と同じ県で作られている伝統工芸品の組合わせとして正しいものを，あとのア～エから１つ選び，記号で答えなさい。

【写真ａ】

【写真ｂ】

ア．【写真ａ】－信楽焼　　イ．【写真ａ】－熊野筆

ウ．【写真ｂ】－津軽塗　　エ．【写真ｂ】－南部鉄器

問５　下線部④について，次の図は日本と世界の川の特徴を示したものです。この図を参考にして，次の文Ｘ・Ｙについて，その正誤の組合わせとして正しいものを，あとのア～エから１つ選び，記号で答えなさい。

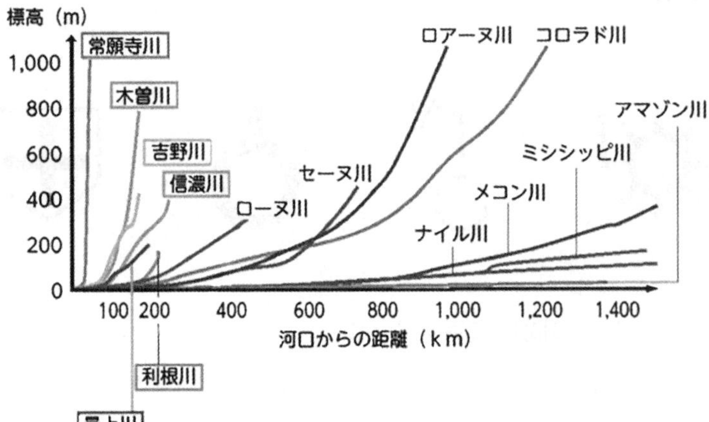


（出典：国土交通省ホームページより）

Ｘ　日本の川は，日本アルプスを起源として流れる常願寺川や木曽川，信濃川に見られるように，世界の川と比べて短く，流れが急であることがわかります。

Ｙ　河口からの距離が長いということは，それだけ流域面積が広いということを示しています。

ア．X－正　　Y－正　　　　　イ．X－正　　Y－誤

ウ．X－誤　　Y－正　　　　　エ．X－誤　　Y－誤

問６　下線部⑤について，次の文章は日本海側にある敦賀市について述べたものです。これを読んで，あとの問いに答えなさい。

> 日本列島は中央の山地にさえぎられ，日本海側の物資を太平洋側へ山を越えて大量に運ぶことは大変でした。江戸時代以降，日本海側の海上交通網が整備され，北海道から敦賀など北陸の港を経由し，本州西端の（　あ　）海峡を抜けて大阪へ，という航路が使われてきました。
>
> 明治初期の鉄道計画には，日本海側と太平洋側の主要都市を結ぶため，東京～京都間の幹線に加え，東京～横浜間，京都～神戸間，（　い　）の湖畔～敦賀間の支線開通が決まっていました。敦賀から（　い　）を経て淀川水系を通り京都・大阪へ運ばれていた物資が，鉄道開設により陸路のみでも可能になりました。

(１) 文章中の空欄（　あ　）・（　い　）に入る適切な語句を答えなさい。

(２) 次の雨温図ア～エのなかで，敦賀市の気候に最も近い形のものはどれですか，記号で答えなさい。

ア．

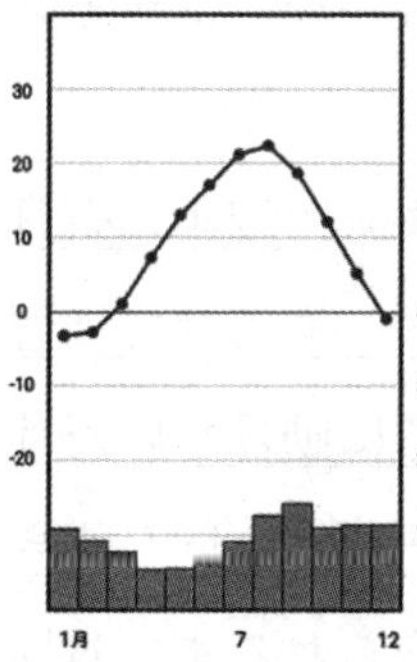


イ．

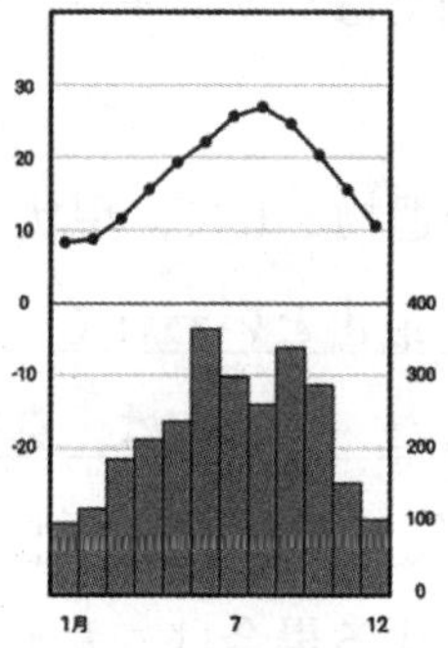


ウ．

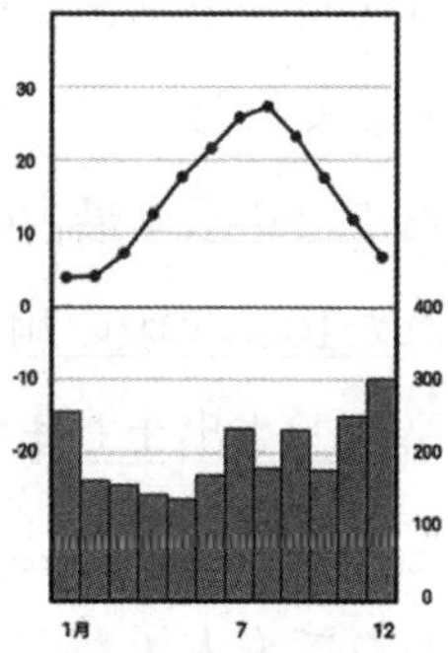


エ．

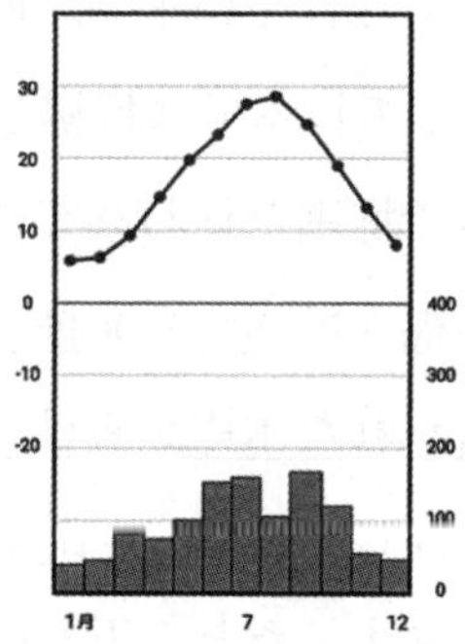

問7　新幹線で旅行をしたエマさんは，日本の人口について次のような仮説をたてました。この仮説の根拠として用いるのにふさわしい図表として正しいものを，あとのア～エから2つ選び，記号で答えなさい。

| |
|---|
| 仮説：日本の人口は東京と新幹線の停車駅周辺に集中しており，それ以外は過疎化が進んでいるのではないか。 |

ア．戦後から現在にいたる都市ごとの人口の推移を表してみよう。
イ．地域ごとの職業別総生産額の割合を色分けして表してみよう。
ウ．人口密度のちがいを色のちがいで表してみよう。
エ．一人あたりの旅行支出を都市ごとに表してみよう。

**2**　広尾学園小石川では，2022年4月，生徒の声によって将棋部が創部されました。それから2年，部員数は20名をこえ，活動の幅を広げています。以下の文章は，日本将棋連盟のホームページから引用した将棋の歴史に関するものです。これを読んで，あとの問いに答えなさい。なお，文章は一部改めた箇所があります。

将棋の起源は，①古代インドのチャトランガというゲームにあるという説が最有力です。それがヨーロッパやアジアの各地に広がり，さまざまな類似の遊戯(ゆうぎ)に発展したと考えられています。西洋ではチェス，中国ではシャンチー，朝鮮半島ではチャンギ，そして日本では将棋となりました。

日本で将棋が行われていたことを示す最古の遺物として，現状では②1992年に奈良県の興福寺境内(こうふくじけいだい)から発掘された1058年頃の駒が最古といわれています。あわせて練習用に書かれた木片からは「酔象(すいぞう)」も出土しました。この駒は，真後ろに動けないだけで玉と同じ動きをし，酔象が成る(注)と「太子(たいし)」に変わり，玉将（王将）と同じ働きになります。たとえ玉を取られても太子が存在する場合は，太子が取られるまで対局を続けることができました。

③1058～64年頃に成立した藤原明衡(ふじわらのあきひら)の著書と推定される『新猿楽記(しんさるがくき)』には，将棋に関する最古の記述があります。右衛門尉(うえもんのじょう)の娘の「気装人(けしょうびと)（恋人のこと）」が多趣味で，そのうちの一つが将棋という設定でした。

時代が進むにつれて，マス目を増やしたり，駒の種類を増やすなどルールが改められてきました。将棋史上で特筆すべきこととして，日本では相手側から取った駒を自分側の駒として盤上に打って再使用できるルール，つまり持ち駒の使用が挙げられます。駒の取り捨てでは勝負がつかなくなることが多かったために，相手の駒を取ったら自分の持ち駒として使うことができるようにした，と推定されます。

1612年，幕府は将棋の大橋宗桂（おおはしそうけい）・囲碁の加納算砂（かのうさんさ）（本因坊（ほんいんぼう）算砂）らに俸禄（ほうろく）を支給しました。やがて彼らは，家元（いえもと）として将棋所・碁所を称するようになります。

８代将軍（　Ａ　）は，1716年に将軍の御前（ごぜん）で指す「御城将棋」を年に一度，11月17日に行うことを制度化しました。現在，日本将棋連盟では1975年からこの日を「将棋の日」と定めて各地でイベントを行っています。歴代の将軍は将棋を愛好しましたが，なかでも10代将軍（　Ｂ　）は熱中し，自ら七段を唱えます。また，図式集（詰（つめ）将棋（しょうぎ）集）『御撰象棊攷格（ぎょせんしょうぎこうかく）』も著しました。

ところが，1867年に江戸幕府が滅亡すると，将棋の家は経済的な基盤を失い，終焉を迎えます。④<u>明治時代に入ってから，将棋は，新聞などに掲載されるようになることで広く人々に受け入れられ，これを新たな基盤として現在まで続く発展を遂げることになりました。</u>

（注）成る：「歩（ふ）」などの駒が，敵陣に入ると裏返すことができ，それによって裏に書かれている格上の駒の動きができるようになること。

問１　下線部①について，古代インドで生まれ，中国・朝鮮半島を経て日本に伝わったものとして仏教が知られています。次の年表のⅠ～Ⅳの時期のなかから，開祖であるシャカが生まれた時期と仏教が日本に伝わった時期の組合わせとして正しいものを，あとのア～エから１つ選び，記号で答えなさい。

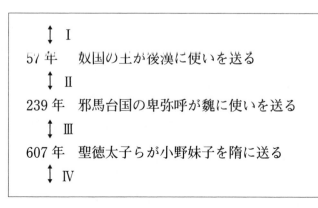

↕ Ⅰ
57年　奴国の王が後漢に使いを送る
↕ Ⅱ
239年　邪馬台国の卑弥呼が魏に使いを送る
↕ Ⅲ
607年　聖徳太子らが小野妹子を隋に送る
↕ Ⅳ

ア．シャカが生まれた時期－Ⅰ　　仏教が日本に伝わった時期－Ⅲ
イ．シャカが生まれた時期－Ⅰ　　仏教が日本に伝わった時期－Ⅳ
ウ．シャカが生まれた時期－Ⅱ　　仏教が日本に伝わった時期－Ⅲ
エ．シャカが生まれた時期－Ⅱ　　仏教が日本に伝わった時期－Ⅳ

問２　下線部②について，次の図１・２は，興福寺境内からそれぞれ1992年および2013年の調査で見つかった将棋の駒を示したものです。

図１　1992年度調査出土将棋駒

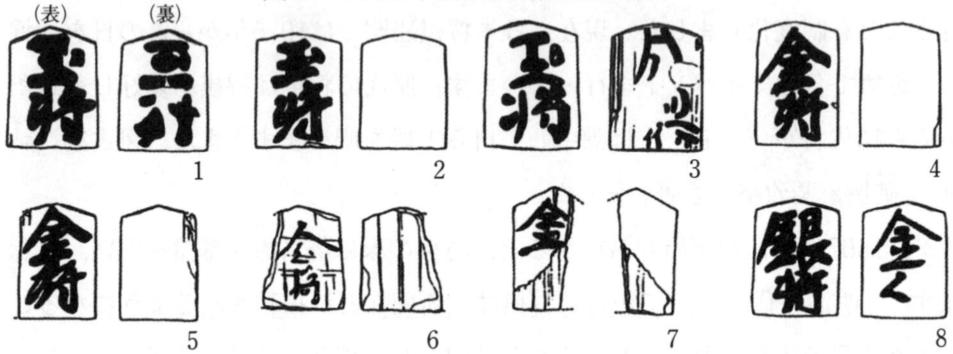


図２　2013年度調査出土将棋駒

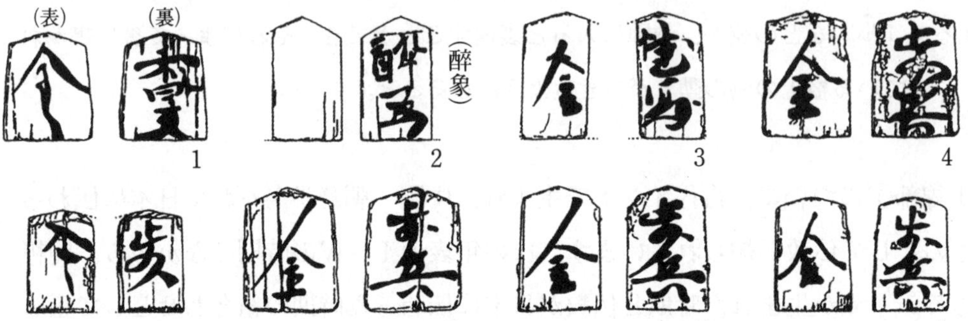


(出典：鈴木一議「興福寺跡出土将棋駒の樹種」より)

（1）　2013年の調査では，右の図３に示した「承徳二年」（1098年）と書かれた木片も出土しました。このような文字情報を記した木片は，荷札などにも用いられましたが，これを何といいますか，答えなさい。

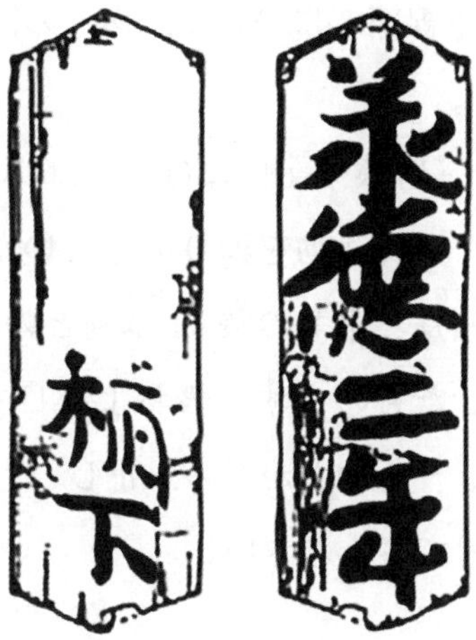


図３

（2）　図１・２およびこの駒が使われていた11世紀の政治について，次の文ａ～ｄのなかから，正しいものの組合わせを，あとのア～エから１つ選び，記号で答えなさい。

ａ　現在の将棋の駒には「王将」と「玉将」がありますが，図１によると，11世紀当時は「王将」しか用いられていなかったことが考えられます。

ｂ　下線部②では「酔象」が成ると「太子」に変わるとありますが，図２によると，11世紀当時の「酔象」は成ることができなかったことが分かります。

ｃ　11世紀前半には，藤原道長が天皇の母方の親戚になることで政治の実権をにぎりました。

ｄ　11世紀後半には，白河天皇が弟に天皇の位をゆずった後も政治の実権をにぎりつづけました。

ア．ａ・ｃ　　イ．ａ・ｄ　　ウ．ｂ・ｃ　　エ．ｂ・ｄ

問３　下線部③について，あとの問いに答えなさい。

（１）『新猿楽記』には，八郎真人と呼ばれる商人が東北から九州にいたる広域的な交易活動を繰り広げていたことも記されています。次の表は，左大臣藤原頼長（ふじわらのよりなが）と東北の藤原基衡（ふじわらのもとひら）とのあいだで行われた年貢額をめぐる交渉の経緯を示したものです。表および日本と東アジアとのかかわりについて述べた次の文ａ～ｄのなかから，正しいものの組合わせを，あとのア～エから１つ選び，記号で答えなさい。

表　藤原頼長と藤原基衡の年貢交渉の経緯

| | 従来の年貢額　→ | 頼長の要求　→ | 基衡の返答　→ | 頼長の再要求 |
|---|---|---|---|---|
| 高鞍荘（たかくらしょう）<br>（宮城県） | 砂金　10両<br>布　200段<br>細布　10段<br>馬　２疋（ひき） | 砂金　50両<br>布　1000段<br><br>馬　３疋 | 砂金　10両<br>布　300段<br>細布　10段<br>馬　３疋 | 砂金　25両<br>布　500段<br><br>馬　３疋 |
| 大曽禰荘（おおそねしょう）<br>（山形県） | 布　200段<br>馬　２疋 | 布　700段<br>馬　２疋 | 布　200段<br>馬　２疋<br>水豹皮　５枚 | 布　300段<br>馬　２疋 |

＊水豹皮：アザラシの毛皮のこと

（出典：入間田宣夫ら『北の平泉，南の琉球』より）

ａ　藤原頼長は，従来からの年貢品目を減らすことなく，品目ごとの納める量を増やすよう要求してきました。

ｂ　大曽禰荘からの年貢に水豹皮があることから，東北地方はさらに北方地域とのつながりを持っていた可能性があります。

ｃ　平清盛は，中国の明との貿易の利益に目をつけ，日本からは砂金などを輸出し，中国銭や陶磁器を輸入しました。

ｄ　フビライ・ハンに仕えたイタリア人マルコ・ポーロが日本を「黄金の国ジパング」としてヨーロッパ世界に紹介しました。

ア．ａ・ｃ　　イ．ａ・ｄ　　ウ．ｂ・ｃ　　エ．ｂ・ｄ

(２)　絵画資料は，文字史料からは読み取りにくい当時の人々の趣味や娯楽・衣服など，文化の一面を私たちに教えてくれます。次の絵画資料Ⅰ～Ⅳを年代の古い順に並べ替えたものとして正しいものを，あとのア～エから１つ選び，記号で答えなさい。

Ⅰ

Ⅱ

Ⅲ

Ⅳ

ア．Ⅰ→Ⅱ→Ⅲ→Ⅳ　　イ．Ⅰ→Ⅱ→Ⅳ→Ⅲ

ウ．Ⅱ→Ⅰ→Ⅲ→Ⅳ　　エ．Ⅱ→Ⅰ→Ⅳ→Ⅲ

問４　文章中の空欄（　Ａ　）・（　Ｂ　）に入る人物に関することについて，あとの問いに答えなさい。

（１）空欄（　Ａ　）に入る将軍が，おもに幕府の財政難に対応するために行った政治改革を何といいますか，答えなさい。

（２）空欄（　Ｂ　）に入る将軍の在職中，商工業の発展に注目した経済対策をとり，幕府の財政を立て直そうとした老中の人物名を答えなさい。

問５　下線部④について，「成金」などの将棋に由来する言葉も広く認識されるようになりました。次の資料Ⅰは，第一次世界大戦期に描かれた日本の風刺画です。また，資料Ⅱは，第一次世界大戦後にドイツの子どもたちが紙幣の束を積み木のようにして遊んでいる様子を撮影した写真です。

資料Ⅰ

資料Ⅱ

（１）資料Ⅰ・Ⅱについて述べた次の文Ｘ・Ｙについて，その正誤の組合わせとして正しいものを，あとのア～エから１つ選び，記号で答えなさい。

Ｘ　資料Ⅰは，戦争にともない日本の輸出が減少したことによって貨幣の価値が失われ，紙幣が暗がりのなかで明かりをともす材料として用いられていたことを描いています。

Y　資料Ⅱは，第一次世界大戦に勝利したドイツが，イギリスなどの敗戦国から支払われた巨額の賠償金をもとに経済発展を遂げている様子を写したものです。

ア．X－正　　Y－正　　　　イ．X－正　　Y－誤
ウ．X－誤　　Y－正　　　　エ．X－誤　　Y－誤

（2）第一次世界大戦後，一般市民に向けた文化が発展しました。新聞や雑誌の発行部数は急速にのび，小説も数多く発表されました。「羅生門」や「蜘蛛（くも）の糸」などで知られる大正期に活躍した作家の名前を答えなさい。

**3**　次の文章は，新聞記事を引用したものです。この文章を読み，あとの問いに答えなさい。なお文章は一部，問題に合わせて改めた箇所があります。

2023年５月，広島市で開催された主要７カ国①首脳会議（Ｇ７）は21日，３日間の日程を終え，閉幕した。議長の岸田文雄②首相は同市の平和記念公園で記者会見し「Ｇ７とウクライナの揺るぎない連帯を示すとともに『③法の支配に基づく自由で開かれた国際秩序』を守り抜く決意を新たにするとのメッセージを力強く示せた」と総括（そうかつ）した。④「グローバルサウス」と呼ばれる新興国・途上国に関し，「さまざまな課題に直面する国際的なパートナーの声を聞き，連携しつつきめ細やかに対応していく決意だ」と表明した。

ウクライナのゼレンスキー大統領は21日，この討議に出席した。ロシアのウクライナ侵攻開始後，Ｇ７首脳とそろって対面したのは初めて。Ｇ７首脳との討議のほか，⑤インドやブラジルなどの招待国８カ国の首脳を交えた拡大会合にも出席した。

Ｇ７との討議では，ウクライナに対し，外交・財政・人道・軍事支援を必要な限り提供することで一致した。首相は会見で「厳しい対露制裁と強力なウクライナ支援の継続でＧ７は固い結束を確認した」と述べ，第三国を通じた制裁回避を防ぐため多くの国に働きかけるとした。これをもとに，⑥日本の各省庁は対応をはじめることとなった。

拡大会合では，主権や領土一体性などの⑦国連憲章の原則を堅持(けんじ)，公正で恒久(こうきゅう)的な平和を支持，力による一方的な現状変更の試みに反対，法の支配に基づく自由で開かれた国際秩序を堅持―の４点で一致。首相は会見で「招待国を含む幅広い国々の参加を得て，基本的な考え方を共有できたことは非常に意義あることだった」と評価した。

（出典：「毎日新聞」2023年５月22日より）

問１　下線部①について，以下の資料は，これまでに開催された主要国首脳会議についてカードにまとめたものです。資料１～３の会議が開催された年の古い順に並べ替えたものとして正しいものを，あとのア～カから１つ選び，記号で答えなさい。

Ⅰ：資料１

開催地：コーンウォール（イギリス）

主な議論内容：

・ワクチンの開発を加速化することで新型コロナウイルス感染症に打ち勝ち，より早い回復を図る。

・世界の団結の象徴として，安心・安全な形で東京オリンピック・パラリンピック競技大会を開催することを支持。

日本の総理大臣：菅義偉

Ⅱ：資料２

開催地：ビアリッツ（フランス）

主な議論内容：

・リビア内戦の休戦を支持。

・ジェンダー平等に関するパリ宣言を支持。

・ブラジル熱帯雨林で多発する森林火災に対し，消火・植林への協力，流域全体への支援で一致。

日本の総理大臣：安倍晋三

Ⅲ：資料３

開催地：伊勢志摩（日本）

主な議論内容：

・ロシアのクリミア併合を強く非難。

・地球温暖化対策の新たな枠組みとなったパリ協定の早期発効に取り組む。

日本の総理大臣：安倍晋三

ア．Ⅰ→Ⅱ→Ⅲ　　イ．Ⅰ→Ⅲ→Ⅱ　　ウ．Ⅱ→Ⅰ→Ⅲ

エ．Ⅱ→Ⅲ→Ⅰ　　オ．Ⅲ→Ⅰ→Ⅱ　　カ．Ⅲ→Ⅱ→Ⅰ

問２　下線部②について，日本の内閣に関して述べた次の文ア～オのうち誤っているものをすべて選び，記号で答えなさい。

ア．内閣は，行政の仕事に関する物事を決めるために閣議を開きます。
イ．内閣不信任案が可決された場合，総理大臣は，内閣を総辞職しなければなりません。
ウ．総理大臣は，自衛隊の最高指揮監督権を有します。
エ．国務大臣は，総理大臣によって任命され，過半数は国会議員から選ばれます。
オ．最高裁判所の長官は，総理大臣によって任命されます。

問３　下線部③について，あとの問いに答えなさい。

（１）日本において法律を作る場合，国会に専門家を呼んで，その意見を参考にすることができます。この会を何といいますか，答えなさい。

（２）立法を担当する国会は，裁判官としての務めを果たさなかったり，ふさわしくない行いをしたりした裁判官をやめさせるかどうかを判断することができます。この時に設置される裁判所を何といいますか，答えなさい。

問４　下線部④について，グローバルサウスに関して述べた次の文Ｘ・Ｙと，開発途上国で作られた原料や製品を適切な価格で購入し，生産者の自立支援等に役立てようとする活動のロゴマークＡ～Ｃとの組合わせとして正しいものを，あとのア～カから１つ選び，記号で答えなさい。

Ｘ　グローバルサウスと呼ばれる国々では，近年レアメタルが多く産出され，これらを利用して半導体生産を行い，輸出を伸ばしています。

Ｙ　グローバルサウスは，経済発展をとげている国々としても近年注目されてきていますが，具体的な枠組みが定まっているわけではありません。

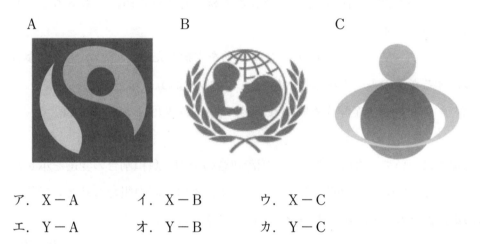

Ａ

Ｂ

Ｃ

ア．Ｘ－Ａ　　イ．Ｘ－Ｂ　　ウ．Ｘ－Ｃ

エ．Ｙ－Ａ　　オ．Ｙ－Ｂ　　カ．Ｙ－Ｃ

問５　下線部⑤について，インドに関して述べた次の文Ｘ・Ｙについて，その正誤の組合わせとして正しいものを，あとのア～エから１つ選び，記号で答えなさい。

Ｘ　インドの自動車生産台数は，近年中国・アメリカに迫ってきています。

Ｙ　インドは，東シナ海・南シナ海の海洋秩序をまもる枠組みであるQUADに日本・アメリカ・イギリスとともに参加しています。

ア．Ｘ－正　Ｙ－正　　イ．Ｘ－正　Ｙ－誤

ウ．Ｘ－誤　Ｙ－正　　エ．Ｘ－誤　Ｙ－誤

問６　下線部⑥について，次の文章は日本の省庁について話している生徒と先生の会話です。会話文中の空欄（　Ｘ　）･（　Ｙ　）に入る省庁の正式名称を答えなさい。

達也：広尾学園小石川はWi-Fiが備わっていて便利ですね。

先生：そうですね。学校のICT化はここ数年で一気に進みました。これには文部科学省をはじめ多くの省庁が関わっていたから実現できたのですが，ほかにどんな省庁があると思いますか？

達也：うーん。情報通信事業が関係してそうだから（　Ｘ　）省ですか？

先生：そのとおり。（　Ｘ　）省は消防や選挙でも知られています。
他にも，将来ICTを活用して活躍できる人材を育てるために，ある省庁も関わっているのですが…

達也：もしかして（　Ｙ　）省ですか？ 企業活動を支援したり，貿易が盛んになるようにするためのルールを作ったりもしていますよね。

先生：（　Ｙ　）省には中小企業庁も置かれています。よく勉強していますね。

問７　下線部⑦について，次のグラフは，国際連合の分担金負担割合の変遷（へんせん）を示したものです。これに関する説明文Ｘ・Ｙについて，その正誤の組合わせとして正しいものを，あとのア〜エから１つ選び，記号で答えなさい。

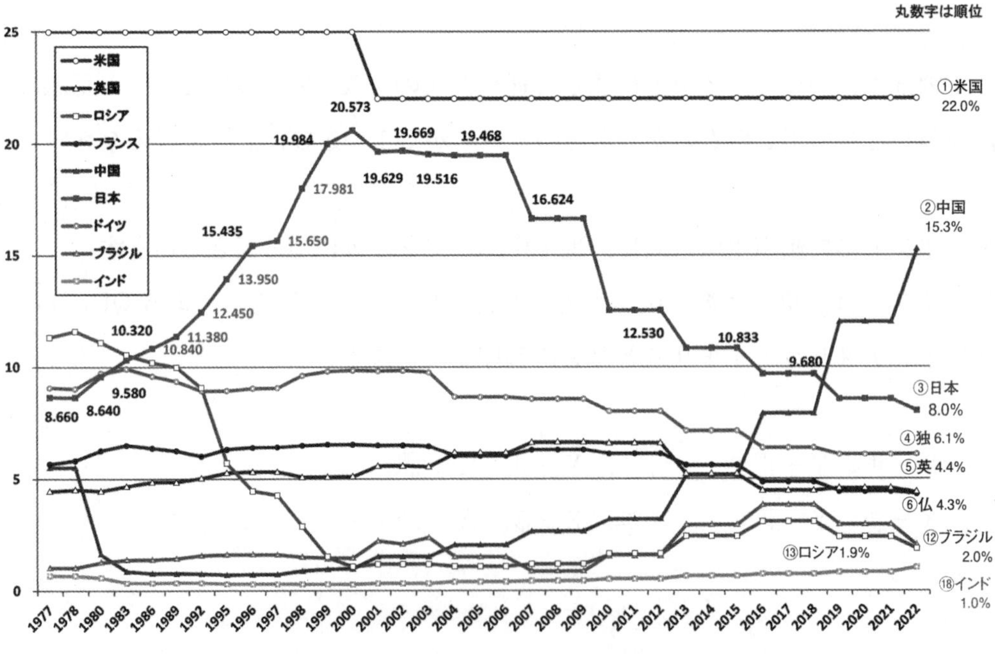


（出典：外務省ホームページより）

X　21世紀初頭，日本は20％程度の分担金負担割合であり，中国は５％に満たない負担割合でした。しかしその後，日本の割合は減少し，2020年代には10％を切るまでになりましたが，中国は15％に達するほどまでに増加しました。

Y　国際連合は現在200カ国以上が加盟していますが，分担金の負担割合はアメリカ・中国・日本・ドイツ・イギリスの上位５カ国で70％以上を占めています。

ア．X－正　Y－正　　　イ．X－正　Y－誤
ウ．X－誤　Y－正　　　エ．X－誤　Y－誤

**4**－Ⅰ　次の史料は，鎌倉幕府の執権北条泰時が，弟の北条重時（しげとき）に宛てた手紙の一部です。これを読んで，あとの問いに答えなさい。なお，史料は読みやすいように現代語に改めています。

さて，この式目を作ったことについては，何を根拠としたのかと，人々はきっと疑問に思うでしょう。明確な根拠に基づいているというよりは，ただ武家社会の道理に従って書いたのです。このようにあらかじめ定めておかないと，裁判の際に，ある場合は物事が正しいか誤っているかという点を二の次にして，当事者の権力が強いか弱いかという観点から裁定が下されたり，ある場合には裁定が下されたことを知らないふりをして，同じことについて再び訴訟をおこすことがあるかもしれません。このようなことが考えられるので，裁判の基本的な基準を定めて，当事者の地位が高いか低いかにかかわりなく，えこひいきのない裁定が下されるように，詳しく記述しておいたのです。……この式目は，仮名（かな）だけを知っている人が世間には多いので，多くの人々が理解できるように，とくに武家の人々を対象に作成したものです。これによって京都の朝廷での取り決めや律令の規定が少しも改まるようなことはありません。

問い　下線部の法典の名称を明らかにしながら，鎌倉幕府がこの法典を定めた意図を説明しなさい。

**4** －Ⅱ　次の文章は新聞記事を引用したものです。この文章を読み，あとの問いに答えなさい。

世界は戦争，貧困，経済格差など様々な問題に直面している。地球温暖化による気候変動や自然災害の激化など環境面での危機も差し迫っている。日本では少子高齢化が進み，生産年齢人口が減少傾向であり，自然災害などの社会問題も抱えている。

それに対応する中でAI（人工知能）や新エネルギーといった技術の革新は人類の可能性を広げるようになってきた。その中からDX（デジタルトランスフォーメーション）と呼ばれるデジタル技術による変革が起こり始め，新たな価値を生み出すようになった。

昨今，各国政府や企業はDXを推進し，生産性を向上させている。日本では政府がDXを駆使して「社会・環境・経済」の課題を解決するために下の９つの目標を設定している。

| | |
|---|---|
| 目標１ | 人が身体，脳，空間，時間の制約から解放された社会の実現 |
| 目標２ | 超早期に疾患(しっかん)の予測・予防をすることができる社会の実現 |
| 目標３ | AIとロボットの共振(きょうしん)化により，自ら学習・行動し人と共生するロボットの実現 |
| 目標４ | 地球環境再生に向けた持続可能な資源循環(じゅんかん)の実現 |
| 目標５ | 未利用の生物機能などのフル活用により，地球規模で無理・無駄のない持続的な食料供給産業の創出 |
| 目標６ | 経済・産業・安全保障を飛躍的に発展させる耐性型の汎用(はんよう)量子コンピューターの実現 |
| 目標７ | 主要な疾患を予防・克服し100歳まで健康不安なく人生を楽しむためのサステナブルな医療・介護システムの実現 |
| 目標８ | 気象制御による極端な風水害の軽減 |
| 目標９ | こころの安らぎや活力の増大 |

（出典：「日本経済新聞 高校生向け特別版」より）

問い　DXについて，自分の考える身近な例を挙げなさい。さらにそれを用いて，あなたはどのような社会をつくっていきたいと考えますか。表の目標１～９を参考にしながら説明しなさい。

【理　科】〈第１回入試〉（30分）〈満点：50点〉

**1**　次の文章は，中学１年生のヒロオさんが，小学５年生の妹，シゲコさんと水面ができる仕組みについて会話したものです。これを読んで，あとの問いに答えなさい。ここでの円周率は3.14とします。

ある日，シゲコさんがA水の入ったコップを傾けたり起こしたりしながら水を眺めていました。

シゲコさん「ふしぎ！おもしろーい！」
ヒロオさん「何やら楽しそうなことをしているね。何を見ているんだい。」
シゲコさん「水面はコップを斜めにしても真っすぐにしても向きが変わらないから。ふしぎだなーって。」
ヒロオさん「いいところに目をつけたね。水は興味深い性質を持っているんだ。例えばBこのコップの水に１円玉を浮かせることができるんだよ。」
シゲコさん「お兄ちゃん器用だね！C１円玉は水より密度が小さいから，水に沈まずに浮くんだよね。」
ヒロオさん「そうだね。では，そこに１円玉と同じ形状の水を浮かせようとしたらどうなると思う？」
シゲコさん「難しいけど，浮力の起こる仕組みを考えるとD１円玉と同じ形状の水はコップの水面と同じ高さまで沈むと思う。」
ヒロオさん「よくわかったね。ではもっと深いところを考えてみよう。水はどうして飛び散らないで，コップの中にとどまっているのだろう。ほこりを集めても飛び散ってしまうのに，水は集まって水面ができるんだ。」
シゲコさん「このまえ，理科の先生にきいたよ。“表面張力”っていって，水は集まると表面にある水が中の水を包み込むようなはたらきをするんだよ。だからE宇宙でも水面ができるんだよね。」

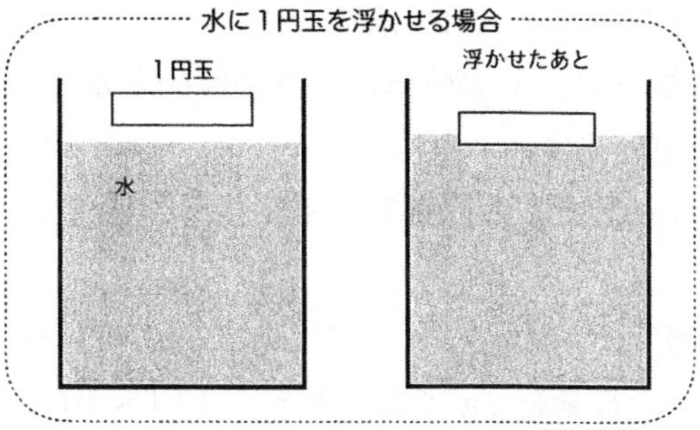


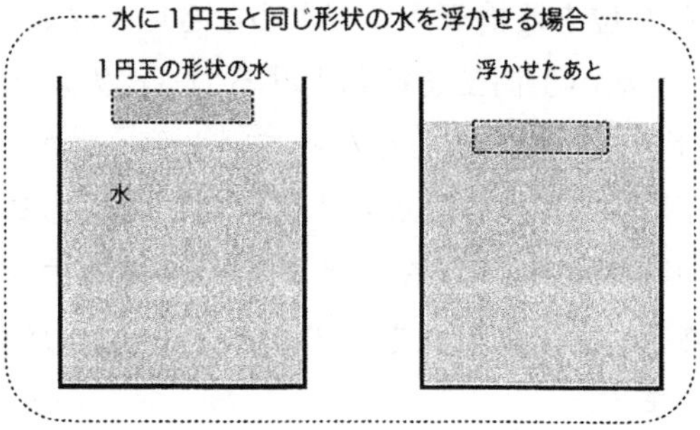

ヒロオさん「そこまで知っているとは驚いた。F宇宙でできる水面は球面になるんだよね。」
シゲコさん「そうそう。Gそのはたらきが原因で，水面の面積が一番小さくなるような形になるの。」
ヒロオさん「すばらしい！」

お兄さんはほめてくれました。身の回りにあふれた水にも，さまざまな仕組みがあることを知ってシゲコさんにとって楽しい時間になりました。

問１　下線部 A について，シゲコさんが使用していたコップは円柱状であった。このコップには最大で $300cm^3$ の水を入れることができ，そのときコップの底から水面までの高さが 10cm である。コップの底面の面積を求めなさい。

問２　下線部 B について，１円玉は底面の直径は 2cm，厚みが 0.12cm の円柱であり，その**質量**は 1g であるとします。１円玉の $1cm^3$ あたりの**質量**を，小数第２位を四捨五入して求めなさい。
※ **質量**とは，その物体の重さの原因となる“量”のことをいい，単位は g や kg を使います。
※ $1cm^3$ あたりの**質量**を“密度”といいます。

問３　下線部 C について，１円玉の $1cm^3$ あたりの質量は問２の答えで，水 $1cm^3$ あたりの質量を 1g であるとき，１円玉が沈んだ深さは何 mm になりますか。小数第２位を四捨五入して求めなさい。なお，このとき，１円玉の**重さ**（質量×10）と水が１円玉を持ち上げる力（浮力）と水が表面張力により１円玉を持ち上げる力の和が等しくなっています。また，水による浮力は（水の密度）×（１円玉が押しのけた水の体積）×10 で求めることができ，水が表面張力により１円玉を持ち上げる力は，1g の物質の重さを 10 としたとき７とします。
※**重さ**とは，重力の大きさのことをいい，力の種類のひとつです。単位は N を使います。

問４　下線部 D について，このようになる理由を問３の結果を参考にして 40 字程度で述べなさい。

問５　下線部 E，F について，半径 3cm，高さ 4cm の円柱状のコップに満たされた水が宇宙空間で球になったとき，その半径を求めなさい。球の体積は（半径）×（半径）×（半径）×（円周率）×4÷3 で求めることができます。

問６　下線部Ｇついて，問５で説明した，球になったときの水の表面積は，コップに入っていたときの水の表面積の何倍か。小数第３位を四捨五入して求めなさい。球の表面積は（半径）×（半径）×（円周率）×4で求めることができます。

**2**　広川くんが食塩，砂糖，片栗粉について行った実験，考察についてあとの問いに答えなさい。

【実験１－１】　顕微鏡を用いて食塩，片栗粉のそれぞれの粒について観察しました。
【結果１－１】　（Ａ）

【実験１－２】　実験１で用いた食塩と片栗粉を，ろ紙を４つ折りにして円すい状に開いた中に入れて混ぜました。
【結果１－２】　何も落ちてきませんでした。

【実験１－３】　実験１－２のろ紙を水の入ったビーカーに浸しました。さらに，上からも少しずつ水を加えて観察しました。
【結果１－３】　無色のもやもやしたものが出てくるのが見えました。

【実験１－４】　実験３のろ紙を外し，ろ紙を浸していたビーカーの水にヨウ素液を２滴加えました。
【結果１－４】　ヨウ素液の褐色が薄まるだけで大きな変化は見られませんでした。

【実験１－５】　実験４で外したろ紙にもヨウ素液を２滴垂らし，上から観察しました。
【結果１－５】　外側から青紫色に変化していきました。

問１　（Ａ）に適する【結果１－１】を次のア～オからすべて選び記号で答えなさい。
ア　食塩は１つ１つが立方体の形をした粒で，片栗粉は白く，丸みを帯びた粒である。
イ　食塩も片栗粉も１つ１つの粒が立方体の形をしている。
ウ　食塩も片栗粉も１つ１つの粒が丸みをおびた形をしている。
エ　食塩よりも片栗粉の粒の方が大きいものが多い。
オ　食塩も片栗粉も粒の大きさは同じくらいである。

問２　【結果１－４】からビーカーの水の中には，ヨウ素液以外に何が含まれていると考えられますか。水，ヨウ素液以外に何もなければ，「何もなし」と答えなさい。

【実験２－１】　100mL の水が入ったビーカーを４つ用意しました。

１つはそのまま，１つは 10g の砂糖を入れ砂糖水とし，２つは 10 g の食塩をそれぞれ入れて食塩水としました。これを食塩水Ａ，食塩水Ｂとします。

次に３種類のそれぞれのビーカー（水，砂糖水，食塩水Ａ）をさらに２つに分け，３種類３つのビーカーのグループを２つ作りました。グループ内で順番を入れ換えてどのビーカーに何が入っているのかわからなくしました。

２つに分けたグループの一方には，食塩水Ｂを 20mL ずつそっと加えました。もう片方のグループのビーカーには，それぞれ水を 20mL ずつそっと加え，よく観察しました。

【結果２－１】　食塩水Ｂを加えたグループの３つのビーカーのうち２つのビーカーには【結果１－３】と同じようなもやもやしたものが出てくるのが見えました。水を加えたグループでは，３つのビーカーのうち２つに同様のもやもやしたものが出てくるのが見えました。

【実験２－２】【実験２－１】で用いた食塩水Ｂの残りを２つのビーカーに分けました。片方には，５％の食塩水を１滴静かに加えて観察しました。もう片方には，15％の食塩水を１滴静かに加えて観察しました。

【結果２－２】　５％の食塩水を１滴加えた方のビーカーでは，液の表面付近を中心にもやもやしたものが出てきました。15％の食塩水を１滴静かに加えた方のビーカーでは，液の底の方にもやもやしたものが出てきました。

問３　【結果２－１】の食塩水Ｂを加えたグループの３つのビーカーのうち，もやもやしたものが出てこなかったビーカーに入っているものは，もとのビーカーの水，砂糖水，食塩水Ａのうちのどれか答えなさい。

問４　【実験２】まででわかることを簡単に説明しなさい。

問５　【実験２】とは異なる現象を次のア～オの中から一つ選んで記号で答えなさい。

ア　水を入れたカップの中に紅茶のティーバックを浸す。

イ　太陽の照りつける夏の昼間にアスファルトの上の景色を見る。

ウ　氷を入れたグラスに水を入れる。

エ　落ち葉を集めて作ったたき火を通して向こう側を見る。

オ　空のペットボトルに消毒用アルコールを２，３回噴霧してしっかりとふたをし，力いっぱいひねって一気に手を放す。

**3**　ヒロオさんとシゲコさんがあるネットニュースを見て，以下の会話が行われました。この会話文を読み，あとの問いに答えなさい。

<会話文>

ヒロオさん：今日から$_A$アカミミガメとアメリカザリガニが「$_B$特定外来生物」に指定されたんだね。

シゲコさん：その２種は海外起源の外来種で，その中でも日本固有の生態系に与える影響が大きいから，むやみに広げないようにするために規制がされたんだね。

ヒロオさん：特定外来生物に指定されると，輸入や売買，放出が原則禁止になるんだね。

シゲコさん：外来生物は生態系にどんな影響をもたらすのかな？

ヒロオさん：もともと生態系に存在しないから天敵がいなくて大量発生したり水草を食い荒らしたりして$_C$元の生態系を破壊してしまうんだ。でも外来生物は，もとは人間に持ち込まれただけで，決して悪い存在というわけではないんだ。

シゲコさん：豊かな生態系にするためにも人間による管理や$_D$外来生物の駆除が必要なんだね。

問１　下線部Ａについて，アカミミガメとアメリカザリガニと同じ分類に当てはまる生物の組み合わせとして正しいものをア～エの中から一つ選び記号で答えなさい。

| | アカミミガメ | アメリカザリガニ |
|---|---|---|
| ア | ヤモリ | ムカデ |
| イ | カエル | バッタ |
| ウ | ヘビ | ミミズ |
| エ | ドジョウ | オキアミ |

問２　下線部Ｂについて，以下の生物の中から日本において，特定外来生物に指定されている生物をあ)～こ)の中からすべて選び，記号で答えなさい。

| | | |
|---|---|---|
| あ）キタキツネ | い）セイヨウタンポポ | う）ウシガエル |
| え）キンギョ | お）メダカ | か）オニヤンマ |
| き）アブラゼミ | く）アライグマ | け）ハクビシン |
| こ）エゾリス | | |

問３　下線部Ｃについて，アメリカザリガニが侵入した池では，アメリカザリガニが水生植物を食べていることで，ヤゴやメダカ類が減少していることが分かった。ヤゴやメダカにとって水生植物はどんな役割を持っていると考えられますか。

問４　下線部Ｄについて，問３の池には，アメリカザリガニのほかにも特定外来生物の「ブラックバス」が定着していることが分かった。ブラックバスは肉食の魚類で，他の魚類やアメリカザリガニを捕食する。皆さんはこの池から，アメリカザリガニとブラックバスを駆除する計画を立てることとします。どちらから駆除すべきか理由も含め説明しなさい。

**4** 次の台風に関する文章を読み，あとの問いに答えなさい。

気象庁によると，台風は1951年から2022年の間で年平均約26.1個発生しており，日本に接近する数は年平均約11.5個あります。下の表は2010年から2022年までの日本における各月に発生した台風の数，各年に接近した数，上陸した数についてまとめたものです。(接近数は，台風が上陸したかどうかに関わらず，台風の中心がそれぞれの地域のいずれかの気象官署等から300km以内に入った台風の数です。)

熱帯にある海洋上の湿った空気があたためられることで上昇気流が発生します。この上昇気流によりその一帯の気圧が下がります。これが熱帯低気圧です。台風は，熱帯低気圧のうち，北太平洋西部で発生・発達し，最大風速が毎秒17.2m以上になったものを『台風』といいます。また，発達した熱帯低気圧が発生した場所や風速によって『ハリケーン』や『サイクロン』と呼び名が変わります。

日本では『台風３号』など，その年に発生した順番にナンバリングし，天気予報でよく聞きます。アメリカでは『ギルバート』や『カトリーナ』など，ハリケーンに名前をつけて呼びます。2000年以降は，北西太平洋または南シナ海で発生する台風防災に関する各国の政府間組織である台風委員会（日本含む14カ国等が加盟）が提案したアジア名が台風につけられるようになり，その第１号はカンボジアが命名した『ダムレイ』（象）があります。日本からも『コイヌ』や『ヤマネコ』などの命名が採用されています。

**表　2010年から2022年の台風発生数と日本への接近数・上陸数**

| 年 | 1月 | 2月 | 3月 | 4月 | 5月 | 6月 | 7月 | 8月 | 9月 | 10月 | 11月 | 12月 | 年間 | 接近数 | 上陸数 |
|---|---|---|---|---|---|---|---|---|---|---|---|---|---|---|---|
| 2010 | | | 1 | | | | 2 | 5 | 4 | 2 | | | 14 | 7 | 2 |
| 2011 | | | | | 2 | 3 | 4 | 3 | 7 | 1 | | 1 | 21 | 9 | 3 |
| 2012 | | | 1 | | 1 | 4 | 4 | 5 | 3 | 5 | 1 | 1 | 25 | 17 | 2 |
| 2013 | 1 | 1 | | | | 4 | 3 | 6 | 8 | 6 | 2 | | 31 | 14 | 2 |
| 2014 | 2 | 1 | | 2 | | 2 | 5 | 1 | 5 | 2 | 1 | 2 | 23 | 12 | 4 |
| 2015 | 1 | 1 | 2 | 1 | 2 | 2 | 3 | 4 | 5 | 4 | 1 | 1 | 27 | 14 | 4 |
| 2016 | | | | | | | 4 | 7 | 7 | 4 | 3 | 1 | 26 | 11 | 6 |
| 2017 | | | | 1 | | 1 | 8 | 6 | 3 | 3 | 3 | 2 | 27 | 8 | 4 |
| 2018 | 1 | 1 | 1 | | | 4 | 5 | 9 | 4 | 1 | 3 | | 29 | 16 | 5 |
| 2019 | 1 | 1 | | | | 1 | 4 | 5 | 6 | 4 | 6 | 1 | 29 | 15 | 5 |
| 2020 | | | | | 1 | 1 | | 8 | 3 | 6 | 3 | 1 | 23 | 7 | 0 |
| 2021 | | 1 | | 1 | 1 | 2 | 3 | 4 | 4 | 4 | 1 | 1 | 22 | 12 | 3 |
| 2022 | | | | 2 | | 2 | 2 | 5 | 7 | 5 | 1 | 1 | 25 | 11 | 3 |
| 平均 | 1.2 | 1.0 | 1.3 | 1.4 | 1.4 | 2.4 | 3.9 | 5.2 | 5.1 | 3.6 | 2.3 | 1.2 | 24.8 | 11.8 | 3.3 |

問１　台風に共通する特徴について表から読み取り二つ述べなさい。

問２　台風について述べている次のア～エのうち，**誤っているもの**を一つ選び記号で答えなさい。

ア　赤道付近で発生した台風は貿易風に乗ることで北上し偏西風に乗ることで東北方向に流れていく。

イ　台風は高温多湿の空気が上昇気流を発達させることで勢力を増すので，その中心では猛烈な嵐に見舞われる。

ウ　台風は日本付近にある気団の勢力によって進路は変わる。

エ　台風は貿易風・偏西風・気団の勢力の他に，地球の自転の影響を受けるため進路が曲がる。

問３　次の図１は，ひまわり９号が撮影した2023年８月14日22時の台風第７号の画像です。また，図２は図１の波線━ ━ ━部分の台風の断面を模した図です。中心部の大きな積乱雲は台風の目を取り囲んでいるのでアイウォール（または壁雲）といい，その周りを積乱雲や積雲が取り囲むように，らせん状に列をなしています。これをスパイラルバンドといいます。

この台風の風の流れ（向き）を解答用紙の図に矢印を用いてかき表しなさい。必要であればその矢印について説明する文を書き加えても構いません。

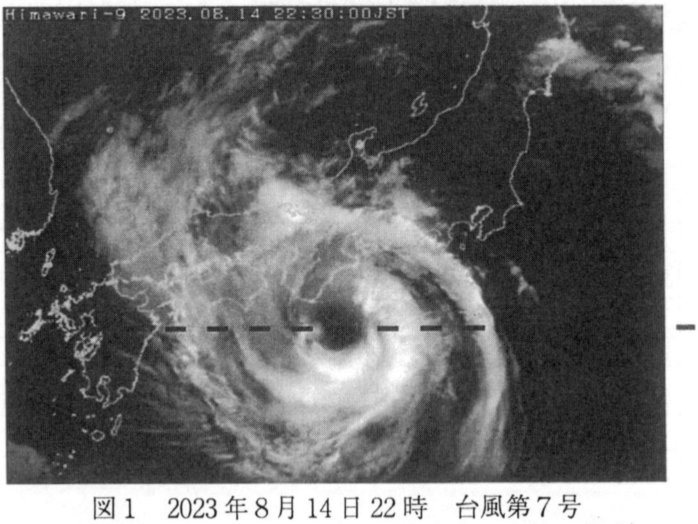


図１　2023年８月14日22時　台風第７号
（気象衛星センターホームページをもとに本校で作成）

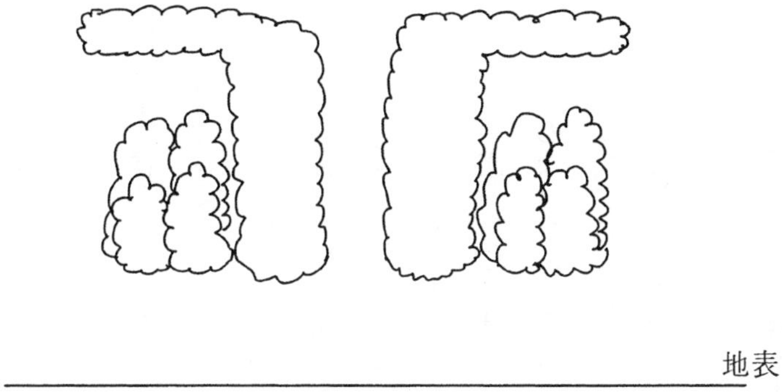


図２　2023年８月14日22時　台風第７号　断面図

問４　次の図３はひまわり９号が撮影した2023年２月12日～14日にニュージーランド近海に発生したサイクロン『ガブリエル』の衛星画像です。このサイクロンの特徴は図１で示す台風とは異なり，**時計回りの渦**であることです。

このサイクロンがなぜ反時計回りの渦でなく，時計回りの渦なのか，簡潔に述べなさい。

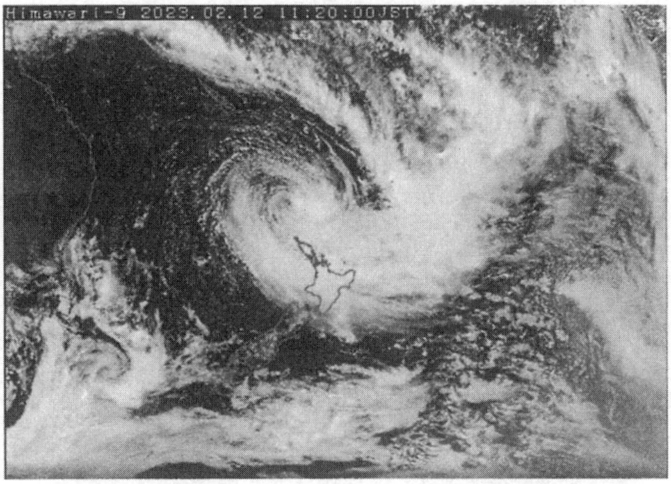


図３　2023年２月12日～14日　ガブリエル
(気象衛星センターホームページより)

問四　――線②「そういうもの」の内容を述べている部分を十六字でぬき出して答えなさい。

問五　Z に当てはめるのに最もふさわしい語を次から一つ選び、記号で答えなさい。

ア　強制　　イ　受容　　ウ　批判　　エ　暴力

問六　――線③「これもしんどいと思います」とありますが、それはなぜですか。理由として最もふさわしいものを次から一つ選び、記号で答えなさい。

ア　一度決められた「キャラ」を変更することは容易ではないし、しかもその「キャラ」を演じ切ることができないと周囲から孤立してしまうから。

イ「一人でいること」はとても恥ずかしいことで、「キャラ」が固まったあとに「ぼっち」になると「キャラ」の設定に矛盾が生じてしまうから。

ウ　中高一貫校では自分で「キャラ」を変更することは許されず、しかし一方で周囲が「キャラ」の変更を求めたら即座に従わなければならないから。

エ「あなたはこういう人だよね」と断定されることは不愉快だし、その上その「こういう人」を演じ続けないと空気を読めない人間と決めつけられるから。

問七　――線④「金魚鉢の中の硬直化したルール」とはどのようなものですか。「相対的な優劣」、「内面化」という語を必ず用いて、八十字以上九十字以内で説明しなさい。

程度の地位」や「どの程度の配偶者」をめざしてよいのか、その「シーリング」[注5]を少しでも早く知ろうとする。極端な同調的コミュニケーションにしても、自己責任論にしても、格付け志向にしても、彼らの責任ではないんです。社会がそうさせているんです。それが先ほど申し上げた「④金魚鉢の中の硬直化したルール」です。

〔内田樹『生きづらさについて考える』（毎日文庫）による〕

注１　アナーキー　……　無秩序。
注２　憲兵隊や特高　：　どちらも治安維持や思想の取りしまりを行った組織。
注３　地下活動　………　秘密に行う非合法の活動。
注４　レジスタンス　：　権力に対する抵抗運動。
注５　シーリング　……　上限。

問一　[A]～[D]に入る語句として最もふさわしいものを次からそれぞれ一つずつ選び、記号で答えなさい。
ア　でも　イ　さらに　ウ　だから　エ　むしろ　オ　たしかに　カ　たとえば

問二　[X]・[Y]に入る語句の組み合わせとして最もふさわしいものを次から一つ選び、記号で答えなさい。
ア　X　課題　・　Y　解答
イ　X　特権　・　Y　冷笑
ウ　X　罰則　・　Y　賞賛
エ　X　報酬　・　Y　処罰

問三　――線①「そもそもコミュニケーションということの意味が誤解されているのかも知れません」とありますが、筆者は「コミュニケーション」の意義をどういうものだと考えているのですか。七十字以上八十字以内で説明しなさい。

を通じて経験された世界を知ることにあると僕は思っています。自分の感情や思考を他人にまるごと肯定してもらっても、うれしいけれど、それによって自分が豊かになるわけではない。対話することの甲斐は、対話を通じて自分が豊かになり、より複雑になることでしょう?

だから、いまの若い人たちは異論との対話が苦手になっていると思います。少しでも異論や疑義を呈すると、それを即「Z」だと受け止めて、傷ついてしまう。異論や異議にしても、いろいろなレベルの、いろいろな温度や手触りのものであるはずなのに、まるでネットの匿名コメントで「w」付きで罵倒されたのと同じような気分で受け取ってしまう。「そうそう!」という１００パーセントの同意か、切り立てるような冷笑か。ゼロか１００の、どちらかしかないのだとしたら、これはきびしいコミュニケーション環境だと思います。

友人関係においても、グループ内での自分の立ち位置や「キャラ」が決められていて、一度決められると、変えることができない。③これもしんどいと思います。一度「あなたはこういう人だよね」と断定されて、キャラが固まると、周囲とうまく付き合うためには決められた「キャラ」を演じ続けるしかない。中高一貫校のように狭いところで人間関係が長期間続くと、一度決まった「キャラ」を変更することは容易じゃないです。僕は中学までは優等生で、不良は「高校デビュー」で、その勢いで退学しちゃったんですけれど、中高一貫校だったら、そんな切り替えは無理だったでしょう。

周囲の空気を読めなかったり、「キャラ」を演じきれないと、孤立して、「ぼっち」になる。「一人でいること」はどうもとても恥ずかしいことらしい。お昼ご飯をトイレの個室で食べる子がいると聞いたことがありましたが、実際に研究棟の階段の踊り場に腹ばいになってお弁当を食べている学生を僕も見たことがあります。なんだか壮絶に孤独な様子で、声をかけられませんでした。

いまの若者たちが気の毒だなと思うのは、自己責任論を深く刷り込まれ、それが内面化してしまっている点です。物事がうまくいかなかったり、十分な評価を得られないと、「自分が悪い。能力がなく、努力が足りないせいだ」と自分を責めてしまう。いまの若者たちは総じて自己肯定感が乏しく、自己評価も低いですけれど、それは幼い頃から単一の評価基準で査定され、格付けされ続けてきたからだと思います。

格付けされ慣れてしまったせいで、逆に、格付けされないと不安になる。客観的で精度の高い格付けをされて、自分の同学齢集団内部でのランキングを知りたがる。それに基づいて、自分は「どの程度の野心」を抱いてよいのか、「どの程度の学歴」や「どの

い場所、大人の指示も干渉も届かない場所がそこここにあった。大人たちも生きるのに必死で、子どもたちのことなんか構っていられなかったんでしょう。その放任のおかげで、子どもたちは自由気ままに遊べた。

[B] ＳＮＳで子ども同士のコミュニケーションは便利になりましたけれど、そのシステムを設計し管理しているのは大人たちです。そこで展開されているのは、僕らが中学生の頃に仲間うちでやっていたような「地下活動」[注3]や「レジスタンス」[注4]ではありません。全部が管理されて、「ビッグデータ」に書き込まれている。[C]、コミュニケーションの場そのものにも管理の網が張り巡(めぐ)らされ、強い同質化圧が働いている。

①そもそもコミュニケーションということの意味が誤解されているのかも知れません。

先年大学で短いレポートを課したら、「私、コミュ障なんです」と書いてきた学生が数人いました。「コミュ障」という言葉をその時にはじめて見て、たぶん「コミュニケーション障害」の略語なんだろうとは思いましたが、どういう意味で使っているのかわからない。

よくよく読んでみると、学生たちが「コミュニケーションが成立している」と見なしている事態とは、誰かが「あの店のケーキ、美味しいよね」「この服かわいいよね」というようなことを言うと、周りが一斉(いっせい)に「そうそうそう！」と手を叩(たた)いて、激しく頷(うなず)くようなふるまいを指しているらしい。全面的な同意と共感を誇示(こじ)することを「コミュニケーションが成り立っているさま」だと思い込んでいるらしい。[D]、自分は他の学生の言うことにいちいち首がちぎれるほど頷いたり、手が腫(は)れるほどハイタッチしたりすることができない……。きっと、こんな私はコミュニケーションができない人間なんですと「カミングアウト」しているわけです。

コミュニケーションが「②そういうもの」だと思っていたら、たしかに日々がさぞやつらいことでしょう。

同意や共感にだって、「そこそこ共感できるけれども、違和感が残る」とか「理解はできるが、共感できない」とか「意味がわからないが、なんとなく腑(ふ)に落ちた」とか、さまざまな濃淡の差がある。それを言葉にして、やり取りを重ねていくうちに、お互いの理解が深まったり、違いを認め合ったり、調整したり、合意形成を果たしたりできるようになる。それが対話であり、コミュニケーションだと僕は思います。

コミュニケーションすることの最大の喜びは、自分が思いもしなかったアイディアを他人から得ることや、自分とは違う感受性

**四** 次の文章を読み、後の各問に答えなさい。

いまの若者たちはほんとうに厳しく、生きづらい時代を生きていると思います。
僕が10代だった1960年代は明るい時代でした。
米ソの核戦争で世界が滅びるのではないかという恐怖がつねにありましたけれど、そんなことを日本人が心配しても止める手立てもない。だったら、「どうせ死ぬなら、いまのうちに楽しんでおこう」というワイルドでアナーキー[注1]な気分があふれていました。幸い、どんなに騒いでも、憲兵隊[注2]や特高が来る心配はない。だから、風通しのいい時代でした。
いまの日本の社会はそれに比べると、ほんとうに風通しが悪いですね。息が詰まりそうです。狭い「金魚鉢（きんぎょばち）」のようなところに詰め込まれているような気がします。
世界は移行期的混乱のうちにあり、あらゆる面で既存（きそん）のシステムやルールが壊れかけている。それなのに、日本の社会はその変化に柔軟（じゅうなん）に対応できずに硬直化している。金魚鉢にひびが入り、いまにも割れて中の水ごと外に放り出されるかもしれないのに、若い人たちは、相変わらず「金魚鉢の中の」価値観や規範に適応するように求められている。［Ａ］、外側で大きな変化が起きている分だけ、恐怖と不安で、硬直しているように見えます。
激動期に対応して、生き残るためには、集団の一人一人が持っている多様な能力や資質を生かして、「強い」チームを形成しなければいけないのですが、日本の学校教育は単一の「ものさし」をあてがって子どもたちを格付けして、スコアの高い者には［Ｘ］を与え、低い者には［Ｙ］を与えるということだけしかしていない。多様な才能や資質を開花させるためには、ほとんど何もしないで、ただ「みんなができることを、他の人よりうまくできる」競争に若者たちを追い込んで、消耗（しょうもう）させている。こんな相対的な優劣を競わせても、来るべき変化に備え、それを生き延びる知恵と力を育てるのには何の役にも立ちません。
なぜこんなことになるのか。
理由の一つは、超少子化のせいで子どもより大人の数が圧倒的に多く、大人による管理と監視が強まっていることです。社会全体に「すき間」や「遊び」がなくなった。「大人の目が届かない場所」がない。物理的にないのです。僕らの時代には大人の知らな

問六　――線⑤「これまで軽蔑してきた人たち」とありますが、どのような人たちのことを指していますか。その説明として最もふさわしいものを次から一つ選び、記号で答えなさい。

ア　友達が困っているときでも、客観的な視点から冷静に計画を立てて最善の手段を考える人たち。
イ　友達が困っているようなときに、助けてあげたい気持ちから率直に行動に移してしまう人たち。
ウ　子供たちだけでトラブルになったときに、保護者に相談せず自分たちで解決しようとする人たち。
エ　子供たちだけでトラブルに巻き込まれたとき、何も考えずにただ周囲に助けを求める人たち。

問七　［　　］に当てはまる表現として最もふさわしいものを次から一つ選び、記号で答えなさい。

ア　多分長年ママの中に積もっていた恨みや憎しみが、晴れていったってことだろう
イ　おそらくママも、私たちのように短い時間の中ですごく成長したということだろう
ウ　多分すごく偏（かたよ）った見方をしてたのが、私のおかげでちょっと変わったってことだろう
エ　おそらく私の行動によって、今まで築き上げた自分の価値観が揺らいだということだろう

問八　～～線Ａ～Ｄから読み取れる登場人物の性格の説明として、**ふさわしくないもの**を次の中から一つ選び、記号で答えなさい。

ア　～～線Ａ「駄目だよ。絶対に駄目」とあるように、イーイーは玲奈とラブドリという趣味でつながった面はあるが、しっかり者で大人としての役目を心得ている。
イ　～～線Ｂ「ざっと五行くらいにまとめて伝えた」とあるように、ママは娘の言葉を整理して言葉にすることが上手く、物事に冷静に素早く対処できる性格である。
ウ　～～線Ｃ「ヨリヨリにも、イーイーにも申し訳なかった」とあるように、玲奈は深く考えずに行動に移す性格ではあるが、人を思いやる気持ちを持ち合わせている。
エ　～～線Ｄ「でくの坊みたいにテーブルに座ってぼんやりしてた」とあるように、パパは慎重な性格であり、物事を見極めるまで積極的に動かない面がうかがえる。

問三　――線②「こんなに大人だなんて知らなかった」とありますが、どのような意味ですか。その意味として最もふさわしいものを次から一つ選び、記号で答えなさい。

ア　イーイーが留学先である日本の文化や考えをよく勉強しているという意味。
イ　イーイーが客観的な視点で冷静に日本の状況を把握しているという意味。
ウ　イーイーが自分の感情をおさえてヨリヨリやミナミを説得しているという意味。
エ　イーイーが自国の厳しい倫理観や道徳観念を持ち出しているという意味。

問四　――線③「いつもと何かが違う気がした」とありますが、なぜですか。その理由として最もふさわしいものを次から一つ選び、記号で答えなさい。

ア　家出した友人たちの面倒を見るという珍しいできごとを経験してきたばかりだから。
イ　あまりにも幼稚で自分勝手な友人たちのふるまいにあきれて、疲れ果ててしまったから。
ウ　自分も辛い状況にあるのに、友人たちに仲間に入れてもらえずに少し寂しかったから。
エ　友人たちのために手を尽くしたものの、結局泊めてもらうよう説得できなかったから。

問五　――線④「頭が混乱して、私は視点が定まらなくなっていくのを感じる」とありますが、なぜですか。その理由を六十字以内で説明しなさい。

はい、と呟くと、私はずっとグズグズしていた鼻をブンブンかんでリビングを出ていく。ほんと玲奈って嫌がらせかと思うくらい鼻かんだ後のティッシュ捨てないよな。結局騒動の間中Ｄでくの坊みたいにテーブルに座ってぼんやりしてたパパがしみじみ言う声が聞こえて、それに［Ⅳ］と笑うママの声が続いた。パパだって洗面台に落ちた髭(ひげ)とか全然掃除しないしトイレの便座上げっぱなしにするくせに。そう思いながら、私は歯磨きをした。

〔金原ひとみ『腹を空かせた勇者ども』（河山書房(しょぼう)新社）による〕

注１　ラブドリ　……この作品に登場する架空の歌い手。
注２　ＳＭＳ　……ショートメールサービス。
注３　与する　……仲間になる。味方になる。
注４　未成年者略取　…未成年者を従来の生活環境から離れさせ、事実上支配できる場所に置くこと。
注５　激昂　……激しい怒り。
注６　欺瞞　……人の目をごまかし、だますこと。

問一　［Ⅰ］～［Ⅳ］に当てはまる語句を、それぞれ次の語群から選びなさい。（語句は一度しか使えません）

語群　ニヤニヤ　ケラケラ　ぽかぽか　ポロポロ　しみじみ　さめざめ　ガツガツ　ブツブツ

問二　――線①「そんな人間」とありますが、どのような人間ですか。二十五字以内で簡潔に説明しなさい。

わんわん泣いて、蹲(うずくま)っちゃったりして、ほんと何ていうか、間抜けだった。

「依子さんとイーイーさんに電話しても出なかったから、私若槻先生に電話しちゃって、馬鹿正直に南さんと依子さんが家出したこと話しちゃったんです。なので、もしかしたらそちらにもお電話がいくかもしれません。本当にすみません。いえ、こちらこそ、私がこんな時なのに申し訳ないです。皆さん、家に帰られたら手洗いをしっかりしてください」

ママはそう言って、イーイーさんにもよろしくお伝えくださいと言い残すと、電話を切った。

「大丈夫。最初は依子ちゃんが玲奈と会ってたこと隠そうとして、ちゃんと説明しなかったからお母さんも激昂(げきこう)[注5]して怒鳴りつけちゃったらしいんだけど、イーイーさんがきちんと説明してくれたって。電話がきた時には、イーイーさんとお母さんと依子ちゃんと警察の四人でお茶飲んで、警察の人がうちの子も大変だったんですよーって思い出話して、イーイーさんも私も子供の頃大変な子供だったって話してたって。依子ちゃんは多分、玲奈と会ってたことをお母さんに話しちゃったことを謝ろうと思って電話掛けてきたのかもね」

私と会ってたことは隠しておいた方がいいなんて、私が言ったからだ。Cヨリヨリにも、イーイーにも申し訳なかった。

「友達が困ってる時に、やり方は拙(つたな)くても何とかしてあげたいと思って行動できる子で良かった」

ママの顔を見つめて、自分のことを言われているのだと気づいて、小さく何度か頷(うなず)く。

「私にはそういう青春はなかったし、そういう子たちに欺瞞(ぎまん)[注6]を感じて軽蔑(けいべつ)してきたけど、玲奈を見てるとあなたが欺瞞なんかじゃなくてもっと馬鹿正直に行動してるのが分かる。玲奈を通して、⑤これまで軽蔑してきた人たちのことを、私は少しずつ認められるようになってきた気がする」

ママの言ってることはよく分からなかったけど、［　　　　］。

「お腹は空いてない？」

「もうやめてよ。みんな私の顔を見るとお腹のことばっかり気にして」

「今日は私と濃厚接触しちゃったから、もし私が陽性なら、玲奈は今日から二週間学校に行けないよ」

「えー、まあもういいよ。覚悟決めたし」

「じゃあ早く寝なさい。歯磨きしてね」

どうしよう！　ともう一度叫んで、わんわん泣いてロクに話せないでいるとパパも部屋から出てきて、どうしたのと唖然(あぜん)とした様子で呟(つぶ)いた。

「奏斗(かなと)、お水持ってきて」

ママに促されてソファに座り、パパが持ってきたペットボトルから水を一気に飲むと、少しずつ落ち着いてきて、涙を拭いながら私は順を追って説明していく。一年くらい前からイーイーという中国からの留学生と仲良くしていたこと、ヨリヨリとミナミがお母さんと喧嘩をして家出したこと、私を呼び出し、マックでダべっていたこと、イーイーの家に泊めてもらえないかと聞き、帰りなさいと説得されたこと、送ってくれたイーイーが、ヨリヨリのお母さんに見つかり、交番に連れて行かれたこと。ママはローテーブルの向こうに座りこみ、途中で何度か「それはどこで？」とか「誰が？」とかの質問を挟んだけれど、じっと聞いていてくれた。

「まあ大体のことは分かったよ。じゃあ、玲奈のスマホで依子(よりこ)ちゃんに電話を掛けて」

言われた通りに掛けるけど、ヨリヨリは出ない。出ないと言うと、「じゃあイーイーって子に」と言うから、私は言われるがままに電話を掛けるけどやっぱり出ない。仕方ないなと言って、ママはチェストの引き出しを漁り、ファイルを漁り、自分のスマホで電話を掛けた。相手は担任の若槻(わかつき)先生のようで、事情を説明してヨリヨリのお母さんの連絡先を知りたい旨を伝えた。一度電話を切ったあと、先生から電話が掛かってきて、ママは電話番号を書き留めた。すぐにヨリヨリのお母さんに電話を掛けたけど、やっぱり出ないようだった。その時私のスマホが鳴って、私は慌ててスマホを落としてしまう。ヨリヨリからだった。

「もしもしヨリヨリ？」

「うん。今まだ交番で」

貸しなさいと言われ、私は出かかる言葉を止めてスマホをママに渡した。

「玲奈の母です。依子ちゃん、まだ交番にいるの？　お母さんは近くにいる？　ちょっと電話代わってもらってもいい？」

森山玲奈の母ですと自己紹介をすると、ママは私の話したぐちゃぐちゃな内容をＢざっと五行くらいにまとめて伝えた。ママの話す内容と口調から、状況は特に深刻ではないことを悟る。なんか知らないけど、ママは笑って話してて、きっとその電話の向こうにいるイーイーも、きっといつものあの朗らかな笑顔でいるんだろうと想像したら、安堵(あんど)でまた泣けてきた。私あんな大泣きして、

「もし玲奈がいなかったら、ママはもうとっくに死んでたかもしれないし、俺は今頃モロッコとかに住んでたかもしれないよ」

「何それ。意味わかんない」

パパはもう答えず、自分の言ったことにウケているのか［　Ⅰ　］していた。大袈裟（おおげさ）にため息をついた瞬間スマホが震えて私はパパの部屋を出る。ＳＭＳはヨリヨリからで、ほっとしつつ自分の部屋に戻って開く。「レナレナどうしよう。イーイーさんが送ってくれたんだけど、タクシー代渡してくれたところお母さんに見つかっちゃって、お母さん誤解してて大騒ぎして、警察が来ていま交番にいるの」ギュインギュインと音がしそうなくらい④頭が混乱して、私は視点が定まらなくなっていくのを感じる。どうしよう。イーイーは誘拐犯だと思われてるんだろうか。え、送ってただけなのに、何かの罪に問われるなんてことないよね？　私が紹介して知り合った人で、夜遅くて心配だから送ってくれたってことを、ヨリヨリはちゃんと警察の人に話したんだろうか、もし未成年者略取[注4]とかと勘違いされたら、イーイーが強制送還（そうかん）になったりする可能性はあるんだろうか。え、悪いことしてないのにさすがにそんなことないよね？　冷静にそう思う気持ちはあるのに、イーイーと友達が受けた差別の話が蘇って、心臓をめちゃくちゃに引っ掻（か）かれているような痛みが走る。私はまだ何が罪に問われる可能性があって、何が罪に問われる可能性がないのか分からない。そう気づいた瞬間、恐怖と情けなさに泣き出していた。体を震わせて［　Ⅱ　］と涙を流しながら、部屋を出てリビングと繋（つな）がるママの部屋をガンガン叩く。勢いよくドアを押し開けた私を見て、デスクに向かっていたママは驚いた様子で振り返り、どうしたのと言いながら、慌ててバッグの中を漁ってマスクをつける。

「どうしよう！　ママ助けて！」

声を上げてドアの前にしゃがみ込み、泣きじゃくる私に歩み寄り、ママは私の頭を撫（な）でた。

「何があったの？」

「イーイーが、近くのコンビニでバイトしてるイーイーっていう子が、中国人なんだけど、誘拐だと間違われて警察に連れて行かれたの。誘拐じゃないの。私の友達を、ヨリヨリを送って行ってくれただけなの。本当にイーイーは悪い人じゃない。友達なの。もうずっと友達なの。ミナミも送ってくれたの。ミナミとヨリヨリは家出してて、それで私に会いたいって言って、私もさっきまで一緒にいたの」

ぐちゃぐちゃな頭の中がぐちゃぐちゃぐちゃのまま出てくる。頭がショートしたみたいになっていて、身体中が［　Ⅲ　］している。

はモニターでつまらなそうな本の紹介番組を流しながら書類に向かっていた。ベッドに横になると、私はスマホを光らせてやっぱり連絡がきていないことを確認する。

「お腹空いたの?」

「もう夜のおやつは食べた。私見るとすぐに食べ物の話するの止(や)めて」

パパは笑って、最近よく食べてるからさと言う。

「玲奈の少食を、小さい頃からユリはいつも心配してたんだよ。俺がご飯よそうと、多く盛ると量負けして食べられなくなるからほんのちょっとにしろとか、味噌汁(みそしる)にネギがたくさん入ってると飲まないから玲奈の味噌汁にはネギをほんのちょっとしか入れるなとか言われて。だから玲奈が食べるようになってからすごく嬉しそうで、玲奈が今日食べた、こんなものも完食したとかいつも言ってて。玲奈がよく食べるようになってから、ノンフライヤーとか圧力鍋とかも買ったし、この間はホットサンドメーカーも買ってたよ」

「ふうん。でも私、そんな食べてたらそろそろヤバいと思うよ。なんか成長期もそろそろ終わりっぽい感じするし」

「まだまだ伸びるよ。お腹が空くってことは、それだけ体が必要としてるってことだから」

「それ聞き飽きた。それでめっちゃ太ったらどうしてくれんの」

「俺もユリも太ってないから大丈夫だよ」

「はいはい」

「玲奈はユリのこと、怒ってるの?」

パパが振り返って聞くから、別にとスマホを見ながらベッドにゴロゴロする。

「罹患(りかん)した人を責めるような風潮に与(くみ)[注3]しちゃ駄目だよ。コロナ差別なんて、馬鹿げてる」

「そういうことじゃないよ。どうしてパパはその辺割り切ってるの? 私はコロナが嫌なんじゃない。ママに彼氏がいるのが嫌なんだよ。パパは嫌じゃないの?」

「嫌だよ。でもユリにそれが必要なら、仕方ないことだよ。ユリと俺は生き方が違う」

「もし私がいなかったら、ママとパパはもう離婚してた?」

「スクリーンタイムでＬＩＮＥもう見れないから、帰ったらＳＭＳ[注2]送って」

「うん。ねえ玲奈、今日はありがとう。玲奈も辛い時なのに、いつも頼っちゃってごめん。また学校でね」

「うん。お母さんが陰性なら、来週からは学校行けるから」

「待ってるよ。まじレナレナのいない学校はクソつまんないから」

クソという言葉に反応してイーイーが眉間に皺（しわ）を寄せるから笑ってしまった。

「ごめんねイーイー、二人をお願い」

「いいよー。レナレナも気をつけて」

うんと言いながら背を向けると、私はマンションに向かって歩き出した。この駅前の神社から家までは五分程度で、そんな短い道のりも、③いつもと何かが違う気がした。

家に帰った私は、そこがいつもと何にも変わらない普通の家であることにちょっと引く。ママはもちろん、パパも私がいないことには気づかなかったようだ。この二時間半の私にとっての冒険は、まるで異次元で起こったことのようにさえ感じる。冷蔵庫と食料棚（だな）を漁（あさ）ると、クッキー二枚入りを二袋、グミ、コーラ、ポップコーンの小袋を持って部屋に戻る。

ベッドでボリボリ食べてると「今家に帰ったよ。イーイーさん、家まで十五分歩くって言ったらタクシーに乗りなって二千円貸してくれたんだけど、駅出たらママが待ってて、結局使わなかったから次玲奈に会った時返すね。電車でも色々話聞いてくれて、私の悪いところもちゃんと言ってくれて、ちょっと冷静になれた。また会いたいな」とミナミからＳＭＳが入った。ほっとして、「おかえり。ゆっくり休んでね。イーイーとはまた今度、普通にまた四人で話そうよ」と返す。

クッキーもグミもポップコーンも食べ切って、何だか暇（ひま）すぎて腹筋三十回を五セット、腕立て三十回を三セットこなしてもヨリヨリから連絡がなくて、何だか私は少し不安になってくる。うちの最寄りからヨリヨリの最寄りまで、三十分弱だったはずだ。乗換案内で検索してみるけど、やっぱり乗車時間は二十六分になっている。一回しか行ったことはないけど、ヨリヨリの家は駅からそんなに遠くなかったはずだ。お母さんと大喧嘩（おおげんか）とかになってるんだろうか。机の中からぷっちょを出して二つ食べて、更に腹筋と腕立てを二セットずつ繰り返したけどやっぱり連絡はこない。不安で部屋の中をうろうろした挙句（あげく）、ヨリヨリに「大丈夫？　家ついた？　スマホ取り上げられたとか？」とＳＭＳを入れるけど、返事がこない。落ち着かなくて、私はパパの部屋に行く。パパ

けどもしもイーイーが本当は悪い人で何か事件に巻き込まれたりしたらと想像して、私は自分勝手な上に友達も信用できない最低な人間だと自己嫌悪にも陥っていた。イーイーを完全に信用しているはずなのに、私はどうして恐ろしい想像を繰り返してしまったのだろう。もしかして、彼女が中国人だからだろうか。そんなことはないと思うけどもしそうだとしたら私は自分が許せないし、もし本当に自分が①そんな人間なのだとしたら、こんな人間のままもう二度と誰とも仲良くなりたくなどない。私は、どうしたら人を信用していると言えるのか分からないことに、真っ暗闇に取り残されたような心細さを感じていた。

「この中に、お父さんお母さん、他の家族から暴力を受けている子はいる?」

ミナミが一番に、私とヨリヨリが続いて首を振った。

「家出をした理由は?」

イーイーの強い口調に押されたように「お母さんに出ていけって言われた」とミナミが小さな声で答え、「このクソガキって言われた。言葉の暴力だよ」とヨリヨリは苛立ちを見せた。イーイーが私を見たから、「私は家出してないよ」と首を振る。

「そこまでに色々あったんだって、私にも分かるよ。お母さんと娘はいつでもすれ違い。好きに嫌い、嫌いに好きが混ざってる。いつでも話は聞く。でも今日は駄目。もう十時半。日本は安全だけど、絶対に安全じゃないよ。あなたたちを見たら分かる、いいものを食べさせてもらって、いいものを身につけさせてもらって、いい学校、いい友達を作る環境をもらってる。それだけで、あなたたちが家出をする理由なんてなくなるよ」

いつもラブドリ[注1]とかゲームの話ばっかりしてたから、私はイーイーが②こんなに大人だなんて知らなかった。「ほら今すぐお母さんに電話掛けて、今から帰るって言いなさい」とイーイーは慌ただしいジェスチャーをして、「ほらほら濃厚接触者の濃厚接触者も帰りなさい」と一応会う前にと思ってお母さんの事情を説明していた私にも指示する。

「この子たち、最寄り駅はどこなの?　私送って行くよ」

「でも、そんなの悪いよ。イーイーバイト終わりで疲れてるでしょ?」

「中学生を今から一人で帰せるわけない。これは大人の役割ね」

ヨリヨリとミナミはお母さんに電話を掛け、しばらく話した後電話を切った。ミナミは目に涙を浮かべている。お母さんに泣かれたのかもしれない。ヨリヨリは憮然としたままだったけど、もう帰ることに異論はないようだった。

二　次の各問に答えなさい。

問一　次の□に体の一部を表す漢字一字を入れると慣用句が完成します。□に当てはまる漢字を答えなさい。

①　□を割って話し合う。

②　□がうくようなお世辞。

③　後ろ□をさされる。

問二　次のAとBには意味が反対になる漢字が一字ずつ入ります。AとBに当てはまる漢字を答えなさい。

①　A船B馬

②　AB兼行(けんこう)

三　次の文章を読んで、後の問に答えなさい。

森山玲奈（レナレナ）は中学２年生。友人のミナミとヨリヨリが家出をしたとの連絡を受け、二人のいる神社にやってきた。しかし、この事態を自分だけで抱えきれないと判断した玲奈は、近所のコンビニでアルバイトをしている友人のイーイーを応援に呼ぶことにした。

はー、これが日本の非行少女ですか。神社にやって来たイーイーは、階段に座り込んでいる私たちを見て言った。

「A駄目だよ。絶対に駄目。あなたたちは絶対にしちゃいけないことをしてる」

厳しい口調で言うイーイーに、私はどこかホッとしていた。二人は浮かれてたけど、やっぱり、中学生が初対面の人の家に行くのは危ないことだし、泊まるなんてもってのほかだ。イーイーにメッセージを送った瞬間から、正直私はずっと後悔し続けていた。どこにいるの？　と聞かれ、神社の境内にいると返信してからは、もしイーイーが二人を預かって、そんなことないと信じている

# 2024年度

# 広尾学園小石川中学校

【国　語】〈第一回入試〉（五〇分）〈満点：一〇〇点〉

《注意事項》問題で文字数が指定されている場合はカッコや句読点を文字数に含みます。

一　次の各問に答えなさい。

問一　――線の漢字の読みをひらがなで答えなさい。

①　雑居ビルが立ち並ぶ。
②　大臣に就任する。
③　信頼(しんらい)関係を築く。
④　夕日が山に映える。

問二　――線のカタカナを漢字に改めなさい。

①　ユウエキな情報を得る。
②　ノウコウ民族と狩猟(しゅりょう)民族のちがい。
③　被災(ひさい)地域のフッコウ支援(しえん)を行う。
④　公園をサンサクする。
⑤　新しい命をサズかる。
⑥　友人を自宅にマネく。

2024年度

# 広尾学園小石川中学校　▶解説と解答

## 算　数　＜第１回入試＞（50分）＜満点：100点＞

### 解　答

1 (1) $1\frac{137}{500}$ (2) $11\frac{5}{12}$ (3) 230 (4) 720 (5) 2　2 (1) 80cm³ (2) 25通り (3) $67\frac{11}{15}$cm² (4) ８個 (5) ３人　3 (1) ６通り (2) ６通り (3) 42通り (4) 18通り (5) 30通り (6) 210通り　4 (1) 11時４分30秒 (2) 4.257km　5 (1) 沖縄 (2) ４点以上 (3) 10点以上14点以下　6 (例) **あ** 4 **い** 5 **う** 20 **え** 12 **お** 2 **か** 10 **き** 3 **く** 6 **け** 10 **こ** 3 **さ** 20 **し** 780

### 解　説

**1 四則計算，逆算，単位の計算，倍数，約束記号**

(1) $\left\{1.34 \div \left(1\frac{1}{2}-\frac{2}{3}\right)\right\} \times \left(5\frac{1}{3}-1.25\right) \div 5\frac{2}{13} = \left\{\frac{67}{50} \div \left(\frac{9}{6}-\frac{4}{6}\right)\right\} \times \left(\frac{16}{3}-\frac{5}{4}\right) \div \frac{67}{13} = \left(\frac{67}{50} \div \frac{5}{6}\right) \times \left(\frac{64}{12}-\frac{15}{12}\right) \div \frac{67}{13} = \frac{67}{50} \times \frac{6}{5} \times \frac{49}{12} \times \frac{13}{67} = \frac{637}{500} = 1\frac{137}{500}$

(2) $2.25 \times \left(\frac{5}{6}+\frac{1}{9}\right) = 2\frac{1}{4} \times \left(\frac{15}{18}+\frac{2}{18}\right) = \frac{9}{4} \times \frac{17}{18} = \frac{17}{8}$より，$\square \div 3\frac{1}{3} - \frac{17}{8} = 1.3$，$\square \div 3\frac{1}{3} = 1.3 + \frac{17}{8} = \frac{13}{10} + \frac{17}{8} = \frac{52}{40} + \frac{85}{40} = \frac{137}{40}$　よって，$\square = \frac{137}{40} \times 3\frac{1}{3} = \frac{137}{40} \times \frac{10}{3} = \frac{137}{12} = 11\frac{5}{12}$

(3) $1\,m^2 = 100cm \times 100cm = 10000cm^2$より，$0.023m^2$は，$0.023 \times 10000 = 230(cm^2)$となる。

(4) 右の図のアより，６で割り切れる３けたの整数は，166−16＝150(個)ある。同様に，イより，15で割り切れる３けたの整数は，66−６＝60(個)ある。また，６と15の最小公倍数は30だから，ウより，６でも15でも割り切れる３けたの整数は，33−３＝30(個)ある。よって，６または15で割り切れる３けたの整数は，150＋60−30＝180(個)あり，３けたの整数は全部で，999−99＝900(個)あるから，６でも15でも割り切れない３けたの整数は，900−180＝720(個)と求められる。

ア｛999÷６＝166余り３
　　99÷６＝ 16余り３
イ｛999÷15＝ 66余り９
　　99÷15＝　６余り９
ウ｛999÷30＝ 33余り９
　　99÷30＝　３余り９

(5) $13\frac{2}{3} \div 2\frac{3}{4} = \frac{41}{3} \div \frac{11}{4} = \frac{41}{3} \times \frac{4}{11} = \frac{164}{33} = 4\frac{32}{33}$より，$\left[13\frac{2}{3} \div 2\frac{3}{4}\right] = 4$となる。よって，$\left[\frac{2}{3} \times \left[13\frac{2}{3} \div 2\frac{3}{4}\right]\right] = \left[\frac{2}{3} \times 4\right] = \left[2\frac{2}{3}\right] = 2$と求められる。

**2 体積，場合の数，面積，つるかめ算，調べ，条件の整理**

(1) 右の図１のように，点ＱからDPと平行な線をひき，BFと交わる点をＲとすると，３点Ｄ，Ｐ，Ｑを通る平面で切ったときの切り口は，四角形DQRPになる。すると，点Ｈを含(ふく)む立体は太線部分になり，これと同じ立体を向きをかえて重ねると，高さが，６＋４＝10(cm)の直方体になる。この直方体の体積は，４×４×10＝160(cm³)だから，

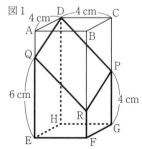

図１
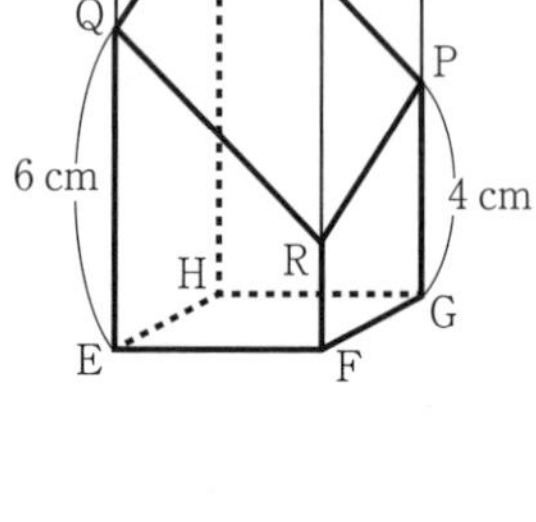

点Hを含む立体の体積は，160÷２＝80(cm³)とわかる。

(2)　１回目と２回目はA以外に止まり，３回目にAに止まる場合を考えればよい。１回目のさいころの目は６以外の５通りある。また，１回目にBに止まる場合，２回目のさいころの目は５以外の５通りになる。同様に，１回目にC，D，E，Fに止まる場合も，２回目のさいころの目は５通りずつある。さらに，２回目にBに止まる場合，３回目にAに止まるさいころの目は５の１通りであり，２回目にC，D，E，Fに止まる場合も，３回目にAに止まるさいころの目は１通りずつある。よって，１回目から３回目までのさいころの目の出方は，５×５×１＝25(通り)となる。

(3)　下の図２のように，半円の中心をOとして，点BからACと垂直に交わる直線BDをひく。このとき，三角形AOBは二等辺三角形だから，角BOD＝角OAB＋角OBA＝15＋15＝30(度)になる。すると，三角形OBDは正三角形を２等分した直角三角形であり，AO＝OB＝16÷２＝８(cm)だから，BD＝OB÷２＝８÷２＝４(cm)とわかる。よって，三角形AOBの面積は，８×４÷２＝16(cm²)である。また，角AOBの大きさは，180−15×２＝150(度)なので，おうぎ形OABの面積は，$8\times8\times3.14\times\frac{150}{360}=\frac{80}{3}\times\frac{314}{100}=\frac{1256}{15}=83\frac{11}{15}$(cm²)となる。したがって，斜線(しゃせん)部分の面積は，$83\frac{11}{15}-16=67\frac{11}{15}$(cm²)と求められる。

図２

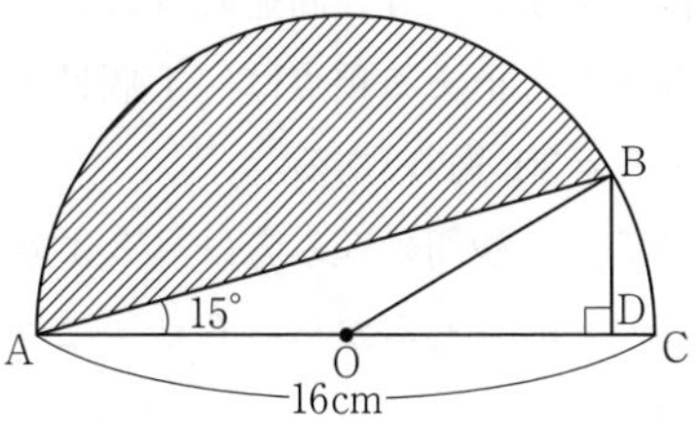


図３

160×㋷＋600×㋮＋2100×㋜＝34360(円)…ア
８×㋷＋ 30×㋮＋ 105×㋜＝ 1718(円)…イ
８×(㋷＋㋮＋㋜)＋ 22×㋮＋ 97×㋜＝ 1718(円)…ウ

(4)　リンゴの個数を㋷，マンゴーの個数を㋮，スイカの個数を㋜とすると，上の図３のアの式をつくることができる。また，アの式を20で割るとイの式になり，さらにイの式を変形するとウの式になる。ウの式で，８×(㋷＋㋮＋㋜)の値は，８×60＝480(円)だから，22×㋮＋97×㋜＝1718−480＝1238(円)となる。これにあてはまる(㋮，㋜)の組み合わせは(21，８)だけだから，売れたスイカの個数は８個とわかる。

(5)　②と⑤より，Bに行ったことがある人とCに行ったことがある人の合計は24人である。また，④より，Bに行ったことがある人とCに行ったことがある人の数は同じだから，それぞれ，24÷２＝12(人)となる。よって，④より，AとDの両方に行ったことがある人は，$12\times\frac{1}{4}=3$(人)と求められる。

## 3　場合の数

(1)　右の図１で，３秒後にはじめてBに着く方法は，はじめにCに進む場合が，A→C→D→B，A→C→H→Bの２通りある。はじめにE，Gに進む場合も２通りずつあるから，全部で，２×３＝６(通り)となる。

図１

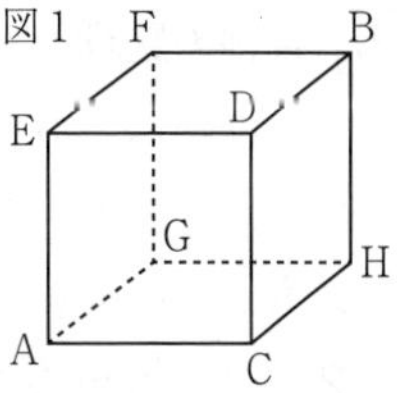


(2)　図１で，５秒後にはじめてBに着く方法は，はじめにCに進む場合が，A→C→D→E→F→B，A→C→H→G→F→Bの２通りある。はじめにE，Gに進む場合も２通りずつあるから，全部で，２×３＝６(通り)になる。

(3)　下の図２のように，１秒後にはC，E，Gのいずれかに進み，それぞれ進み方は１通りである。次に，２秒後にDに進む場合，１秒後のC，Eから進むことができるので，１＋１＝２(通り)の進み方がある。２秒後にF，Hに進む場合も２通りずつあり，Aに進む場合は，１秒後のC，E，Gから進むことができるので，１＋１＋１＝３(通り)となる。その後も同様に調べると，図２のようになる。５秒後にBに着くためには，４秒後のD，F，Hから進めばよいので，全部で，14×３＝42(通り)ある。

図２

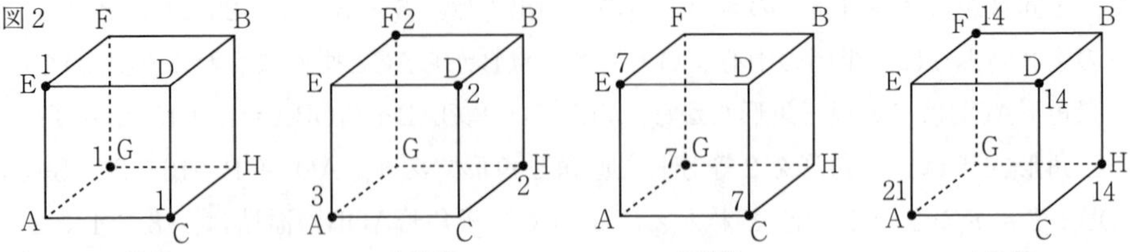


１秒後　２秒後　３秒後　４秒後

(4)　４秒後にはじめてBに着くには，いずれかの頂点で１秒間止まり，３秒間進めばよい。このときの進み方は，(1)より６通りである。また，それぞれの進み方で，止まる頂点は，１個目(A)，２個目，３個目の３通りあるから，４秒後にはじめてBに着く方法は，６×３＝18(通り)ある。

(5)　６秒後にはじめてBに着くには，いずれかの頂点で１秒間止まり，５秒間進めばよい。このときの進み方は，(2)より６通りである。また，それぞれの進み方で，止まる頂点は，１個目～５個目の５通りあるから，６秒後にはじめてBに着く方法は，６×５＝30(通り)ある。

(6)　(5)と同様に考える。一度通った辺を通ることができるので，５秒間の進み方は，(3)より42通りある。それぞれの進み方で，止まる頂点は，１個目～５個目の５通りあるから，６秒後にはじめてBに着く方法は，42×５＝210(通り)とわかる。

## 4　速さ

(1)　B君はスタート地点から山頂まで，10時48分－10時11分＝37分かかっている。また，B君はスタート地点から山頂までの$\frac{2}{5}$の地点でA君を追いこしたので，その時間は，B君が出発してから，$37\times\frac{2}{5}$＝14.8(分後)となる。すると，A君は追いこされるまでに，11＋14.8＝25.8(分)進んだので，A君がスタート地点から山頂までにかかる時間は，$25.8\div\frac{2}{5}$＝64.5(分)とわかる。これは，60×0.5＝30(秒)より，１時間４分30秒だから，A君が山頂に着く時刻は，10時＋１時間４分30秒＝11時４分30秒となる。

(2)　B君が山頂に着いてからA君が山頂に着くまでに，A君は，11時４分30秒－10時48分＝16分30秒＝16.5分で1089m進んでいる。よって，A君の速さは分速，1089÷16.5＝66(m)なので，スタート地点から山頂までの道のりは，66×64.5＝4257(m)より，4.257kmとわかる。

## 5　条件の整理

(1)　沖縄は，５×35＋３×35＋１×10＝290(点)，京都は，５×25＋３×40＋１×30＝275(点)，広島は，５×20＋３×20＋１×60＝220(点)，北海道は，５×20＋３×５＝115(点)となる。よって，最も点数の高い沖縄が行き先になる。

(2)　第２希望の点数を①点とすると，沖縄は，６×35＋①×35＋２×10＝230＋㉟(点)，京都は，６×25＋①×40＋２×30＝210＋㊵(点)，広島は，６×20＋①×20＋２×60＝240＋⑳(点)，北海道

は，６×20＋①×５＝120＋⑤(点)になる。このとき，京都が沖縄の点数以上になるには，㊵－㉟＝⑤が，230－210＝20(点)以上になればよいので，①＝20÷５＝４(点)以上となる。また，京都が広島の点数以上になるには，㊵－⑳＝⑳が，240－210＝30(点)以上になればよいので，①＝30÷20＝1.5(点)以上となる。したがって，北海道が京都より高い点数になることはないので，第２希望の点数を４点以上にすればよい(沖縄と京都が同点のときは，票数の合計が多い京都に行き先が決まる)。

(3)　第２希望の点数を①点とすると，沖縄は，15×35＋①×35＋５×10＝575＋㉟(点)，京都は，15×25＋①×40＋５×30＝525＋㊵(点)，広島は，15×20＋①×20＋５×60＝600＋⑳(点)，北海道は，15×20＋①×５＝300＋⑤(点)であり，北海道は必ず最下位になる。(2)と同様に考えると，沖縄と広島が同点になるのは，①＝(600－575)÷(35－20)＝$1\frac{2}{3}$(点)のときであるが，第２希望の点数は第３希望の点数(５点)より高いので，沖縄は必ず広島より上位になる。また，沖縄と京都が同点になるのは，①＝(575－525)÷(40－35)＝10(点)のときである。したがって，第２希望の点数は第１希望の点数(15点)より低いから，第２希望の点数が10点以上14点以下のとき，沖縄が２位になる。

## 6　分数の性質

問題文中の$\frac{5}{6}$の考え方から，●×■＝20，●＋■＝９になるので，小さい順に，●＝４(…あ)，■＝５(…い)となる。次に，$\frac{3}{5}=\frac{12}{20}$(…う，え)であり，このとき，△×☆＝20，△＋☆＝12になるから，小さい順に，△＝２(…お)，☆＝10(…か)とわかる。すると，$\frac{3}{5}=\frac{1}{2}+\frac{1}{10}$となり，$\frac{1}{2}=\frac{9}{18}=\frac{6+3}{6\times3}=\frac{6}{6\times3}+\frac{3}{6\times3}=\frac{1}{3}+\frac{1}{6}$より，$\frac{3}{5}=\frac{1}{3}+\frac{1}{6}+\frac{1}{10}$と表せる。よって，小さい順に，▲＝３(…き)，★＝６(…く)，◆＝10(…け)となる。最後に，$\frac{5}{13}=\frac{1}{2.6}$より，♡＝３とすると，$\frac{5}{13}=\frac{1}{3}+\frac{1}{♤}+\frac{1}{♧}$と表せる。このとき，$\frac{1}{♤}+\frac{1}{♧}=\frac{5}{13}-\frac{1}{3}=\frac{2}{39}$になり，$\frac{2}{39}=\frac{1}{19.5}$より，♤＝20とすると，$\frac{1}{♧}=\frac{2}{39}-\frac{1}{20}=\frac{40}{780}-\frac{39}{780}=\frac{1}{780}$となる。したがって，♡＝３(…こ)，♤＝20(…さ)，♧＝780(…し)とわかる。なお，(▲，★，◆)＝(２，15，30)，(３，５，15)，(♡，♤，♧)＝(３，26，78)，(４，８，104)なども考えられる。

# 社　会　＜第１回入試＞(30分)＜満点：50点＞

## 解　答

**1**　**問１**　名古屋(市)　**問２**　イ　**問３**　エ　**問４**　(1)　政令指定都市　(2)　ウ　**問５**　イ　**問６**　(1)　**あ**　関門　**い**　琵琶湖　(2)　ウ　**問７**　ア，ウ　**2**　**問１**　ア　**問２**　(1)　木簡　(2)　ウ　**問３**　(1)　エ　(2)　エ　**問４**　(1)　享保の改革　(2)　田沼意次　**問５**　(1)　エ　(2)　芥川龍之介　**3**　**問１**　カ　**問２**　イ，オ　**問３**　(1)　公聴会　(2)　弾劾裁判所　**問４**　エ　**問５**　イ　**問６**　**X**　総務　**Y**　経済産業　**問７**　イ　**4**　Ⅰ　(例)　裁判の基本的な基準を定め，公平な裁定が下されるように，鎌倉幕府は御成敗式目を制定した。　Ⅱ　(例)　台風の発達を弱め，集中豪雨の雨量を分散させるシステムを用いて，風水害による被害を減らし，災害というおそれから解放された社会をつくっていきたいと考える。

## 解説

### 1 鉄道を題材とした地理についての問題

**問１**　東海道新幹線に乗って東京から出発すると，Ⅴ(神奈川県)→Ⅳ(静岡県)→Ⅱ(愛知県)→Ⅰ(京都府)の順に通過するので，３番目に通る愛知県の県庁所在地は名古屋市である。なお，Ⅲは長野県の形である。

**問２**　X　世界初の鉄道は，1825年にイギリスで開通したストックトン・アンド・ダーリントン鉄道である。また，ユーロスターは，イギリスとヨーロッパ大陸を結ぶ高速鉄道で，イギリスの首都ロンドンとフランスの首都パリを約２時間30分で走る。　Y　中国には，長距離高速鉄道が複数あり，世界最長の路線網を形成している。なお，ユーラシア大陸を１つに結ぼうとする計画は「一帯一路」構想と呼ばれ，アジアとヨーロッパを陸路と海上航路でつなぐ巨大な経済圏を構築することを目指している。

**問３**　インフラとは，産業や生活の基盤となる施設，機関，制度，サービスなどを指し，上下水道，道路，空港，鉄道やバスなどの公共交通機関，通信網，電気やガスなどの供給がこれにあたる。よって，ア(⊗)の警察署，イ(☼)の発電所等，ウ(ර)の電波塔，オ(⊕)の病院はインフラに関わるものであるが，エ(♁)の果樹園は当てはまらない。

**問４**　(1)　政府によって指定を受けた人口50万人以上の市を政令指定都市といい，それらの都市は一般の市町村に比べて住民に関する事務や権限を多く与えられている。2024年２月現在，20都市が指定されており，複数の行政区に分けて区役所を設置している。　(2)　【写真ａ】は秋田県で開催される竿燈まつり，【写真ｂ】は青森県で開催されるねぶた祭である。また，信楽焼は滋賀県，熊野筆は広島県，津軽塗は青森県，南部鉄器は岩手県でつくられている伝統的工芸品である。

**問５**　日本アルプスは，北アルプスと呼ばれる飛驒山脈，中央アルプスと呼ばれる木曽山脈，南アルプスと呼ばれる赤石山脈を指す。また，飛驒山脈を源流とし，富山県を流れて日本海に注ぐ常願寺川，同じく飛驒山脈を源流とし，長野県や岐阜県，愛知県を流れて伊勢湾に注ぐ木曽川，日本一長い信濃川は，世界の川と比べて短いが，標高の高い地点から短い距離を一気に流れおりるので流れが急である(X…正)。日本では河口からの距離が一番長い河川は信濃川だが，流域面積が一番広い河川は利根川となっている(Y…誤)。なお，流域面積とは，地上に降った雨や雪がその川に流れ込む土地の面積を全て合わせたものである。

**問６**　(1)　**あ**　関門海峡は，本州と九州をへだてて瀬戸内海と日本海とを結ぶ本州西端に位置する海峡で，下関(山口県)と門司(福岡県)の頭文字をとって名づけられた。江戸時代には，日本海側から関門海峡を抜けて大阪へ行く西廻り航路が整備され，北前船が年貢米や特産物を運んだ。
**い**　明治時代には，江戸時代に引き続いて湖や河川を利用した運搬が行われ，福井県敦賀から琵琶湖を経て，瀬田川(河口では淀川)を通り，京都や大阪へ物資がとどけられた。　(2)　敦賀市は，日本海側の気候に属するため，冬は大陸から吹くしめった北西の季節風の影響を受けて雨や雪が多く降る(ウ…○)。

**問７**　各方面で設置されている新幹線について，開業前と開業後の人口の推移を見ることは，新幹線が通っているかいないかで人口に差が出ることの裏づけとなる(ア…○)。また，人口密度のちがいを色別に示すことで，停車駅周辺に人口が集中しているかどうか，それ以外の地域では過疎化が進んでいるかどうかを確認することができる（ウ…○）。

**2　将棋を題材とした歴史についての問題**

**問１**　紀元前にインドでさとりを開いたシャカ（ゴータマ・シッダールタ）によって始められた仏教は，538年（一説には552年）に朝鮮半島にあった百済の聖明王から仏像や経論などがもたらされたことで日本に伝わり，蘇我氏や聖徳太子によって厚く信仰された。

**問２**　(1)　図３は，高価であった紙の代わりとして，奈良時代ごろから荷札などに使われていたとされている木簡である。役人は，役所間の連絡や運ばれる物の内容を筆でこれに記し，文字が書かれた表面を小刀でけずって再利用したと推測されている。　(2)　図１より，11世紀当時は「玉将」が用いられていたことがわかる（ａ…×）。図２を見ると，「酔象」と書かれた駒の裏面に文字は書かれていないので，11世紀当時の「酔象」は成ることはできなかったと判断できる（ｂ…○）。藤原道長と子の頼通は天皇の外戚（母方の親戚）となり，摂政や関白を務めることで政治の実権をにぎった（ｃ…○）。1086年に白河天皇は子の堀河天皇に位をゆずり，上皇として政治の実権をにぎり続けた。院と呼ばれる上皇の住まいで行われたこうした政治を院政という（ｄ…×）。

**問３**　(1)　藤原頼長の要求では，従来の年貢品目から「細布」を減らしている（ａ…×）。「水豹皮」はアザラシの毛皮のことであるので，北海道（当時は蝦夷地）とのつながりがあったと推測できる（ｂ…○）。平清盛は宋（中国）との間で貿易を行った（ｃ…×）。マルコ・ポーロは，著書『東方見聞録』の中で，日本を「黄金の国ジパング」として紹介した（ｄ…○）。　(2)　Ⅰは安土桃山時代（『歌舞伎図巻』の女歌舞伎と南蛮ファッション），Ⅱは平安時代（『源氏物語絵巻』），Ⅲは明治時代（牛鍋屋の様子），Ⅳは江戸時代（相撲浮世絵）のことなので，年代の古い順に，Ⅱ→Ⅰ→Ⅳ→Ⅲとなる。

**問４**　(1)　江戸幕府の第８代将軍徳川吉宗は，享保の改革（1716～45年）と呼ばれる政治改革を行い，新田開発，上米の制，足高の制，目安箱の設置，さつまいもの栽培などの政策を実施した。　(2)　田沼意次は，江戸幕府の第10代将軍徳川家治の在職中，側用人から老中となって権力をにぎると，商業政策を推進した。商人の経済力を利用するために，商工業者の同業組合である株仲間の結成を積極的に認め，その代わりに営業税を課すことで幕府の収入を安定させようとした。

**問５**　(1)　第一次世界大戦の影響で急に大金持ちになった人は，将棋において「歩」などの駒が敵の陣地に入ると「金」になることから，「成金」とよばれた。明かりをともす材料として紙幣を用いるぐらい成金は金持ちになったことを，資料Ⅰでは風刺している（Ｘ…誤）。第一次世界大戦に敗戦したドイツは，1919年に結ばれたベルサイユ条約により巨額の賠償金を負うことになり，1923年にハイパーインフレに見舞われた。資料Ⅱは，子どもたちが価値の著しく低下した紙幣の束を積み木のようにして遊ぶ様子である（Ｙ…誤）。　(2)　芥川龍之介は，大正時代に活躍した小説家で，『鼻』『羅生門』『蜘蛛の糸』など多くの作品を発表した。1935年に菊池寛の発案で芥川賞という文学賞が創設され，今日まで優れた作品を書いた新人作家におくられている。

**3　広島サミットを題材とした公民についての問題**

**問１**　Ⅰのコーンウォールサミットは2021年（東京オリンピック・パラリンピック競技大会），Ⅱのビアリッツサミットは2019年（アマゾン熱帯雨林火災），Ⅲの伊勢志摩サミットは2016年（パリ協定の早期発効に取り組む）のことなので，年代の古い順に，Ⅲ→Ⅱ→Ⅰとなる。

**問２**　内閣は国会に対して連帯して責任を負っているため，衆議院で内閣不信任決議案が可決された場合，10日以内に衆議院を解散するか内閣を総辞職しなければならない(イ…×)。最高裁判所の長官は内閣によって指名され，天皇によって任命される(オ…×)。

**問３**　(1)　公聴会は，利害関係者や専門家などから意見を聴く制度で，本会議の前に行われる委員会で，予算を審議するときや重要な議案のときに必ず開かれる。　(2)　重大な過ちを犯した裁判官や身分にふさわしくない行為をした裁判官については，国会に設置された弾劾裁判所で辞めさせるかどうかを判断する。この裁判は弾劾裁判と呼ばれ，衆議院と参議院それぞれから選ばれた７人ずつの議員が裁判員を務める。

**問４**　グローバルサウスは，明確な定義はないが，近年経済発展をとげている新興国や発展途上国を指すことが多い。また，発展途上国で環境を維持したままつくられた食品や製品を適正な価格で購入し，発展途上国の人々の自立を支援しようとする活動をフェアトレードといい，Ａはその活動のロゴマークである。なお，Ｂはユニセフ(国連児童基金)のロゴマーク，Ｃは防衛省のロゴマークである。

**問５**　インドでは二輪車と四輪車を合わせた自動車生産台数が近年増加傾向にある(Ｘ…正)。インドは，自由や民主主義といった価値観を共有する枠組みであるQUADに，日本，アメリカ，オーストラリアとともに参加している(Ｙ…誤)。

**問６**　**Ｘ**　総務省は，地方自治，選挙，消防，情報通信などに関する仕事を担当し，外局として，消防庁と公害等調整委員会が置かれている。　**Ｙ**　経済産業省は，通商，産業，貿易などに関する仕事を担当し，外局として，中小企業庁，資源エネルギー庁，特許庁が置かれている。

**問７**　2000年代初め，日本は19％台，中国は２％程度の分担金負担割合であったが，2022年には日本は8.0％，中国は15.3％となっている(Ｘ…正)。国際連合に加盟しているのは現在193か国で，上位５か国の分担金負担割合を合計すると，22.0＋15.3＋8.0＋6.1＋4.4＝55.8(％)である(Ｙ…誤)。

**４　史料の読み取りとDXについての問題**

Ⅰ　鎌倉幕府の第３代執権北条泰時が，式目をつくった根拠や理由を書いて弟の北条重時に送っていることから，この法典は1232年に制定された御成敗式目であるとわかる。この手紙には，この式目は武家社会の道理に従ってつくられたこと，裁判の際の基準がないと当事者の権力や地位を考慮して判断が下されるおそれがあるので，裁判の基本的な基準を詳しく記述したことが書かれている。

Ⅱ　DX(デジタルトランスフォーメーション)についての身近な具体例を挙げ，それを用いてどのような社会をつくっていきたいか，目標１～９のいずれかと関連させて自分の言葉で書けばよい。

## 理　科　＜第１回入試＞（30分）＜満点：50点＞

**解　答**

**１**　**問１**　30cm²　　**問２**　2.7ｇ　　**問３**　1.0mm　　**問４**　（例）　１円玉と同じ形状の水の重さと，その水が受ける浮力の大きさがつりあうから。　　**問５**　３cm　　**問６**　0.86倍

**２**　**問１**　ア　　**問２**　食塩　　**問３**　食塩水Ａ　　**問４**　（例）　密度のちがうものどうしを混ぜたときにもやもやしたものが見えること。　　**問５**　オ　　**３**　**問１**　ア　　**問２**　う)，

く）　**問３**　（例）　天敵から身をかくす場所になる。　**問４**　**先に駆除すべき動物**…アメリカザリガニ　**理由**…（例）　ブラックバスを先に駆除してしまうと，ブラックバスに捕食されなくなったアメリカザリガニが増えてしまうから。　**4**　**問１**　（例）　夏の台風発生数が多い。/冬の台風発生数が少ない。　**問２**　イ　**問３**　（例）　右の図　**問４**　（例）　図３のサイクロンは南半球に位置しているから。

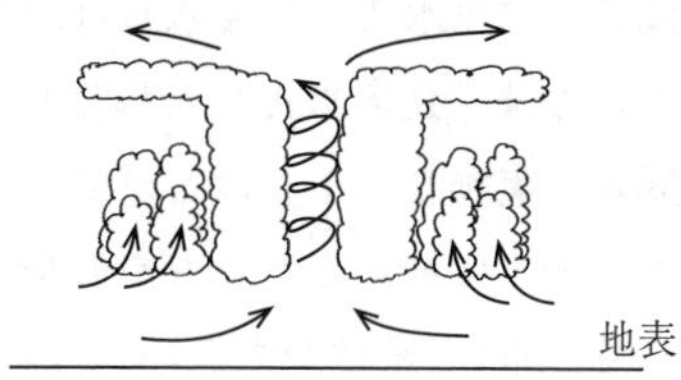


## 解　説

### 1　水面ができる仕組みについての問題

**問１**　円柱の体積は，（底面積）×（高さ）で求められるので，コップの底面の面積を□cm$^2$とすると，□×10＝300が成り立ち，□＝300÷10＝30（cm$^2$）とわかる。

**問２**　直径が２cmの１円玉の底面の半径は，２÷２＝１（cm）だから，この１円玉の底面積は，１×１×3.14＝3.14（cm$^2$）である。よって，１円玉の体積は，3.14×0.12＝0.3768（cm$^3$）だから，この１円玉１cm$^3$あたりの質量は，１÷0.3768＝2.65…より，2.7ｇと求められる。

**問３**　１円玉の質量は１ｇだから，１円玉の重さを，１×10＝10とすると，水が表面張力により１円玉を持ち上げる力の大きさは７になる。１円玉の重さと，浮力の大きさと表面張力の大きさの和が等しくなっているので，１円玉にはたらく浮力の大きさは，10－７＝３となる。よって，１円玉が押しのけた水の体積を□cm$^3$とすると，１×□×10＝３より，□＝0.3（cm$^3$）と求められる。したがって，このとき１円玉が沈んだ深さは，0.3÷3.14×10＝0.95…（mm）より，1.0mmである。

**問４**　問３の問題文で述べられているように，１円玉と同じ形状の水が水面と同じ高さまで沈んだ場合には，その水は，１×（１円玉の体積）×10の大きさの浮力をうける。いっぽう，水の重さも，１×（１円玉の体積）×10の大きさだから，ちょうど水面の深さまで沈んだときに，この水の重さと水の受ける浮力の大きさがつりあって，静止する。

**問５**　円柱状のコップに満たされた水の体積は，３×３×3.14×４＝36×3.14（cm$^3$）で，この体積は宇宙空間で球になっても変わらない。よって，球の半径を□cmとすると，□×□×□×3.14×４÷３＝36×3.14が成り立ち，□×□×□＝36÷４×３＝27となる。ここで，27＝３×３×３だから，□＝３（cm）と求められる。

**問６**　水が球になったときの半径は３cmだから，その表面積は，３×３×3.14×４＝36×3.14（cm$^2$）である。また，円柱状のコップに入った水の表面積は，３×３×3.14×２＋３×２×3.14×４＝42×3.14（cm$^2$）になる。よって，球になったときの水の表面積は，この水が円柱状のコップに入っていたときの表面積の，（36×3.14）÷（42×3.14）＝0.857…より，0.86倍となる。

### 2　もののとけかたについての問題

**問１**　食塩の粒は立方体のような形をしていて，片栗粉の粒は白色で丸みを帯びた形をしている。また，一般に，市販されているものの粒の大きさは食塩の方が片栗粉よりも大きい。

**問２**　実験１－３で無色のもやもやしたものが見られたことから，ろ液には食塩水と片栗粉のいずれか，もしくは両方がとけ出したことがわかる。しかし，実験１－４でろ液にヨウ素液を加えても色が変化しなかったことから，ろ液には主な成分がでんぷんである片栗粉はとけ出していないことになる。よって，ろ液には水とヨウ素液のほかに食塩がとけていたことがわかる。

**問３**　食塩水Ａと食塩水Ｂは同じものだから，実験２－１で食塩水Ｂを加えたときに変化が見られないのは，食塩水Ａを入れたものだと考えられる。

**問４**　実験２－１ではとけているものが異なる液体，実験２－２では濃度が異なる食塩水の一方をもう一方に加えると，もやもやしたものが見られることがわかる。また，実験２－２より，濃度が高く，重い(密度が大きい)ものは底の方で，濃度が低く，軽いものは上の方でもやもやしたものが見られた。以上のことから，密度がちがう液体どうしが混ざり合うときにもやもやしたものが見られると考えられる。これは，光の屈折のしかたが液体の密度によって異なるからである。

**問５**　アでは紅茶が水にとけ出すことで，イとエではあたためられた空気がぼう張して軽くなることで，ウでは氷に冷やされた部分の水の密度が大きくなることで，液体中や空気中での密度の差ができてもやもやしたものが見える現象である。いっぽう，オは急激に圧力が下がることでペットボトルに入れた気体のアルコールが液体に変化して，ペットボトル内が白くくもって見える現象である。

**3 特定外来生物についての問題**

**問１**　アカミミガメ，ヤモリ，ヘビはは虫類，カエルは両生類，ドジョウは魚類である。また，アメリカザリガニ，ムカデ，バッタ，オキアミなどのように足にふしがある動物を節足動物という。なお，ミミズは背骨のない無せきつい動物のうち環形動物に属する。

**問２**　ウシガエルはアメリカやカナダ，アライグマは北アメリカを原産とする外来種で，特定外来生物に指定されている。なお，セイヨウタンポポはヨーロッパを原産とする外来種で，特定外来生物に指定されてはいないが，生態系被害防止外来種リストに掲載されている。

**問３**　水生植物は，ヤゴやメダカ類などの生物にとって，天敵から身をかくす，生活や産卵の場所にするなどの役割をしている。そのため，水生植物が減ると，ヤゴやメダカ類の生物が天敵に食べられやすくなったり，生活しにくくなったりしてしまうため，数が減少していく。

**問４**　ブラックバスを先に駆除してしまうと，ブラックバスに捕食されるアメリカザリガニの数が減るので，アメリカザリガニが増えてしまい，そのあとにアメリカザリガニを駆除するのが大変になってしまう。一方で，アメリカザリガニから駆除すると，エサを捕りにくくなったブラックバスの数が減り，駆除しやすくなると考えられる。したがって，アメリカザリガニから先に駆除する方がよいといえる。

**4 台風についての問題**

**問１**　表で，2010年から2022年の台風発生数は８月，９月が多く，１月，２月，12月が少ない。したがって，台風発生数は冬に少なく，夏に多いといった特徴があると考えられる。

**問２**　台風の中心は台風の目とよばれ，まわりとくらべると風は弱く，晴れていることも多い。したがって，イが誤りである。

**問３**　熱帯低気圧は上昇気流によって発生すると述べられている。そのため台風の近くでは，垂直方向に発達した積乱雲が発達している。また，地球の自転の影響で，北半球では低気圧に向かって上空から見て反時計回りに風がふきこんでいて，台風の中心付近では風がアイウォールに沿うようにしてらせん状に渦を巻きながら上昇していく。なお，台風に海面付近から入りこんだ風が渦を巻いて上昇するさいに，中心付近には空気が少なくなる。そのため，上空から空気が流れこみ

（下降気流が発生して），台風の中心付近には雲がほとんどない「目」ができる。

**問４**　問３でも述べたように，北半球では地球の自転の影響により，台風（低気圧）には上空から見て反時計回りに風がふきこむ。いっぽう，南半球では低気圧には時計回りに風がふきこむ。そのため，図３のように時計回りに渦を巻くサイクロンは南半球で発生したものだとわかる。なお，サイクロンとは南半球のインド洋や南太平洋で発生した風速17.2m/秒以上の熱帯低気圧のことをさす。

## 国　語　＜第１回入試＞（50分）＜満点：100点＞

### 解　答

□一 **問１**　①　ざっきょ　②　しゅうにん　③　きず（く）　④　は（える）　**問２**　下記を参照のこと。　□二 **問１**　①　腹　②　歯　③　指　**問２**　（A，Bの順で）①　南，北　②　昼，夜　□三 **問１**　Ⅰ　ニヤニヤ　Ⅱ　ポロポロ　Ⅲ　ぽかぽか　Ⅳ　ケラケラ　**問２**　（例）　中国人だという理由で友達を信用しない人間。　**問３**　イ　**問４**　ア　**問５**　（例）　自分が家出した友人たちを任せたせいで，イーイーが誤解から罪に問われて強制送還される可能性に気づき，あせっているから。　**問６**　イ　**問７**　ウ　**問８**　エ

□四 **問１**　A　エ　B　オ　C　ウ　D　ア　**問２**　エ　**問３**　（例）　同意や共感の濃淡の差を言葉にしてやり取りを重ねるなかで，お互いの理解を深め，合意形成ができるようになることで，自分が豊かになり，より複雑になること。　**問４**　全面的な同意と共感を誇示すること　**問５**　ウ　**問６**　ア　**問７**　（例）　大人が子どもを管理，監視して，単一の「ものさし」をあてがって相対的な優劣を競わせることで，極端な同調的コミュニケーションや自己責任論，格付け志向を内面化させること。

●漢字の書き取り

□一 **問２**　①　有益　②　農耕　③　復興　④　散策　⑤　授（かる）　⑥　招（く）

### 解　説

**□一 漢字の読みと書き取り**

**問１**　①　建物内にさまざまな企業（きぎょう）や店が入居すること。　②　立場や地位につくこと。　③　音読みは「チク」で，「構築」などの熟語がある。　④　音読みは「エイ」で，「映像」などの熟語がある。

**問２**　①　便利で役に立つこと。　②　田畑を耕し農作物を得ること。　③　一度は衰退（すいたい）したものがかつての勢いを取り戻（もど）すこと。　④　あてもなく歩くこと。　⑤　音読みは「ジュ」で，「授業」などの熟語がある。　⑥　音読みは「ショウ」で，「招待」などの熟語がある。

**□二 慣用句の完成，四字熟語の完成**

**問１**　①　「腹を割る」は，“本音をかくさず打ち明ける”という意味。　②　「歯がうくような」は，言葉や態度に相手を過度に持ち上げるようなわざとらしさや不快感があるさま。　③　「後ろ指をさされる」は，“陰（かげ）で悪く言われる”という意味。

**問２**　①　「南船北馬」は，全国各地をいそがしく旅すること。　②　「昼夜兼行（ちゅうやけんこう）」は，昼も夜

も関係なく仕事を続けること。

三 **出典：金原ひとみ『腹を空かせた勇者ども』**。コロナ禍を生きる中学生の玲奈(レナレナ)は，家出した友人たちの力になろうと動いたことをきっかけに，ふだんとは少し異なる時間を過ごす。

**問1**　Ⅰ　パパが自分の言ったことを面白がっている場面なので，声を出さずに表情だけで笑うさまを表す「ニヤニヤ」が合う。　Ⅱ　玲奈が「恐怖と情けなさ」で涙を流す場面なので，何かの粒がとめどなくこぼれるさまを表す「ポロポロ」がよい。　Ⅲ　玲奈が動転して冷静さを失う場面なので，あたたかさや温度の高さを表す「ぽかぽか」が選べる。　Ⅳ　パパの言葉にママが声を立てて笑う場面なので，おかしがって笑い声をあげるさまを表す「ケラケラ」が正しい。

**問2**　前の部分で玲奈は，「イーイーを完全に信用しているはずなのに」自分が恐ろしい想像を繰り返してしまうのは「彼女が中国人だからだろうか」と考え始めている。自分がイーイーを「中国人だから」といって差別するような人間だとしたら，という可能性に玲奈はおびえていることが読み取れる。

**問3**　前の部分でイーイーは，ミナミとヨリヨリに家出の原因を尋ね，理解を示したうえで，家に帰らなければいけない理由を説明している。イーイーが「日本」の治安や中学生たちの生活環境に向ける客観的なまなざしから，玲奈はイーイーの大人としての一面を実感したことが想像できるので，イが選べる。

**問4**　続く部分で帰宅した玲奈は，自宅のようすが「いつもと何にも変わらない」ことに違和感をおぼえながら，それまでの「二時間半」のできごとは自分にとって「異次元で起こったこと」のようだと振り返っている。玲奈は，家出した友人ふたりのためにイーイーに助けを求めるという「冒険」と，日常との落差を感じていることが読み取れるので，アがよい。

**問5**　前の部分で玲奈は，ヨリヨリを家まで送り届けたイーイーがヨリヨリの母に「誤解」され，警察沙汰になって交番にいることを知らされている。家出した友人たちのことで自分がイーイーを頼ったために，イーイーが「誘拐犯」か何かと勘違いされて「罪に問われ」，「強制送還」される可能性が生まれているという事態に対し，玲奈がおどろき戸惑っていることが読み取れる。

**問6**　前の部分でママは，困っている友達のために奔走する人に対し，かつては共感できず「欺瞞」を感じていたが，玲奈を見ているとむしろ「馬鹿正直」に行動しているとわかると話している。ママが軽蔑してきたのは，友達を助けたい，「何とかしてあげたい」という気持ちが先走るあまり，客観的に見ると賢いとは言えない行動をとる人だと想像できるので，イがよい。

**問7**　問6でみたように，ママはかつて冷めた目で見ていた人たちのことも，玲奈を通じて見ると「少しずつ認められるようになってきた気がする」と感じている。玲奈の存在のおかげでママの視野が広がり，より多くのものを受けいれられるようになったということだと考えられるので，ウがよい。ママは自分の変化をあくまで「少しずつ」としており，短い時間での大きな成長は読み取れないので，イは合わない。

**問8**　号泣する玲奈を前にしたパパは「唖然」とするばかりで，ママに言われてペットボトルの水を持ってきた以外は特段動きがない。「でくの坊みたいに」座ってぼんやりとしていたのも，慎重に物事を見極めようとしていたというより，どうすればよいかわからず手持ちぶさただったと想像できる。よって，エが正しくない。

四 **出典：内田樹『生きづらさについて考える』**。筆者は，凝り固まった価値観や規範を若者に強いる日本社会や学校教育を批判しながら，コミュニケーションの本質と現状について論じている。

**問１**　**A**　筆者は，現代日本は世界で起きる「大きな変化」を無視して，若者に閉じた価値観の中で生きるよう強要していると述べた後，日本社会の若者たちは世界の変化を受けて「恐怖と不安」で「硬直(こうちょく)している」という，より正確な実態を説明している。よって，二つのことを並べて，前のことがらより後のことがらを選ぶ気持ちを表す「むしろ」が合う。　**B**　筆者は，SNSで「子ども同士のコミュニケーション」が便利になったと述べた後，そのシステムは大人によって管理されているという負の側面を強調している。よって，前のことがらを正しいものとして認めるときに用いる「たしかに」が正しい。　**C**　子どもがSNSで展開するコミュニケーションは全部が管理され，ビッグデータに書きこまれているという事実をふまえ，コミュニケーションの「場」に「強い同質化圧」がはたらいているという実態が説明されている。よって，前のことがらを理由・原因として，後にその結果をつなげるときに用いる「だから」がふさわしい。　**D**　学生たちがコミュニケーションに「全面的な同意」を期待している事実と裏腹に，内心ではうまく周りに同意できないと感じていることが書かれている。よって，前のことがらを受けて，期待に反することがらを導く「でも」がよい。

**問２**　X，Y　筆者は，日本の学校教育が若者たちを競争に追いこむしくみについて説明している。空欄(くうらん)にはスコアの「相対的な優劣(ゆうれつ)」に見合った対価を指す言葉が入るので，「報酬(ほうしゅう)」と「処罰(しょばつ)」が合う。

**問３**　ぼう線②に続く部分では，コミュニケーションとは「同意や共感」にも「濃淡(のうたん)の差」があるなか，自分の正確な思いを言葉にして「やり取りを重ねていくうちに」，お互(たが)いの「理解」を深めたり，「違い」を認め合ったり，「調整」したり，「合意形成」を果たしたりできるようになることだと書かれている。こうした過程で他人の「アイディア」や「感受性」から学ぶことで，自分がより「豊か」で「複雑」な存在になっていくと筆者は主張している。

**問４**　前の部分には，学生たちにとってコミュニケーションとは周りの発言に激しく賛同するなど「全面的な同意と共感を誇示(こじ)すること」を意味するとある。これに対し筆者は，コミュニケーションをそのようにとらえていては日々が「つらい」だろうと感想を述べている。

**問５**　前後の部分には，「いまの若い人たち」は自分と異なる意見との対話に慣れておらず，少しでも異論を唱えられると「罵倒(ばとう)された」ように感じてしまうとある。若い人は，同意以外の反応を自分に対する否定として受け取ってしまうことが読み取れるので，ウがふさわしい。

**問６**　続く部分で筆者は，人間関係の中で一度自分の「キャラ」が決められてしまうと，「周囲とうまく付き合うため」にはそのキャラを演じ続けるほかなく，演じきれなかった場合は「孤立(こりつ)」することもあると説明している。よって，アが合う。

**問７**　本文の前半で筆者は，いまの日本の学校教育は「単一の評価基準」で「相対的な優劣」を比べるという競争に若者たちを追いこんでいると説明している。さらに，こうして幼いころから「格付け」され続けてきた若者は，「極端(きょくたん)な同調的コミュニケーション」や「自己責任論」，「格付け志向」が深く刷(す)りこまれ，自分のものとして「内面化」してしまっているとも述べられている。このような閉じた日本社会の「価値観や規範」を，筆者は「金魚鉢(きんぎょばち)の中の硬直化したルール」と呼んでいる。

# Dr.福井の 入試に勝つ！脳とからだのウルトラ科学

## 右の脳は10倍以上も覚えられる！

手や足，目，耳に左右があるように，脳にも左右がある。脳の左側，つまり左脳は，文字を読み書きしたり計算したりするときに働く。つまり，みんなはおもに左脳で勉強していることになる。一方，右側の脳，つまり右脳は，音楽を聞き取ったり写真や絵を見分けたりする。

となると，受験勉強に右脳は必要なさそうだが，そんなことはない。実は，右脳は左脳の10倍以上も暗記できるんだ。これを利用しない手はない！　つまり，必要なことがらを写真や絵などで覚えてしまおうというわけだ。

この右脳を活用した勉強法は，図版が数多く登場する社会と理科の勉強のときに大いに有効だ。たとえば，歴史の史料集には写真や絵などがたくさん載っていて，しかもそれらは試験に出やすいものばかりだから，これを利用する。やり方は簡単。「ふ～ん，これが○○か…」と考えながら，載っている図版を５秒間じーっと見つめる。すると，言葉は左脳に，図版は右脳のちょうど同じ部分に，ワンセットで記憶される。もし，左脳が言葉を忘れてしまっていたとしても，右脳で覚えた図版が言葉を思い出す手がかりとなる。

また，項目を色でぬり分け，右脳に色のイメージを持たせながら覚える方法もある。たとえば江戸時代の三大改革の内容を覚えるとき，享保の改革は赤，寛政の改革は緑，天保の改革は黄色というふうに色を決め，チェックペンでぬり分けて覚える。すると，「“目安箱”は赤色でぬったから享保の改革」というように思い出すことができ，混同しにくくなる。ほかに三権分立の関係，生物の種類分け，季節と星座など，分類されたことがらを覚えるときもピッタリな方法といえるだろう。

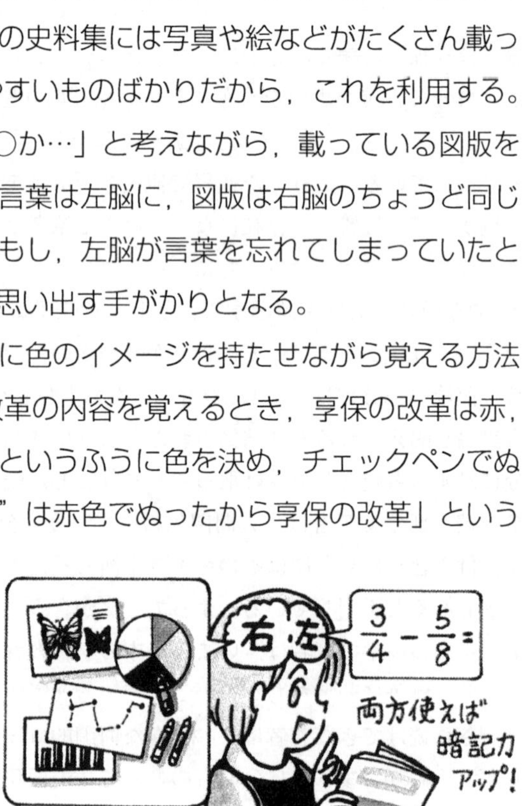


Dr.福井（福井一成）…医学博士。開成中・高から東大・文Ⅱに入学後，再受験して翌年東大・理Ⅲに合格。同大医学部卒。さまざまな勉強法や脳科学に関する著書多数。

# 2024年度 広尾学園小石川中学校

【算　数】〈第２回入試〉(50分)〈満点：100点〉

《注意事項》円周率は3.14として計算してください。

**1** 次の□に当てはまる数を答えなさい。

(1) $1 \div \left\{10 - 2.8 \div \left(\dfrac{3}{5} - 0.25\right)\right\} - \dfrac{1}{32} \div \left\{0.6 \times \left(0.375 + 0.25\right) - \dfrac{1}{4}\right\} = \square$

(2) $\left\{1 + (20.24 \times 20.23 - 20.22 \times 20.21)\right\} \div 0.27 \div \square = 1$

(3) $1 + \dfrac{1}{1 + \dfrac{1}{1 + \dfrac{1}{\square}}} = 1\dfrac{8}{15}$

(4) 今までにもどってきた算数のテストの平均点は83点でしたが，最後に返却(きゃく)されたテストは99点だったので，平均点が85点になりました。
実施(し)された算数のテストは合計□回です。

(5) 毎週休みなく放送した番組が，２月１日で第15回放送を迎(むか)えました。この番組の初回の放送は□月□日でした。

**2** 次の問いに答えなさい。

⑴　ある品物200個を仕入れ値の３割り増しの定価をつけて売ったところ，80個が売れ残ったので，残りを定価の２割引きの値段にすると，すべて売れました。仕入れ値が500円のとき利益はいくらですか。

⑵　５時から６時の間のとき，最初に長針と短針の作る角度のうち，小さい方の角が大きい方の角の $\frac{1}{5}$ となるのは何時何分ですか。

⑶　右図の立方体において，点Ｆ，Ｑ，Ｒを通るように立方体を切断することを考えます。点Ｑを辺ＡＤの真ん中の点，点Ｒを辺ＣＤの真ん中の点とします。このとき，切断面と辺ＡＥの交わる点をＰとします。ＡＰ：ＰＥをもっとも簡単な整数の比で答えなさい。

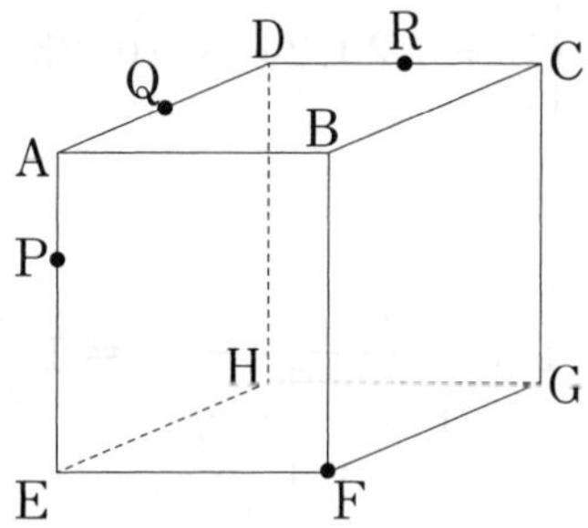


⑷　記号○にはある約束があり，記号の中に整数を１つ書くと

①＝１，②＝２，③＝２，④＝３，⑤＝２，⑥＝４，⑦＝２，⑧＝４，
⑨＝３，⑩＝４，…

のように数を表すものとします。
このとき，(2024)が表す数を答えなさい。

⑸　ＢＤ：ＤＣ=５：４，ＡＰ：ＰＤ=４：１のとき，三角形ＡＢＰと三角形ＣＢＰの面積比をもっとも簡単な整数の比で答えなさい。

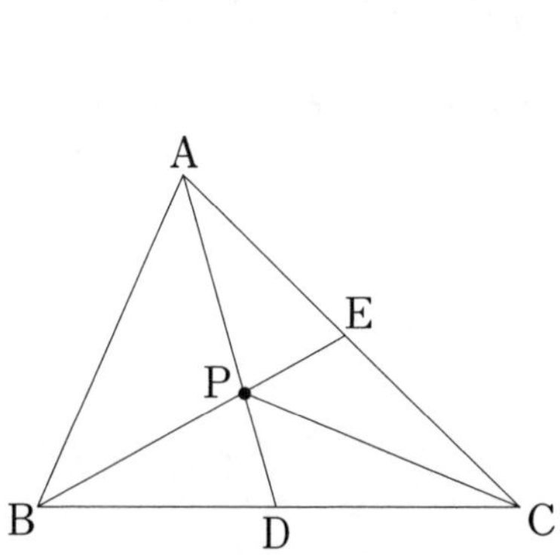

**3** Ａさんと Ｂさんが公園で遊ぶ約束をしました。Ａさんと Ｂさんは同時に家を出発し，公園を目指しました。Ａさんの歩く速さはＢさんの歩く速さよりも速いです。しかし，Ａさんは忘れ物に気づき，一度家にもどりまた公園を目指しました。Ｂさんも一度公園についてしばらくしたあと，忘れ物に気づき，家にもどりまた公園へ向かいました。

ただし，Ａさん，Ｂさんの家は同じ直線上にあり，公園はその間にあるものとします。また，途(と)中で寄り道などはしないものとします。

下図はＡさんとＢさん２人の距離(きょり)を図にしたものです。次の問いに答えなさい。

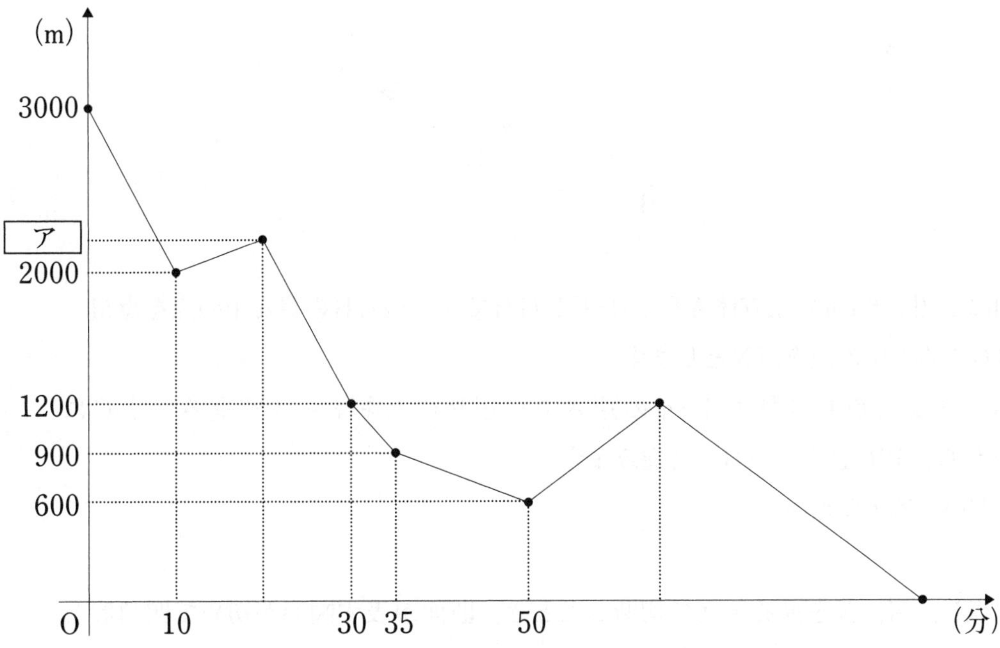


(1) ［ア］に入る数字を答えなさい。

(2) Ｂさんが初めて公園についてから家にもどるまでにかかる時間を答えなさい。

**4**

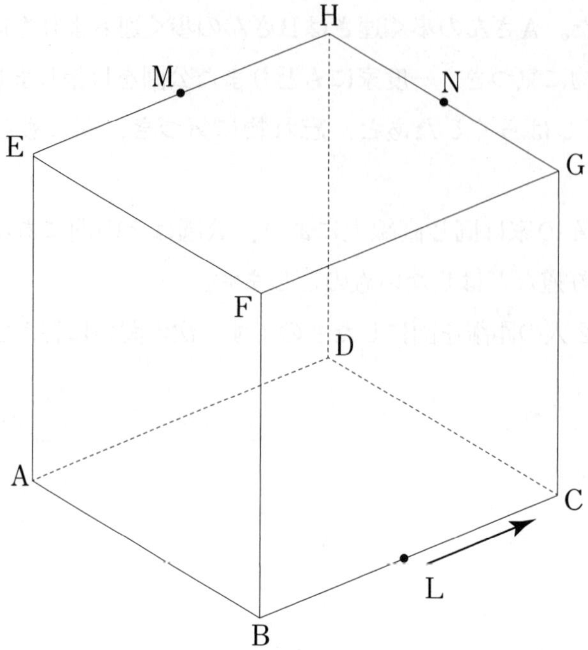


上図は１辺が６cmの立方体ＡＢＣＤ−ＥＦＧＨです。辺ＥＨの真ん中の点を点Ｍ，辺ＨＧの真ん中の点を点Ｎとします。
点Ｂ上にある点Ｌは秒速１cmの速さで，辺ＢＣ上をまっすぐ進み，点Ｃに着いたら，辺ＣＤ上を点Ｄまで進みます。
次の問いに答えなさい。

⑴　３点Ｌ，Ｍ，Ｎを通る平面で切断したとき，断面が表す図形が初めて四角形となるのは何秒後か答えなさい。

⑵　４秒後に，３点Ｌ，Ｍ，Ｎを通る平面で切断したとき，Ｄを含(ふく)む方の立体の体積を求めなさい。

**5** ある学校で，Ａ検定とＢ検定の取得状況(きょう)について調査を行いました。Ａ検定に合格した人が全体の $\frac{1}{7}$，Ｂ検定に合格した人が全体の $\frac{1}{3}$，どちらも不合格の人は全体の $\frac{13}{21}$ です。Ａ検定とＢ検定の両方に合格した人が 30 人でした。
次の問いに答えなさい。

(1) Ａ検定だけ合格した人は何人ですか。

(2) Ｃ検定の取得状況も調査をしました。Ａ検定とＢ検定とＣ検定に合格した人数が，Ｂ検定とＣ検定に合格した人数の半分，Ａ検定とＣ検定に合格した人数の $\frac{1}{3}$ です。Ｃ検定に合格した人は 70 人，どの検定にも合格していない人は 137 人であるとき，Ｂ検定だけ合格した人は何人ですか。

**6** 365円貯金をすることにしました。

365円貯金とは，1～365までの数字を1つずつ書いたシートを作り，1日1回数字を選んで，同額のお金を貯金箱に入れていく貯金方法です。お金を貯金したら，作成したシートの数字のマスを塗(ぬ)りつぶします。ただし，塗りつぶしたマスは選べません。

例えば，100を選んだ場合

→100円を貯金箱に入れ，シートに書かれた「100」のマスを塗りつぶします。

ひろ子さんは，次のようなルールで貯金することにしました。

【ルール】

初日は1を選び，1円を貯金します。次の日からは，2の倍数を小さい方から順に選び，貯金していきます。シートから2の倍数がなくなったら，翌日からは3の倍数を小さい方から順に選び，貯金していきます。
同じように，シートから塗りつぶすマスがなくなったら，残っているマスの中で最小の数を選び，その数の倍数を翌日以降，小さい方から選び，貯金していきます。

1月1日から貯金をはじめました。次の問いに答えなさい。ただし，この年はうるう年ではないとします。

(1) 1月に貯金する合計金額を求めなさい。

(2) 5円を貯金することになるのは何月ですか。考え方も含(ふく)めて答えなさい。

(3) 5円を貯金する月の合計貯金額を求めなさい。

問七　――線⑤「人間の性」とありますが、「性」とは、「生まれつきの性質」という意味です。この「人間の生まれつきの性質」を具体的に表している語句を本文中から二字で探し、ぬき出して答えなさい。

問八　「共有地の悲劇」にならないためにはどのようなことが大切だと筆者は述べていますか。次の中から最もふさわしいものを一つ選び、記号で答えなさい。

ア　「自分が知らない」うちに密漁でとられたウナギを食べている日本人は、たとえそれが伝統的な文化であったとしても、食生活自体を改めなくてはならないということ。

イ　「自分さえよければ」という人が後を絶たないので、ルールを強制してお互いの行動を常に監視し合い、何か違反があった場合は直ちに通報するべきであるということ。

ウ　「自分ひとりくらい」と考え、当面の日常生活の快適さを優先することがあるが、これを防ぐためには一人ひとりが社会全体を尊重する規則を整備すべきであるということ。

エ　「自分は潔白である」と考えている人もウナギでひと儲けをたくらんでいる人も、ウナギは公共のものであるという意識を持たなければならないということ。

問三　――線②「最大の原因は『獲りすぎ』である」とありますが、なぜ「獲りすぎ」てしまうのですか。その原因として筆者が考えているものを次から二つ選び、記号で答えなさい。

ア　ウナギを生きたまま大量に獲ることで商品価値が上がり売値が高くなるから。
イ　ウナギは公共のもので、公共のものには漁獲量の制限が設けられないから。
ウ　ウナギを完全養殖する技術の確立のため稚魚が大量に必要とされるから。
エ　ウナギの密漁には照明などの機材が必要で、数十万円もの費用がかかるから。
オ　日本人が高いお金を払ってでもウナギを食べたいと思っているから。
カ　外国で獲れたウナギは味が落ちるので日本国内で獲ることが優先されるから。

問四　――線③「言葉を濁した」のここでの意味として、最もふさわしいものを次の中から一つ選び、記号で答えなさい。

ア　でたらめに言った　　イ　わかりきった様子だった
ウ　はっきりと言わなかった　　エ　態度を示さなかった

問五　X には、「今までに例がなく、これからもあり得ないこと。非常にめずらしいこと。」という意味の四字熟語が入ります。最もふさわしい四字熟語を次から一つ選び、記号で答えなさい。

ア　前代未聞　　イ　鶏口牛後　　ウ　前後不覚　　エ　空前絶後　　オ　言語道断

問六　――線④「シラスウナギに起こっている悲劇との決定的な違いをわかってもらえただろうか」とありますが、「決定的な違い」とはどのような違いですか。本文中の言葉を用いて、八十字以上百字以内で説明しなさい。

ギを完全に私有物にすることは不可能だ。後述するが、世界人類の共有物である大気で発生している地球温暖化も共有地の悲劇の典型例だ。

共有地の悲劇を避けるもうひとつの方法は、ルールづくりである。ひと握りの無法者が無茶をしないように、社会でルールをつくって、それをみんなが守るように監視(かんし)し、違反者にはしかるべき措置(そち)を講じる。これによって共有地の悲劇を避けることは、理論上は可能である。現に、環境を破壊する行為はこれまで、国内の法律や国際的な条約によって規制されてきて、一定の成果をあげている。［D］このような規制は万能とは程遠く、多くの問題やほころびが露呈(ろてい)している。早いもん勝ち、獲ったもん勝ちという考え方は世界に蔓延(まんえん)していて、アマゾンの熱帯雨林の違法伐採(ばっさい)とか、貴重な野生動物の密猟(みつりょう)とか、世界中で枚挙のいとまがないほど共有地の悲劇の実例が存在している。

［伊勢武史『２０５０年の地球を予測する　科学でわかる環境の未来』（筑摩書房）による］

注１　寓話　…………………教訓などを動物や他の事柄に託して語る物語。
注２　俗に　…………………専門用語ではなく世間で用いられていることを表すさま。
注３　風物詩　………………季節の感じをよく表している事物。
注４　モチベーション　…物事を行うための、動機や意欲になるもの。

問一　［A］～［D］に入る語句としてふさわしいものを次からそれぞれ一つずつ選び、記号で答えなさい。

ア　ところで　　イ　どうせ　　ウ　やがて
エ　つまり　　オ　ただし　　カ　たとえば

問二　――線①「人間が環境問題を引き起こすメカニズムの核心」とありますが、これはどういうことですか。本文の言葉を用いて、三十字以内で説明しなさい。

ない場合である。公共物と私有物の違いはたいへん重要で、この違いが共有地の悲劇の発生を決定づけている。ひとつ例を考えてみよう。現代の日本において、肉牛は私有物である。野良犬みたいな野良牛がそのへんを歩いてて、誰の持ち物でもない、なんてことはあり得ない。そして、ウナギと異なり肉牛の繁殖法は確立されている（飼育下で子ウシを産ませて成長させることが可能だ）。つまり肉牛は、完全に私有物として管理されているのである。

ここで、もし松阪牛のステーキを食べることが［ X ］の大ブームになって肉が高く売れるようになったらどうなるか考えてみよう。松阪牛の生産者組合は「いまだけ儲かればいい」と考えてすべての牛を出荷してしまうだろうか。そうなると、松阪牛は絶滅し、血統が途絶えてしまう。もう松阪牛でお金を儲けることはできない。だからそんなバカなことは絶対にしないのである。

そう、いくら松阪牛がブームになって高く売れるからといって、親となる牛たちまでみんな出荷して食べちゃう、なんてことはない。牧畜業者のみなさんは後先考えて、種ウシと母ウシに繁殖させて子ウシを産ませるから、松阪牛ブームがどんなに盛り上がっても松阪牛が絶滅することはない。むしろ、お金を儲けようと松阪牛の飼育をはじめる牧場が増加することで、ウシの個体数は増えることだろう。④シラスウナギに起こっている悲劇との決定的な違いをわかってもらえただろうか。

僕ら人間は、私有物の場合は後先考えながら大事にあつかうが、共有物は粗末にあつかう。こういう⑤人間の性が出るのが共有地の悲劇なのである。「いやいや、僕ら日本人の大半には良心というものがあって、共有物だからといって無茶はしない。むしろ共有物こそ大切にするように教わっている」なんて反論もあるかもしれない。それはそのとおりである。良識のある人びとは、共有地の悲劇を避けるために自制心をはたらかせることが可能なのだ。しかし、ほんのひと握りの人たちが、密漁などの無茶をすることによって、社会や自然破壊に深刻な被害がおよんでしまう。これが共有地の「悲劇」と呼ばれるゆえんだ。一部の欲望に忠実な人たちの行動が環境問題を生みだしてしまうのである。

さらに言おう。僕ら日本人の大半はシラスウナギを密漁しない。ならばウナギの激減問題に潔白かというと、そうでもないのである。ウナギを食べるのは僕ら多くの日本人。僕ら日本人がお金を払ってウナギを食べるから密漁が存在するのである。僕らがウナギを食べることが問題の原因であり、僕らは間接的にウナギの激減に手を貸していると言えてしまうのだ。

共有地の悲劇を避けるにはどうすればよいか。ひとつの方法は、すべてを私有物にすることだ。しかしこれ、現実には不可能なことも多々ある。完全養殖が実用化できていないウナギもそう。日本列島から遠く離れたフィリピン近海の深い海で産卵するウナ

るところをつかまえて、養殖池に投入して大きくなるまで飼育するのだ。これがウナギの養殖の実態である。

このシラスウナギ漁は、たいへん儲かる仕事である。まっくらな夜中、集魚灯のあかりにおびき寄せられるウナギの稚魚を網ですくう。これだけで一晩に数十万円もの儲けになることもあるらしい。なんせ、シラスウナギは俗[注2]に「白いダイヤ」と呼ばれるくらいで、この漁はお金の儲かる仕事。そして夜陰に乗じてやる仕事だけに、正式の許可を得ていない密漁者が後を絶たない。こうして日本じゅうでシラスウナギの乱獲が行われ、ウナギが激減するに至ったのである。

僕は四国の生まれ。僕が幼かったころ、町内にはいくつもウナギの養殖池があった。池のウナギたちに空気を送るための電動の水車がバシャバシャと派手な水しぶきをまき散らしているのが風物詩[注3]であり、夏になると駅前には屋台が出て、安くてうまいウナギのかばやきが売りさばかれていたものだ。

町を流れる川では、シラスウナギ漁がとてもさかんだった。シーズンになると、川の下流部のあちこちに、集魚灯をともした小舟がたくさん浮かんでいた。どこかに出かけた帰り道、その光景をみかけた小学生の僕は父親に「あれは何をやってるの?」と聞いたんだけど、そのとき彼は③<u>言葉を濁した</u>。今になって、父親の気持ちが分かる気がする。シラスウナギ漁をやっている人には、正式な許可を受けた漁業者もいれば密漁者もいるというのが現状だったのだ。

「シラスウナギ」でネット検索すると、いまも密漁者が後を絶たないことがわかるだろう。近年ウナギが減少するにしたがって価格が高騰し、僕ら庶民はおいそれと味わうことがむずかしくなってきた。しかしそれは、シラスウナギ一匹あたりの価格が高騰することを意味するから、密漁者が密漁を続けるモチベーション[注4]は依然として高い。現に、日本で流通するシラスウナギの五割から七割が密漁によるものという推定もあるのだ。

このように、公共の場所である河川で、誰の所有物でもないウナギの稚魚を獲るという行為には、人間がエゴをむき出しにして、たとえ将来絶滅しようが後先考えず今だけの利益のために行動するよう仕向けるメカニズムが存在している。密漁者たちも当然、シラスウナギが年々減少していることを自分の身をもって痛感しているだろう。それでも、自然環境保全のために密漁をやめるかといえば、そうではない。自分ひとりがやめても、ほかの誰かが採ってしまい、結局は破滅に向かうからだ。［C］ウナギ産業が破滅するのなら、いまのうちに少しでもお金を稼いでおこう。こういう考え方こそが、共有地の悲劇を生んでいる。

読者のみなさんは気づいたことだろう。共有地の悲劇が生じるのは、収奪される対象物が公共の場所にあり、誰かの所有物では

四 次の文章を読み、後の各問に答えなさい。

これは、とある農村での話である。この村の住民はそれぞれ、自宅でウシを飼っていた。ウシたちは、村共有の牧草地で放牧され、草を食んで暮らしていた。村人は、ウシの乳をしぼったり、ときにウシを市場に売ったりしてくらしの足しにしていたのである。こういう状況がながく続き、村人たちの生活は安定していたのだが、ある日、知恵のはたらく村人が、自分の飼うウシの数を増やすことにしたのである。子ウシを何頭も買ってきて共有地で放牧し、大きくなったら売りさばく。こうしてこの村人は成功し、財をなしたのである。

これを見ていたほかの村人たちも「よし、おれもウシの数を増やそう」と思い立ち、その結果村の共有地で放牧されるウシの数が激増するに至った。しかし、共有地の面積にはかぎりがあり、そこで育つ牧草の量にもかぎりがある。[A]牧草は食べつくされ、ウシたちはみんな飢え死にしてしまった。結局村人たちはみなお金を損して、不幸になってしまった。これが共有地の悲劇という寓話である（ギャレット・ハーディンという有名な環境科学者の著作に登場するお話だ）。

共有地の悲劇の寓話が興味深いのは、①人間が環境問題を引き起こすメカニズムの核心をついているからだ。この物語の登場人物は、けっしてバカではない。それどころか、みんな毎日を精いっぱいに生き、なんとかして自分や家族のくらしをゆたかにしようと知恵をしぼり工夫をこらしているのだ。彼らはバカじゃないから、ウシの数が増えすぎたらやがて牧草が食べつくされて悲劇が起こることも予期している。しかしそれでも、彼らはウシの数を減らさない。どうせ自分が減らしたって、ほかの村人がどんどんウシの数を増やすのが目に見えているからだ。将来はこのゲームの参加者全員が敗者になることが分かっていても、いまこの瞬間、お金を稼ぐのをやめられないのである。こういう現象は、寓話の世界だけじゃなく、現実に起こっている。[B]現代の日本でも。

最近、ニホンウナギが絶滅危惧種に指定された。日本人が土用の丑の日などに好んで食べるウナギだけど、近年では数が極端に減って、絶滅危惧種になってしまったのである。その原因はいろいろあるんだけど、②最大の原因は「獲りすぎ」である。食用のウナギといえば養殖モノが主流だけど、ウナギの完全養殖はまだまだ実験段階だ。飼育下のウナギにタマゴを産ませてふ化させて、稚魚を成魚になるまで育てるのを完全養殖というが、それはとてもむずかしいことなのだ。じゃあどうやってウナギの養殖をしているのかというと、海で自然にふ化してあるていどのサイズまで成長したウナギの稚魚（シラスウナギ）が海から川にもどってく

問五　――線③「あんなに願っていたのに」とありますが、「しほりん」はどのように思っていたのでしょうか。それを説明した次の文の空らんにふさわしい言葉を答えなさい。ただし、Ⅰは十字程度で本文中からぬき出し、Ⅱは文中の言葉を用いて十字程度で答えなさい。

**【文】［　Ⅰ　］、［　Ⅱ　］のにといつも思っていた。**

問六　［Z］に入る一語を本文中からぬき出して答えなさい。

問七　――線④「それでも、ともだちは信じたい」とありますが、このときの「しほりん」の心情を、本文全体をふまえたうえで「～と信じたいという思い。」に続くよう八十字以上百字以内で説明しなさい。

問八　本文からは次の連続する二文がぬけています。どこに入れるべきかを探し、その直前の五字をぬき出しなさい（字数には句読点を含みます）。

**【文】やっぱり、あたしだけじゃダメなのかな。ふたりきりより三人のほうがいいのかな。**

問三 ――線①「その『要求』」とありますが、要求に「　　」が付されているのはなぜですか、最もふさわしいものを次から一つ選び、記号で答えなさい。

ア レイミーの「要求」が、先生に書き込みのことを言わずに犯人を見つけ出し謝罪させたいという、ふたりには全く理解できないものであることを強調しているため。

イ レイミーの「要求」が、先生に書き込みのことを言わずに犯人を見つけ出し謝罪させたいという、とうてい実現できそうにないものであることを強調しているため。

ウ レイミーの「要求」が、ぬいぐるみの名前を間違えて書いたことを訂正し謝罪してほしいという、ふたりには受け入れられないものであることを強調しているため。

エ レイミーの「要求」が、ぬいぐるみの名前を間違えて書いたことを訂正し謝罪してほしいという、普通とはかけはなれた奇妙なものであることを強調しているため。

問四 ――線②「ポニーテールのえりあしを真っ赤に染めて、千鶴は一気に最後まで言った」とありますが、これは「千鶴」のどのような思いの表れですか、最もふさわしいものを次から一つ選び、記号で答えなさい。

ア 日ごろ人前でものを言うタイプではないのに、クラスメートが自分をどう思っているか気にする自意識。

イ 日ごろ人前でものを言うタイプではないのに、レイミーのためを思って発言することができたうれしさ。

ウ 傷ついているレイミーのために勇気をだして、はずかしいけれど言うべきことはすべて言うという決意。

エ 傷ついているからといって自分では言わずに、はずかしいことを友人に言わせるレイミーに対する怒り。

ざらざらとした心でしほりんは思う。でも――。
④それでも、ともだちは信じたい。

〔森絵都『クラスメイツ』「2　光のなかの影　しほりん」(偕成社)による〕

問一　══線a「つっけんどんな」、b「むげにもできず」の本文における意味として、最もふさわしいものを次からそれぞれ一つずつ選び、記号で答えなさい。

a　ア　にがにがしい
　　イ　とげとげしい
　　ウ　ふてぶてしい
　　エ　いたいたしい

b　ア　捨ててかえりみないわけにもいかず
　　イ　いじわるに接するわけにもいかず
　　ウ　むだに使ってしまうわけにもいかず
　　エ　はたから見ているわけにもいかず

問二　[Y]に入る言葉として、最もふさわしいものを次から一つ選び、記号で答えなさい。

ア　番人　　イ　芸人　　ウ　変人　　エ　役人

つかっていた証拠かもしれない。

このままレイミーが学校に来なくなったら、本当にあたしは不安から解放される？

千鶴とふたりきりの時間がすぎるにつれて、しほりんはそんなふうにも思いはじめた。

そもそも、千鶴とレイミーは、理由もなしに突然、あたしを仲間はずれにするような子たちなの？

考えるほどに、自分がいやになっていく。少なくとも、レイミーは学校を休んでいるまも、仲間はずれにされるなんて心配はちっともしていないはず。

そうだ、としほりんは気がついた。あたしを不安にさせる Z は、レイミーでも千鶴でもない、あたしが自分でこしらえたものだ――。

小六の教室で真衣や杏から無視されていたころ、しほりんはそこから消えていなくなってしまいたかったけれど、それでも、負けずに留(とど)まった。一日も休まずに学校へ通いつづけた。強くなりたいと願って、卒業したときは強くなった気がした。

でも、その一方で、べつのところが弱くなっていたのかもしれない。

なにかに勝ったつもりで、なにかに負けていたのかもしれない。

その放課後、しほりんは千鶴に宣言した。

「あたし、今日の部活は休む」

「え、なんで？」

「レイミーの家、行ってみようかなって」

何度か瞳をまたたいたあと、千鶴は「そっか」とにっこりした。その日ぴかいちの晴れやかな笑顔。

「じゃ、わたしも行く」

正直、しほりんにはその笑顔がどこかさびしくもあった。

きっと、これからも三人でいつづけるかぎり、ときどき、こんなふうになるのだろう。たまらなく不安になることも、嫉妬に苦しむことも、自分がきらいになることもあるだろう。

翌朝。目覚めてすぐにしほりんは居間のパソコンを立ちあげ、生徒会のウェブサイトをのぞいた。

思ったとおり、情報交換コーナーに、シューマッハへの謝罪文はなかった。

そのせいかどうかはわからないけれど、その朝、一年A組の教室にレイミーの姿はなかった。

「書きこみ、なかったな、やっぱり」

「ま、ねえよな。ふつうに考えて」

「ぬいぐるみにあやまれって言われてもな」

犯人だと女子から決めつけられている男子たちは、この一件を軽く笑いとばすことで、いごこちの悪さをはらっているようでもある。女子も女子で、レイミーに同情しながらも、本気で犯人さがしをするほど深刻にはなれずにいる様子。そうこうしているうちに、授業中、近藤慎也(こんどうしんや)が突然キレて教室を飛びだすという事件が勃発(ぼっぱつ)。シューマッハ事件は過去の珍騒動(ちんそうどう)として流されていったのだった。

しかし、クラスのみんなが忘れても、傷ついた本人は忘れない。しほりんの頭からも、きのう、ずっと泣いていたレイミーの姿がはなれなかった。いつも脳天気な彼女が、あんなにしょげているのを見たのは初めてだった。

意外と、ふつうのところもあったんだ……。

中学に入って一ヶ月と少し、いつもいっしょにいたはずなのに、いざレイミーの机が空席になると、そこにすわっていた女の子のことを自分は何も知らなかった気がする。

「鈴木さんは腹痛ですって。大事をとって休ませますって、お母さんから電話がありました」

藤田先生からそう聞くと、しほりんはますます落ちつきをなくした。

腹痛？　本当に？　仮病(けびょう)じゃなくて？

③あんなに願っていたのに、いざ教室から彼女がいなくなっても、それほど心がうきたたない。むしろ、はみがき粉をつけないで歯をみがいているみたいな、ものたりなさがつきまとう。千鶴を独占(どくせん)できてうれしくないと言ったらうそになるけれど、二人きりになったらなったで、お互いに沈黙(ちんもく)を気にしてからまわりしたり、へんに疲れてしまったりもする。

思えば、レイミーはいつもふたりを笑わせてくれた。「しほりんは？」と問いかけるまんまるの瞳(ひとみ)。あれだって、彼女なりに気を

「レイミー、本気?」
「正気? それ、ほんとにみんなに言うの?」
レイミーの意志はかたい。涙の訴えを b むげにもできず、しほりんと千鶴は目と目で相談した。
どっちがいう?
無言でその大役をゆずりあったあと、さきに折れたのは千鶴だ。
「わかった。わたしが言う」
覚悟(かくご)をしたように深呼吸をし、千鶴が教室の後ろをふりかえる。日ごろ、人前でものを言うタイプじゃないその声は細くてたよりない。
「みなさん、聞いてください」
事のなりゆきを気にしていた男子たちの視線が千鶴に集中した。
「とっくに聞き耳、立ててまーす」
お笑いキャラの心平(しんぺい)がおどけ声をあげ、
「ぼくもでーす」
お調子者の蒼太(そうた)がそれに続く。
「レイミーは、あの書きこみをした人に要求があるそうです」
②ポニーテールのえりあしを真っ赤に染めて、千鶴は一気に最後まで言った。
「ぬいぐるみの名前は、シューマイではなくて、シューマッハなのだそうです。ドイツ出身だそうです。だから、あれを書いた人に、今日中に訂正の書きこみをしてほしいそうです。自分はいいけど、シューマッハには謝罪してほしいそうです」
千鶴が伝言を終えたとき、教室にはかつてないほど奇妙な静寂(せいじゃく)が立ちこめていた。
「ほんまもんのふしぎちゃんや……負けた」
心平がつぶやいた。

今度は久保さんと親しい日向子が口をはさんだ。
「ウチは久保さんに賛成。やっぱり先生に言って、犯人を見つけて、レイミーにあやまらせるべきだと思う」
「犯人さがしをするってこと？」
「モチ。こういうのを放っておくからいじめに発展するわけだし、副委員長がそんな弱気じゃダメだよ」
「まこちゃんは弱気なわけじゃないと思うよ」
真琴に味方するこのちゃんと、久保さんに味方する日向子。それにつられて、まわりの女子たちも〈犯人追及派〉と〈そこまでやらなくても派〉に二分し、言いあいをはじめた。あっちでもこっちでも意見がぶつかり、これでは収拾がつきそうにない。
「千鶴、どう思う？」
早くしないと先生が来てしまう。あせりはじめたしほりんの問いに、千鶴は「うーん」と首をひねった。
「わかんない。でも、大切なのはレイミーの……」
「そうだよね。レイミーの気持ちだよね」
千鶴もおなじことを考えていたようだ。
そこで、まだしゃくりあげているレイミーに顔をよせ、ふたりでたずねてみた。
「ね、レイミーはどうしたい？」
「先生に言って、犯人、見つけたい？」
ぴくぴくふるえていた背なかが静止した。ゆらりと頭を起こしたレイミーは、涙と鼻水だらけの顔でふたりに言った。
「先生には、言わないで。それより、みんなに言ってほしい」
「なんて？」
「犯人への要求」
「要求？」
「お願い」
涙声でささやかれた①その「要求」に、しほりんと千鶴は唖然とした。

よく見ると、レイミーをかこむ女子の多くがこまった顔をしている。
たしかに、クラスメイトをからかうようなコメントを、生徒会のサイトに書きこんだのはよくない、としほりんも思う。でも、書かれている内容に、それほど悪意があるとも思えなかった。
「先生に言って、どうすんの」
返事をためらうしほりんに代わって口を開いたのは、里緒(りお)だ。
「どうって、犯人をさがしてもらうのよ」
「先生に言ったら見つかると思う？」
「え」
「だって、犯人がこのクラスにいるとしたら、レイミーが泣いているのを見て、しらばっくれてるわけでしょ。先生がなにを言ってもムダだとあたしは思うけど。それに、先生が出てきたりして騒ぎが大きくなったら、レイミー、逆にもっと傷つくかもしれないし」
「なんで傷つくの？」
「なんでって……」
「このままにしちゃうほうが傷つくんじゃないの」
「タイム。どっちの言ってることもわかるけど、ちょっと落ちつこうよ」
仲裁に入った副委員長の真琴(まこと)を、久保さんがキッとにらみつける。
「落ちついてます。それより、あなたはどう思うの？」
「うーん。むずかしいな。もちろん、あんな書きこみはよくないけど、レイミーの名前とか書いてるわけじゃないし、いじわるな気持ちじゃなかったのかもしれないし」
「うん、あたしもそう思う」
真琴と仲のいいこのちゃんがうなずくと、
「犯人でもないのに、なんでわかるわけ？」

いったいなにがあったのか。

「どうしたの？」

急ぎ足で歩みより、レイミーの背なかをさすっていた千鶴にたずねると、

「それが……」

「ひどいことされて。見てよ、これ」

千鶴が答えるより早く、横から一枚の紙をさしだしたのは、久保さんだ。

「だれかの書き込み」

「書き込み？」

「『北見二中広場』ってウェブサイト、知らない？　うちの中学の生徒会が運営してるんだけど、あれ、うちのお姉ちゃんが管理人なの。お姉ちゃん、生徒会の書記だから。で、きのう、情報交換コーナーにこんな書きこみがあったんだって」

しほりんが目を走らせた紙には、こうあった。

『ぼくのクラスにはふしぎちゃんがいます。なんと、ねずみのぬいぐるみ（名前はシューマイ）と毎日、話をしてるんだそうです。とくに、くもりのち晴れの日は会話がはずむそうです（ほんまかいな？）。みなさんのクラスにはこんなふしぎちゃんいますか～？？？』

考えるまでもなく、しほりんにはそれがだれのことかわかった。ねずみのぬいぐるみの話は、しほりんもしょっちゅうレイミーから聞いている。ただのぬいぐるみではなく、ただのねずみでもなく、家族の一員らしい。

「ね、ひどいでしょ。書き込みはお姉ちゃんが削除したけど、わたし、その前にこうして証拠をとっといたの。だって、このままにしちゃいけないじゃない。これ書きこんだの、絶対、うちのクラスのだれかだよ。ゆるせない」

久保さんは鼻息をあらくして怒っている。生活委員の彼女は一年A組の[Y]みたいな子で、日ごろから「前髪が長い」「つめがのびてる」などと、クラスのみんなに口うるさい。

「なのにみんな、先生には言わないほうがいいって言うんだよ。言わなきゃ犯人も見つからないのに。ねえ？」

ねえ、と話をふられて、しほりんはこまった。

にするたび、不安で不安で、泣きたくなる。あわててレイミーの知らない吹奏楽部の話題をもちだし、挽回をはかってみたりもする。
レイミーもレイミーで、気のせいか、しほりんに対抗しているふしもある。
「ね、千鶴、生たまごの一気飲みってできる？　しほりんは？」
「千鶴、ネギ畑の妖精、見たことある？　しほりんは？」
「千鶴はあまいカレーライスと、からいチョコレートパフェと、どっちか絶対に完食しなきゃいけないって言われたら、どっち？　しほりんは？」
しほりんは？　と言われるたびに、いかにもついでに聞かれている気がして、しほりんは内心むっとした。意味のわからない質問にもイラついて、a つっけんどんな声を返してしまったりもする。いったん機嫌をそこねると、しほりんは修復に時間がかかる。空気をこわしているとわかっていても、思うようにスイッチを切りかえられない。
レイミーさえいなければ。
気の安まらない毎日のなかで、いけないとは思いながらも、しほりんは心のどこかでいつも願っていた。
レイミーさえいなければ、嫉妬にも、自己嫌悪にも苦しまないですむのに。
千鶴とふたり、影のない光のなかだけにいられるのに。
その思いが届いたかのように、レイミーの身にある事件がふりかかったのは、五月のある日のことだった。

始業のベルが鳴る三分前に教室へ入った瞬間から、いつもとちがう気配は感じていた。
静かすぎる。いつもなら、男子は後ろのほうでわいわい、女子はあちこちでぺちゃくちゃやっているのに、今朝はそのざわめきがない。みんながまだ新しい一日にうまく足をおろしていないみたいな、朝の教室につきものの浮いた感じもない。
おかしいな。教室を見まわしたしほりんは、その原因に気がついた。
レイミーが机にうつぶして泣いていた。千鶴をはじめ、数人の女子たちがそのまわりをかこんでいる。
教室でだれかが泣いている姿は、べつだん、めずらしいものでもない。箸が転んでもおかしい年ごろは、机のがらくたひとつにも泣きたい年ごろでもある。が、相手があのレイミーとなると話はべつだ。

本音を言えば、女子の仲良し三人組なんてろくなものじゃない、としほりんは思っていた。とにかく、奇数はいけない。これは鉄則だ。しかも、よりによってまた三人組だなんて、不運すぎる。

千鶴やレイミーといっしょにいると、しほりんはどうしても思いだしてしまう。忘れたい記憶。いまでも傷口はなまなましくて、かさぶたにすらなっていない。

小六の秋に、突然、親友の真衣（まい）と杏（あんず）から仲間はずれにされた。なにをするにも三人いっしょだったのに、しほりんが風邪で学校を休んでいるあいだに、ふたりは別人みたいに変わってしまった。自分のどこが悪いのか、どうあらためればいいのか、なにを聞いても答えてくれない。そのうえ、ふたりはあることないことしほりんの悪口を言いふらし、気がつくと、クラスの女子の半数は口をきいてくれなくなっていた。教室が氷の牢獄（ろうごく）となった。

逃げたら、負け。学校を休んじゃいけない。

がまんして、がまんして、やっとのことで小学校を卒業した。

気絶しそうなくらい緊張した北見（きたみ）二中の入学式。小六のころに自分を無視していた女子が一年Ａ組にひとりもいないのを知ったとき、だから、しほりんは涙が出るほどほっとしたのだった。

初日から、前の席の千鶴が積極的に話しかけてくれたのもラッキーだった。この子となら仲よくなれそう。不安でいっぱいの中学生活に光がさしこんだ。

ところが、安心したのもつかのま、そこには不吉な影がまじった。

北小出身者たちから「ふしぎちゃん」と言われているレイミーが、やたらと千鶴についてまわるようになったのだ。

もとクラスメイトのレイミーを、千鶴は自然にうけいれた。しほりんもろこつにいやな顔はできず、結局、絶対に避（さ）けたかった三人組として定着してしまった。

以来、しほりんはなにかにつけてレイミーを意識し、警戒してしまう。

自分のいないところで千鶴とレイミーが仲よくしすぎていないか？

しほりんってちょっとね、なんて悪口を言いだしていないか？

毎日、びくびくと神経をとがらせている。千鶴とレイミーがふたりでトイレに行ったり、しほりんの知らない北小時代の話を口

二　次の各問に答えなさい。

問一　次の□に体の一部を表す漢字一字を入れると慣用句が完成します。□に当てはまる漢字を答えなさい。

①　□を長くして待つ。
②　頭の回転の早さに□を巻く。
③　歩きすぎて□が棒になる。

問二　次のＡとＢには意味が反対になる漢字が一字ずつ入ります。ＡとＢに当てはまる漢字を答えなさい。

①　Ａ炉(ろ)Ｂ扇(せん)
②　七Ａ八Ｂ

三　次の文章を読んで、後の問に答えなさい。

吹奏楽部(すいそうがく)へ入ってから、しほりんはますます学校が楽しくなった。
教室ではクラスのともだちが、放課後の音楽室では部活のみんなが、しほりん、しほりんとあたりまえみたいに声をかけてくれる。
いつでも、だれかがそばにいる。
それだけで、中学校という場所はしほりんにとって、まぶしすぎるくらいきらきらしていた。
あたたかすぎるくらいほかほかしていた。
でも――ふっとひとりになった瞬間、いまでも、急にこわくなる。
このまぶしさはいつまで続くんだろう。このぬくもりはいつまで続くんだろう。
千鶴(ちづる)とレイミーは、いつまであたしのそばにいてくれるんだろう？

**2024年度**

# 広尾学園小石川中学校

**【国　語】**〈第二回入試〉（五〇分）〈満点：一〇〇点〉

《注意事項》問題で文字数が指定されている場合はカッコや句読点を文字数に含みます。

**一** 次の各問に答えなさい。

問一 ――線の漢字の読みをひらがなで答えなさい。

① 賛否両論のある映画作品。
② 類似点を探す。
③ 消費者のニーズに応える。
④ 潔く負けを認める。

問二 ――線のカタカナを漢字に改めなさい。

① クヌギのジュエキにカブトムシが集まる。
② 新造船がシュウコウする。
③ 金のコウミャクを発見する。
④ 工事現場にカンイトイレを設置する。
⑤ 新しい生活にナれる。
⑥ 彼らの争いは誤解にモトづくものだ。

2024年度

# 広尾学園小石川中学校 ▶解説と解答

## 算　数 ＜第２回入試＞（50分）＜満点：100点＞

### 解　答

[1] (1) $\frac{1}{4}$ (2) 6.7 (3) 7 (4) 8 (5) 10月26日 [2] (1) 19600円 (2) 5時$16\frac{4}{11}$分 (3) 1：2 (4) 16 (5) 20：9 [3] (1) 2200 (2) 35分 [4] (1) 6秒後 (2) 93.8cm$^3$ [5] (1) 15人 (2) 72人 [6] (1) 931円 (2) 9月 (3) 5272円

### 解　説

**[1] 四則計算，計算のくふう，逆算，平均，周期算**

(1) $1\div\left\{10-2.8\div\left(\frac{3}{5}-0.25\right)\right\}-\frac{1}{32}\div\left\{0.6\times(0.375+0.25)-\frac{1}{4}\right\}=1\div\{10-2.8\div(0.6-0.25)\}-\frac{1}{32}\div\left(0.6\times0.625-\frac{1}{4}\right)=1\div(10-2.8\div0.35)-\frac{1}{32}\div\left(\frac{3}{5}\times\frac{5}{8}-\frac{1}{4}\right)=1\div(10-8)-\frac{1}{32}\div\left(\frac{3}{8}-\frac{2}{8}\right)=1\div2-\frac{1}{32}\div\frac{1}{8}=\frac{1}{2}-\frac{1}{32}\times\frac{8}{1}=\frac{1}{2}-\frac{1}{4}=\frac{2}{4}-\frac{1}{4}=\frac{1}{4}$

(2) $20.24\times20.23-20.22\times20.21=409.4552-408.6462=0.809$より，$(1+0.809)\div0.27\div\square-1$，$1.809\div0.27\div\square=1$，$6.7\div\square=1$　よって，$\square=6.7\div1=6.7$

(3) $\frac{1}{\square}=1\div\square$となるから，$1+1\div\{1+1\div(1+1\div\square)\}=1\frac{8}{15}$より，$1\div\{1+1\div(1+1\div\square)\}=1\frac{8}{15}-1=\frac{8}{15}$，$1+1\div(1+1\div\square)=1\div\frac{8}{15}=\frac{15}{8}$，$1\div(1+1\div\square)=\frac{15}{8}-1=\frac{7}{8}$，$1+1\div\square=1\div\frac{7}{8}=\frac{8}{7}$，$1\div\square=\frac{8}{7}-1=\frac{1}{7}$　よって，$\square=1\div\frac{1}{7}=7$

(4) 最後の99点のテストを除いた回数を△回とすると，右の図のように表せる。図で，ア：イ＝(85−83)：(99−85)＝2：14＝1：7より，△：1＝$\frac{1}{1}$：$\frac{1}{7}$＝7：1となるから，△＝7とわかる。よって，テストの回数は全部で，7＋1＝8(回)となる。

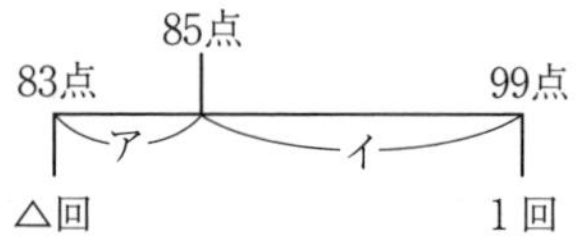


(5) 7日ごとに放送したので，初回の放送は2月1日から，7×(15−1)＝98(日前)になる。また，1月，12月，11月の日数は全部で，31＋31＋30＝92(日)なので，2月1日の92日前が11月1日である。よって，93日前は10月31日，94日前は10月30日，…となるから，31−(98−93)＝26より，98日前は10月26日とわかる。

**[2] 売買損益，時計算，分割，整数の性質，辺の比と面積の比**

(1) 仕入れ値は500円なので，仕入れ値の3割増しの定価は，500×(1＋0.3)＝650(円)，定価の2割引きの値段は，650×(1−0.2)＝520(円)となる。よって，1個あたりの利益は，定価で売ったときが，650−500＝150(円)，定価の2割引きで売ったときが，520−500＝20(円)になる。また，定価で売った個数は，200−80＝120(個)，定価の2割引きで売った個数は80個だから，利益は，150×120＋20×80＝18000＋1600＝19600(円)と求められる。

(2)　長針と短針が作る小さい方の角が，$360\times\frac{1}{1+5}$＝60(度)になるときを求める。５時のとき，長針は短針よりも，360÷12×５＝150(度)後ろにあるので，最初に小さい方の角が60度になるのは，５時から長針が短針よりも，150－60＝90(度)多く進んだときである。また，長針は１分間に，360÷60＝６(度)，短針は１分間に，360÷12÷60＝0.5(度)進むから，長針は短針よりも１分間に，６－0.5＝5.5(度)多く進む。よって，90÷5.5＝$\frac{180}{11}$＝$16\frac{4}{11}$(分)より，５時$16\frac{4}{11}$分とわかる。

(3)　右の図１のように，RQとBAをそれぞれのばした直線が交わる点をＩとすると，IFとAEの交わる点がＰになる。また，立方体の辺の長さを２とすると，AQ＝DQ＝DR＝１となり，三角形IAQと三角形RDQは合同な直角二等辺三角形となる。よって，AI＝１であり，三角形APIと三角形EPFの相似から，AP：PE＝AI：EF＝１：２とわかる。

図１

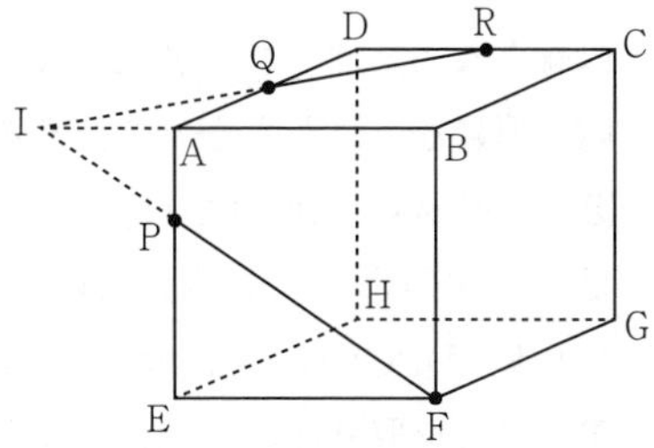


(4)　記号○は，中の整数の約数の個数を表しているから，2024の約数の個数を求めればよい。2024＝２×２×２×11×23より，2024の約数は，{2，11，23}をいくつかかけ合わせて作ることができる。このとき，２は０個～３個の４通り，11は０個か１個の２通り，23は０個か１個の２通りのかけ合わせ方があるから，組み合わせは全部で，４×２×２＝16(通り)となる。よって，2024の約数の個数は16個とわかる。なお，すべて０個とした場合の約数は１と考えればよい。

(5)　右の図２で，三角形PBDと三角形PDCは，底辺をそれぞれBD，DCとみると高さが等しいから，面積の比は，BD：DCと等しく，５：４になる。同様に，三角形ABPと三角形PBDの面積の比は，AP：PDと等しく，４：１である。よって，三角形PBDの面積を５，三角形PDCの面積を４とすると，三角形ABPの面積は，$5\times\frac{4}{1}$＝20になるから，三角形ABPと三角形CBPの面積の比は，20：(５＋４)＝20：９とわかる。

図２

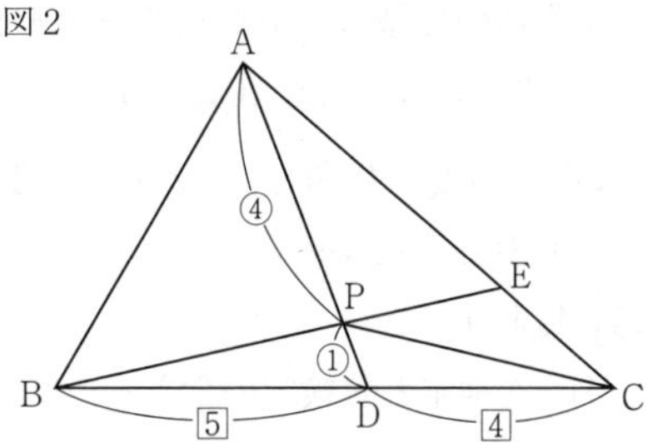


**3　グラフ―速さ**

(1)　２人が進んだ様子は右のグラフのようになる。このグラフより，10分後までに合わせて，3000－2000＝1000(m)進んだので，２人の速さの和は分速，1000÷10＝100(m)になる。また，Ａさんは10分後に忘れ物に気づいたから，家にもどった時間(イ)は，10×２＝20(分)後となる。さらに，30分後から35分後まではＡさんだけ歩いているので，Ａさんは５分間で，1200－900＝300(m)進んだことになる。よって，Ａさんの速さは分速，300÷５＝60(m)，Ｂさんの速さは分速，100－60＝40(m)とわかる。したがって，10分後から20分後までの10分間は，１分間に，60－40＝20(m)ずつ２人の間の距離(きょり)が増えていくから，ア＝2000＋20×10＝2200(m)と求められる。

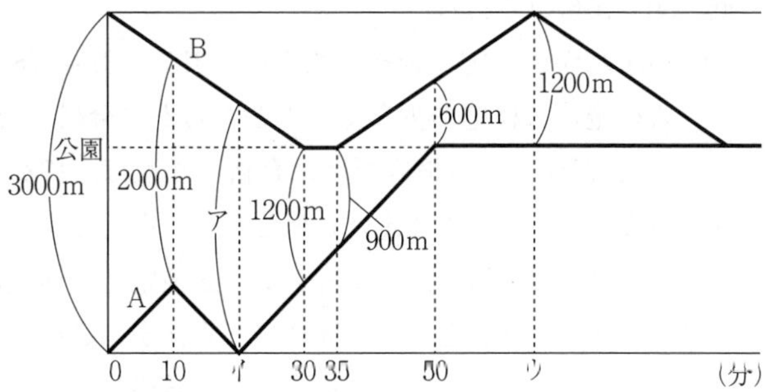

(2) Ｂさんが家にもどったのはウのときである。このときＡさんは公園にいるから，Ｂさんの家から公園までの距離は1200ｍになる。よって，Ｂさんは公園を出発してから家にもどるまで，1200÷40＝30(分)かかるので，初めて公園に着いてから家にもどるまでの時間は，５＋30＝35(分)とわかる。

**4 立体図形―図形上の点の移動，分割，体積**

(1) ３点Ｌ，Ｍ，Ｎを通る平面で切断したとき，面ABCDにできる線は，点Ｌを通りMNと平行な直線となる。よって，点ＬがＣに着いたとき，断面の図形は台形MACNとなり，このとき初めて四角形になる。したがって，その時間は，６÷１＝６(秒後)である。

(2) ４秒後にBLの長さは，１×４＝４(cm)になるので，断面は右の図のようになる。このときＤを含(ふく)む方の立体は，三角すいR－DPQから，３つの三角すい，R－HMN，S－APO，T－CLQを取り除いた立体となる。また，これら４つの三角すいはすべて相似であり，AP＝AO＝CL＝CQ＝６－４＝２(cm)，HM＝６÷２＝３(cm)だから，相似比は，DP：HM：AP：CL＝(６＋２)：３：２：２＝８：３：２：２となる。すると，体積の比は，(８×８×８)：(３×３×３)：(２×２×２)：(２×２×２)＝512：27：８：８になり，この比を用いると，求める立体の体積は，512－(27＋８＋８)＝469とわかる。さらに，三角形TGNと三角形TCQの相似から，TG：TC＝GN：CQ＝３：２であり，TC＝$6\times\frac{2}{3+2}$＝2.4(cm)となる。したがって，三角すいT－CLQの体積は，(２×２÷２)×2.4÷３＝1.6(cm$^3$)だから，求める立体の体積は，$1.6\times\frac{469}{8}$＝93.8(cm$^3$)である。

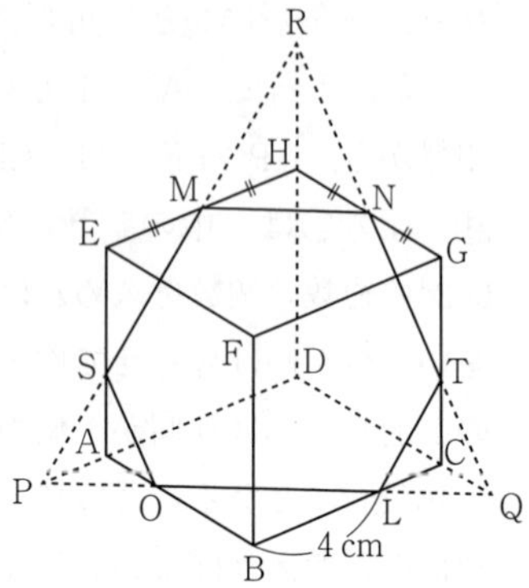


**5 集まり**

(1) Ａ検定とＢ検定の少なくともどちらかに合格した人は全体の，$1-\frac{13}{21}=\frac{8}{21}$だから，両方に合格した人は全体の，$\frac{1}{7}+\frac{1}{3}-\frac{8}{21}=\frac{2}{21}$となる。これが30人なので，全体の人数は，$30\div\frac{2}{21}$＝315(人)とわかる。よって，Ａ検定に合格した人は，$315\times\frac{1}{7}$＝45(人)だから，Ａ検定だけに合格した人は，45－30＝15(人)である。

(2) いずれかの検定に合格した人は，315－137＝178(人)いる。すると，Ａ検定とＢ検定の少なくともどちらかに合格した人は，$315\times\frac{8}{21}$＝120(人)だから，Ｃ検定だけに合格した人は，178－120＝58(人)となる。また，すべての検定に合格した人数を①とすると，Ｂ検定とＣ検定に合格した人数は，①÷$\frac{1}{2}$＝②，Ｂ検定とＣ検定だけに合格した人数は，②－①＝①となる。同様に，Ａ検定とＣ検定に合格した人数は，①÷$\frac{1}{3}$＝③，Ａ検定とＣ検定だけに合格した人数は，③－①＝②である。よって，右上の図のようになり，①＋①＋②＝④が，70－58＝12(人)にあたるから，Ｂ検定とＣ検定だけに合格した人は，①＝$12\times\frac{1}{4}$＝３(人)とわかる。したがって，Ａ検定とＣ検定の少なくともどちらかに合格した人は，45＋58＋３＝106(人)なので，Ｂ検定だけに合格した人は，178－106＝72(人)と求められる。

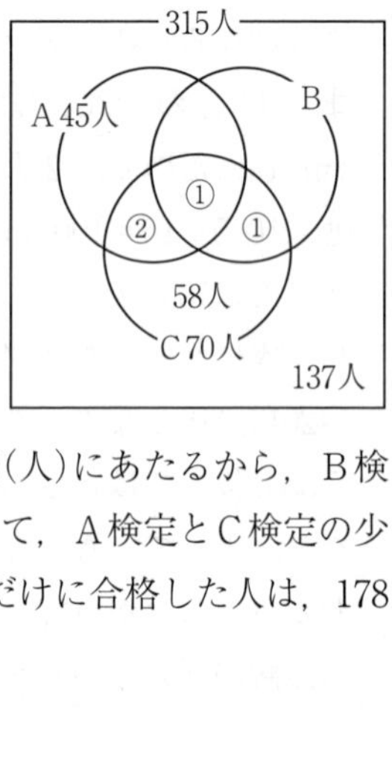

**6 整数の性質**

(1) １月１日に１円を貯金した後，１月２日から１月31日までの30日間は，２の倍数の金額を貯金することになる。１月31日には，２×30＝60(円)貯金するので，１月に貯金する合計金額は，１＋(２＋４＋６＋…＋60)＝１＋(２＋60)×30÷２＝１＋930＝931(円)と求められる。

(2) 右の図１より，１～365までに２の倍数は182個，３の倍数は121個あり，２と３の公倍数(６の倍数)は60個ある。よって，２の倍数の金額を貯金するのは182日間，３の倍数の金額を貯金するのは，121－60＝61(日間)なので，５円を貯金するのは，１＋182＋61＋１＝245(日目)とわかる。１月１日から８月31日までの日数は，31＋28＋31＋30＋31＋30＋31＋31＝243(日間)だから，245－243＝２より，５円を貯金するのは９月２日である。

図１

365÷２＝182余り１
365÷３＝121余り２
365÷６＝ 60余り５

(3) １～365までで，３の倍数のうち２の倍数でない最も大きい数は，３×121＝363だから，９月１日は363円を貯金する。また，１～365までで，５の倍数のうち２や３の倍数でない数は，右の図２の25個ある。このうち５を除くと，25＋365＝390，35＋355＝390，…のように，和が390になる組を，(25－１)÷２＝12(組)作ることができる。よって，図２の25個の数の和は，５＋390×12＝4685とわかる。さらに，５の倍数の金額を貯金するのは，９月２日から９月26日までの25日間であり，その後は７の倍数の金額を貯金することになる。したがって，９月27日から９月30日まではそれぞれ，７円，49円，77円，91円を貯金するから，５円を貯金する９月の合計貯金額は，363＋4685＋７＋49＋77＋91＝5272(円)と求められる。

図２

５，25，35，55，65，85，95，115，125，
145，155，175，185，205，215，235，245，
265，275，295，305，325，335，355，365

## 国語 ＜第２回入試＞（50分）＜満点：100点＞

**解答**

**一** **問１** ① さんぴ ② るいじ ③ こた(える) ④ いさぎよ(く) **問２** 下記を参照のこと。 **二** **問１** ① 首 ② 舌 ③ 足 **問２** （A，Bの順で）① 夏，冬 ② 転，起 **三** **問１** a イ b ア **問２** ア **問３** エ **問４** ウ **問５** Ⅰ レイミーさえいなければ Ⅱ （例） 千鶴を独占できる **問６** 影 **問７** （例） 自分でこしらえた不安や嫉妬に苦しんだり自己嫌悪におちいったりすることもあるだろうけれど，千鶴やレイミーは，理由もなしに突然誰かを仲間外れにするような人間ではない(と信じたいという思い。) **問８** もあった。 **四** **問１** A ウ B カ C イ D オ **問２** （例） 将来のことを考えず目先の利益のためだけに行動してしまうこと。 **問３** イ，オ **問４** ウ **問５** エ **問６** （例） 牛はいくら高く売れるからといって，親となる牛まで出荷してしまうことはなく絶滅の危険はないが，シラスウナギは価格が高騰して密漁者が後を絶たず絶滅の危機に瀕しているという違い。 **問７** エゴ **問８** ウ

**●漢字の書き取り**

**一** **問２** ① 樹液 ② 就航 ③ 鉱脈 ④ 簡易 ⑤ 慣(れる) ⑥

## 基(づく)

**解説**

### 一 漢字の読みと書き取り

**問１**　①　賛成と反対。　②　複数のものが似通っていること。　③　音読みは「オウ」で，「応答」などの熟語がある。　④　音読みは「ケツ」で，「清潔」などの熟語がある。

**問２**　①　樹木の中を流れている液。　②　船や航空機が初めて航路につくこと。　③　鉱物が多くふくまれる岩石の割れ目。　④　単純化されていて手軽なこと。　⑤　音読みは「カン」で，「習慣」などの熟語がある。　⑥　音読みは「キ」で，「基本」などの熟語がある。

### 二 慣用句の完成，四字熟語の完成

**問１**　①「首を長くして待つ」は，“心待ちにする”という意味。　②「舌を巻く」は，“優れているものに驚いたり圧倒されたりする”という意味。　③「足が棒になる」は，“長時間立ち続けたり歩き続けたりして足が疲れ果てる”という意味。

**問２**　①「夏炉冬扇」は，季節外れで役に立たないもの。　②「七転八起」は，何度失敗してもあきらめず立ち直ること。

### 三 出典：森絵都「光のなかの影　しほりん」(『クラスメイツ〈前期〉』所収)。

中学一年生のしほりんは，小学校での経験から人間関係に不安を抱えながら，同級生の千鶴やレイミーとの友情を築いていく。

**問１**　a　レイミーの質問の意味がわからず，しほりんが不機嫌になるさまを表す。「つっけんどん」は，無愛想でぞんざいなさま。　b　しほりんと千鶴が，レイミーの訴えに戸惑いながらも，聞き入れないわけにはいかないと感じているさまを表す。「むげにする」は，かまわずなかったことにすること。

**問２**　久保さんが，クラスのことに何か問題がないか常に目を光らせ，秩序を守ろうとするさまを表す。よって，見張りをする人を意味する「番人」がよい。

**問３**　続く部分では，「書きこみをした人」に対するレイミーからの「要求」が，ぬいぐるみの名前の訂正と，名前を間違えたことに対する謝罪であることが千鶴の口から明かされている。“自分ではなくぬいぐるみに謝罪してほしい”という「要求」は，千鶴やしほりんにとって予想の一段上をいくものだったことが想像できるので，エがよい。

**問４**　泣いているレイミーから頼まれた千鶴は，日ごろは「人前でものを言うタイプ」ではないが「覚悟」を決めたようすを見せ，「細くてたよりない」声でクラスに呼びかけている。友達のために勇気を出し，はずかしさで赤くなりながらレイミーの思いを皆に伝えようとしたことが読み取れるので，ウがよい。

**問５**　Ⅰ　二重ぼう線ａの直後の部分でしほりんは，「三人組」で過ごす毎日に不安を感じるあまり，「レイミーさえいなければ」と心のどこかで願ってしまう自分を自覚している。　Ⅱ　しほりんは，レイミーがいなければ「千鶴とふたり」で心おだやかに過ごせるのにと考えている。「千鶴を独占」することが，「シューマッハ事件」の前までのしほりんの願いだったとわかる。

**問６**　本文を通じてしほりんが感じている“いつか千鶴やレイミーから仲間はずれにされるのではないか”という不安は，「不吉な影」という言葉で言い表されている。しほりんは，この不安の原

因がレイミーの存在にあると途中までは考えており，レイミーがいなければ「影のない光のなか」にいられるのにと思ってしまっている。

**問7**　しほりんは小六の秋に親友たちから仲間外れにされたことが原因で，千鶴やレイミーと三人でいても「嫉妬」や「自己嫌悪」を感じ，気の休まらない日々を送っていた。しかし，レイミーが教室からいなくなると，しほりんは三人だったときの居心地のよさに気づくとともに，千鶴とレイミーは「理由もなしに突然」友達を仲間はずれにするような子ではないと思い直している。しほりんは，それまで苦しんできた負の感情が自分の中に由来するものだと自覚し，千鶴とレイミーのことを友達として信じたい，と願いを新たにしたのである。

**問8**　もどす文では，千鶴と自分の関係にはやっぱりレイミーの存在が必要なのだろうか，とあらためて自問するしほりんの心情が書かれている。ぼう線④の少し前にある，「どこかさびしくもあった」の後に入れると，「レイミーの家，行ってみようかな」と言うやいなや，「その日ぴかいちの晴れやかな笑顔」で，「じゃ，わたしも行く」と続けてきた千鶴のようすに，しほりんがレイミーもいなければ「ダメなのかな」とさびしく思う流れになり，文意が通る。

**四**　**出典：伊勢武史『2050年の地球を予測する　科学でわかる環境の未来』**。筆者は，日本におけるシラスウナギの密漁を例にあげながら，人間のエゴが環境問題を引き起こすしくみを論じている。

**問1**　**A**　「放牧されるウシの数が激増する」と牧草が「食べつくされ」るという当然の結果が書かれている。よって，時間の経過によって起きる変化や結果を述べるときに用いる「やがて」がふさわしい。　**B**　「共有地の悲劇」が現実に起こっている例として，「現代の日本」があげられている。よって，具体的な例をあげるときに用いる「たとえば」が合う。　**C**　いつか「ウナギ産業が破滅する」ことを認めながら行動を改めない密漁者の考えが書かれている。よって，何をしても結果は変わらないことを述べるときに用いる「どうせ」がよい。　**D**　筆者は「共有地の悲劇」を避ける方法として「ルールづくり」をあげたうえで，そうした規制は「万能」ではないことにも言及している。よって，前のことがらに，ある条件や例外などをつけ加えなければならない場合に用いる「ただし」が選べる。

**問2**　空欄Cの前の部分で筆者は，人間が環境問題を引き起こすメカニズムについて，シラスウナギ漁の例をふまえて説明している。そのメカニズムとは，「人間がエゴをむき出しにして」，たとえウナギが将来絶滅しようと「後先考えず今だけの利益のために行動する」ことだと述べられている。

**問3**　ぼう線④に続く部分で筆者は，自分の「欲望」のためなら「共有物」を「粗末にあつかう」という人間の性質が，密漁のような行為を招いていると述べている。よって，イがよい。また，ウナギの減少にともない「価格が高騰」しているものの，日本人が「お金を払ってウナギを食べる」ために密漁者が密漁を続ける，とも述べられている。よって，オもふさわしい。

**問4**　筆者の父親が，シラスウナギの密漁がさかんな実態を知りながら，子供にははっきりと説明しなかったさまを表す。「言葉を濁す」は，話をあいまいにして明言を避けること。

**問5**　「松阪牛のステーキを食べること」が，後にも先にもないほど大流行するさまを表す。「空前絶後」は，今までに前例がないことはもちろん，これからも到底起こりえないと思われること。

**問6**　前の部分で筆者は，たとえ松阪牛がブームになって価格が高騰しても，牧畜業者は松阪牛が絶滅しないように「後先考え」，「親となる牛」は出荷せずに繁殖させて個体数を増やすだろうと主張している。これに対し，シラスウナギの密漁者は個体数が減少していることを知りながら，ウナギ産業の衰退もいとわず目先の利益を得るために密漁を続けており，結果としてニホンウナギは「絶滅危惧種」に指定されていると書かれている。

**問７**　共有物を粗末にあつかい，自分の利益を最優先する人間の性は，空欄Ｃの前の部分で「エゴ」と言い表されている。

**問８**　ぼう線⑤に続く部分で筆者は，「良識のある」人間は「共有地の悲劇」を避けるために「自制心をはたらかせること」が可能だと主張しており，具体的な方法のひとつとして，社会でルールを整備することをあげている。社会全体のために，各個人が過度な利益の追求を抑えることについて述べていると考えられるので，ウがふさわしい。なお，ルールで監視し合い，違反者には措置を講じるという姿勢については，筆者は「理論上」は効果があるが「万能」ではないとしているので，イは合わない。

2024
年度

# 広尾学園小石川中学校

【算　数】〈第３回入試〉（50分）〈満点：100点〉

《注意事項》円周率は3.14として計算してください。

**1** 次の□に当てはまる数を答えなさい。

(1) $\frac{7}{8} - 0.52 \times \frac{2}{5} - (13 \div 25) \times 0.375 = \square$

(2) $\left(\square - \frac{9}{650}\right) \div \frac{1}{221} = \frac{143}{150} + 1.69 \div 3.25$

(3) 21で割った商が8，または小数第一位で四捨五入することで8になる整数をすべて加えた数は□です。

(4) 約数の個数が8つである整数のうち，小さい方から3番目の整数は□です。

(5) 全部で□ページの本を1日目に全体の $\frac{3}{8}$ より20ページ多く読み，2日目に残りの $\frac{2}{3}$ より5ページ少なく読み，3日目には残りの $\frac{1}{4}$ を読み，4日目には30ページを読んでこの本を読み終えました。

**2** 次の問いに答えなさい。

(1) 下図のような１辺の長さが等しい正六角形と正方形があります。
点Ａは正六角形の対称(しょう)の中心です。角アの大きさを求めなさい。

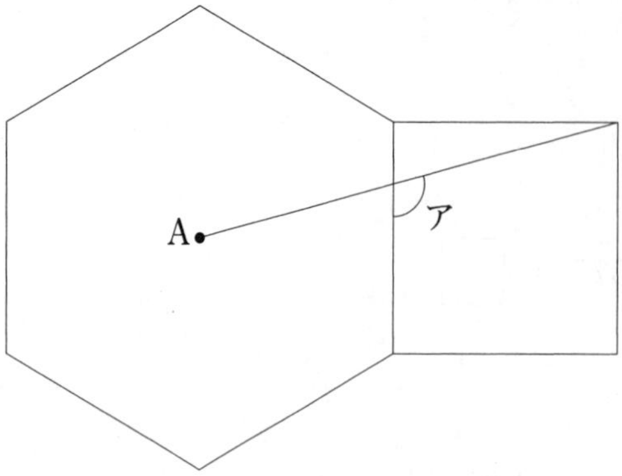


(2) 右図のような正八面体ＡＢＣＤＥＦがあり，ＢＤ＝６ cmです。直線ＡＦを軸(じく)として三角形ＡＢＣを回転させたときにできる立体の体積を求めなさい。

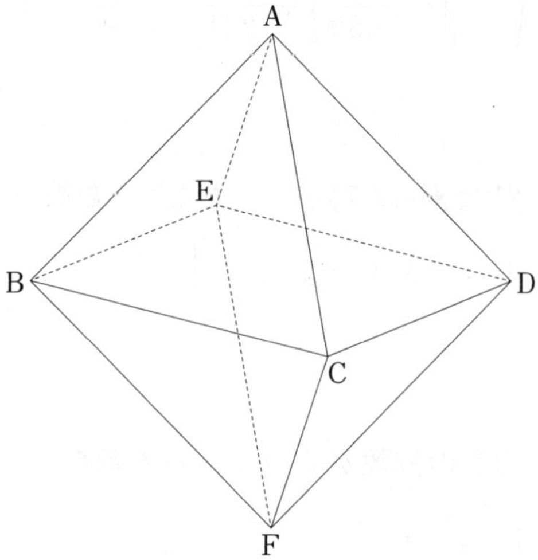


(3) [1], [2], [3], [4], [.] の５枚のカードがあります。小数点のカードが両端(はし)にこないものとして，５枚のカードを使って作ることのできる数は何通りありますか。

(4) 値段が異なる２つの商品があります。その合計金額は4600円です。それぞれ同じ金額だけ値引きしたところ，値段の高い方の商品は最初の値段の $\frac{4}{7}$ になり，安い方の商品は最初の値段の $\frac{1}{3}$ になりました。値引き後の２つの商品の合計金額を求めなさい。

**3** A君，B君，C君がある仕事を終わらせるとき，次のことがわかっています。

① A君だけで行うと15日かかる。
② B君とC君が同時に２人で行うと15日かかる。
③ B君がこの仕事を８日行ったあと，A君が行うと10日かかる。

次の問いに答えなさい。

(1) B君だけでこの仕事を終わらせるのに何日かかりますか。

(2) この仕事を同時にA君とC君で６日行ったあと，B君が行います。このとき，B君が仕事を始めてから何日目で終わりますか。

(3) 始めはA君，B君，C君がこの仕事を同時に行いました。
ところが，４日経ったところであと３日で終わらせなければならなくなってしまい，D君が手助けに入り４人で仕事を行ったことで，仕事を始めてから７日目で無事に終わりました。
このとき，D君だけでこの仕事を終えるには，［ア］日以上［イ］日以下必要です。
［ア］，［イ］に入る適切な整数を答えなさい。

**4** 下の表のように，ある規則にしたがって，数が並んでいます。

| | 1列目 | 2列目 | 3列目 | 4列目 | 5列目 | … |
|---|---|---|---|---|---|---|
| 1行目 | 1 | 7 | 17 | 31 | 49 | … |
| 2行目 | 3 | 5 | 15 | 29 | 47 | … |
| 3行目 | 9 | 11 | 13 | 27 | 45 | … |
| 4行目 | 19 | 21 | 23 | 25 | 43 | … |
| 5行目 | 33 | 35 | 37 | 39 | 41 | … |
| ⋮ | ⋮ | ⋮ | ⋮ | ⋮ | ⋮ | ⋱ |

次の問いに答えなさい。

(1) 20行目の19列目にある数はいくつですか。

(2) 20行目の24列目にある数はいくつですか。

(3) 1531は何行目の何列目にありますか。考え方を含(ふく)めて答えなさい。

**5** 印刷機Ａ，Ｂ，Ｃで決まった量の印刷をします。
それぞれ１分間に印刷できる枚数は異なります。各印刷機とも10分動かしたら次の印刷機に切りかえます。
ただし，印刷機Ａ，Ｂ，Ｃは多くても１回しか動かせません。

① Ａ，Ｂ，Ｃの順に印刷すると，最後にＣの印刷機を４分動かして印刷が完了(りょう)します。

② Ａ，Ｃ，Ｂの順に印刷すると，Ａの印刷機を動かしてから，20分後に完了します。

③ Ｂ，Ｃ，Ａの順に印刷すると，最後にＡの印刷機を２分30秒動かして印刷が完了します。

次のページの問いに答えなさい。

(1)　B，Cが１分間に印刷できる枚数の比はいくつですか。最も簡単な整数の比で答えなさい。

(2)　A，Cが１分間に印刷できる枚数の比はいくつですか。最も簡単な整数の比で答えなさい。

(3)　①の印刷でCが印刷した枚数が200枚のとき，印刷したすべての枚数は何枚ですか。

**6**　林間学校で，１列に並んでハイキングコースを歩いています。
最後尾(さいこうび)にいたAさんが1.2 km先の先頭まで走って行ったところ，５分で先頭につくことができましたが，先頭にいた先生に最後尾にもどるように注意されました。
Aさんがその場で列が過ぎるのを待っていると，20分で最後尾になることがわかっています。
次の問いに答えなさい。

(1)　行きと同じ速さでもどると，何分何秒で最後尾にもどりますか。

Aさんがその場で列が過ぎるのを待っていると，途中でBさんがけがをしていることがわかりました。AさんはBさんを連れて，行きの半分の速さで最後尾に向かいました。Aさんが先生に注意をされ，Bさんを連れて最後尾に到着(とう)するまで15分かかりました。

(2)　Bさんがいたのは，列の先頭から何mのところですか。

(3)　Aさんは待ち始めてから16分で最後尾にもどることができるようにBさんと最後尾へ向かいました。Bさんの速さは分速何mですか。

問八　本文の内容や表現の特徴を述べたものとしてふさわしいものには○、ふさわしくないものには×を解答らんに書きなさい。

ア　「正しさは人それぞれ」とか、「何が正しいかなんて誰にも決められない」といったことを主張する人たちは、善意が時に人を傷つけるということを理解していない。

イ　「原子力発電所を維持するのであれば、廃止した場合のメリットは捨てなければ」ならないが、原子力発電所を廃止した場合も安定した電力の供給はなされねばならない。

ウ　「政治とは、意見や利害が対立したときに妥協点や合意点を見つけだすためのはたらき」であるはずだが、このような本来の政治のあり方は最近多くの国で見受けられない。

エ　「日本を含めてほとんどの国の政府」が、政策を決めるために科学者の意見を聞く機関や制度を持っているのは、科学は客観的で正しい答えに到達できると思っているからである。

問四　――線②「権力者は大喜びでしょう」とありますが、その理由を説明した次の文の空らんにふさわしい言葉をそれぞれ十字以内で文中からぬき出して答えなさい。

**【文】**
**「正しさは人それぞれだ」「みんなちがってみんないい」という主張は、（ X ）ことにはつながらず、むしろ大多数の人々の意見を（ Y ）切り捨てることを正当化することにつながるから。**

問五　――線③「『科学は人それぞれ』」とありますが、その理由として最もふさわしいものを次から一つ選び、記号で答えなさい。
ア　「客観的で正しい答え」は普遍主義から発生しているので、相対主義を主張する人たちにも科学は絶対だと思っている人は多く、その期待に応えたり国の政府から意見を求められたときに答えたりできるよう科学者は研究しているから。
イ　「客観的で正しい答え」は「みんなちがってみんないい」という現代の風潮にはそぐわないもので、国の政府から政策を決めるにあたって意見を求められる以上、科学者も時代の流れにそって多様性を重んじた研究をするようになったから。
ウ　「客観的で正しい答え」はニュートンやアインシュタインがいた時代には求められたかもしれないが、そのような天才が不在である一〇〇年後の科学者たちには、相対性理論と量子力学を統一する理論を導きだす研究などできないから。
エ　「客観的で正しい答え」は合意が形成されて研究が終了したもので、合意がなされていないからこそ研究が進められている最先端の研究においては、科学者はそれぞれ自分が正しいと考える仮説を正当化するために研究をしているから。

問六　④に入る語句として最もふさわしいものを次から一つ選び、記号で答えなさい。
ア　対話　　イ　会話　　ウ　談話　　エ　神話

問七　――線⑤「成長するためには傷ついてナンボです」とありますが、その理由を八十字以上百字以内で答えなさい。

最近、「正しさは人それぞれ」と並んで、「どんなことでも感じ方しだい」とか「心を傷つけてはいけない」といった感情尊重の風潮も広まっています。しかし、学び成長するとは、今の自分を否定して、今の自分ではないものになるということです。これはたいへんに苦しい、ときに心の傷つく作業です。あえていえば、⑤成長するためには傷ついてナンボです。若いみなさんには、傷つくことを恐れずに成長の道を進んでほしいと思います。

〔山口裕之『「みんな違ってみんないい」のか？――相対主義と普遍主義の問題』（筑摩書房）による〕

注　最後通牒…相手が要求を受け入れない場合は、交渉を打ち切り、実力行使に出ることを述べる外交文書のこと。

問一　[A]～[D]に入る語句の組み合わせとして最もふさわしいものを次から一つ選び、記号で答えなさい。

ア　A　まるで　B　いわば　C　そして　D　しかし
イ　A　いわば　B　そして　C　だから　D　なぜなら
ウ　A　たとえば　B　つまり　C　ところが　D　それゆえ
エ　A　あたかも　B　だから　C　しかし　D　むしろ

問二　＝＝線「一枚岩」の、ここでの意味として最もふさわしいものを次から一つ選び、記号で答えなさい。

ア　しっかりとまとまって一つの大きな組織を作っていること。
イ　意見の違いなどなく一つにしっかりとまとまっていること。
ウ　違う意見が出ないよう一番の権力者に強制されていること。
エ　政策を決めるとき一番に意見を求められる立場であること。

問三　――線①「そんなとき」とありますが、その内容を表した三十字程度の部分を探し、解答らんに続くように最初と最後の四字をぬき出して答えなさい。

[C]、実は科学は一枚岩ではないのです。科学者の中にも、さまざまな立場や説を取っている人がいます。そうした多数の科学者が論争する中で、「より正しそうな答え」を決めていくのが科学なのです。それゆえ、「科学者であればほぼ全員が賛成している答え」ができあがるには時間がかかります。みなさんが中学や高校で習うニュートン物理学は、いまから三〇〇年以上も昔の一七世紀末に提唱されたものです。アインシュタインの相対性理論や量子力学は「現代物理学」と言われますが、提唱されたのは一〇〇年前（二〇世紀初頭）です。現在の物理学では、相対性理論と量子力学を統一する理論が探求されていますが、それについては合意がなされていません。合意がなされていないからこそ、研究が進められているのです。

最先端の研究をしている科学者は、それぞれ自分が正しいと考える仮説を正当化するために、実験をしたり計算をしたりしています。つまり、科学者に「客観的で正しい答え」を聞いても、何十年も前に合意が形成されて研究が終了したことについては教えてくれますが、まさしく今現在問題になっていることについては、「自分が正しいと考える答え」しか教えてくれないのです。ある意味では、③「科学は人それぞれ」なのです。（略）

このように考えてくると、科学者であっても、現時点で問題になっているような事柄について、「客観的で正しい答え」を教えてくれるものではなさそうです。ではどうしたらよいのでしょうか。自分の頭で考える？　どうやって？（略）

ここであらかじめ結論だけ述べておけば、私は、「正しさは人それぞれ」でも「真実は一つ」でもなく、人間の生物学的特性を前提としながら、人間と世界の関係や人間同士の間の関係の中で、いわば共同作業によって「正しさ」というものが作られていくのだと考えています。

これは、「正しさは人それぞれ」とか「みんなちがってみんないい」といったお決まりの簡便な一言を吐けば済んでしまうような安易な道ではありません。これらの言葉は、言ってみれば相手と関わらないで済ますための最後通牒[注]です。みなさんが意見を異にする人と話し合った結果、「結局、わかりあえないな」と思ったときに、このように言うでしょう。「まあ、人それぞれだからね」。

[D]、多様な他者と理解し合うということは、かれらとともに「正しさ」を作っていくということです。[④]はここで終了です。

ともに「正しさ」を作っていくということは、そこで終了せずに踏みとどまり、とことん相手と付き合うという面倒な作業です。相手の言い分を受け入れて自分の考えを変えなければならないこともあるでしょう。それでプライドが傷つくかもしれません。しかし、傷つくことを嫌がっていては、新たな「正しさ」を知って成長していくことはできません。

そうした場合、現実の世界では権力を持つ人の考えが通ってしまいます。本来、政治とは、意見や利害が対立したときに妥協点や合意点を見つけだすためのはたらきなのですが、最近は、日本でもアメリカでもその他の国々でも、権力者が力任せに自分の考えを実行に移すことが増えています。批判に対してきちんと正面から答えず、単に自分の考えを何度も繰り返したり、論点をずらしてはぐらかしたり、権力を振りかざして脅したりします。

そうした態度を批判するつもりで「正しさは人それぞれだ」とか「みんなちがってみんないい」などと主張したら、②権力者は大喜びでしょう。なぜなら、もしさまざまな意見が「みんなちがってみんないい」のであれば、つまりさまざまな意見の正しさに差がないとするなら、選択は力任せに行うしかないからです。「絶対正しいことなんてない」とか「何が正しいかなんて誰にも決められない」というのであればなおさらです。決定は正しさにもとづいてではなく、人それぞれの主観的な信念にもとづいて行うしかない。それに納得できない人とは話し合っても無駄だから権力で強制するしかない。こういうことになってしまいます。

［B］、「正しさは人それぞれ」や「みんなちがってみんないい」といった主張は、多様性を尊重するどころか、異なる見解を、権力者の主観によって力任せに切り捨てることを正当化することにつながってしまうのです。これでは結局、「力こそが正義」という、困った世の中になってしまいます。それは、権力など持たない大多数の人々の意見が無視される社会です。

では、どうしたらよいのでしょうか。

よくある答えは、「科学的に判断すべきだ」ということです。科学は、「客観的に正しい答え」を教えてくれると多くの人は考えています。このように、さまざまな問題について「客観的で正しい答えがある」という考え方を、普遍主義といいます。探偵（たんてい）マンガの主人公風に言えば、「真実は一つ！」という考え方だといってもよいかもしれません。先程の相対主義と反対の意味の言葉です。「価値観が多様化している」と主張する人たちでも、科学については普遍主義的な考えを持っている人が多いでしょう。「科学は人それぞれ」などという言葉はほとんど聞くことがありません。

そして実際、日本を含めてほとんどの国の政府は、政策を決めるにあたって科学者の意見を聞くための機関や制度を持っています。日本であれば、各省庁の審議会（専門家の委員会）や日本学術会議などです。「日本の経済発展のために原子力発電所は必要なのか」「どれくらいの確率で事故が起こるのか、事故が起こったらどのくらいの被害が出るのか」といった問題について、科学者たちは「客観的で正しい答え」を教えてくれそうに思えます。

三　次の文章を読み、後の各問に答えなさい。

昨今、「正しさは人それぞれ」とか「みんなちがってみんないい」といった言葉や、「現代社会では価値観が多様化している」「価値観が違う人とは結局のところわかりあえない」といった言葉が流布しています。このような、「人や文化によって価値観が異なり、それぞれの価値観には優劣（ゆうれつ）がつけられない」という考え方を相対主義といいます。「正しさは人それぞれ」ならまだしも、「絶対正しいことなんてない」とか、「何が正しいかなんて誰にも決められない」といったことさえ主張する人もけっこういます。

こうしたことを主張する人たちは、おそらく多様な他者や文化を尊重しようと思っているのでしょう。そういう善意はよいものではありますが、はたして「正しさは人それぞれ」や「みんなちがってみんないい」という主張は、本当に多様な他者を尊重することにつながるのでしょうか。そもそも、「正しさ」を各人が勝手に決めてもよいものなのか。それに、人間は本当にそれほど違っているのかも疑問です。

たしかに、価値観の異なる人と接触することがなかったり、異なっていても両立できるような価値観の場合には、「正しさは人それぞれ」と言っていても大きな問題は生じません。［A］、訪ねることも難しい国の人たちがどのような価値観によって生活していても、自分には関係がありません。またたとえば、野球が好きな人とサッカーが好きな人は、スポーツのネタでは話が合わないかもしれませんが、好きなスポーツの話さえしなければ仲良くできるでしょう。サッカーが好きなのは間違っていて、すべての人は野球が好きでなければならない、なんていうことはありません。

こうした場面では、「人それぞれ」「みんなちがってみんないい」でよいでしょう。しかし、世の中には、両立しない意見の中から、どうにかして一つに決めなければならない場合があります。たとえば、「日本の経済発展のためには原子力発電所が必要だ」という意見と、「事故が起こった場合の被害が大きすぎるので、原子力発電所は廃止すべきだ」という意見とは、両立しません。どちらの意見にももっともな点があるかもしれませんが、日本全体の方針を決めるときには、どちらか一つを選ばなければなりません。原子力発電所を維持するのであれば、廃止した場合のメリットは捨てなければなりません。逆もまたしかり。『みんなちがってみんないい」というわけにはいかないのです。

①そんなときには、どうすればよいでしょうか。「価値観が違う人とはわかりあえない」のであれば、どうすればよいのでしょうか。

問四　――線④「すっごく似合うと思う。あなた達に」という発言にはどのような意味が込められていましたか。最もふさわしいものを次から一つ選び、記号で答えなさい。

ア　おそろいのクラスＴシャツを着ることで、範子たち四人がクラスになじむことができると言おうとしている。
イ　何も印刷されていないＴシャツを渡すことで、範子たち四人がクラスから仲間外れであることを明確にしている。
ウ　四人の名前だけがないＴシャツを渡すことで、範子たち四人がまだ完全な仲間にはなっていないことを示している。
エ　クラスＴシャツを持ってきて渡すことで、範子たち四人とのこれまでのもめごとをなかったことにしようとしている。

問五　――線⑤「自分の息がとても荒くなっていることに気付いた」とありますが、どういうことですか。その説明として最もふさわしいものを次から一つ選び、記号で答えなさい。

ア　仲間外れを免れたと自分だけが誤解していたこと。
イ　怒りで興奮してまわりが目に入らなくなっていたこと。
ウ　村上さんに対する憎悪がつのり手を出してしまっていたこと。
エ　仲間である王妃に対しても怒りをぶつけようとしていたこと。

問六　――線⑥「ぎくりとした」のはなぜですか。その理由として最もふさわしいものを次から一つ選び、記号で答えなさい。

ア　範子が一人でいるチヨジを仲間に入れないことをとがめられたが、王妃にはそのことを知られたくなかったから。
イ　範子がチヨジを大切にしていないと注意されたが、自分ではむしろ大切にしすぎているほどだと思っていたから。
ウ　範子が王妃といる時間を優先してチヨジをないがしろにしていると指摘されたが、自分でもその自覚があったから。
エ　範子がさびしそうなチヨジに冷たいと言われたが、チヨジがそのような思いをしているとは考えもしなかったから。

問七　――線⑦「そんな予感」とはどのような「予感」ですか。八十字以上百字以内で説明しなさい。

問一　――線①「熱に浮かされたよう」、②「水を得た魚のよう」の意味として最もふさわしいものを次からそれぞれ一つずつ選び、記号で答えなさい。

①「熱に浮かされたよう」

ア　大勢を巻き込んで騒ぐ　　　　イ　状況を読んで冷静になる
ウ　前後を忘れて夢中になる　　　エ　熱気にあてられて苦しむ

②「水を得た魚のよう」

ア　思うように動けずもがく　　　イ　味方を得て自信をつける
ウ　活躍の場を得て生き生きとする　エ　息をつける場を見つけて安心する

問二　――線③「こういうノリ」とはどういう状態のことですか。最もふさわしいものを次から一つ選び、記号で答えなさい。

ア　全員が仕事に打ち込み、周囲の活動のようすがわかるような状態。
イ　全員が他人への興味を持たず、上下関係も生まれないような状態。
ウ　全員が能力を発揮できる場をもち、敵対関係も忘れるような状態。
エ　全員が忙しさに気を取られ、仲間外れがうやむやになるような状態。

問三　[A]～[D]に入る語句として最もふさわしいものを次からそれぞれ一つずつ選び、記号で答えなさい。

ア　うきうき　　イ　うずうず　　ウ　どきどき
エ　ふらふら　　オ　ぺらぺら　　カ　やれやれ

妃が、とんでもないお人好しに思える。何よりも、彼女との思い出を話す王妃は範子といるよりよほど楽しそうで、胸がひりひりした。やっぱり、彼女は別世界の住人なのかもしれない。範子と仲良くしていても、どこかでここは仮住まいだと認識しているのかもしれない。確かに最近の彼女はいい人過ぎる。それはおそらく、今まで散々見下してきた範子達への償いなのだろう。つまり、本来の彼女ではないということだ。注4みそぎが済めば、元の世界に戻っていくということなのだろうか。

「あなた達、もういい加減何か食べなさい。夜ご飯にサルヴァトーレのピザでもとりましょうか」

リビングから母の声がする。王妃はぱっと目を輝かせた。

「わあ、ピザ！　ピザのデリバリーなんて初めてかも」

もしかして、彼女がここに遊びに来るのは今夜が最後なのかもしれない。⑦そんな予感を必死で打ち消そうと、精一杯物慣れたけだるそうな態度で、

「ママ、私はいつものねえ。スモークサーモンとキノコのピッツァ」

と、範子は叫んだ。

［柚木麻子『王妃の帰還』（実業之日本社文庫）による］

注１　村八分　………　仲間外れ。
注２　辟易　…………　いや気がさすこと。
注３　おっくう　………　めんどうで気が進まないさま。
注４　みそぎが済めば　…　やってしまったよくないことのつぐないを済ませたら。

部屋に戻ると、王妃が縫い物から目を上げた。本当に彼女がこちらを向いただけで、お花畑が広がるような華やぎが漂う。
「どうしたの？　誰から？」
「チヨジ。なんか心配して電話くれたみたい」
「そっか。ね、チヨジとアッコを安心させるために、出来たとこまで、写メ撮ってあの子達に送らない？」
手を叩いて賛成すると、王妃はさっそく鞄から携帯電話を取りだした。
「せっかくだから私達が着てみようよ！　プチ・ファッションショーだね」
背中を向け合って、それぞれ制服を脱いでＴシャツを着た。レースやビーズにボタン、アップリケでたっぷりと飾られたそれは、どこかの人気ブランドの商品みたいだ。我ながらこまごまと可愛いものをよくこれだけ集めたと思う。名前を印刷しただけのクラスＴシャツの何百倍もキュートだ。二人で顔を寄せ合って、王妃がかざした携帯電話に向かって、ポーズを決めてにっこり笑ってみせた。端末画面の中の二人は、長年の親友みたいに見える。ベッドに並んで腰かけるうちに、ふと範子は聞いてみたくなった。
「なんか意外。滝沢さんがこんなに頑張り屋さんだなんて」
ややあって、王妃は恥ずかしそうにこう答えた。
「こうなったのも全部私のせいじゃん。私が言ったことが、あんなにアッコを追い詰めたなんて考えたこともなかったな。そもそも恵理菜がおかしくなったのも、もとをただせば私のせいなのかもしれない。私が偉そうな態度であの子を家来みたいに扱ったから……」
村上恵理菜の名前を聞くなり、範子の心はたちまちざわついた。楽しい気持ちは吹き飛び、嫌悪感で喉がつかえるような感覚をおぼえる。
「恵理菜ももとは悪いやつじゃないよ。頭がよくて面白くていいやつだったんだよ。昔は親友同士だったんだから。うちらセンスが似てるのかな。一緒に買い物行くのが特に楽しかったな。二人でメイクして渋谷を歩いたら、面白いんだよ、大学生と間違われてナンパされたことがあって……」
何かを思いだしたのか、王妃はくすくすと笑う。
ふうん、とＴシャツに目を落とす。なんだか猛烈に寂しかった。村上さんにあんなひどい仕打ちをされても許す気まんまんの王

滅多にあるもんじゃない。学校が終わるなり、彼女と二人で下校し同じ電車に乗り我が家までやって来た。完全に一対一になるのは初めてで、何を話せばいいのだろうか、と最初は悩んだけれど、王妃は意外なほどおしゃべりでこちらが興味を持つような話題をしきりに振ってくれた。

気付けば、すっかり打ち解けていて、二人で頭をくっつけるようにして縫い物に没頭していた。帰宅した母は王妃がいることに驚いたけれど、すぐに事情を飲み込み、彼女のお母さんに電話を入れてくれた。

「ノリスケ……」

電話の向こうのチヨジの声が消え入りそうで、上手く聞き取れない。

「ん？　なあに。どうしたの？　ごめん、手が離せないの。もう切るよ」

正直なところ、早く部屋に戻りたくて、範子は［B］している。

「明日学校でね。期待しててね」

受話器を置くと、［C］と踵を返す。母の声が背中を追いかけてきた。

「範子、今のちょっと可哀想じゃない？」

振り向くと、母は新聞を畳みながら、とがめるような口調で言った。

「さっき、チヨジちゃんの声、寂しそうだったわよ。滝沢さんはそりゃ素敵な子だけど、チヨジちゃんとはずっと仲良かったんじゃない。仲間に入れてあげなくちゃ。チヨジちゃんはきっと今、おうちに一人でお父さんを待ってるんでしょ？」

⑥ぎくりとした。でも――。確かに範子は今、王妃に夢中だけれど、チヨジを嫌いになったわけではない。それに、チヨジは心が広くて空気が読める子だし、何よりさっぱりした性格だ。おかしな嫉妬をしたり、範子を恨むようなことは万が一にもないだろう。親友なのだから、多少の甘えは許されるはずだ。

「大丈夫よ、ママ。それより、明日は祝日で会社も休みでしょ。必ず文化祭に来てよね！」

［D］、と言った様子で母は笑って立ち上がる。

「わかった、わかったわ。でも、十時になったら、滝沢さんのお母様も迎えにいらっしゃるんだからほどほどになさいね。そろそろ何か食べなさいよ」

一歩前に出た瞬間、右腕が引き戻された。むっとして振り返ると、王妃がゆっくりと首を振る。⑤自分の息がとても荒くなっていることに気付いた。

「ダメ。真っ向からやり合っても、今からじゃどうせプリントは間に合わない。でも、こんな卑怯な手に絶対、負けないわよ。ねえ、ノリスケ、今日あなたの家に行ってもいい？」

チヨジとアッコが顔を見合わせた。他の女の子達はそれぞれの持ち場に戻り、何事もなかったかのように笑いさざめいている。

母がドアをノックしたのも気付かないほど、王妃も範子もお裁縫に夢中だった。ちくちくと針を動かしていると、時間がたつのを忘れてしまう。本棚の中の置時計を見れば、もう七時半だ。帰宅してからずっと、無地のTシャツに、範子のコレクションである缶にためたビーズやレースをせっせと二人で縫い付けている。

「範子、範子。チヨジちゃんから電話よ」

はっとして顔を上げると、王妃が行きなよ、という風にうなずいた。正直、腰を上げるのがおっくう[注3]でならない。針をぷつりと布地に刺すと、リビングに早足で向かい、受話器をひったくるように乱暴に耳に押し当てる。ソファに座っている母がちらりとこちらに視線を送った。

「ねえ、大丈夫？　何か困っていることない？」

いきなりチヨジの心配そうな声が、受話器から漏れた。

「大丈夫、大丈夫。心配しないで。うちはママもいるし、私達、お裁縫得意だから。明日までに絶対可愛いTシャツが作れるよ。村上さん達もあっと言うようなやつ」

無地のTシャツにボタンやビーズ、レースを縫い付け可愛く飾ろうというのは王妃の提案だった。彼女は範子の部屋で見た小物コレクションをよく覚えていてくれたのだ。

——明日は本番。もう、時間がないわ。ね、今日ノリスケの家にこれから行ってもいい？　ノリスケ、手芸が得意って言ってたよね。二人で頑張れば、きっとなんとかなるはずよ。

彼女が一人で我が家にやって来ると思うと緊張と興奮で心臓が高鳴り、夢中でうなずいた。王妃を独り占め出来るチャンスなんて、

段ボールを抱えた三輪さんが飛び込んできて、誰もが手を止めた。野島さんがさっそく手にとってパンと広げた白いTシャツには、胸のところに『SEIKYO STATION』とピンク色のロゴが入り、背中の『2-B』の下にはクラス全員分の氏名がローマ字で印刷されている。予想したより安っぽい質感だけれど、皆(みな)お揃(そろ)いだと思うと少しも気にならない。姫グループが真っ先に駆(か)け寄り、それぞれTシャツを各グループの人数分つかむと、配り歩いていく。村上恵理菜さんがこちらのグループにやって来た時はかなり意外だった。彼女は爽(さわ)やかな笑みを浮かべ、チヨジに四枚のTシャツを渡した。

「あ、ありがとう」

「④すっごく似合うと思う。あなた達に。明日が楽しみね」

チヨジが面食らった様子で、こちらをちらりと見た。弾(はず)むような足取りでグループの元に引き返していく村上恵理菜さんに、範子達は顔を見合わせる。彼女があんなに上機嫌(じょうきげん)だなんて、何が起きたのだろうか。範子がTシャツに手を伸ばしたのと、アッコがすっとんきょうな声を上げたのはほぼ同時だ。

「何これ、まっしろじゃん！」

範子は慌(あわ)てて目の前のTシャツを広げる。確かに何も印刷されていない。見れば、チヨジも王妃も、グループ四人のいずれもが完全に無地のシャツを手にしていた。黒崎さん達が血相を変えて駆け寄ってくる。

「見て、あんた達四人の名前だけ、印刷から漏(も)れてる！」

彼女の言うように、印刷入りのTシャツからは範子達四人の名前だけ綺麗(きれい)に弾(はじ)かれていた。何度読んでも間違いはなさそうだ。信じられない。泣きそうになって唇(くちびる)を噛(か)んだ。王妃もチヨジもアッコも茫然(ぼうぜん)とした面持ちで、うなだれている。文化祭のにぎやかな雰囲気のおかげで仲間外れは免(まぬか)れたと思ったけど、とんだ勘違いだった。悪意は水面下で広がっていたのだ。見回せば、クラス中の女の子達が気まずそうに顔を背けている。笑いを噛み殺している姫グループと目が合った。その中心にいる得意満面の村上恵理菜さんを見るなり、範子は何かが弾けるのを自覚した。なめやがって——。あの意地悪女の横っ面を思い切りひっぱたいて、床(ゆか)に突き飛ばしてしまいたい。どうしてこんなひどいことをしても涼(すず)しい顔で笑っていられるのだろう。人を見下すことでしか自分を確認出来ない最低の人間。喉(のど)に手を突っ込んで、彼女の醜(みにく)さと弱さを引っ張り出し、教室の床にぶちまけてやる。二度と学校に来られないようにしてやりたい。

は最近腹立たしい。言葉にならない感覚を共有したかっただけなのに。昭和の名作アニメやＳＦの話がしたいのではない。ピリピリしていた２年Ｂ組のムードが文化祭の活気に押(お)し流され、一つにまとまっていくうねりが、単純に嬉しいのだ。

心配していたような村八分[注1]にさらされていないことも喜ばしい。文化祭の準備があまりにも忙(いそが)しいため、学級会から今日まで飛ぶように過ぎていった。それぞれのグループごとに装飾班や案内係など仕事が割り振られているため、衝突は起きないし、必要に迫られれば敵対関係にある一派とも普通に口を利くようになっている。この空気が文化祭後も続けばいいのに、と範子は心から願っている。ホッシーの復帰もすぐそこだ。ああ、このまますべてが上手くいきますように。

「それ、わかる。ノリスケ。いつもさあ、③こういうノリでやれれば楽なのにね」

折り紙のくさりを作っていた王妃(おうひ)がそっと耳打ちしてきた。彼女の共感を得たことで、範子はぱっと明るい気持ちになった。

「うんうん。全員に持ち場っていうか得意なことが発揮できる場所があればさ、上も下もなくなるし、いい感じでやれるんだよね」

「きっと大人になって仕事を持てば、そういう風になれるんじゃないかな」

「あれ、タッキーはモデルからセレブ主婦になるのが夢なんじゃないの？」

アッコこと安藤晶子が不思議そうな口調で割って入った。彼女をアッコと呼ぶのにもそろそろ慣れた。心から打ち解けたわけではないし、噂(うわさ)好きで調子づきやすいところには辟易(へきえき)[注2]もする。しかし、実家がクリーニング屋さんで時々店番をすることもあるという彼女は、誰よりも腰が軽く仕事の要領が良かった。彼女のおかげで、教室を飾(かざ)る看板やオブジェが次々に出来上がっていくことは正直助かっている。

「うーん。それもいいけどさ、最近はちょっと考え方が変わったんだ。スタイリストとかデザイナーとか、そういう裏方の方が私には向いてるんじゃないかって。ノリスケ達のお母さんって働いててさ、かっこいいなーって思うようになったの」

「絶対なれるよ！　滝沢さん、センスいいもん」

自分は今、うっとりした目つきをしているんだろう、と範子は思った。以前の取り澄(す)ました王妃も好きだけれど、ここ最近の気さくで頼れる彼女はもっともっと好きだ。自慢の栗色(くりいろ)の巻き毛を無造作なお団子にして、後れ毛が首や頬(ほお)に張り付いているのが、モデルさんのプライベート風で一層かっこいい。

「みんなー、注目！　クラスＴシャツが出来たよ!!」

二 次の各問に答えなさい。

問一 次の□に体の一部を表す漢字一字を入れると慣用句が完成します。□に当てはまる漢字を答えなさい。

① 目から□にぬける。
② 京都に来たついでに大阪まで□をのばす。
③ 世の中には□の黒い人がいる。

問二 次のAとBには意味が反対になる漢字が一字ずつ入ります。AとBに当てはまる漢字を答えなさい。

① A耕B読
② A名B実

三 次の文章を読んで、後の問に答えなさい。

文化祭直前のざわざわした雰囲気が、範子(のりこ)は好きだ。

普段はしんと静かな聖鏡女学園がこの時ばかりは①熱に浮かされたようで、クラスの垣根もグループの垣根もなくなる。教室はすべて開け放たれ、誰もがそれぞれ仕事を見付けてそれに打ち込んでいる。ペンキやニスのつんと酔(よ)わせる香りにも、演劇部の発声練習やチアリーディング部の掛け声が校庭から聞こえてくるのにも、胸がときめく。そう言ったらチヨジは嬉(うれ)しそうに顔をほころばせ、ボール紙をカッターでくり抜(ぬ)く手を止めた。

「だよね。文化祭の前日ってなんでもアリで、なんだか異次元って感じ。『うる星やつら』の劇場版『ビューティフル・ドリーマー』って見たことある? 原作ファンにはかなり衝撃(しょうげき)的だったらしくて賛否両論はあるんだけどね。文化祭前日の高校が舞台で、登場人物全員がその一日に閉じ込められちゃうのね。あ。ネタバレになっちゃうんだけど……」

チヨジは②水を得た魚のように、自分の知識を A とひけらかす。あっという間に彼女に話題を独占されてしまうのが、範子

2024年度

# 広尾学園小石川中学校

【国　語】〈第三回入試〉（五〇分）〈満点：一〇〇点〉

《注意事項》問題で文字数が指定されている場合はカッコや句読点を文字数に含みます。

## 一

次の各問に答えなさい。

問一　――線の漢字の読みをひらがなで答えなさい。

①　南アルプスを縦走する。
②　あの人は美の権化だ。
③　時間を費やす。
④　雨の日は専ら読書をする。

問二　――線のカタカナを漢字に改めなさい。

①　ゼイム署に書類を提出する。
②　有害物質をジョキョする。
③　名刀をヒゾウする。
④　日本のキカン産業は製造業である。
⑤　家族にササえられる。
⑥　花粉症によくキく薬。

# 2024年度 広尾学園小石川中学校 ▶解答

※ 編集上の都合により，第３回入試の解説は省略させていただきました。

## 算数 ＜第３回入試＞（50分）＜満点：100点＞

**解答**

1 (1) $\frac{59}{125}$ (2) $\frac{4}{195}$ (3) 3528 (4) 40 (5) 200 2 (1) 105度 (2) 14.13cm³ (3) 72通り (4) 2200円 3 (1) 24日 (2) 11日目 (3) ア 11 イ 45 4 (1) 759 (2) 1113 (3) 19行目の28列目 5 (1) 3：5 (2) 4：5 (3) 900枚 6 (1) 3分20秒 (2) 780m (3) 分速80m

## 国語 ＜第３回入試＞（50分）＜満点：100点＞

**解答**

一 問1 ① じゅうそう ② ごんげ ③ つい(やす) ④ もっぱ(ら) 問2 下記を参照のこと。 二 問1 ① 鼻 ② 足 ③ 腹 問2 ① A 晴 B 雨 ② A 有 B 無 三 問1 ① ウ ② ウ 問2 ウ 問3 A オ B イ C ア D カ 問4 イ 問5 イ 問6 ウ 問7 (例) 王妃が範子たちと仲良くしているのは今だけのことで，本来彼女は別世界の住人であり，みそぎが済めば元の世界に帰っていくので，範子の家に来て親しくするようなこともなくなるという予感。

四 問1 ウ 問2 イ 問3 両立しな～ならない(とき。) 問4 X 多様性を尊重する Y 権力者の主観によって(権力者が力任せに) 問5 エ 問6 ア 問7 (例) とことん相手と付き合うという面倒な作業によって，自分の考えを変えなければならず，プライドが傷つくこともあるかもしれないが，成長するとは今の自分を否定して今の自分ではないものになるということであるから。 問8 ア × イ × ウ ○ エ ○

**●漢字の書き取り**

一 問2 ① 税務 ② 除去 ③ 秘蔵 ④ 基幹 ⑤ 支(え) ⑥ 効(く)

*Memo*

***Memo***

2023年度

# 広尾学園小石川中学校

【算　数】〈第１回入試〉(50分)〈満点：100点〉

《注意事項》円周率は3.14として計算してください。

**1** 次の□に当てはまる数を答えなさい。

(1) $\left\{1\frac{1}{6}+\left(1\frac{1}{2}-1\frac{1}{24}\right)\div\frac{1}{6}-3\frac{1}{12}\right\}\div 0.625=\square$

(2) $\left\{8\times\square+2\times(7\times\square-2\times\square)-3\times\square\right\}\div\frac{55}{9}=\frac{81}{77}$

※ただし，□には，すべて同じ数が入ります。

(3) $\frac{1}{4}+\frac{1}{10}+\frac{1}{18}+\frac{1}{40}+\frac{1}{54}=\square$

(4) 1，2，3，4，5，6，7，8が1枚ずつ，9が２枚の計10枚のカードがあります。これらから３枚を選び1列に並べてできる３桁の整数は□個です。

(5) あるうるう年の２月３日が金曜日であったとき，その２年前の6月12日は□曜日です。

**2** 次の問いに答えなさい。

(1) 右の図の軸㋐を１回転させてできる立体の体積を求めなさい。

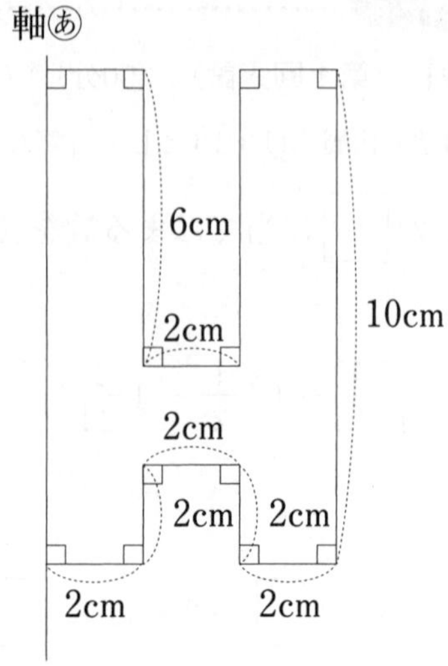


(2) 下の図は，長方形と扇形（おうぎ）をつなげたものです。ＡＢ＝ＢＣのとき，斜線（しゃ）部分の面積の和を求めなさい。

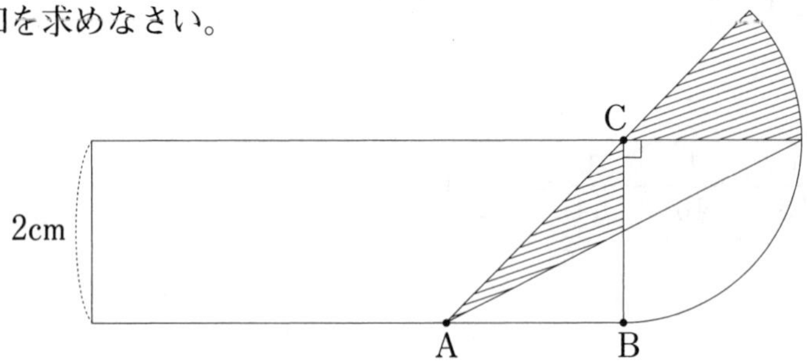


(3) 1，2，3，4，5，6，７，8，9から 3つを選び，その和が3の倍数となるような取り方は何通りありますか。

(4) １００点が満点のテストで，Ａ君，Ｂ君，Ｃ君，Ｄ君，Ｅ君のテストの平均点が ７１点でした。Ｂ君，Ｃ君，Ｄ君の平均点が ６８点で，Ｅ君よりもＡ君のほうが点数が高いとき，Ａ君，Ｂ君，Ｃ君の平均点が，最も低くなるのは何点ですか。

(5) ３２００円で １００個仕入れた商品を，３割 5分の利益がでるように値段をつけて販売しました。２０個しか売れなかったので，利益が 2割となるようにするためには，いくら値下げをすればよいですか。

**3** 円柱の形をした容器Ａ，Ｂ，Ｃがあります。その容器の底面の面積は，ＢはＡの$\frac{3}{4}$倍，ＣはＢの$\frac{2}{3}$倍です。容器Ａには，36 cmの深さまで水が入っていて，ＢとＣには何も入っていません。容器には十分な深さがあるものとして，次の問いに答えなさい。

(1) 容器Ａの水をすべて容器Ｂに入れると，水の深さは何cmになりますか。

(2) 容器Ａの水をすべて容器Ｂと容器Ｃに同じ量ずつ分けて入れたとき，容器Ｂと容器Ｃの深さの差は何cmになりますか。

(3) 容器Ａの水をすべて容器Ｂと容器Ｃに分け入れ，２つの容器の深さを同じにするには，容器Ｂと容器Ｃに何cmまで水を入れればよいですか。

**4** 新幹線と特急電車がそれぞれＡ駅とＢ駅を同時に出発して途(と)中のＣ駅ですれ違(ちが)う予定でした。新幹線は時速320 km，特急電車は時速160 kmの速さで進みます。ところが新幹線がＡ駅とＣ駅の間で４分停車したので，Ｃ駅よりもＡ駅に近いところですれ違いました。新幹線と特急電車はともに一定の速さで走り，それぞれの長さは考えないものとします。
次の問いに答えなさい。

(1) 新幹線が停車している間に，特急電車とすれ違うときを考えます。Ｃ駅と１番離(はな)れた場所ですれ違うとき，その場所はＣ駅と何km離れていますか。

(2) 特急電車がＣ駅を終点とし，Ｃ駅についてからすぐにＢ駅に折り返すと，新幹線が８分後にＢ駅とＣ駅のちょうど真ん中の位置で特急電車を追い越(こ)しました。ＡＢ間のみちのりは何kmですか。

**5** 次の問いに答えなさい。

(1) 下の図１は正八面体の展開図です。アと平行な面，イと平行な面，ウと平行な面をそれぞれ１～５の数字から選びなさい。

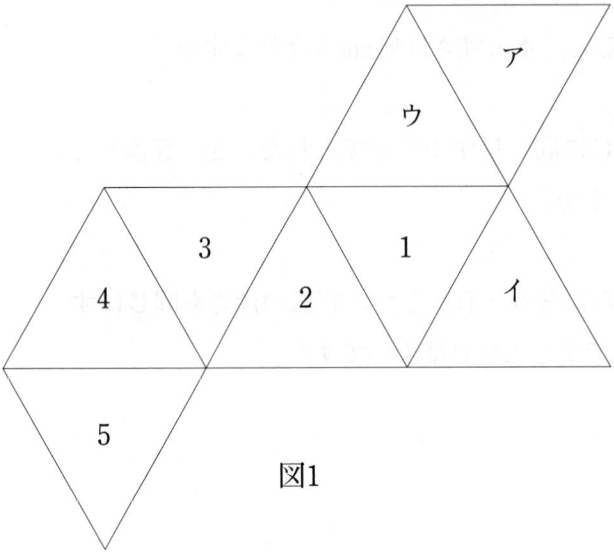


図1

(2) 下の図２は正八面体の展開図です。
これを組み立てたものが図３です。図３のＡ，Ｂ，Ｃの面に入る数字を向きも考えて書き入れなさい。

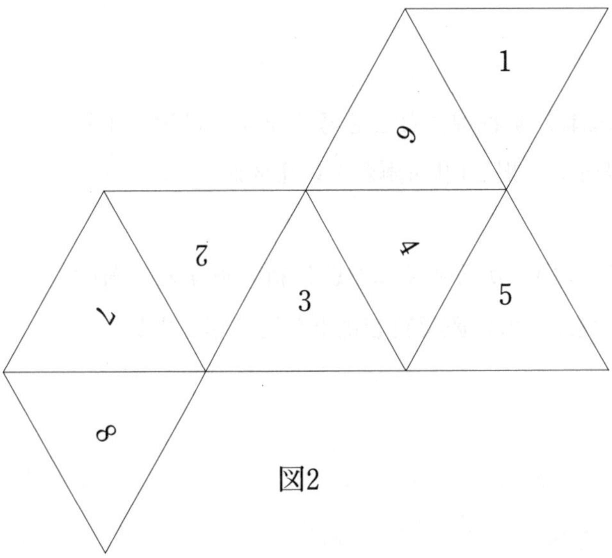


図2

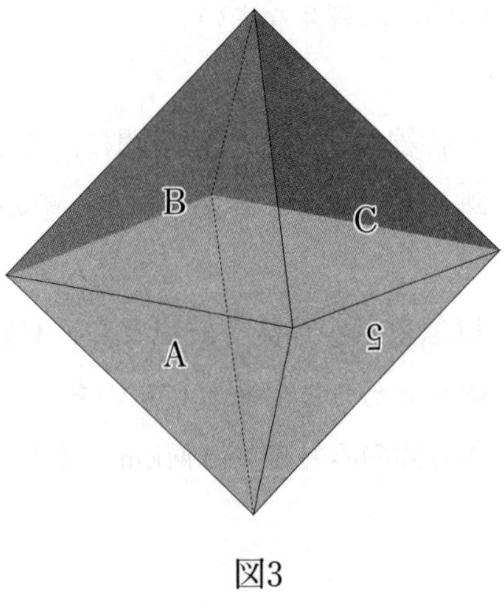


図3

**6** 次の規則に従って並んでいる数について

11 , 17 , 23 , 29 , 35 , 41 , 47 ,……

先生： 11 , 17 , 23 , 29 , 35 , 41 までの数の列の和を求めてみよう。

小石：そんなの簡単ですよ。11 ＋ 17 ＋ 23 ＋ 29 ＋ 35 ＋ 41 を計算して［ア］です。

先生：正解だけど，その考え方で行うと数が多くなったときに大変だね。
　　規則的に並んでいることを活用してみよう。どういう規則に従っているかな。

> **考え方A**
>
> 石川：6 ずつ足されているから，これに注目すると数の列は
> 　　11，11 ＋ 6，11 ＋ 6 ＋ 6，11 ＋ 6 ＋ 6 ＋ 6，11 ＋ 6 ＋ 6 ＋ 6 ＋ 6，……
> 　　のように表せるね。
>
> 小石：11 を 5 ＋ 6 と表して，掛け算を利用すればもう少しまとめることができそうだね。

石川：考え方Aを利用すれば数の列の 2023 番目の数も求められるね。

先生：うまく工夫を行えれば，大変そうに見える問題も解けるようになるよ。この考え方を利用して次の問題を解いてみよう！

上の会話文を読み，次の問いに答えなさい。

(1) ［ア］に入る数を求めなさい。

(2) 2023 番目の数を，考え方Aをどのように利用したかも含(ふく)めて求めなさい。

(3) 和が 7900 となるのは何番目までの和か求めなさい。

**【社　会】**〈第１回入試〉（30分）〈満点：50点〉

**1**　次の文章を読んで，あとの問いに答えなさい。

今からちょうど100年前の①1923年，相模湾(さがみ)を震源とする関東大震災が発生しました。この震災では10万人以上の被災者が出たと言われています。②関東地方では，およそ50～100年の間に大きな地震が発生しています。③日本は世界で最も地震が多発する国の一つです。2011年に④東北地方を震源として発生した東日本大震災は，地震被害の他に津波被害も大きく，また⑤原子力発電所の事故も引き起こしました。「想定外」という言葉が使われましたが，私たちは地震以外の災害も含め，いつ発生するかわからない⑥自然災害のために備えておく必要があります。

問１　下線部①について，関東大震災が発生したのは何月何日か答えなさい。

問２　下線部②について，次の図（ア）～（ク）は日本の都道府県の形を示したものです。このうち，関東地方のものとして誤っているものをすべて選び，記号で答えなさい。なお，これらの図は同じ縮尺ではありません。

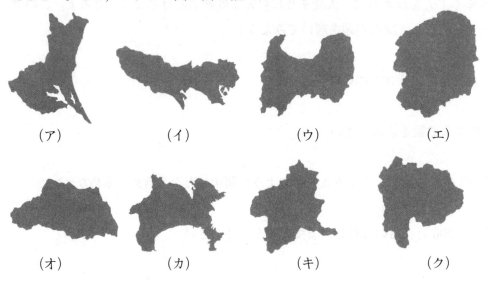

（ア）

（イ）

（ウ）

（エ）

（オ）

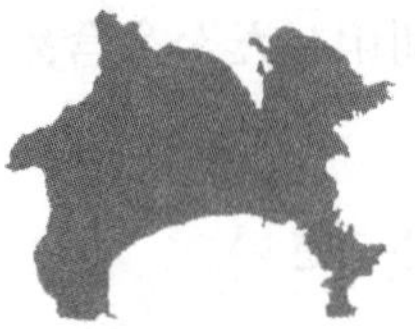
（カ）

（キ）

（ク）

問３　下線部③について，地震が起きるメカニズムなどを説明した次の文章を読んで，あとの問いに答えなさい。

> 地震が発生する主な原因の一つに，地球の表面を覆（おお）っている（　A　）の動きが挙げられます。（　A　）は10数枚に分かれていて，（　A　）どうしが動く中でぶつかり，一方がもう一方の下にもぐり込むことがあります。この時，上側の（　A　）は引きずり込まれますが，ある段階でたえられずに元に戻ろうとします。この時に地震が発生します。また，このもぐり込みによって険（けわ）しい山脈も形成されます。この動きが活発な地帯を造山帯と呼び，日本はその一つである（　B　）造山帯の上に存在するので，地震や火山活動が活発な場所となります。同じ（　B　）造山帯には，アコンカグアを最高峰とする南アメリカ大陸の（　C　）山脈も属します。また，2022年１月に島を吹き飛ばすほどの大噴火が発生し，日本にも津波をもたらした海底火山がある［　X　］もこの造山帯に属します。

（１）文章中の空欄（　A　）～（　C　）に入る適切な語句を答えなさい。

（２）文章中の空欄［　X　］の国の位置について，次の地図中のア～オのうち正しいものを１つ選び，記号で答えなさい。

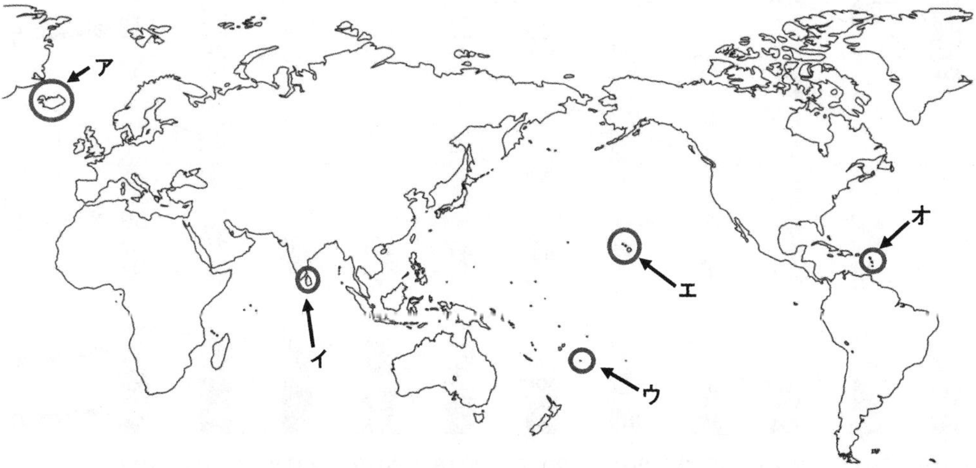

問４　下線部④について，次の文ａ～ｅは，それぞれ東北地方のある県について述べたものです。文の説明と県名の組み合わせとして正しいものを，あとのア～オから１つ選び，記号で答えなさい。

ａ　果実の栽培が盛んで，特に桃の収穫量は全国でも常に上位を占めています。

ｂ　古くから砂鉄が産出されたことから南部鉄器がつくられ，伝統工芸品として有名です。

ｃ　米の収穫量は東北地方第２位で，品種は「はえぬき」が多く生産されています。

ｄ　プロ野球球団が本拠地を置く，東北地方で唯一の政令指定都市があります。

ｅ　1960年代ごろまで琵琶湖に次ぐ面積の湖がありましたが，現在は18位となりました。

ア．ａ－青森県　　イ．ｂ－秋田県　　ウ．ｃ－福島県

エ．ｄ－宮城県　　オ．ｅ－山形県

問５　下線部⑤について，次のグラフは，2010年から2020年までの電源別の発電電力量の割合（％）を示したものです。このうち，原子力を示したものとして正しいものを，次のア～カから１つ選び，記号で答えなさい。

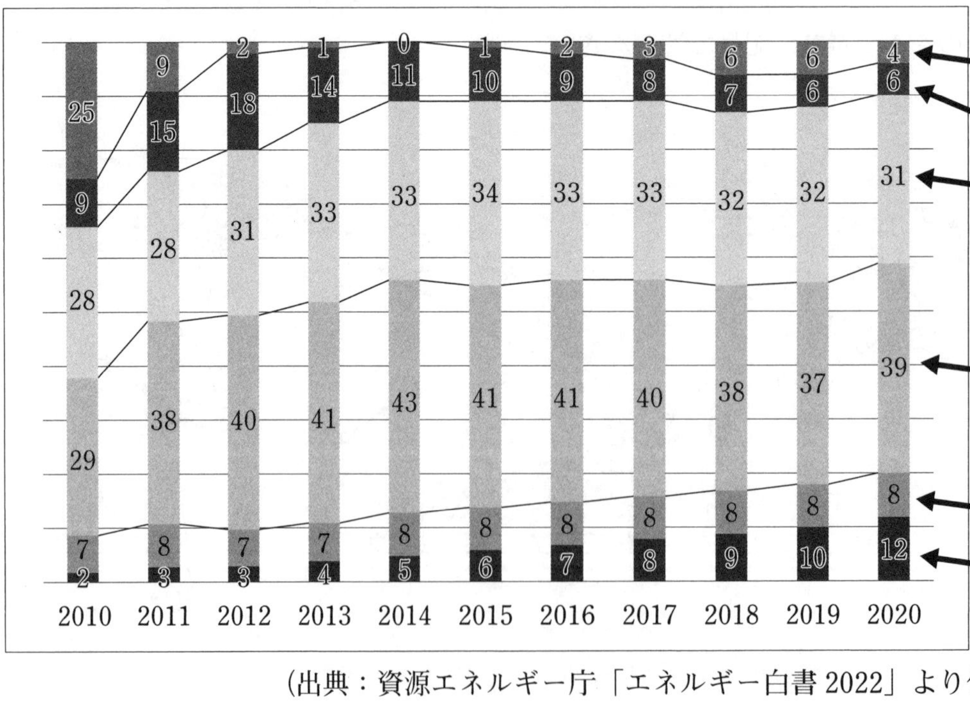


（出典：資源エネルギー庁「エネルギー白書2022」より作成）

問６　下線部⑥について，次の問いに答えなさい。

（１）地形や地質などをもとに自然災害の被害を予測して示した地図を何といいますか。

図１

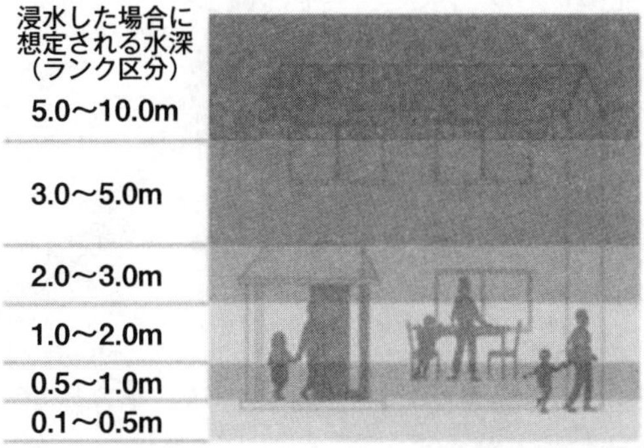


（２）次の地図は，広尾学園小石川がある文京区が作成した，水害の予測を示したものの一部です。この地図では，水害時の浸水規模を**図１**のように色で分けて示し，水害が発生した時の避難所も示されています。**図２**は避難所を示す地図記号です。この地図から読み取れることとして正しいものを，次のア〜エから１つ選び，記号で答えなさい。なお，地図中の【　】で記されている地名は文京区内のものです。

図２

ア．文京区と新宿区との境目にあたる【水道】付近は地図によると最も標高が高くなっているので，水害に対しては比較的安全な区域であることがわかります。

イ．地図に示された区域では，おおよそ北西から南東にかけて筋状（すじじょう）に標高の高い場所が見られ，広尾学園小石川がある地域は比較的標高が低い場所であることがわかります。

ウ．小・中学校や寺社が避難所に指定されていて，こうした場所が災害時の地域の安全を守る拠点となっていることがわかります。

エ．地名の中には，その場所の標高が高いのか，低いのかを推測することができるものもあります。このことは地図中の水害発生予想区域の広がりを見るとよくわかります。

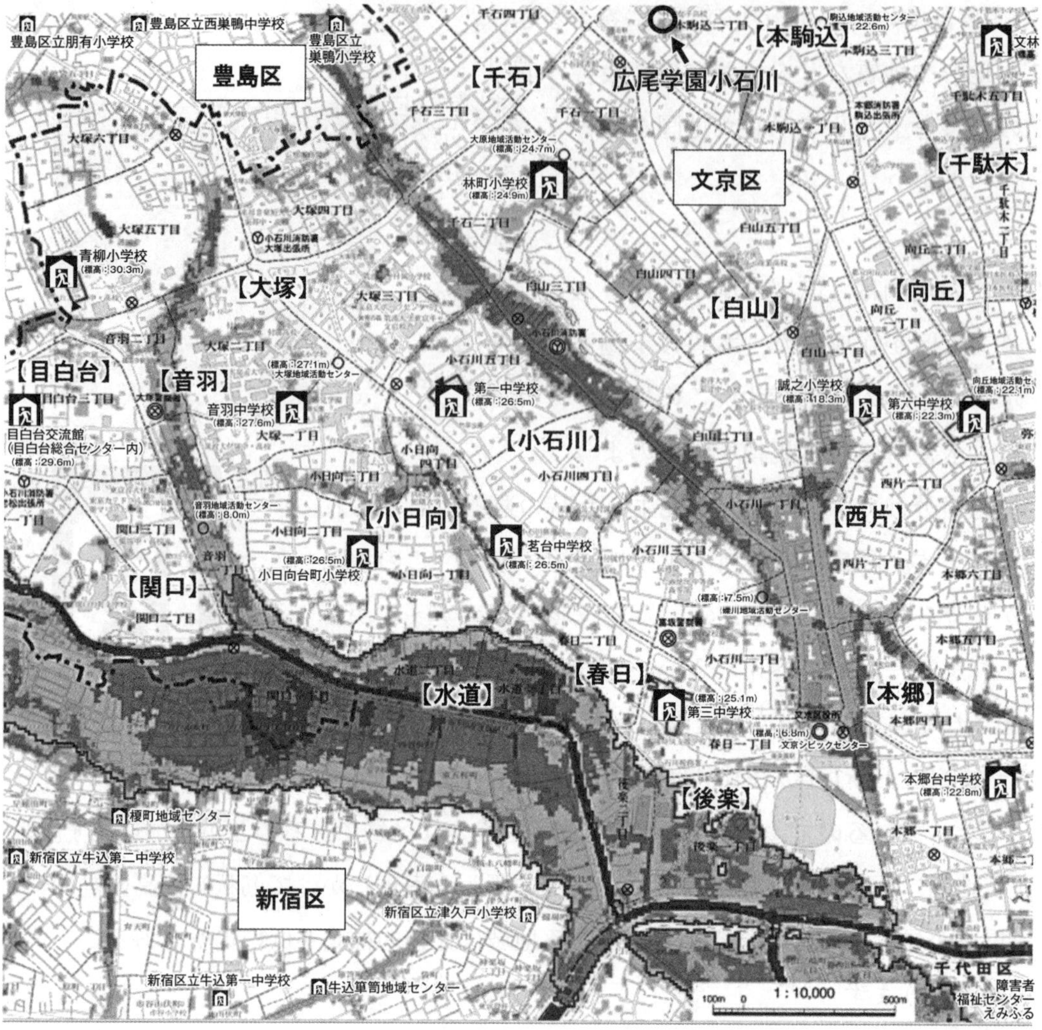


(出典：文京区ホームページより作成)

**2** 広尾学園小石川と東洋文庫は，博学教育連携により様々な教育活動を展開してきました。東洋文庫ミュージアムでは，2022年５月25日から「日本語の歴史」展が開催されました。次の企画展パンフレットの文章を読んで，あとの問いに答えなさい。なお，文章は一部改めた箇所があります。

日本列島で「日本語」が使われるようになったのはいつからなのか。諸説ありますが，遅くとも①『三国志』の「魏書」に日本に関する記録（魏志倭人伝）が残る３世紀頃には，日本語が話されていたと考えられています。日本で漢字が本格的に使用されるようになったのは，出土文字資料などの状況から５世紀頃だとされています。これにより，それまで話し言葉としてのみ使用していた日本語を書き表すことができるようになりました。外国の文字である漢字を，日本語の用法にあわせて使うのは簡単なことではありません。②漢字それぞれが持つ意味を切り離し，「音」として使うことで日本語を表記する「万葉仮名」（８世紀頃成立）は，試行錯誤のなかでとられた漢字の使い方です。そして，万葉仮名の漢字のくずし書きを整える形で，９～10世紀頃に平仮名が生まれ，仮名文字で物語を書く「仮名文学」が花開きました。

中世にあたる③鎌倉・室町時代は，古代日本語の語法や文法が変化していった時期にあたります。また，音韻（おんいん）も現在の発音へと近づいていきました。④日本でキリスト教を布教したイエズス会が刊行した「キリシタン版」は，西洋文化との交流の足跡を示すと同時に，発音をはじめとする16世紀末の日本語の様態（ようたい）を伝える資料としても重要視されています。

江戸時代に日本語は現在の形につながる近代語へと近づいていきました。一方で，各地の大名がそれぞれの領地を統治することにより地域ごとの言葉の違い（方言）が進み，身分制度により使う言葉が階層によって異なるなど，言語の多様化が見られた点も特徴といえるでしょう。また，江戸時代には商業出版が盛んになり，出版物の種類や読者層が広がりました。文字の読み書きという点では，庶民の初等教育の場である（　A　），そして教科書として用いられた「往来（おうらい）」の普及などにより識字（しきじ）率が高まりました。18世紀には西洋の知識をオランダ語を通じて学ぶ蘭学が盛んになり，オランダ語から生まれた外来語が医学・化学などの分野で見られるようになりました。蘭学の成果として代表的なのが，杉田玄白たちがオランダ語の解剖書を翻訳（ほんやく）した『（　B　）』です。この翻訳によって新たな漢語・国字がつくられました。このような漢語による翻訳は近代にも引き継がれ，日本語の語彙（ごい）に加えられていきました。

明治時代以降は首都となった東京の言葉が全国のどこでも通じる標準語（共通語）として普及しました。また，小学校が設置され，さらに⑤中学校・高等学校・大学の設置など教育制度が整えられ，国語教育が全国的に実施されます。江戸時代まで，書き言葉と話し言葉には隔(へだ)たりがありましたが，これらの一致を目指す「言文一致(げんぶんいっち)運動」の気運も19世紀末に高まりました。山田美妙(やまだびみょう)，二葉亭四迷(ふたばていしめい)，尾崎紅葉(おざきこうよう)などの小説家たちがそれぞれの作品で実践したほか，国語教育においても言文一致体の文章が普及していきました。

⑥現代においても，外来語の流入，カタカナ表記の和製英語の普及，次々と生まれる新語など，日本語をとりまく状況は日々変化しています。

問１　下線部①について，この頃の日本は中国の皇帝のもとに使者を派遣していました。これにより中国のいくつかの歴史書に日本のことが記されるようになりました。各歴史書についてまとめたものが次の表です。この表を参考にして，次の文Ｘ・Ｙについて，その正誤の組合せとして正しいものを，あとのア～エから１つ選び，記号で答えなさい。

| 歴史書 | 編集者 | 生没年 | 日本に関する内容 |
|---|---|---|---|
| 『漢書』 | 班固(はんこ) | 32～92年 | 楽浪郡(らくろうぐん)の海のかなたに倭人がいて，100以上の国をつくっており，なかには定期的に使者を派遣してくる国もある。 |
| 『三国志』 | 陳寿(ちんじゅ) | 233～297年 | 南に進むと邪馬台国に着く。ここは女王が都を置いている所である。……名を卑弥呼といい，弟が国政を補佐している。 |
| 『後漢書』 | 范曄(はんよう) | 398～445年 | 倭の奴国が後漢に使者を派遣したので，光武帝は印綬(いんじゅ)(印とそれを結びとめるひも）をおくった。 |

Ｘ　『三国志』には，邪馬台国の女王卑弥呼が魏の皇帝に使者を派遣した記事があります。

Ｙ　『後漢書』は『三国志』よりも後世の成立ですが，『三国志』より古い時代の日本に関する記述があります。

ア．Ｘ―正　Ｙ―正　　イ．Ｘ―正　Ｙ―誤

ウ．Ｘ―誤　Ｙ―正　　エ．Ｘ―誤　Ｙ―誤

問２　下線部②について，次の２つの和歌は『万葉集』に見える都の繁栄を詠(よ)んだものです。和歌と，和歌のなかで詠まれている都で活躍した天皇との組合せとして正しいものを，あとのア～エから１つ選び，記号で答えなさい。

Ⅰ　あおによし　寧楽(なら)の京師(みやこ)は　咲く花の　薫(にお)うがごとく　今盛りなり

Ⅱ　春過ぎて　夏きたるらし　白たえの　衣乾(ころもほ)したり　天(あま)の香具山(かぐやま)

＊天の香具山：奈良盆地にある大和三山の１つ。三山が囲むように藤原京が造営された。

a　天智天皇　　b　聖武天皇　　c　推古天皇　　d　持統天皇

ア．Ⅰ－a　Ⅱ－c　　イ．Ⅰ－a　Ⅱ－d

ウ．Ⅰ－b　Ⅱ－c　　エ．Ⅰ－b　Ⅱ－d

問３　下線部③について，15 世紀に成立した琉球王国では，神々に捧げる歌“おもろ”をあつめた『おもろそうし』が編集されました。次の歌はその１つです。

しより　おわる　てたこか　うきしまは　けらへて
たう　なはん　よりやう　なは　とまり　又　くすく　おわる　てたこか

現代語訳：
首里に君臨する太陽の子（国王）が　浮島をつくられて
中国船　南蛮船が寄せくる那覇港となさった　首里城に君臨する太陽の子が
（出典：『おもろそうし』巻13－８より）

（１）歌中にも見られる，琉球王国が日本や中国，朝鮮半島，東南アジアの国々と行った貿易を，その形式から何貿易といいますか，答えなさい。

（２）歌中の下線部「たう」の 15 世紀当時の国名を答えなさい。

問４　下線部④について，次の２つの資料ａ・ｂを参考に，日本文化と西洋文化との関係性について述べた文として誤っているものはどれですか。あとのア～エから１つ選び，記号で答えなさい。

ａ　キリシタン版

NIFON NO
COTOBA TO
Historia uo narai xiran to
FOSSVRV FITO NO TAME-
NI XEVA NI YAVA RAGVETA-
RV FEIQE NO MONOGATARI.

IESVS NO COMPANHIA NO
Collegio Amacusa ni voite Superiores no go men-
gio to xite core uo fanni qizamu mono nari.
Go xuxxe yori M. D. L. XXXXII.

ｂ　南蛮屏風

ア．資料ａのキリシタン版では，活字(活版)を用いた印刷が行われていました。

イ．資料ａでは，“日本”を“NIFON”と表記しており，当時の発音を推測することができます。

ウ．資料ｂに描かれたような交流のなかで，日本人のキリスト教信者も増えていきました。

エ．資料ｂが描かれた時代，南蛮貿易は盛んでしたが，日本人が海外に渡航することは認められていませんでした。

問５　文章中の空欄（　Ａ　）・（　Ｂ　）に入る適切な語句を漢字で答えなさい。

問６　下線部⑤について，明治時代の高等教育はお雇い外国人によって担(にな)われることが多くありました。次の資料は，東京大学の前身の１つである東京開成学校の外国人教員一覧です。この資料をふまえて，明治期のお雇い外国人に関する正しい説明文を，あとのア～エから１つ選び，記号で答えなさい。

外国教員

| | | |
|---|---|---|
| 文部省学監兼東京開成学校教頭 | タビット・モルレー | 米国人 |
| 理学教授 | ピー・ビー・ウェーダル | 同 |
| 文学数学教授 | エルウエン・クニッピング | 独逸人 |
| 数学教授 | ホレエス・ウィルソン | 米国人 |
| 鉱山学教授 | カール・シェンク | 独逸人 |
| 文学教授 | コンサルブ・エクトル・フォンテーヌ | 仏国人 |

……（以下略）

（出典：『東京開成学校一覧』より）

ア．資料によれば，外国人教員のなかには学校全体を考える立場につく人はいませんでした。

イ．資料によれば，外国人教員は数学や理科など自然科学を専門とする教員しかいませんでした。

ウ．お雇い外国人のモースは，大森貝塚を発掘し日本の考古学の基礎をつくりました。

エ．お雇い外国人のラクスマンは，札幌農学校でロシア式の農業を日本に紹介しました。

問７　下線部⑥に関連して，次の資料Ⅰ～Ⅲは近年の内閣総理大臣が国会で行った演説の一部です。資料Ⅰ～Ⅲを年代の古い順に並べ替えたものとして正しいものを，あとのア～カから１つ選び，記号で答えなさい。

【資料Ⅰ】

あの暑い夏の総選挙の日から，すでに二か月が経とうとしています。また，私が内閣総理大臣の指名を受け，民主党・社会民主党・国民新党の三党連立政策合意の下に，新たな内閣を発足させてから，四十日が経とうとしています。総選挙において，国民の皆さまは政権交代を選択されました。これは日本に民主主義が定着してから，実質的に初めてのことです。

【資料Ⅱ】

三十二万人近くにも及ぶ方々が住み慣れた故郷(ふるさと)に戻れないまま，遅々として進んでいない，東日本大震災からの復興の危機。外交政策の基軸(きじく)が揺らぎ，その足元を見透(みす)かすかのように，我が国固有の領土・領海・領空や主権に対する挑発が続く，外交・安全保障の危機。そして，国の未来を担う子どもたちのなかで陰湿(いんしつ)ないじめが相次ぎ，この国の歴史や伝統への誇りを失い，世界に伍(ご)していくべき学力の低下が危惧(きぐ)される，教育の危機。このまま，手をこまねいているわけにはいきません。

【資料Ⅲ】

米国は，今回のテロに対して断固たる行動をとることを宣言しています。私は，去る25日，ブッシュ大統領と会談し，世界の国々が力を合わせて，このようなテロリズムに対して毅然(きぜん)たる決意で闘っていかなければならないとの考えで一致しました。……今回のテロにより，世界経済への影響が懸念(けねん)されます。政府は細心の注意をもって状況を把握し，各国と協力して，金融システム，為替など経済の安定のため，適切な対応を図ります。……何より必要なのは，改革断行に向けた強い意志です。私は，国民の支持を背景に，「聖域なき構造改革」を進めます。

ア．資料Ⅰ→資料Ⅱ→資料Ⅲ　　イ．資料Ⅰ→資料Ⅲ→資料Ⅱ

ウ．資料Ⅱ→資料Ⅰ→資料Ⅲ　　エ．資料Ⅱ→資料Ⅲ→資料Ⅰ

オ．資料Ⅲ→資料Ⅰ→資料Ⅱ　　カ．資料Ⅲ→資料Ⅱ→資料Ⅰ

**3** 次の文章を読んで，あとの問いに答えなさい。

16世紀から17世紀のヨーロッパでは国王に権力が集中したことによって，国民の権利が制限されていました。その後，国の権力を複数に分け，お互いの権力行使を抑制(よくせい)しあうことで均衡(きんこう)をたもつしくみが民主政治の基本原理となりました。その基本原理に基づいて①日本国憲法も成立しており，立法権は国会，行政権は内閣，司法権は②裁判所に権力を分散させています。また，③基本的人権の尊重を記すことによって国家権力による人権侵害を防ぎ，国民の権利を保障しています。一方で，日本国憲法の施行から75年以上経つことから，社会の変化に合わせたかたちに憲法を改正する必要があるという議論も起きています。

2022年７月に第26回④参議院議員選挙が行われました。この選挙は新型コロナウイルス対策やウクライナ情勢などの外交問題，⑤国の経済対策が主な争点となりましたが，与党が勝利し参議院は与党の議席数が過半数を超えました。この結果，衆議院・参議院ともに憲法改正に賛成している議員の数は，⑥憲法改正の発議に必要とされる総議員の３分の２を超え，理論的には憲法改正の条件の一つが整ったことになります。しかし，政党によって憲法改正に関する主張は異なるうえ，与党内でも改正の内容について意見が一致しているわけではないため，改正するにはまだ解決すべき問題が多く残っています。

問１　下線部①について，日本国憲法では，天皇は日本国の象徴であり日本国民統合の象徴とされており，国政に関する権能(けんのう)を有しないとされていますが，内閣の助言と承認を受けたうえで国事行為を行います。次の文ア～オのうち天皇の国事行為について誤っているものを１つ選び，記号で答えなさい。

ア．最高裁判所の長官を指名すること。

イ．憲法改正，法律，政令および条約を公布すること。

ウ．衆議院を解散すること。

エ．国家や社会への功労者に対して栄典を授与すること。

オ．外国の大使および公使をもてなすこと。

問２　下線部②について，次の問いに答えなさい。

（１）裁判所は国会が定めた法律や内閣の行う政治が憲法に違反していないかどうかを審査する違憲審査権を持っています。最高裁判所は違憲審査の最終決定権を持っていることから，何と呼ばれますか。５字で答えなさい。

（２）日本の裁判は三審制を採用しています。次の図は，民事裁判の三審制について示したものです。空欄≪Ａ≫・≪Ｂ≫および（　Ｘ　）・（　Ｙ　）に当てはまる語句の組み合わせとして正しいものを，あとのア～エから１つ選び，記号で答えなさい。

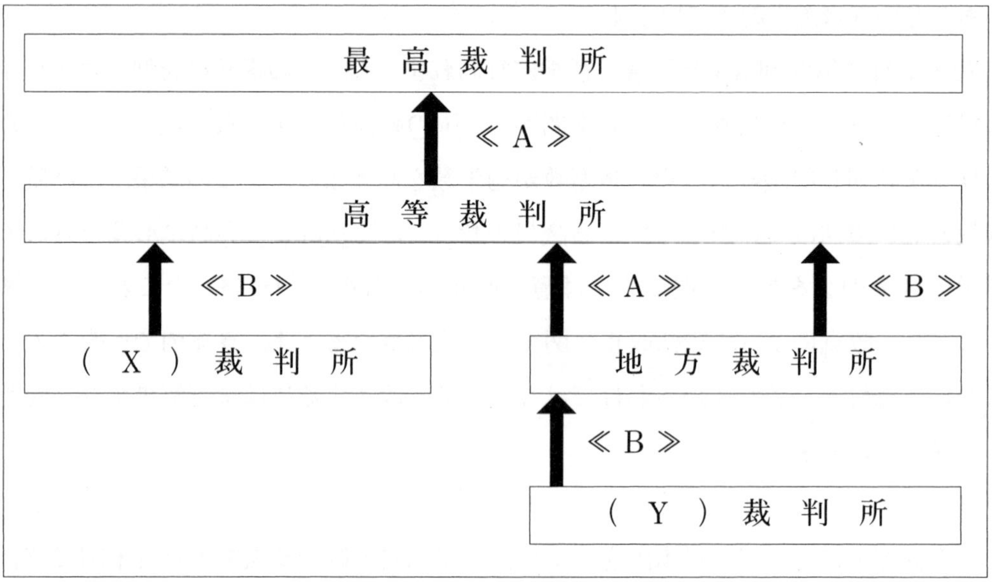


ア．Ａ：上告　　Ｂ：控訴　　Ｘ：簡易　　Ｙ：家庭

イ．Ａ：上告　　Ｂ：控訴　　Ｘ：家庭　　Ｙ：簡易

ウ．Ａ：控訴　　Ｂ：上告　　Ｘ：簡易　　Ｙ：家庭

エ．Ａ：控訴　　Ｂ：上告　　Ｘ：家庭　　Ｙ：簡易

問３　下線部③について，次の問いに答えなさい。

（１）基本的人権は社会全体の共通の利益をそこなう場合，制限されることがあります。このような社会全体の利益を何といいますか。５字で答えなさい。

（２）（１）に関わる人権の制限について述べた次の文ａ～ｄのうち，正しいものの組み合わせをあとのア～エから１つ選び，記号で答えなさい。

ａ　自由権の中には表現の自由も含まれており，新聞や雑誌などの出版物は制限を受けることなく販売することができます。

ｂ　居住・移転の自由が保障されていますが，感染症などにかかった場合は制限を受けることがあります。

ｃ　労働者が労働基本権に基づいてストライキを行うことは認められていますが，鉄道会社や航空会社ではストライキをすることは認められていません。

ｄ　経済活動の自由が保障されていますが，企業同士で相談して市場に出回る商品の価格を決めることは認められていません。

ア．ａ・ｃ　　イ．ａ・ｄ　　ウ．ｂ・ｃ　　エ．ｂ・ｄ

問４　下線部④について，衆議院と参議院ではそれぞれ選挙のしくみが異なります。選挙のしくみについて述べた文ア～オのうち，正しいものを２つ選び，記号で答えなさい。

ア．制限選挙に基づき，衆議院・参議院ともに18歳以上の国民に選挙権が認められています。

イ．衆議院議員選挙では小選挙区比例代表並立制が採用されており，有権者は候補者と政党に対してそれぞれ投票することができます。

ウ．国民の意見がより反映されやすい衆議院議員選挙に限り，投票率の低下を改善するために期日前投票が行われています。

エ．参議院議員選挙では全国を１つの単位とする大選挙区制と都道府県単位で行われる選挙区選挙が採用されており，有権者はそれぞれ候補者に投票することができます。

オ．選挙に立候補する場合，衆議院は25歳以上，参議院は30歳以上である必要があります。

問５　下線部⑤について，2022年３月以降，コロナ禍（か）やウクライナ情勢を受けて日本は32年ぶりの円安水準となりました。円安によって起きることについて述べた次の文ａ～ｄのうち，正しいものの組み合わせをあとのア～エから１つ選び，記号で答えなさい。

ａ　日本製品に割安感がでるため，輸出が促進（そくしん）され，輸出産業の景気がよくなります。

ｂ　海外製品に割安感がでるため，海外旅行先での買い物がしやすくなります。

ｃ　輸入品が割高となるので，輸入に頼っている食料品などは値段が高くなります。

ｄ　海外で働いた場合，賃金を円に交換すると受けとる額は安くなります。

ア．ａ・ｃ　　イ．ａ・ｄ　　ウ．ｂ・ｃ　　エ．ｂ・ｄ

問６　下線部⑥について，次の法律の条文の空欄（　Ａ　）・（　Ｂ　）に入る適切な語句を答えなさい。

| | |
|---|---|
| 第二条 | （　Ａ　）は，国会が憲法改正を発議した日から起算して60日以後180日以内において，国会の議決した期日に行う。 |
| 第三条 | 日本国民で年齢満（　Ｂ　）年以上の者は，（　Ａ　）の投票権を有する。 |

**4** －Ⅰ　次の史料は『古事記』の序文の一部です。史料には天武天皇の即位にいたる過程と歴史書の修正を命じた場面が記述されています。これを読んで，あとの問いに答えなさい。なお，史料は読みやすいように現代語に改めています。

飛鳥浄御原(あすかきよみはら)の宮殿で日本をお治めになった天皇は，太子として天子たるべき徳を備え，好機に応じて行動された。しかしながら，天の時いまだ至らず，出家して吉野山に身を寄せると，つきしたがう人々が多く集まって，堂々と東国に進まれた。天皇の輿(こし)はたちまちにお出ましになり，山川を越え渡った。軍勢は雷のように威(い)をふるい，稲妻のように進んだ。矛(ほこ)が威を示し，勇猛(ゆうもう)な兵士は煙のように起った。しるしの赤旗が兵器を輝かすと，敵はたちまち瓦解(がかい)してしまい，またたくうちに妖気(ようき)は静まった。牛馬を休ませ，心安らかに大和(やまと)に帰り，戦いの旗を収め武器を集めて，戦勝を祝い飛鳥の宮におとどまりなさった。そして酉(とり)の年二月に，浄御原の宮殿で即位なさった。

ここにおいて，天皇は，「私が聞くところによると，諸家のもたらした『帝紀(ていき)』と『旧辞(きゅうじ)』(古い記録)は，既(すで)に真実と違い，偽(いつわ)りを多く加えているという。今この時において，その誤りを改めないならば，幾年(いくねん)も経たないうちにその本旨(ほんし)は滅びてしまうであろう。この『帝紀』と『旧辞』はすなわち国家組織の根本となるものであり，天皇の政治の基礎となるものである。それゆえ『帝紀』と『旧辞』をよく調べ正し，偽りを削(けず)り真実を定めて編集し，後世に伝えようと思う」と仰せられた。

問い　下線部の戦いの名称を明らかにしながら，戦いに勝利した天武天皇が歴史書の修正を命じた背景を説明しなさい。

**4** －Ⅱ　次の文章を読んで，あとの問いに答えなさい。

近年，カーボンニュートラルという言葉をよく聞きます。カーボンとは炭素，ニュートラルとは中立を意味し，二酸化炭素など温室効果ガスの排出(はいしゅつ)を実質ゼロにするとともに，それによって地球温暖化の進行を防ぐ取り組みを指します。カーボンニュートラル実現に向けて，世界各国ではどのような目標を示しているのでしょうか。アメリカやEUは2050年までの実現を掲(かか)げました。また，世界最大の温室効果ガス排出国である中国も，2060年までに二酸化炭素の排出量を実質ゼロにすることを表明しています。日本では2030年までに温室効果ガスの排出量を2013年に比べ46％減らし，2050年には実質ゼロにするという目標を掲げています。

このように世界各国でカーボンニュートラル実現に向け目標を掲げていますが，そのために経済発展を妨げてしまうのではないかという不安もささやかれています。一方で，カーボンニュートラルの促進(そくしん)がビジネスチャンスを生むという考え方もあります。

問い　カーボンニュートラルの達成と経済の発展を両立させるために，私たちはどのようなことができるでしょうか。次のグラフを参考に，自分なりの考えを書きなさい。

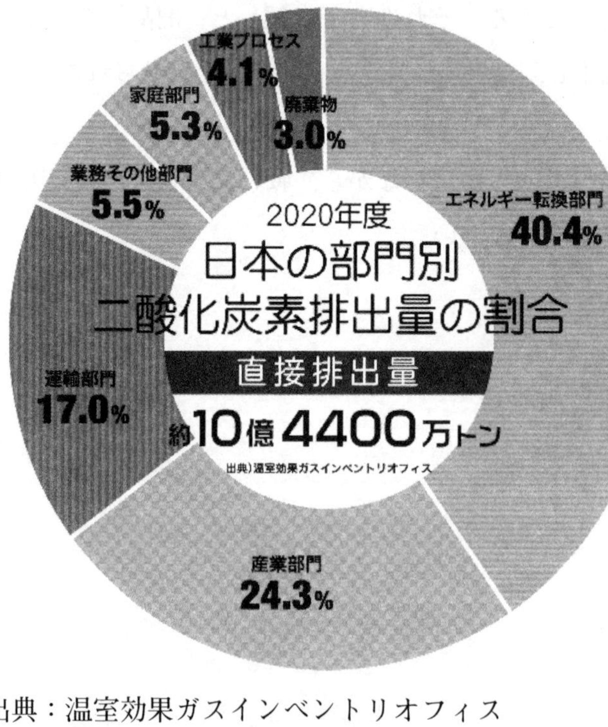


(出典：温室効果ガスインベントリオフィス
／全国地球温暖化防止活動推進センターウェブサイトより)

**【理　科】〈第１回入試〉（30分）〈満点：50点〉**

**1**　振(ふ)り子の運動について，次の【実験１】，【実験２】を行いました。

【実験１】

**図１**のように天井に重さの無視できる糸を垂らし，もう一方の端(はし)に鉄球を取り付けた振り子を用いて周期（振り子が一往復するのにかかる時間）を測る実験を行いました。この実験を行うとき，振り子の振幅(しんぷく)，振り子の長さ，鉄球の重さについてそれぞれ条件を変えて周期を測る【実験１－１】，【実験１－２】，【実験１－３】を行いました。ただし，周期を計測するとき，振り子が10往復するのにかかる時間をストップウォッチで測り，その時間を10で割ることで，１往復あたりにかかる時間を算出することとしました。

**図１**

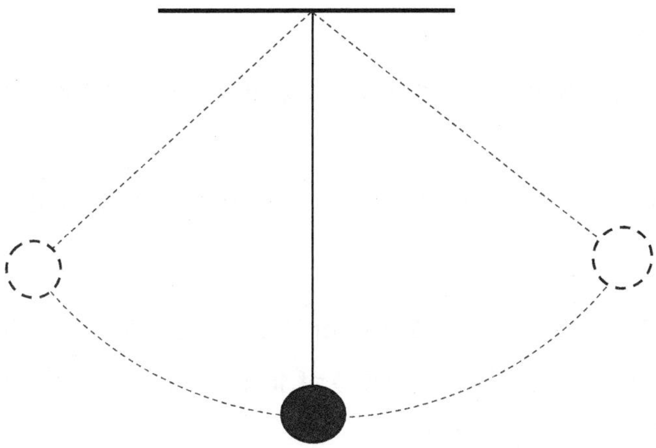

【実験１の結果】

【実験１－１の結果】振幅の条件を変えたとき（振り子の長さ100cm，鉄球の重さ50g）

| 振幅[cm] | 5cm | 10cm | 15cm | 20cm | 30cm |
|---|---|---|---|---|---|
| 振り子が10往復するのにかかった時間[秒] | 20.05 | 20.07 | 20.08 | 20.06 | 20.07 |

【実験１－２の結果】振り子の長さの条件を変えたとき（振幅10cm，鉄球の重さ50g）

| 振り子の長さ[cm] | 25cm | 50cm | 75cm | 100cm | 200cm |
|---|---|---|---|---|---|
| 振り子が10往復するのにかかった時間[秒] | 10.03 | 14.19 | 17.38 | 20.07 | 28.38 |

【実験１－３の結果】鉄球の重さの条件を変えたとき（振り子の長さ 100cm，振幅 10cm）

| 鉄球の重さ [g] | 25g | 50g | 75g | 100g | 125g |
|---|---|---|---|---|---|
| 振り子が 10 往復するのにかかった時間 [ 秒 ] | 20.08 | 20.07 | 20.05 | 20.06 | 20.03 |

問１　振り子の長さを 100cm，振幅を 10cm，鉄球の重さを 50g としたときの周期は何秒ですか。小数第２位を四捨五入して答えなさい。

問２　【実験１－１の結果】～【実験１－３の結果】からわかることとして最も適当なものを次のア～エから１つ選び，記号で答えなさい。

ア　振り子の周期は，振り子の長さ，振幅，鉄球の重さによらず一定である。

イ　振り子の周期は，振り子の長さが長くなるほど短くなり，振幅や鉄球の重さには関係しない。

ウ　振り子の周期は，振り子の長さが長くなるほど長くなり，振幅や鉄球の重さには関係しない。

エ　振り子の周期は，振り子を振り出すときに力を加えて速く動き出せば短くなる。

問３　【実験１－２】で，振り子の長さを 160cm にしたとき，振り子が 10 往復するまでに 25.37 秒かかりました。振り子の長さが 40cm のとき，周期は何秒ですか。小数第２位を四捨五入して答えなさい。

問４　波線部について，このように計測することで得られる利点は何か簡潔に述べなさい。

身長 145cm，体重 38kg の広尾さんは，以前学校で【実験１】を行い，振り子の運動について学んだことを生かして，とある公園のブランコを用いて【実験２】を行いました。とある公園のブランコは**図２**のような作りになっています。

**図２**

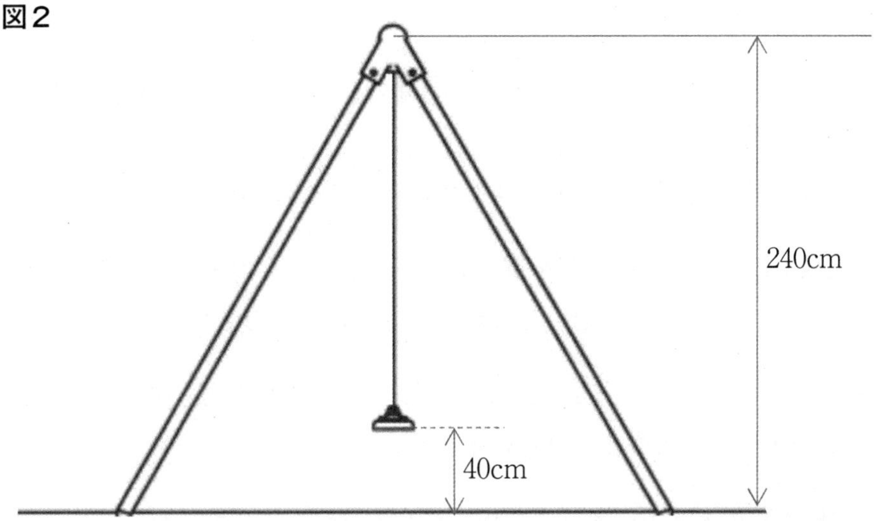


【実験２】

広尾さんは，ブランコを漕（こ）ぐときに，次の２通りの漕ぎ方を試しました。

①　座席に座ったままブランコを漕ぐ

②　座席に立ってブランコを漕ぐ

【実験２の結果】

①のときより②のときの方が，ブランコの周期が短くなりました。

問５　【実験２の結果】のようになった理由は何ですか。簡潔に述べなさい。

**2** 広子さんは台所にあったＡ，Ｂ，Ｃ，Ｄ，Ｅの５種類の粉末が何かを確かめるために次の【実験１】～【実験４】を行い，【結果１】～【結果４】をえました。なお，５種類の粉末は食塩，砂糖，重曹(そう)，片栗(くり)粉，寒天のいずれかであることがわかっています。あとの問いに答えなさい。

【実験１】 水100gにＡ，Ｂ，Ｃ，Ｄ，Ｅの５種類の粉末をそれぞれ３gずつ入れ，かきまぜました。

【結果１】 Ｂ，Ｃ，Ｅは溶け，Ａ，Ｄはすべては溶けませんでした。

【実験２】 【実験１】のＡとＤの溶液を電子レンジで加熱したのち，かきまぜました。

【結果２】 Ａはすべて溶けましたが，Ｄはすべては溶けませんでした。

【実験３】 【実験１】の溶液それぞれにフェノールフタレイン溶液を加えました。

【結果３】 Ｃの溶液だけ色の変化が見られました。

【実験４】 【実験１】の溶液それぞれに電極をさして電気を流しました。

【結果４】 ＢとＣの溶液には電気が流れました。

問１ Ａ，Ｂ，Ｃ，Ｄ，Ｅはそれぞれ何か答えなさい。

問２ 【実験１】の溶液Ｂ，Ｃ，Ｅを特定するために広子さんが行った実験以外には，どのような方法が有効か答えなさい。

問３ 【実験１】の溶液Ｃを，紫キャベツの煮汁に入れると紫キャベツの煮汁の色はどうなりますか。

問４ 【実験３】や問３と同じような色の変化を示すものとして正しいものを次のア～エから１つ選び，記号で答えなさい。

ア うがい薬にレモン汁を入れると色がうすくなった。

イ 砂糖を高温で熱するとかっ色のカラメルができた。

ウ 小麦粉に砂糖やバターをまぜて焼いて作ったクッキーはかっ色だった。

エ 紅茶にレモン汁を入れると色がうすくなった。

**3** 植物にとって光は，エネルギー源であり，光合成によって二酸化炭素から有機物を作るために必要です。ある種の植物の種子は，a発芽する条件としても光を必要とし，そのような種子を光発芽種子といいます。また，b光の色の種類と光発芽種子の発芽の間には関係があることがわかっています。光発芽種子はこの性質を利用して種子が生育できる環境かどうかを識別しています。植物は光が当たらない場所で発芽すると，全体的に黄色で，細く長いcもやしになります。これは土の中で光を求めて伸びていった結果です。

問１ 下線部ａについて，植物が発芽するために必要な要素をア～オの中から**すべて**選び，記号で答えなさい。

ア 適度な温度　　イ 空気　　ウ 水

エ 土　　オ 肥料分

下線部ｂについて，光の色と種子の発芽の関係を明らかにするために【実験１】～【実験４】を行いました。

【実験１】光発芽種子を明所と暗所で発芽させたところ，明所に置いた種子のみが発芽しました。

【実験２】光発芽種子に赤色光を当てたところ，発芽しました。

【実験３】光発芽種子に赤外線を当てたところ，発芽しませんでした。

【実験４】光発芽種子を赤色光と赤外線を条件１～４の方法で交互に当てて，発芽させたところ，条件２と条件３は発芽し，条件１と条件４は発芽しませんでした。

条件１：赤色光 → 赤外線の順に光を当てます。

条件２：赤外線 → 赤色光の順に光を当てます。

条件３：赤色光 → 赤外線 → 赤色光の順に光を当てます。

条件４：赤外線 → 赤色光 → 赤外線の順に光を当てます。

問２　この実験結果からいえることをア～オの中から**すべて**選び，記号で答えなさい。

ア　種子の発芽には赤色光が必要である。

イ　種子の発芽には赤外線が必要である。

ウ　種子を発芽させるためにはどんな色の光でもよい。

エ　種子の発芽は初めに当てた光の色によって決定する。

オ　種子の発芽は最後に当てた光の色によって決定する。

下線部ｃについて，光発芽種子のもやしを形作るには因子Ａと因子Ｂがかかわっていることが明らかになりました。通常の植物と因子Ａを失った変異体Ａ，因子Ｂを失った変異体Ｂ，２つの因子どちらも失った二重変異体を用意し，それぞれを暗所，赤色光，赤外線のもとで育成し，その結果を図表で示します。表は「もやしが伸びるか」，「葉が黄色になるか」の項目に当てはまる植物をまとめています。

暗所で育てた場合

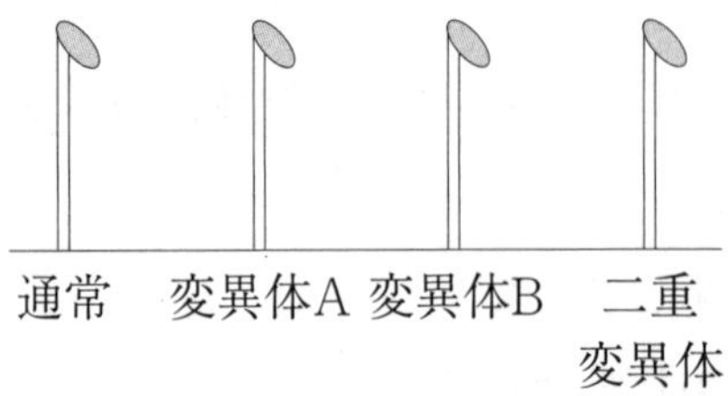


赤色光で育てた場合

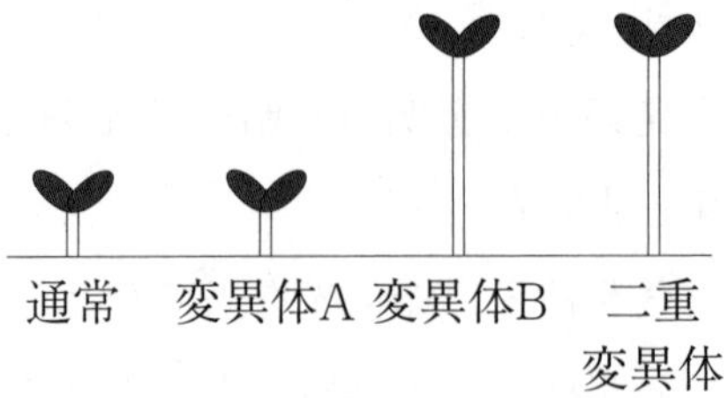


赤外線で育てた場合

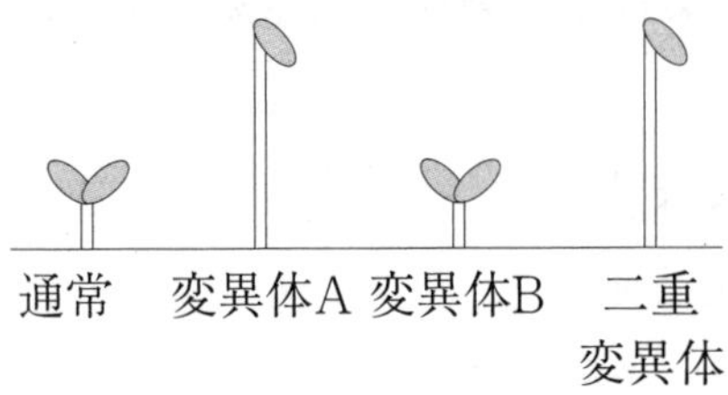


緑色の葉　黄色の葉

| | 暗所 | 赤色光 | 赤外線 |
|---|---|---|---|
| もやしが伸びる | すべて | 変異体Ｂ・二重変異体 | 変異体Ａ・二重変異体 |
| 葉が黄色 | すべて | 当てはまるものはない | すべて |

問３　以上の実験からもやしの伸長についてわかることをア～カの中から**３つ**選び，記号で答えなさい。

ア　因子Ａは赤外線を識別し，赤外線を受けてもやしの伸長を抑制している。

イ　因子Ｂは赤色光を識別し，赤色光を受けてもやしの伸長を抑制している。

ウ　因子Ａは赤外線を識別し，赤外線を受けてもやしの伸長を促進している。

エ　因子Ｂは赤色光を識別し，赤色光を受けてもやしの伸長を促進している。

オ　光が当たらないことでもやしは長くなる。

カ　光が当たることでもやしは長くなる。

問４　以上の実験から葉の色についてわかることをア～カの中から**２つ**選び，記号で答えなさい。

ア　因子Ａによって葉を緑にすることができる。

イ　因子Ｂによって葉を緑にすることができる。

ウ　因子Ａと因子Ｂは葉を黄色にする機能を持つ。

エ　因子Ａと因子Ｂは葉の色には関係がない。

オ　植物は赤外線に当たることで黄色になる。

カ　植物は赤色光に当たることで緑色になる。

**4** ひろしくんは歴史の授業でガリレオについて学習しました。歴史の先生は「当時考えられていた天動説の誤りを指摘し，地動説を唱えたことで裁判にかけられた。『それでも地球は動く』という有名な言葉はこのときのものです。」と教えてくれました。

ひろしくんはそもそもガリレオがどのように地動説を唱えたのかに興味をもち，文献を調べてみました。文献によると，地球から観測した金星の動きがその１つの根拠として書いてありました。

ひろしくんはこれについて自分なりに考察してみることにしました。

まずは金星を観測しようと，ある日の午後８時に外に出たところ，**図１**のように，西の空に金星が見えました。また，南東の空を見ると，火星も見られました。

この日の金星の位置関係を確認しようと，ひろしくんは**図２**のように考えました。**図２**は**図１**のときの金星，火星のそれぞれの公転軌道と観測したときの地球の位置をそれぞれ表したものです。

これについて，以下の問いに答えなさい。

**図１**

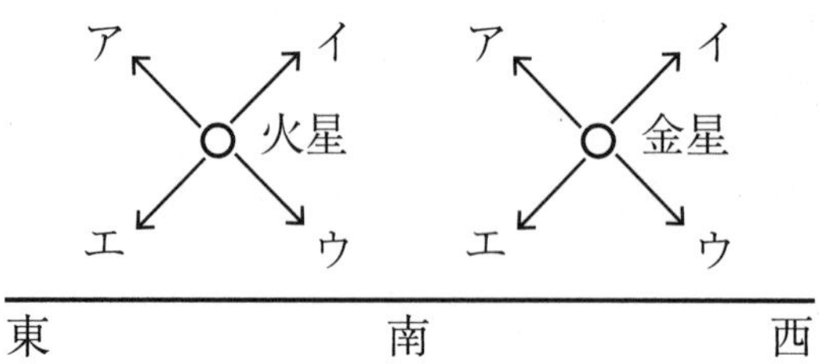


**図２**

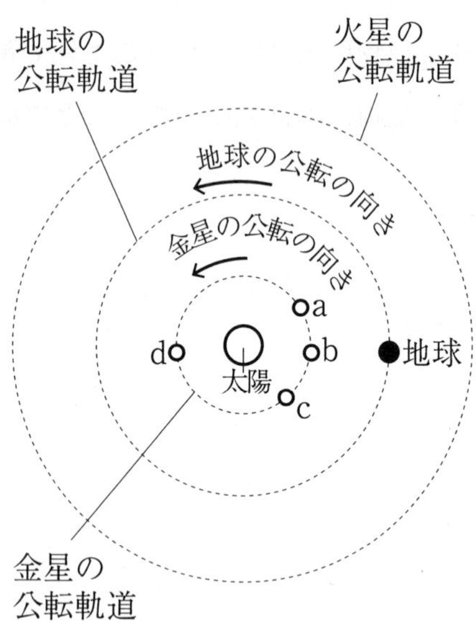


問１　この日の午後９時に金星と火星を観察したところ，それぞれどの方向に移動しましたか。最も適当なものを**図１**中のア～エからそれぞれ１つ選び，記号で答えなさい。

問２　この日の金星の位置として最も適当なものを**図２**中のａ～ｄから１つ選び，記号で答えなさい。

　また，このときの金星を天体望遠鏡で観察したときの金星の様子として最も適当なものを**図３**ア～クから１つ選び，記号で答えなさい。ただし，ア～クの向きは肉眼で見たときと同じ方向になるようにえがかれているものとします。

**図３**

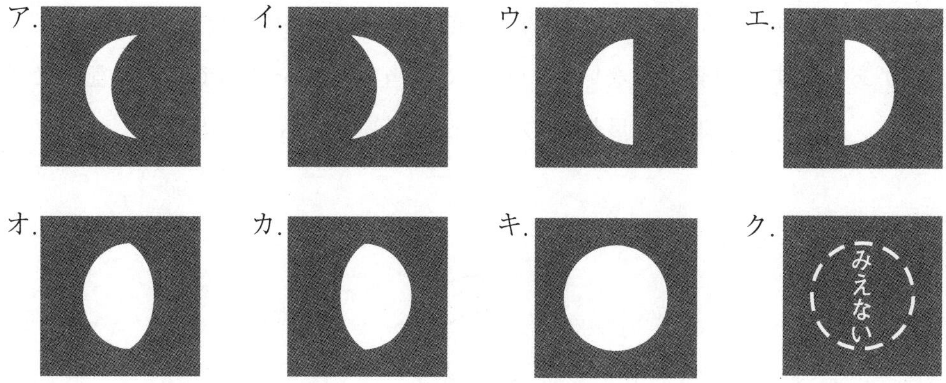


問３　**図４**は，１ケ月ごとの金星の出，金星の入り，日の出，日の入りの時刻の変化を示したものです。**図４**中の×のとき，金星はどのように見えましたか。正しいものを次のア～エから１つ選び，記号で答えなさい。

ア　日の出前に，東の空に見えた。

イ　日の出前に，西の空に見えた。

ウ　日の入り後に，東の空に見えた。

エ　日の入り後に，西の空に見えた。

**図４**

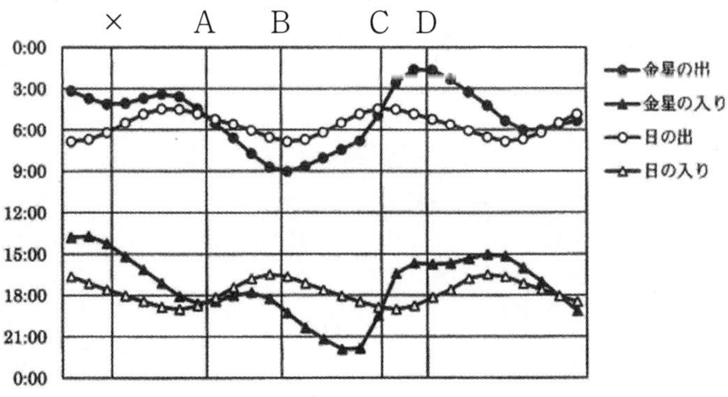

問４　**図４**で示した期間に，太陽の表面を金星が通過する現象が見られました。この現象が見られたときとして最も適当なものを**図４**中のＡ～Ｄから１つ選び，記号で答えなさい。

問５　ガリレオが地動説を唱えた当時，**図５**のような宇宙観が唱えられていました。ガリレオは望遠鏡を用いて金星を観測し，**図２**のような「金星の満ち欠け」を発見しました。このことが地動説の強力な証拠となりました。

もし，天動説が正しいとすると，問２の**図３**ア～キの中で地球からは観測できない形があります。観測できないものとして適当なものを**すべて**選び，記号で答えなさい。ただし，太陽と金星軌道の公転周期が等しいものとする。

**図５**

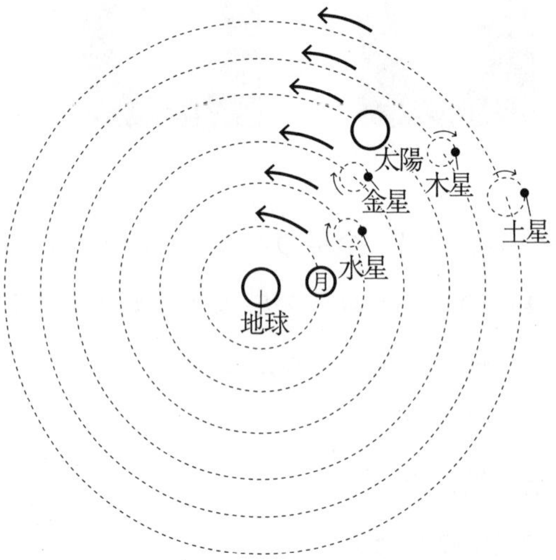


破線は公転軌道

問七　本文の内容と合っているものを、次から一つ選び、記号で答えなさい。

ア　グローバル化した世界では、様々な知識や情報が国境をこえて知ることができ、地球上のすべてを研究の対象とすることが可能になるので、ナショナル・ヒストリーを研究することに意味がなくなる。

イ　歴史を世界規模で捉えようとしても、ナショナル・ヒストリー的な思考方法が歴史学あるいは歴史学者の中に根付いているため、国家の歴史を組み合わせることしかできず、現実的に難しい。

ウ　ヨーロッパの経済統合に加えて、中国が資本主義を導入するなど、世界各地の社会主義国も資本主義を導入して、世界が一つの市場となっていくことも、グローバル化の要因となっている。

エ　歴史をグローバルにみると世界を大づかみにみる目が養われ、歴史に対する考え方が変わるものだが、歴史家は自分の専門分野を説明する時には、どうしても国名を言わなければならない。

問四　――線③「グローバル化（グローバリゼーション）」とありますが、どういうことですか。本文中の言葉を用いて、六十字以上八十字以内で説明しなさい。

問五　――線④「歴史をグローバルに捉えようとする動きが始まります」とありますが、その理由として最もふさわしいものを次から一つ選び、記号で答えなさい。

ア　イギリスで始まった産業革命が世界各国で科学技術分野での巨大な技術革新を促し、ひとびとの意識を変えたため、ナショナル・ヒストリーの価値がわかりにくくなったから。

イ　高度情報化社会の到来によって、ものごとを地球規模で捉える意識が強まったことから、ナショナル・ヒストリーの意義がいまひとつ心に響かなくなったから。

ウ　コンピュータ技術の向上によって作り出されたバーチャル空間が世界のひとびとの意識に変化をもたらしたことで、ナショナル・ヒストリーの意義が高まったから。

エ　コンピュータの開発が進んだことで事実上国境という意識が薄くなり、ナショナル・ヒストリーを研究する価値がまったく認められなくなってしまったから。

問六　――線⑤「アジアとヨーロッパの優劣に関する議論」とありますが、それらの議論として、**ふさわしくないもの**を次から一つ選び、記号で答えなさい。

ア　大航海時代からイギリスの産業革命までの時期を取りあげると、生活水準にかぎってはアジアの方が水準が高かった。

イ　イギリスと中国を取りあげてみると、産業革命をきっかけとしてイギリスと中国の優劣が逆転したと考えられる。

ウ　大航海時代になって、ヨーロッパとアジアの接触が始まるが、それらの接触によってヨーロッパの優位とアジアの劣位が形成される。

エ　イギリス産業革命が起こった理由は、土壌が石灰質だったことやアメリカ大陸に近かったことがあげられ、偶然の産物と言える。

注１　ランケ学派　：　十九世紀の歴史研究の一学派。「それは事実いかにあったのか」を探究する実証主義的な研究法は欧米や日本の歴史研究に影響を与えた。本文はランケ学派の三つの特徴のうち二つ目を説明している部分である。
注２　アクター　：　ある事件や事がらの関係者。
注３　アーナル学派　：　二十世紀の歴史研究の一学派。
注４　パラダイム　：　物の見方やとらえ方。
注５　アイデンティティ　：　自己同一性。自分らしさ。

問一　本文中の［　　］に入るふさわしい言葉を本文中の二字でぬき出して答えなさい。

問二　――線①「ナショナリズムを喚起させる方向」とありますが、どのような方向ですか。その説明として最もふさわしいものを次から一つ選び、記号で答えなさい。

ア　歴史を形づくってきたのは国家であるが、国家の一員である国民一人ひとりの意識や考え方を無視してはならないという方向。
イ　一度はすたれてしまった公文書至上主義が、再度見直されるようになったことで、ひとびとに自由意識が芽生える方向。
ウ　冷戦が終わって、ひとびとが国家の思想的束縛や差別から解放され、世界がひとつになっていくという意識を持つ方向。
エ　冷戦が終結しても世界がひとつにまとまっていく方向には進まず、むしろひとびとは国家という実在に頼るようになる方向。

問三　――線②「ナショナリズムには功罪両面があります」とありますが、「功」と「罪」はそれぞれどのようなことですか。次の［Ａ］と［Ｂ］に当てはまる言葉を本文中からそれぞれ二十一字でぬき出して答えなさい。

「罪」は［Ａ］ることであり、「功」は「罪」に対して［Ｂ］ことである。

提唱し、大航海時代に始まるヨーロッパとアジアの接触（せっしょく）の中で前者の優位と後者の劣位が構造化されてゆくと主張しました。

これに対して、ドイツの歴史学者にして経済学者アンドレ・グンダー・フランク（一九二九年～二〇〇五年）はその著『リオリエント』（一九九八年）のなかで、一六世紀から一八世紀、つまり大航海時代からイギリス産業革命までの時期をグローバルにみると、優位にあったのはむしろアジアだったと主張します。生活水準、科学技術、文化など、なにをみても、ヨーロッパ諸国よりもアジアとりわけ中国のほうが高い水準にあったのです。

それでは、ヨーロッパは、いつどのようにして、アジアに追いつき、追いこしたのか。この問題に取りくんだのが、合衆国の歴史学者ケネス・ポメランツ（一九五八年生）です。彼は、二〇世紀最後の年に書かれた『大分岐』（二〇〇〇年）のなかで、ヨーロッパの代表としてのイギリスとアジアの代表としての中国とを取りあげ、イギリスが中国を逆転したきっかけは産業革命だったとしたうえで、なぜ産業革命は中国ではなくイギリスで生じたのかという問いを立てます。そして、イギリスで産業革命が生じた理由として、土壌（どじょう）が石灰質だったこと、原材料供給地にして製品市場たるアメリカ大陸に近かったこと、この二点をあげます。土壌と立地は人知の及ぶところではありませんから、これは、つまり、産業革命は偶然の産物であると主張しているということです。

イギリス産業革命、さらにはその結果としてのアジアに対するヨーロッパの優位は偶然の産物だったと主張するポメランツの所説は、激しい論争を惹起（じゃっき）することになります。

どうでしょう。歴史をグローバルにみると、アジアとヨーロッパの優劣など、世界を大づかみに見る目が変わってきませんか？
そして、なんとなくワクワクしてきませんか？

〔小田中直樹『歴史学のトリセツ』（ちくまプリマー新書）による〕

一九七八年、中国は資本主義を導入することを決定します。これを「改革開放」と呼びますが、この路線は一九九〇年代に本格化し、二一世紀に入ると、中国は製品市場としても製品輸出国としても巨大な存在になります。また、冷戦の終結に伴って、世界各地の社会主義国も資本主義を導入し、ヨーロッパにおける経済統合の進展と相まって、世界は一つの市場と化してゆきます。

さらに、世紀末には科学技術分野で巨大な技術革新が生じ、ぼくらの生活を一変させます。

インターネットです。

世界各地の大型コンピュータをつないでネットワーク化することは一九六〇年代に始まりましたが、一九八〇年代後半から九〇年代にかけて、このネットワークをビジネスにもちいる動きが登場します。その後、インターネットの商用利用は、コミュニケーション、娯楽提供、売買など、ぼくらの生活のほぼあらゆる側面をカバーするようになり、今日に至っています。今やインターネットのない生活は想像できないんじゃありませんか？　そして、インターネット上に広がるバーチャル空間は、国境をこえて世界各地を覆っています。

これら事態の結果として、二〇世紀末から、ヒト、モノ、カネ、情報などが、国境をこえて世界中を大量かつ高速に移動するという現象が生じます。グローバル化です。

グローバル化は人々の意識にも作用し、「ものごとをグローバルに捉える」傾向が強まります。そうすると、当然「なぜ歴史学は国家を単位としているのか？　研究対象のスケールは地球（グローブ）であるべきじゃないのか？」という疑問が生まれます。

もちろん生活がグローバル化したからといって、国家を単位とする歴史つまりナショナル・ヒストリーを研究してはならないわけではないし、ナショナル・ヒストリーの意義がなくなるわけでもありません。

ただし、ナショナル・ヒストリーは、グローバル化しつつあるひとびとの意識にとってピンとこなくなってきたのです。

ここから、国家ではなく地球（グローブ）を研究対象のスケールとする歴史学、すなわちグローバル・ヒストリーに対する関心が生じます。そして、歴史学者のあいだでも、この関心に対応すべく、④歴史をグローバルに捉えようとする動きが始まります。

それでは、グローバルに捉えると、どんな新しい歴史がみえてくるのか。その例として、⑤アジアとヨーロッパの優劣に関する議論をみてみましょう。

かつてウォーラーステインは、世界を丸ごととらえるという点でグローバル・ヒストリーの先駆者ともいえる世界システム論を

した。鋭い！

そのとおり。②ナショナリズムには功罪両面があります。

ぼくらには、家族、親族、隣人、友人など、身近なひとのことをまず考えるという習性があります。国家を構成するメンバーを国民と呼び、比較的均質な国民からなる国家を国民国家と呼びますが、国民国家の場合、ぼくらがまず考える「身近な人のことをまず考える」というぼくらの心性と合致します。

でも、「身近なひと」と国民は一〇〇パーセント一致するわけではありません。ぼく（日本国籍）の場合、あったこともない日本国民よりは、研究を通じて親しくなった韓国の友人のほうが身近です。ところが、ナショナリズムは後者よりも前者のほうを優先させることを求めます。この傾向が強まると、自国民以外を排除の対象とみなす排外主義になります。これが、ナショナリズムの否定的な側面です。

冷戦が終結すると、それまでの「あたりまえ」がなくなり、ひとびとは自分の頭で新しい世界のありかたを考えなければならなくなりました。一部のひとびとは、途方に暮れ、国民という新しい[注5]アイデンティティや国家（自国）という実在に頼るようになります。こうして世界各地でナショナリズムが噴出し、それでも不安が残るひとびとは排外主義化してゆきます。ここに、心理学者エーリッヒ・フロム（一九〇〇〜八〇）がいう「自由からの逃走」の一例をみるのは、ぼくだけでしょうか。

冷戦が終わり、世界を分断する境界がなくなって世界の一体化が進むと思ったのに、逆にナショナリズムにもとづいて世界がそれまで以上に細分化される。この事態にナショナル・ヒストリーが貢献する――二〇世紀末にぼくらが目にしたのは、こんな光景でした。

歴史学についていえば、歴史学者は、みずからの研究がナショナリズムさらには排外主義の強化につながりかねないからには、なにをなすべきか、どうすればよいか、という問題に、まさに実践の次元で取り組まなければならなくなったのです。

ナショナル・ヒストリーの二つ目の問題は、二〇世紀末に顕著になった現象とフィットしていなかったことです。

そう、③グローバル化（グローバリゼーション）です。

**四** 次の文章を読み、後の各問に答えなさい。

注1ランケ学派歴史学の第二の特徴（とくちょう）は、イギリスやドイツや日本といった国家を研究対象の単位にして主要な注2アクターとみなすナショナル・ヒストリーと、その結果にしてそれを支える公文書至上主義でした。

もちろん、たとえば注3アーナル学派の創始者である二人の歴史学者のうち、ブロックの代表作はヨーロッパ全体を対象とする『封建（ほうけん）社会（一九三九／四〇年）であり、フェーヴルの代表作は世界全体を対象とする『大地と人類の進化』（一九二二年）だったことからもわかるとおり、研究のスケールとして［　　］を重視するナショナル・ヒストリーに対しては、早くから批判がありました。

しかし、初対面の歴史学者同士が交わす最初の会話は、いまでも

「どちらの国を研究なさってるんですか？」

「フランスです。以前は十九世紀で、いまは第二次世界大戦後ですが」（ぼくの場合）

みたいな感じになることがほとんどです。ナショナル・ヒストリーは、歴史学の注4パラダイムの一部として、歴史学のなかに、あるいは歴史学者の心性に、しっかりと根付いているのです。

もちろんナショナル・ヒストリーだからと言って、一概（いちがい）にダメということはできません。しかし、ナショナル・ヒストリーには、おおきく二つの問題があります。

第一の問題は、ナショナル・ヒストリーは、人々の間に①ナショナリズムを喚起（かんき）させる方向に働くことです。国家を分析単位かつ主要アクターとして歴史を描くことは、意識的にか無意識にか、ひとびとのあいだに「歴史の主人公は国家であり、国家こそが歴史を動かしてきた。ぼくらは国家の一員であり、そうであるからには、国家の役に立たなければならない」という意識、つまりナショナリズムを植えつけがちです。

先日、近くの高等学校で模擬講義をする機会があり、アルフォンス・ドーデ『最後の授業』（一八七三年）を使ってナショナリズムについて説明したところ、参加ひとりの生徒から「ナショナリズムの良いところと悪いところは何ですか？」という質問が出ま

問五　――線③「なんだかそれは嘘っぽい言葉のように感じられた」とありますが、「ぼく」はなぜ「嘘っぽい言葉」と感じたのですか。その理由として最もふさわしいものを次から一つ選び、記号で答えなさい。

ア　本当は好きではないのに「好き」と反射的に返してしまうのはまちがっていると感じたから。
イ　休んでいるとはいえシュートを何本も外している自分が「好き」と言うのははずかしいと感じたから。
ウ　岡野の「好き」という言葉と自分が言う「好き」とを比べると、言葉の重みで負けると感じたから。
エ　相沢から部活にもどるように言われてももどらない自分が「好き」と言うのは心にもないと感じたから。

問六　――線④「だいじょうぶだよ」と言った「岡野」の気持ちとして、最もふさわしいものを次から一つ選び、記号で答えなさい。

ア　「ぼく」の心配をよそに、まったく物事に動じていない気持ちとカッコ悪いことを言いたくないという気持ち。
イ　「ぼく」を安心させようとする気持ちと自分に言い聞かせて自分自身をふるい立たせようとする気持ち。
ウ　「ぼく」に何もしないでほしいという気持ちと自分のことは自分で何とかしようとする気持ち。
エ　「ぼく」に弱みを見せまいとする強がった気持ちと自分の心を強く保とうとする気持ち。

問七　――線⑤「がんばれよ――とは言わない」とありますが、それはどのような理由からですか。本文中の表現を用いて四十字以上五十字以内で答えなさい。

問八　《　　　　》に入る表現としてふさわしいものを本文中から探し、五字以内でぬき出して答えなさい。

ボールはほとんど回転せずに低い放物線を描き、リングの手前でうなだれるように落ちた。

岡野はゆっくりと歩いてボールを拾いに行き、ぼくを振り向いて、「メーワク」と［C］顔で笑った。

［重松清『エイジ』（新潮文庫）による］

問一 ――線①「『来るの？ みんな』ちょっと意地悪に訊いた」とありますが、「ぼく」はなぜ「意地悪に訊いた」のですか。その理由として最もふさわしいものを次から一つ選び、記号で答えなさい。

ア 自分が膝の痛みで練習に参加できない間に、自分より先に進んでいる岡野のことをうらやましく思ったため。

イ あせっている岡野の姿を見て、何かしたいと思うのだが何もできない自分に歯がゆさを感じたため。

ウ 本当は自分がやりたかったキャプテンに岡野がなったので、そのときのくやしさを思い出したため。

エ 岡野が部活内で他の部員から無視され、孤立していることを知っていたので、わざと岡野が困るようにしたため。

問二 ――線②「岡野はやっぱり特別だ」とありますが、「特別だ」と思った理由を本文中の表現を用いて六十字以上八十字以内で説明しなさい。

問三 ［A］～［C］に入る語句としてふさわしいものを次からそれぞれ一つずつ選び、記号で答えなさい。

ア 明るい　イ 落ちついた　ウ 沈んだ　エ ムッとした　オ ギョッとした

カ ハッとした　キ スッとした　ク 痛そうな　ケ うれしそうな　コ 泣きそうな

問四 ＝＝線「スジガネ入り」の、ここでの意味として最もふさわしいものを次から一つ選び、記号で答えなさい。

ア 冷たい　イ 目立たない　ウ ゆるぎない　エ 弱々しい

つ先に進める。

「新人戦、勝てそう？」

「……なんとかなるだろ。ベスト４はキツいけど」

「テツとか、試合に出るわけ？」

「へたじゃないからな、あいつ。退場にさえならなきゃ使えるよ」

ぼくが小さくうなずくと、岡野はこっちの胸の内を見抜いて、「④だいじょうぶだよ」と笑った。「あいつだってバスケ部員なんだから、試合はマジにやるよ」

岡野のスリーポイントシュートは、今度ははずれた。ぼくはダッシュでリバウンドのボールを拾い、ゴール真下からシュート。やっと決まった。「ナイッシュー」と声をかけられて、ちょっと照れくさくなった。

⑤がんばれよ――とは言わない。最初から決めていた。岡野だって、ぼくの顔を見た瞬間に決めたはずだ。助けてくれよ――なんて、言わない。

オトナはみんな怒って言うだろう。「どうして悩んでいるのを相談しないんだ」とか「いじめに気づいているのに、なぜまわりが救ってやらなかったんだ」とか、「それでも友だちなのか」とか、いろいろ。

ぼくたちは間違っているのかもしれない。相沢が言っていたように、カッコつけてるだけなのかもしれない。でも、ぼくたちは、カッコ悪いことがとにかく大嫌いで、カッコ悪いことをやってしまう自分が死ぬほど恥ずかしくて、たとえば小松だったら「岡野くんを助けてあげて」と言われたら待ってましたとバスケ部の部室に駆けつけるのかもしれないけど、ぼくはそういうのがサイテーにカッコ悪いと思っていて、じつは「《　　　　》」なんていうのもぼくにとってはカッコ悪い言葉で、それは岡野も同じだと思うから、だからぼくたちは……。

「オンナにはわかんねえんだよ」と岡野は言った。

ぼくはうなずいて、「オンナってバカだもん」と笑った。

そして、フリースローラインでシュートの体勢をとって、ボールを放るのと同時に言った。

「相沢って、おまえのことが好きなんじゃねえの？」

「岡野くんがみんなにシカトされてて、かわいそう、ってさ」
笑いながら言ってやった。ゆーじょう——だ。返事の代わりにボールが来た。胸で受けて、振り向きざまにセットシュートを狙った。
三本連続、失敗。
岡野は今度はボールを拾いに行かず、[ B ]顔で「関係ねえよ」と言った。「なんで相沢なんかに言われなきゃいけないんだよ、むかつく、あいつ」
「だよな」ぼくはまた笑って、ゴール下で拾ったボールを岡野にパスした。「オレもマジそう思う」
岡野はスリーポイントシュートをきれいに決めた。ボールはバックボードにもリングにもあたることなく、スポッという音が聞こえるみたいにネットに吸い込まれた。
「エイジ」頭のタオルを巻き直しながら。「バスケ部ってさ、バスケットやるためにあるんだもんな。ダチとかとは違うもんな。試合に勝てばさ、いいんだよ、べつに」
ほんとうは優しくて気の弱い奴(やつ)なのに。そういう台詞(せりふ)、タモツくんみたいなスジガネ入りのクールな奴じゃないと似合わないのに。
岡野はぼくを見て、目が合うとちょっとうつむいて「オレ、オトナになっても出世とかしたくないな」と言った。「上司っての？　そういうの、いやじゃん。なんかオレ、向いてないような気がして」
かもな、とぼくはうなずいた。うなずいたあとで、残酷(ざんこく)だったかないまの、と少し悔(く)やんだ。
「エイジ、帰宅部って、どう？　暇じゃない？」
部活に入ってない奴のことを、ぼくたちは帰宅部と呼んでいる。
「暇だよ」ボールを岡野にパス。「死ぬほど暇」
「そっか……」
「なにおまえ、やめちゃうの？」
冗談(じょうだん)ぽく笑いながら、でもほんとうはビビって訊いた。
「やめねーよ」岡野は強く言った。「オレ、バスケ好きだもん」
オレだって好きだよ、と返したかったけど、やめた。③なんだかそれは嘘(うそ)っぽい言葉のように感じられた。代わりに、話をひと

はずれた。ボールはリングを半周して、外に落ちた。リバウンドを拾おうとしたけれど、着地の姿勢が悪すぎて、そのままエンドラインを割ってしまった。
「ジャンプがダメだっつーの、体があんなに流れちゃっ打てないって」と岡野が笑う。
「うっせーよバーカ」
笑い返して、たった一本のシュートで噴き出た額の汗を手の甲でぬぐった。息も荒い、完全に運動不足だ。でも、気持ちいい。ドリブルしたボールが指に吸いつく感触も、ジャンプでボールが指先から離れるときのふわっと抜けた感覚も、いい。なにより、岡野といっしょにいる。それがいい。ツカちゃんやタモツくんといるときも楽しいけど、②<u>岡野はやっぱり特別だ</u>。ぼくたちは二人ともバスケットボールが大好きで、同じゴールを狙って、走ったり跳んだりボールを受けたり投げたりできる。
岡野はボールを持ってフリースローラインまで戻り、セットシュートを軽く決めた。
ネットから落ちたボールを拾ったぼくも、岡野と入れ替わりにフリースローラインに立って、シュート。今度もダメだった。バックボードに当たったボールは、リングにはじかれて、あさっての方向に跳ね返ってしまう。直径四十五センチのリングが一回り小さくなり、規定では何グラムだったっけ、ボールが少し重くなったみたいだ。
「エイジ、おまえ、マジへたになってんじゃん」
「オレはどうだっていいんだよ。ディフェンスやってやるから、打てよ」
「いいって。膝、痛いんだろ?」
「今日は調子いいんだよ、たまたまだけど」
「……だったら新人戦、出ろよ」
「今日はたまたまだって言ってんだろ」
半分ジョークのつもりで怒った口調で答えると、岡野は「ごめん」と［ A ］声で謝り、小走りでボールを拾いに行った。
その背中に、ぼくは言った。
「岡野さあ、テニス部の相沢志穂って知ってる? あいつがさ、オレにバスケ部に帰ってこいって。こないだから、ちょーしつこいの」
「なんでー」

一学期と、同じだ。

ぼくはゆっくりと歩いていく。

声が届く距離に来て、先に口を開いたのは岡野のほうだった。

「膝、もういいわけ？」

細い声。ボールを何度か地面にはずませて胸でキャッチする。

「痛えよ」とぼくの声も、喉を半分しか使っていないみたいだ。

「じゃあ、新人戦、無理か」

「……うん」

ワンバウンドで来たパスを両手で受けた。ボールをさわるのは何ヵ月ぶりだろう。

「今日も練習やるのか」

「午後イチから」

①「来るの？　みんな」

ちょっと意地悪に訊いた。岡野は苦笑交じりに「来ないと困るだろ」と答える。夏より痩せたみたいだ。タンクトップのウェアから鎖骨がくっきり見える。いや、そうじゃなくて骨が太くなったのかな、背が伸びたのかな、よくわからない。

「すぐ帰るから、オレ」

ぼくが言うと、岡野はまた苦笑いを浮かべ、ボールをよこすよう手振りでうながした。

「ディフェンスやってやろうか」と山なりのパスを送った。

「いいよ、そんなの」岡野は右手だけでボールをキャッチして、そのままリバウンドパスを返した。「エイジ、一本打ってみろよ」

ぼくは黙ってボールを一回地面につき、キャッチと同時に胸からチェストパスを送った。腋が開き、手首にスナップも利かせそこねて、へたくそなパスになった。ボールが手を離れると同時に、ダッシュ。岡野は迎えにいく格好でパスを受けて軽くフェイントのポーズをとってから、タイミングを計ってワンステップ踏み出して、サイドハンドのパスをよこした。それをスリーポイントライン左四十五度でキャッチして、そのままドリブルでカットイン、ラストは二歩でジャンプして、レイアップシュートを放った。

三　次の文章を読んで、後の問に答えなさい。

中学2年生の「ぼく」（エイジ）は、バスケットボール部員。しかし、膝の痛みから休部状態になっている。友人の「岡野」は3年生の引退後に新キャプテンになったが、最近同級生の「テツ」や他の部員に無視されている。同級生の「相沢志穂」の話では1年生の部員にまで無視されているらしい。

学校に近づいた。部活の練習は午後からなので、体育館の裏の道を通っても物音は聞こえない。

体育館とプールを回り込むような格好でグラウンド沿いの道に出た。Tシャツのネックをひっぱって風を入れながら、無人のグラウンドを――違う、誰か、いる。バスケットゴールの下。一人でシュートの練習をしている。

通用門の前で自転車を停めた。へたくそ、とサドルにまたがったまま笑った。

岡野はまだぼくに気づいてない。

「すっげえ暇なんだよなあ……」

つぶやいて、自転車を降りた。

軽く助走をつけてフェンスをよじのぼった。

一学期の頃は毎週日曜日になると、練習前に岡野と二人で、こんなふうにグラウンドに入り込んでいた。先輩の顔色をうかがうことなく二人で思いきり練習を繰り返し、コンビニで買ってきたパンとジュースの昼食をとっている間も、地面に石を置いて、フォーメーションの勉強をつづけた。部の練習が始まる頃にはくたくたになっていたけど、先週よりも今週、今週よりもきっと来週、シュートの精度が増し、リバウンドの球筋の読みが鋭くなっているのが、はっきりと実感できた。成長期だったんだ、と思う。

グラウンドに降り立って、膝とアキレス腱のかんたんな準備運動をした。岡野がこっちを見ている。わかる。でも、ぼくはそっぽを向いて肩を回し、手首を上下させる。いやがるかな、あいつ。帰れよ、なんて言うかもしれない。べつにいいや。

振り向いた。

岡野と目が合った。岡野はボールを足元に置き、肩にかけていたタオルをはずして、バンダナのように頭に巻きつけていた。

二 次の各問に答えなさい。

問一　次の①～③の空らんに、例にならって言葉を補い、下にある（　　）の中の言葉と同じ意味になる慣用句を作りなさい。ただし、□にはひらがな一字を入れること。

《例》　お茶をにごす。（いいかげんにしてその場をごまかす）

①　足を□□□□（他人の成功や前進をひきとめ、じゃまをする）

②　□□をみがく（技量が上達するようにはげむ）

③　肩を□□□（ひどく落胆しているさま）

問二　次の□の中に漢字を一字入れると四つの二字の熟語ができます。□に当てはまる漢字を答えなさい。

《例》
　　楽
旅　□　事
　　実

答え　行（旅行・行事・実行・行楽）

①
　　書
甲　□　前
　　登

②
　　票
会　□　意
　　説

# 2023年度 広尾学園小石川中学校

【国　語】〈第一回入試〉（五〇分）〈満点：一〇〇点〉

《注意事項》問題で文字数が指定されている場合はカッコや句読点を文字数に含みます。

## 一 次の各問に答えなさい。

問一 ――線の漢字の読みをひらがなで答えなさい。

① 雑木林の下に咲く花。
② 誤解を招く。
③ 委員会の運営を委員長に委ねる。
④ 手紙が届く。

問二 ――線のカタカナを漢字に改めなさい。

① ブームにビンジョウした商品。
② コウフンしてしゃべり続ける。
③ 植物の成長のカテイを観察する。
④ 太陽の光をアびる。
⑤ 社会生活をイトナむ。
⑥ 気にサワることを言う。

2023年度

# 広尾学園小石川中学校 ▶解説と解答

## 算　数 ＜第１回入試＞（50分）＜満点：100点＞

### 解　答

1 (1) $1\frac{1}{3}$　(2) $\frac{3}{7}$　(3) $\frac{97}{216}$　(4) 528　(5) 土　2 (1) 828.96cm$^3$　(2) 2.57cm$^2$　(3) 30通り　(4) 60点　(5) 600円　3 (1) 48cm　(2) 12cm　(3) 28.8cm　4 (1) $7\frac{1}{9}$km　(2) 128km　5 (1) ア 2　イ 3　ウ 5　(2) 解説の図⑤を参照のこと。　6 (1) 156　(2) 12143　(3) 50番目

### 解　説

**1 四則計算，計算のくふう，場合の数，周期算**

(1) $\left\{1\frac{1}{6}+\left(1\frac{1}{2}-1\frac{1}{24}\right)\div\frac{1}{6}-3\frac{1}{12}\right\}\div 0.625=\left\{\frac{7}{6}+\left(1\frac{12}{24}-1\frac{1}{24}\right)\div\frac{1}{6}-\frac{37}{12}\right\}\div\frac{5}{8}=\left(\frac{7}{6}+\frac{11}{24}\times 6-\frac{37}{12}\right)\div\frac{5}{8}=\left(\frac{7}{6}+\frac{11}{4}-\frac{37}{12}\right)\div\frac{5}{8}=\left(\frac{14}{12}+\frac{33}{12}-\frac{37}{12}\right)\div\frac{5}{8}=\frac{10}{12}\times\frac{8}{5}=\frac{4}{3}=1\frac{1}{3}$

(2) $8\times\square+2\times(7\times\square-2\times\square)-3\times\square=8\times\square+2\times\{(7-2)\times\square\}-3\times\square=8\times\square+2\times 5\times\square-3\times\square=8\times\square+10\times\square-3\times\square=(8+10-3)\times\square=15\times\square$より，$15\times\square\div\frac{55}{9}=\frac{81}{77}$，$15\times\square=\frac{81}{77}\times\frac{55}{9}=\frac{45}{7}$　よって，$\square=\frac{45}{7}\div 15=\frac{45}{7}\times\frac{1}{15}=\frac{3}{7}$

(3) $\frac{1}{4}+\frac{1}{10}+\frac{1}{18}+\frac{1}{40}+\frac{1}{54}=\frac{270}{1080}+\frac{108}{1080}+\frac{60}{1080}+\frac{27}{1080}+\frac{20}{1080}=\frac{485}{1080}=\frac{97}{216}$

(4) 9のカードに注目すると，1枚も使わない場合(…㋐)，1枚使う場合(…㋑)，2枚使う場合(…㋒)の3種類が考えられる。㋐と㋑は1～9のうちの異なる3枚のカードを使う場合であり，百の位には9通り，十の位には8通り，一の位には7通りのカードを並べることができるので，㋐と㋑の3桁(けた)の整数は合わせて，9×8×7＝504(個)できる。㋒は「99○」「9○9」「○99」の3種類があり，どの場合も○にあてはまるカードは1～8の8通りあるから，㋒の3桁の整数は，8×3＝24(個)できる。よって，3桁の整数は全部で，504＋24＝528(個)できる。

(5) この年の1月1日から，2月3日の前の日である2月2日までは，31＋2＝33(日)ある。また，うるう年の前の年はうるう年ではないので，前の年の1月1日から12月31日までは365日ある。さらに，2年前の6月12日から12月31日までは，(30－12＋1)＋31＋31＋30＋31＋30＋31＝203(日)ある。よって，2年前の6月12日から，この年の2月2日までは，203＋365＋33＝601(日)あるので，2年前の6月12日は，この年の2月3日の601日前とわかる。したがって，その曜日は，601÷7＝85余り6より，金曜日の6つ前の曜日だから，土曜日である。

**2 体積，面積，場合の数，平均，売買損益**

(1) できる立体は，下の図1の長方形ABCDを1回転させてできる円柱㋐から，長方形EFGHを1回転させてできる立体㋑と，正方形IJKLを1回転させてできる立体㋒を除いたものになる。まず，円柱㋐は，底面の半径が，2×3＝6(cm)，高さが10cmだから，体積は，6×6×3.14×10＝360×3.14(cm$^3$)となる。次に，立体㋑，㋒を合わせると，底面の半径が，2×2＝4(cm)で，高さが，

６＋２＝８（cm）の円柱から，底面の半径が２cmで，高さが８cmの円柱を除いた立体になるので，立体㋑，㋒の体積の和は，４×４×3.14×８－２×２×3.14×８＝128×3.14－32×3.14＝（128－32）×3.14＝96×3.14（$cm^3$）となる。よって，求める立体の体積は，360×3.14－96×3.14＝（360－96）×3.14＝264×3.14＝828.96（$cm^3$）とわかる。

図１

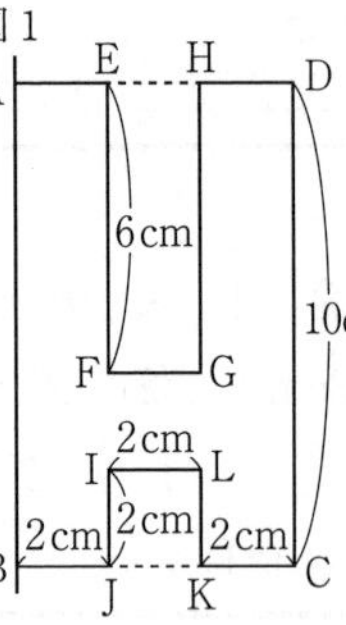


図２

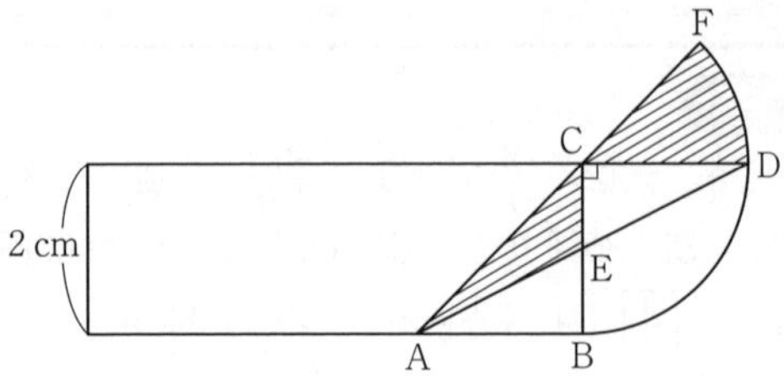


⑵　上の図２で，AB＝BC＝CD＝２cmより，三角形ABEと三角形DCEは合同である。よって，CE＝BE＝２÷２＝１（cm）より，三角形AECの面積は，１×２÷２＝１（$cm^2$）となる。また，AB＝BCより，三角形ABCは直角二等辺三角形だから，角ACBの大きさは45度である。すると，角DCFの大きさは，180－45－90＝45（度）なので，おうぎ形CDFの面積は，$2 \times 2 \times 3.14 \times \frac{45}{360}$＝1.57（$cm^2$）とわかる。したがって，斜線（しゃせん）部分の面積の和は，１＋1.57＝2.57（$cm^2$）と求められる。

⑶　３つの和は最も小さいとき，１＋２＋３＝６で，最も大きいとき，７＋８＋９＝24だから，３つの和が３の倍数となるのは，和が６，９，12，15，18，21，24の場合である。それぞれの場合の３つの数の選び方は右の図３のようになるので，和が３の倍数となる選び方は全部で，１＋３＋７＋８＋７＋３＋１＝30（通り）ある。

図３

和が６…（１，２，３）
和が９…（１，２，６），（１，３，５），（２，３，４）
和が12…（１，２，９），（１，３，８），（１，４，７），（１，５，６）
（２，３，７），（２，４，６），（３，４，５）
和が15…（１，５，９），（１，６，８），（２，４，９），（２，５，８）
（２，６，７），（３，４，８），（３，５，７），（４，５，６）
和が18…（１，８，９），（２，７，９），（３，６，９），（３，７，８）
（４，５，９），（４，６，８），（５，６，７）
和が21…（４，８，９），（５，７，９），（６，７，８）
和が24…（７，８，９）

⑷　Ａ君，Ｂ君，Ｃ君の平均点が最も低くなるのは，この３人の合計点が最も低いときである。まず，Ｂ君，Ｃ君，Ｄ君の合計点は，68×３＝204（点）で，Ｄ君の点数は最も高くて100点だから，Ｂ君，Ｃ君の合計点が最も低くなるとき，その合計点は，204－100＝104（点）となる。また，５人の合計点は，71×５＝355（点）だから，Ａ君，Ｅ君の合計点は，355－204＝151（点）である。Ａ君のほうがＥ君より点数が高いので，151÷２＝75.5より，Ａ君の点数が最も低いとき，その点数は76点となる。よって，Ａ君，Ｂ君，Ｃ君の合計点は，最も低くて，76＋104＝180（点）だから，この３人の平均点は，最も低くて，180÷３＝60（点）とわかる。

⑸　初めにつけた値段は，3200×（１＋0.35）＝4320（円）なので，20個売ったときの売り上げは，4320×20＝86400（円）である。また，仕入れ値の合計は，3200×100＝320000（円）だから，利益が２割となるようにするためには，売り上げを，320000×（１＋0.2）＝384000（円）にすればよい。よって，残りの，100－20＝80（個）の売り上げを，384000－86400＝297600（円）にすればよいので，これ

らを１個あたり，297600÷80＝3720(円)で売ればよい。したがって，4320－3720＝600(円)値下げすればよい。

## 3 比の性質，水の深さと体積

(1)　Ｂの底面積はＡの$\frac{3}{4}$倍，Ｃの底面積はＡの，$\frac{3}{4}\times\frac{2}{3}=\frac{1}{2}$(倍)だから，Ａ，Ｂ，Ｃの底面積の比は，$1:\frac{3}{4}:\frac{1}{2}=4:3:2$である。よって，Ａ，Ｂ，Ｃの底面積をそれぞれ$\boxed{4}$cm$^2$，$\boxed{3}$cm$^2$，$\boxed{2}$cm$^2$とすると，Ａに入っている水の体積は，$\boxed{4}\times36=\boxed{144}$(cm$^3$)となるので，Ａの水をすべてＢに入れると，水の深さは，$\boxed{144}\div\boxed{3}=48$(cm)になる。

(2)　ＢとＣに，$\boxed{144}\div2=\boxed{72}$(cm$^3$)ずつ水を入れるから，(1)と同様に考えると，Ｂの水の深さは，$\boxed{72}\div\boxed{3}=24$(cm)，Ｃの水の深さは，$\boxed{72}\div\boxed{2}=36$(cm)となる。よって，ＢとＣの水の深さの差は，36－24＝12(cm)である。

(3)　ＢとＣのどちらにも深さ１cmまで水を入れると，入る水の体積の和は，$\boxed{3}\times1+\boxed{2}\times1=\boxed{5}$(cm$^3$)となる。よって，$\boxed{144}\div\boxed{5}=28.8$(cm)まで水を入れればよい。

## 4 速さと比

(1)　新幹線が停車している間に特急電車とすれ違(ちが)うとき，右のグラフのようなすれ違い方をする場合に，すれ違う場所(Ｐ)がＣ駅から最も離(はな)れる。QP間のみちのりは，$160\times\frac{4}{60}=\frac{32}{3}$(km)であり，PC間のみちのりとQC間のみちのりの比は，320：160＝２：１なので，ＰはＣ駅から，$\frac{32}{3}\times\frac{2}{2+1}=7\frac{1}{9}$(km)離れている。

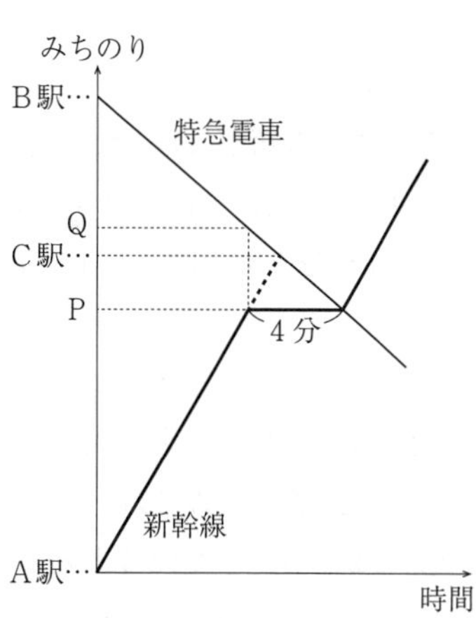


(2)　新幹線は，特急電車とＣ駅ですれ違う予定だったが，実際はＡ駅とＣ駅の間で４分停車したので，特急電車がＣ駅を折り返してから４分後にＣ駅を通過している。よって，新幹線はＣ駅を通過してから，８－４＝４(分後)に特急電車を追い越(こ)したので，その地点はＣ駅から，$320\times\frac{4}{60}=\frac{64}{3}$(km)の地点とわかる。また，その地点はＢ駅とＣ駅のちょうど真ん中なので，BC間のみちのりは，$\frac{64}{3}\times2=\frac{128}{3}$(km)となる。さらに，AC間のみちのりとBC間のみちのりの比は，320：160＝２：１である。したがって，AB間のみちのりは，$\frac{128}{3}\times\frac{2+1}{1}=128$(km)と求められる。

## 5 立体図形―展開図

(1)　右の図①のように頂点に記号をつけると，組み立てたときにＭから最も遠い頂点はＪとなる。また，組み立てたときにＦから最も遠い頂点はＤ，Ｈ，Ｌとなる(つまり，組み立てたときにＤ，Ｈ，Ｌは重なる)。Ｅ，Ｇ，Ｉ，Ｋについても同様に考えて組み立てると，右の図②のようになる。図①，図②より，ア(面DEM)と平行な面は「２」(面FJK)，イ(面MKL)と平行な面は

図①

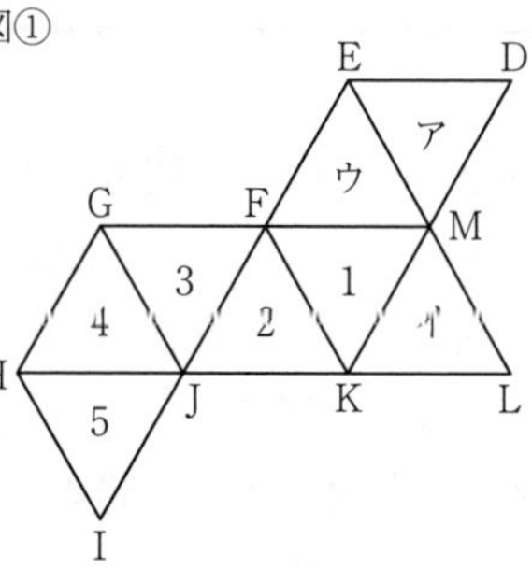


図②

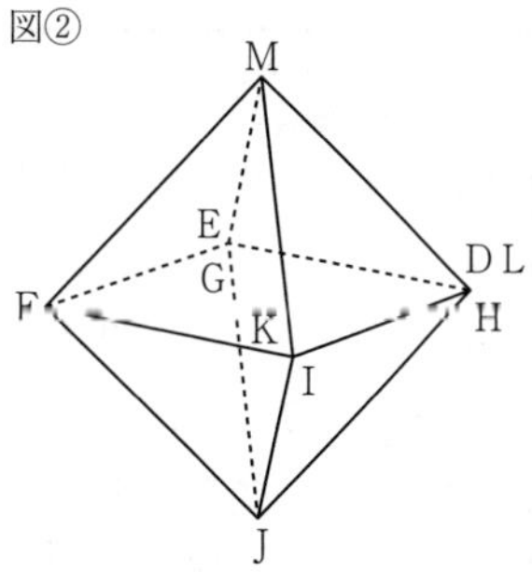

「３」(面FGJ)，ウ(面EFM)と平行な面は「５」(面HIJ)とわかる。

図③

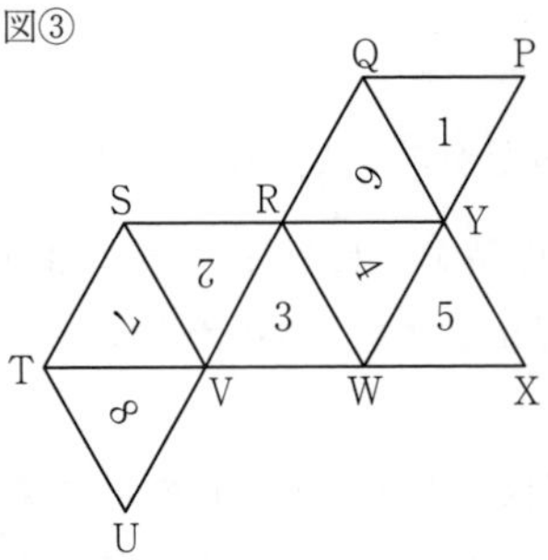


図④

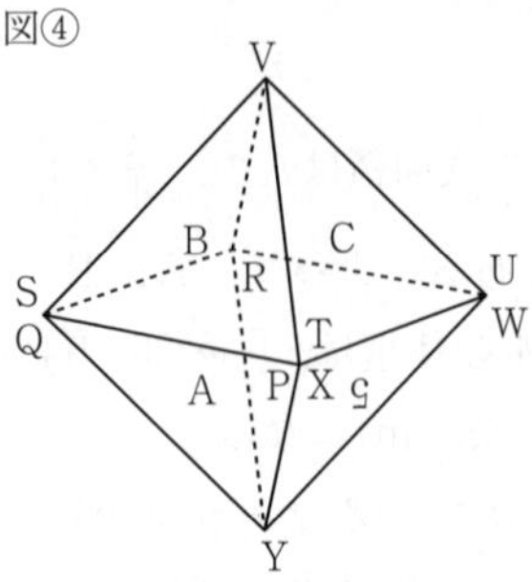


図⑤

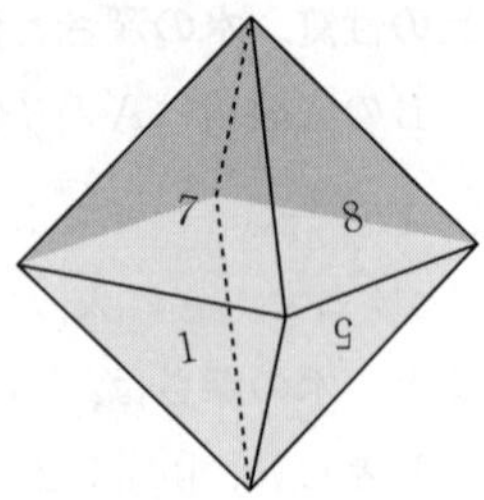


(2)　上の図③のように頂点に記号をつけると，「５」は面WXYにあるので，まず，組み立てた図に頂点W，X，Yを，「５」の向きに注意して書き入れる。その後，残りの頂点も書き入れると，上の図④のようになる。よって，Aの面は面PQY，Bの面は面VST，Cの面は面VTUとわかるので，Aの面に１を，Bの面に７を，Cの面に８をそれぞれ向きも考えて書き入れると，上の図⑤のようになる。

**6** **数列**

(1)　前から順番に足していくと，11＋17＋23＋29＋35＋41＝28＋23＋29＋35＋41＝51＋29＋35＋41＝80＋35＋41＝115＋41＝156となる。なお，11＋17＋23＋29＋35＋41＝(11＋41)＋(17＋35)＋(23＋29)＝52＋52＋52＝156，11＋17＋23＋29＋35＋41＝(11＋41)×６÷２＝156などと計算してもよい。

(2)　石川さんの考え方に沿って考えると，2023番目の数は，11に６を，2023－１＝2022(回)足した数なので，11＋６×2022＝12143となる。一方，小石さんの考え方に沿って考えると，11＝５＋６より，2023番目の数は，５に６を2023回足した数だから，５＋６×2023＝12143となる。

(3)　(2)の小石さんの考え方より，□番目の数は(５＋６×□)となるので，□番目までの和は，11＋17＋…＋(５＋６×□)＝{11＋(５＋６×□)}×□÷２＝(16＋６×□)×□÷２＝16×□÷２＋６×□×□÷２＝８×□＋３×□×□と表すことができる。そして，□＝50とすると，８×50＋３×50×50＝7900となってあてはまる。よって，和が7900となるのは50番目までの和である。

## 社　会　＜第１回入試＞(30分)＜満点：50点＞

解　答

**1**　**問１**　９(月)１(日)　**問２**　(ウ)，(ク)　**問３**　(1)　A　プレート　B　環太平洋　C　アンデス　(2)　ウ　**問４**　エ　**問５**　ア　**問６**　(1)　ハザードマップ　(2)　エ

**2**　**問１**　ア　**問２**　エ　**問３**　(1)　中継(貿易)　(2)　明　**問４**　エ　**問５**　A　寺子屋　B　解体新書　**問６**　ウ　**問７**　オ　**3**　**問１**　ア　**問２**　(1)　憲法の番人　(2)　イ　**問３**　(1)　公共の福祉　(2)　エ　**問４**　イ，オ　**問５**　ア　**問６**　A　国民投票　B　18　**4**　I　(例)　壬申の乱で天智天皇の子どもをやぶって即位した天武天皇が，自分が天皇の位についたことや天皇による統治の正当性を示すために，歴史書の修正を命じ

た。　Ⅱ　(例)　日本の二酸化炭素排出量割合の約40％がエネルギー転換部門なので，風力・太陽光・地熱などの再生可能エネルギーによる発電を増やす。

**解　説**

**1　災害についての問題**

**問１**　1923年９月１日，相模湾を震源とする大地震が発生し，地震の揺れや火災により，東京と横浜を中心に多くの死者・行方不明者を出す大災害となった。これを関東大震災といい，その後の不景気の一因になった。現在，関東大震災が起きた９月１日は「防災の日」とされており，各地で防災訓練などが行われている。

**問２**　(ア)は茨城県，(イ)は東京都，(ウ)は富山県，(エ)は栃木県，(オ)は埼玉県，(カ)は神奈川県，(キ)は群馬県，(ク)は山梨県である。このうち，富山県と山梨県は中部地方に属し，ほかは関東地方に属する。

**問３**　**(1)**　**A**　地球の表面はプレートとよばれる十数枚の大きな岩盤に分かれていて，そのプレートは少しずつ動いている。日本列島の付近では，２つの大陸プレート(北米プレートとユーラシアプレート)と２つの海洋プレート(太平洋プレートとフィリピン海プレート)がぶつかり合っており，海洋プレートが大陸プレートの下にゆっくりと潜り込んでいる(日本列島のほとんどは大陸プレート上にある)。日本海溝の付近では，太平洋プレートが北米プレートを引き込みながら潜り込んでいるため両プレートの間にひずみがたまり，北米プレートがそのひずみに耐えられなくなると反発して地震(海溝型地震)が発生する。東日本大震災(2011年)は，この型の地震による災害として知られている。　**B，C**　世界には，太平洋を取り巻くように連なる環太平洋造山帯と，おもにユーラシア大陸の南部を東西に連なるアルプス・ヒマラヤ造山帯という２つの造山帯がある。北アメリカ大陸のロッキー山脈や南アメリカ大陸のアンデス山脈，日本列島などは，環太平洋造山帯に属している。　**(2)**　2022年，南半球に位置する島国トンガ(地図中のウ)で海底火山の爆発的な噴火にともなう津波などが発生し，日本でも潮位が上昇した。なお，アはアイスランド島(アイスランド)，イはセイロン島(スリランカ)，エはハワイ諸島(アメリカ)，オは小アンティル諸島。

**問４**　ａは福島県で，桃の収穫量は山梨県についで全国第２位となっている。ｂは岩手県で，南部鉄器は盛岡市や奥州市などで生産される伝統的工芸品である。ｃは山形県で，ブランド米(銘柄米)の「はえぬき」の生産量が最も多い。ｄは宮城県で，県庁所在地の仙台市は東北地方で唯一の政令指定都市である。なお，プロ野球球団「東北楽天ゴールデンイーグルス」は仙台市に本拠地を置いている。よって，エが正しい。ｅは秋田県で，八郎潟はかつては琵琶湖(滋賀県)につぐ全国第２位の面積を持つ湖であったが，干拓により大部分が陸地化され，干拓地には大潟村が建設された。

**問５**　東日本大震災による福島第一原発事故の影響で，原子力発電所が次々と稼働を停止したため，その後，数年にわたって原子力発電の電力量が大きく減った。よって，アが選べる。なお，イは石油等，ウは石炭，エは天然ガス，オは水力，カは再生可能エネルギー。

**問６**　**(1)**　地震や洪水，土砂災害など，自然災害ごとにつくられ，それが発生した場合の避難経路や避難場所，予想される被害の大きさなどを記した地図を，ハザードマップという。地方自治体などによって作成され，防災や減災に役立てられている。　**(2)**　ア　図１より，地図中の【水道】付近は浸水した場合に想定される水深が深いので，色がぬられていない区域よりも標高が低く，水害に対して比較的安全でない区域であることがわかる。　イ　「高い」と「低い」が逆である。

ウ　地図中に，避難所に指定されている寺社はない。　エ　地図中で，地名に「台」や「丘」のついている区域は標高が高く，【水道】は標高が低いと推測できる。この分布は，水害発生予想区域の広がり方と重なっているので，正しい。なお，【水道】の名はこの地に神田上水が通っていたことに由来する。

**２　日本語の歴史についての問題**

**問１**　X　表の『三国志』の「日本に関する内容」から読み取れることがらと，『魏志』倭人伝に倭(日本)の卑弥呼が239年に魏(中国)に使いを送り，皇帝から「親魏倭王」の称号と金印をさずけられたことなどが記されていることから，正しいと判断できる。なお，下線部①について，『三国志』は『魏書(魏志)』，『呉書(呉志)』，『蜀書(蜀志)』の三部で構成され，『魏書』の中の「東夷伝」の項の「倭人」に関する記事が，一般に『魏志』倭人伝として知られている。　Y　表の編集者の「生没年」から，『後漢書』は『三国志』よりも後世の成立とわかる。また，『後漢書』東夷伝には，57年，倭の小国の１つ奴国の王が漢(後漢，中国)に使いを送り，皇帝から金印をさずけられたことなどが記されている。よって，正しい。

**問２**　I　「寧楽の京師」(奈良の都)は710年につくられた平城京のことなので，奈良時代に活躍したｂの聖武天皇が選べる。　II　語注に「藤原京」とあるので，藤原京をつくったｄの持統天皇がふさわしい。　なお，ａの天智天皇は近江大津宮(滋賀県)，ｃの推古天皇は小墾田宮(奈良県)で活躍した。

**問３**　(1)　ある国から輸入した品を別の国や地域に転売することで利益を得る貿易を，中継(ちゅうけい・なかつぎ)貿易という。琉球王国は，日本・中国や東南アジアとの中継貿易で栄えた。
(2)　示されている「おもろ」の２行目の先頭の「たう」は，現代語訳の２行目の先頭の「中国船」に対応すると推測できる。15世紀は室町時代にあたり，琉球王国は形式上，明(中国)の臣下となることで，海禁政策(海上の交通，貿易などに制限を加えること)を行っていた明と正式に貿易を行い，明との公式な貿易を行うことができなかった東南アジアや日本との中継貿易を行って国を繁栄させた。なお，「たう」は唐(中国)のことで，琉球では中国をこのようによぶことが多かった。

**問４**　16世紀後半，ポルトガル船やスペイン船が西日本各地に来航し，南蛮貿易とよばれる交易を行った。その後，江戸時代の初期，朱印状とよばれる幕府の海外渡航許可書を用いた東南アジア諸国との朱印船貿易がさかんに行われ，日本人の居留地である日本町が各地につくられたので，エが誤っている。なお，幕府の鎖国政策により，1624年にスペイン船の来航が禁止され，1635年に日本人の海外渡航と海外在住の日本人の帰国が禁止されて朱印船貿易が終了し，1639年にポルトガル船の来航が禁止された。

**問５**　**A**　江戸時代の庶民の教育機関は寺子屋とよばれ，読み書きのほか，商業地などではそろばんも教えた。なお，武士の子弟は幕府の学問所や藩が設けた藩校で学んだ。　**B**　江戸時代中期，医師・蘭学者の杉田玄白は，前野良沢らとともにオランダ語の医学解剖書『ターヘル＝アナトミア』を苦心のすえ翻訳し，『解体新書』として出版した。

**問６**　ア　学校全体を考える立場である「教頭」がアメリカ人のタビット・モルレーであるので，誤っている。　イ　「文学教授」などもいるので，誤っている。　ウ　アメリカ人の動物学者モースの説明として正しい。　エ　ラクスマンはロシア使節で，江戸時代の1792年に通商を求めて根室(北海道)に来航した。なお，札幌農学校では当初，アメリカ人の科学者・教育者クラークらにより，イギリス・アメリカ式の農業が教えられた。

**問７**　【資料Ⅰ】は，「民主党」，「政権交代」などの言葉から，自由民主党以外の政党が与党(政権を担当する政党)となった2009年に行われたと判断できる。【資料Ⅱ】は，「東日本大震災からの復興」などの言葉から，2011年以降に行われたことがわかる。【資料Ⅲ】は，「米国」，「テロ」などの言葉から，アメリカ同時多発テロ事件が起こった2001年に行われたと考えられる。よって，年代の古い順に【資料Ⅲ】→【資料Ⅰ】→【資料Ⅱ】となる。なお，【資料Ⅰ】は鳩山(はとやま)由紀夫，【資料Ⅱ】は安倍晋三(しんぞう)，【資料Ⅲ】は小泉純一郎(じゅんいちろう)の演説の一部。

**3**　**日本国憲法，基本的人権，選挙についての問題**

**問１**　日本国憲法では，天皇が行う儀礼(ぎれい)的・形式的な国事行為(こうい)には内閣の助言と承認を必要とし，内閣がその責任を負うことが定められている。天皇の国事行為として，イ～オのほか，国会を召集(しょうしゅう)すること，外交文書を認証することなどが規定されているが，アは内閣が行うことである。天皇は，内閣によって指名された最高裁判所の長官を任命する。

**問２**　(1)　裁判所は法律などが憲法に違反していないかどうかを，具体的な裁判を通して判断することができる。これを違憲審査権といい，裁判所によって違憲と判断された法律や政令・命令・行政処分などは改正を求められる。違憲審査権はすべての裁判所が持つが，最高裁判所はその最終的な判断を下すことから「憲法の番人」ともよばれている。　(2)　日本の裁判では，審理を慎重に行うため，同一事件について３回まで審判が受けられるようになっている。これを三審制といい，第一審の判決に不服で第二審の裁判所に訴(うった)えることを控訴(こうそ)(…Ｂ)，第二審の判決に不服で第三審の裁判所に訴えることを上告(…Ａ)という。家庭裁判所(…Ｘ)は未成年者の事件や家庭内のもめごとの裁判を，簡易裁判所(…Ｙ)は軽微(けいび)な犯罪の刑事裁判や少額の民事裁判を，これら以外の裁判を地方裁判所が担当する。

**問３**　(1)　国民全体の幸福や利益のことを「公共の福祉(ふくし)」といい，これに反する場合，基本的人権の主張は認められなかったり制限されたりする。　(2)　a　小学校・中学校・高等学校などの教科書は，文部科学省による検定に合格しないと使用することができない。このように，制限を受ける出版物もあるので，誤っている。　b　公共の福祉のための人権の制限の例として正しい。　c　鉄道会社や航空会社をふくめ，民間の会社に勤める人はすべてストライキを行う権利が認められているので，誤っている。　d　企業どうしで相談して価格を決めることをカルテルといい，独占禁止法で禁止されているので，正しい。

**問４**　ア　選挙権に年齢以外の制限を設けない選挙形式を普通選挙という。これに対し，選挙権に納税額などの制限を設ける選挙形式を制限選挙という。日本での選挙はすべて普通選挙なので，誤っている。　イ　衆議院議員選挙では，小選挙区選挙と比例代表選挙を組み合わせた制度である「小選挙区比例代表並立制」が採用されている。小選挙区選挙は１つの選挙区から１人の当選者を出すしくみで，有権者は投票用紙に候補者個人の名前を記入する。一方，比例代表選挙は得票数に応じて各政党に議席を割り当てるしくみで，拘束名簿(こうそくめいぼ)式というしくみが採用されている衆議院議員選挙の場合，有権者は政党名を記入する。よって，正しい。　ウ　期日前投票は参議院議員選挙にも取り入れられているので，誤っている。　エ　参議院議員選挙は，原則として都道府県を単位とする選挙区選挙と，全国を一つの単位とする比例代表選挙の２つの方法で行われる。選挙区選挙では有権者は候補者名を記入して投票し，比例代表選挙では政党名か候補者名のどちらかを記入して投票する(非拘束名簿式)。よって，誤っている。　オ　被選挙権年齢の説明として正しい。

**問５**　一般に円安になると，日本からの輸出品の輸出先での価格が下がることになるので，輸出には有利になる。その一方で，日本が商品を輸入するさいの価格は上がるので，輸入には不利となる。よって，ａとｃがあてはまる。なお，ｂとｄは円高によって起きることである。

**問６**　**Ａ，Ｂ**　国会で憲法改正が発議されると，国民投票が行われる。示されている条文は，国民投票の具体的な手続きについて定めた国民投票法のものである。国民投票には満18歳以上の国民が参加でき，有効投票の過半数の賛成があれば，憲法改正が成立する。

**4　歴史書の修正を命じた背景，環境と経済発展の両立についての問題**

Ⅰ　672年，天智天皇の次の皇位をめぐる争い(壬申の乱)が起こった。天智天皇の弟である大海人皇子は吉野(奈良県)で兵をあげ，天智天皇の子どもで近江(滋賀県)にいる大友皇子をやぶり，飛鳥浄御原宮(奈良県)で即位して天武天皇となった。天武天皇が歴史書の修正を命じたのは，自分が天皇の位についたことの正当性を示すためだったと考えられる。

Ⅱ　グラフからは，日本の二酸化炭素排出量割合の約40％をエネルギー転換部門が占めていることが読み取れる。エネルギー転換部門は，石炭や石油などの一次エネルギーを電力などの二次エネルギーに転換する部門で，火力発電所などがあてはまる。したがって，風力・太陽光・地熱などの，二酸化炭素を排出しない再生可能エネルギーによる発電を増やすことや，この分野を成長産業に育てることが，経済発展と両立させるために必要であると考えられる。

## 理　科　<第１回入試>（30分）<満点：50点>

### 解　答

**1**　**問１**　2.0秒　**問２**　ウ　**問３**　1.3秒　**問４**　(例)　誤差を小さくすることができる。　**問５**　(例)　重心が①のときより高くなったから。　**2**　**問１**　**Ａ**　寒天　**Ｂ**　食塩　**Ｃ**　重曹　**Ｄ**　片栗粉　**Ｅ**　砂糖　**問２**　(例)　酸性の溶液を入れて気体が発生するか確認する。　**問３**　(例)　紫色から緑色に変化する。　**問４**　エ　**3**　**問１**　ア，イ，ウ　**問２**　ア，オ　**問３**　ア，イ，オ　**問４**　エ，カ　**4**　**問１**　**金星**…ウ　**火星**…イ　**問２**　**図２**…ｃ　**図３**…ウ　**問３**　ア　**問４**　Ｃ　**問５**　ウ，エ，オ，カ，キ

### 解　説

**1　振り子についての問題**

**問１**　実験１―２の結果より，振り子の長さを100cm，振幅を10cm，鉄球の重さを50ｇとしたとき，振り子が10往復するのにかかった時間は20.07秒なので，20.07÷10＝2.007(秒)より，この振り子の周期は2.0秒となる。

**問２**　実験１―１の結果より，振り子の周期は振幅に関係しない。また，実験１―２の結果より，振り子の周期は振り子の長さが長くなるほど長くなる。さらに，実験１―３の結果より，振り子の周期は鉄球の重さに関係しない。したがって，ウが選べる。

**問３**　実験１―２の結果で，振り子の長さが，100÷25＝４(倍)になると，20.07÷10.03＝2.0…より，振り子が10往復するのにかかった時間が２倍になる。よって，振り子の長さが(□×□)倍にな

ると，周期が□倍になることがわかる。すると，振り子の長さを160cmから40cmにしたとき，振り子の長さが，$40\div160=\frac{1}{4}$(倍)になるので，$\frac{1}{4}=\frac{1}{2}\times\frac{1}{2}$より，周期は160cmのときの$\frac{1}{2}$倍になる。したがって，$25.37\div10\times\frac{1}{2}=1.2685$(秒)より，振り子の長さが40cmのときの周期は1.3秒と求められる。

**問４**　振り子の周期を調べるときには，ストップウォッチを押すタイミングのずれなど，実験操作における誤差が生じる。そのため，振り子を何回か往復させて合計の時間を測り，周期はそれをもとに平均値を計算して求める。たとえば10往復の時間を測って10で割ると，測定における誤差が$\frac{1}{10}$になるので，より正確な周期を求めることができる。なお，振り子が最も高くなる左右の端では，実際におもりが止まった瞬間がわかりにくい。一方で，振り子が最も低い位置にきたときは確実にわかるため，最も低い位置にきたときに測定する方が，誤差が小さくなるとされている。

**問５**　物体全体の重さが集まっていると考えることのできる点を重心という。ブランコを振り子として考える場合，実験２の①のときより②のときの方が，広尾さんとブランコを合わせた全体の重心の位置が高くなり，振り子の長さが短くなるので，ブランコの周期が短くなる。

**2　物質の特定についての問題**

**問１**　実験１，実験２より，Ａは水にあまり溶けなかったが，水を加熱すると溶けたので寒天，Ｄは水にあまり溶けず，水を加熱しても溶けなかったので片栗粉とわかる。次に，実験３より，フェノールフタレイン溶液は，酸性や中性では無色のままで，アルカリ性では赤色を示すので，Ｃは水溶液がアルカリ性を示す重曹となる。さらに，実験４より，ＢとＥのうち，Ｂは水溶液に電気が流れたので食塩と決まり，残ったＥは砂糖とわかる。

**問２**　Ａ～Ｅの溶液のうち，Ｃの重曹の溶液はアルカリ性，そのほかの溶液は中性なので，赤色リトマス紙につけて青色に変化するかどうか調べたり，緑色のBTB溶液を加えて青色に変化するかどうか調べたりすることによって，特定を進めることができる。また，Ｃの重曹の溶液に酸性の水溶液を加えると，気体(二酸化炭素)が発生するので，特定を進めることができる。

**問３**　紫キャベツの煮汁(紫キャベツ液)は，強い酸性で赤色，弱い酸性で桃色(ピンク色)，中性で紫色，弱いアルカリ性で緑色，強いアルカリ性で黄色を示す。よって，Ｃの重曹の溶液を紫キャベツの煮汁に入れると，紫色から緑色や黄色に変化する。

**問４**　実験３や問３の色の変化は，フェノールフタレイン溶液や紫キャベツの煮汁にふくまれている色素が，酸性やアルカリ性の水溶液によって変化することで起こる。エもこれと同様に，紅茶にふくまれている色素が，酸性のレモン汁によって変化することで起こる。なお，アは，うがい薬にふくまれているヨウ素が，レモン汁にふくまれているビタミンＣによって変化することで起こる。イとウは，炭素をふくむ物質が黒くこげることによる色の変化である。

**3　種子の発芽についての問題**

**問１**　種子が発芽するためには，適度な温度，空気，水の３つの要素が必要である。なお，植物が成長するためには，これらの３つの要素に加え，光と肥料分が必要である。

**問２**　実験２，実験３より，アが正しく，イとウは誤っている。また，実験２，実験４より，オが正しく，エは誤っている。これらの結果をまとめると，この種子は最後に当てた光が赤色光であれば発芽するといえる。

**問３**　暗所で育てた場合にはすべてのもやしが伸び，赤外線で育てた場合と赤色光で育てた場合にはもやしが伸びる個体と伸びない個体に分かれたので，オが正しく，カは誤っている。また，赤外線で育てた場合，因子Ａを失った個体(変異体Ａと二重変異体)はもやしが伸び，因子Ａを持っている個体(通常と変異体Ｂ)はもやしが伸びなかったので，アが正しく，ウは誤っている。さらに，赤色光で育てた場合，因子Ｂを失った個体(変異体Ｂと二重変異体)はもやしが伸び，因子Ｂを持っている個体(通常と変異体Ａ)はもやしが伸びなかったので，イが正しく，エは誤っている。

**問４**　暗所で育てた場合と赤外線で育てた場合にはすべての個体の葉が黄色になり，赤色光で育てた場合にはすべての個体の葉が緑色になったので，植物は赤色光に当たることで緑色になり，因子Ａと因子Ｂは葉の色に関係がないことがわかる。

## 4　火星や金星の見え方についての問題

**問１**　火星や金星は，太陽と同じように東からのぼり，南の空高くを通って西にしずむ。

**問２**　右の図で，ひろしくんの位置から見えるのは，ｃの位置にある金星だけである。このとき，太陽―金星―地球のつくる角はおよそ90度なので，この金星を肉眼で見たとすると，右半分が光って見える。また，普通の天体望遠鏡では，上下左右が逆さまになった像が見える。よって，図３のウが選べる。

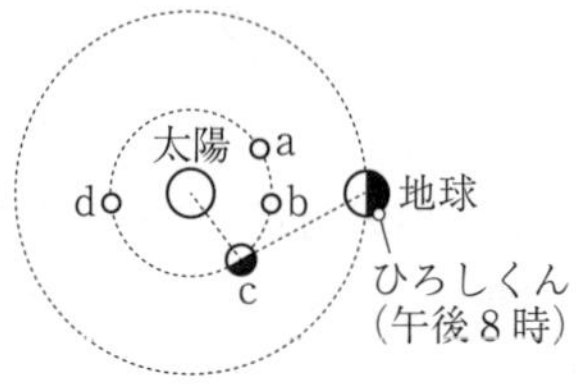


**問３**　金星は地球より太陽に近い軌道を公転しているので，日没後の西の空(宵の明星)か，日の出前の東の空(明けの明星)に見える。図４の×の日の金星の出は４時ごろ，日の出は６時ごろなので，この金星は，日の出前に東の空に見えたことがわかる。

**問４**　太陽系の惑星の公転速度(一定時間に公転する角度)は内側の惑星ほど速いので，金星は地球より公転速度が速い。そのため，太陽の表面を金星が通過するとき，金星は太陽の表面を東から西の向きに動いて見える。つまり，通過の直前に金星は太陽より東側にあり，通過の直後に金星は太陽より西側にある。したがって，金星の出と金星の入りの時刻はどちらも，通過の直前の日には太陽より遅くなり，通過の直後の日には太陽より早くなるので，Ｃがふさわしい。

**問５**　太陽と金星軌道の公転周期が同じなので，地球から見た太陽と金星は常に同じ方向で，太陽と地球の間に金星がある。すると，金星と地球の位置関係は右の図のようになり，これらの金星は地球から見えないか，細く光った形に見える。つまり，金星の半分以上が光った形に見えることはない。

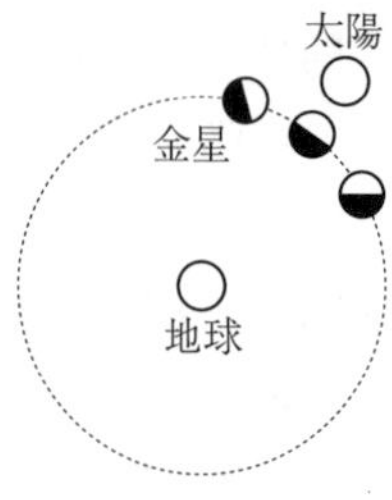


# 国　語　＜第１回入試＞（50分）＜満点：100点＞

## 解　答

一　**問１**　①　ぞうき　②　ごかい　③　ゆだ(ねる)　④　とど(く)　**問２**　下記を参照のこと。　二　**問１**　①　ひっぱる　②　うで　③　おとす　**問２**　①　板　②　得　三　**問１**　エ　**問２**　(例)　二人ともバスケットボールが大好きで，一学期の頃は毎週日曜日になると岡野と二人でグラウンドに入りこんで練習をくり返していたから。　**問３**

**A** ウ　**B** エ　**C** コ　**問4** ウ　**問5** ウ　**問6** イ　**問7** （例） カッコ悪いことがとにかく大嫌いで，カッコ悪いことをやる自分が死ぬほど恥ずかしいから。　**問8** ゆーじょう　**四** **問1** 国家　**問2** エ　**問3** **A** 自国民以外を排除の対象とみなす排外主義にな　**B** 実践の次元で取り組まなければならなくなった　**問4** （例） コンピュータのネットワーク化が進み，ヒト，モノ，カネ，情報などが，国境をこえて世界中を大量かつ高速に移動するという現象のこと。　**問5** イ　**問6** ア　**問7** ウ

**●漢字の書き取り**

**一** **問2** ① 便乗　② 興奮　③ 過程　④ 浴(びる)　⑤ 営(む)　⑥ 障(る)

## 解　説

### 一 漢字の読みと書き取り

**問1** ① 「雑木林」は，いろいろな種類の木がまじって生えている林。　② 思いちがい。　③ 音読みは「イ」で，「委任」などの熟語がある。　④ 訓読みしかない漢字で，「届出」などの熟語がある。

**問2** ① ある機会を，自分に都合のよいように利用すること。　② 感情が高ぶること。　③ ものごとが移り変わっていく道すじ。　④ 音読みは「ヨク」で，「浴室」などの熟語がある。　⑤ 音読みは「エイ」で，「営業」などの熟語がある。　⑥ 音読みは「ショウ」で，「障害」などの熟語がある。「気に障る」は，“感情を害する”という意味。

### 二 慣用句の完成，漢字のパズル

**問1** ① 「足を引っ張る」は，ものごとの進行のじゃまをすること。　② 「腕をみがく」は，熱心にけいこをして力をつけること。　③ 「肩を落とす」は，肩から力がぬけるほどがっかりすること。

**問2** ① 「板」を入れると，上から時計回りに，「甲板」「板書」「板前」「登板」という熟語ができる。「甲板」は，船の上の広くて平らな所。「板書」は，黒板に文字や図表などを書くこと。「板前」は，日本料理の料理人。「登板」は，野球で投手がマウンドに立つこと。　② 「得」を入れると，上から時計回りに，「会得」「得票」「得意」「説得」という熟語ができる。「会得」は，知識や技術などを理解して身につけること。「得票」は，選挙で投票してもらった票の数。「得意」は，上手であること。「説得」は，よく話し聞かせ，相手に納得させること。

**三** **出典は重松清の『エイジ』による。**けがで休部している「ぼく」(エイジ)は，新キャプテンになったもののほかの部員から無視されているという岡野と，練習しながら話をする。

**問1** 前書きにあるとおり，岡野が「最近同級生の『テツ』や他の部員に無視されている」ことを「ぼく」は知っている。そのうえで「来るの？　みんな」と岡野に聞くのは「意地悪」だと「ぼく」自身も感じているのだから，エが合う。

**問2** 直後の一文に「ぼくたちは二人ともバスケットボールが大好き」だとあり，その「二人」のようすは前のほうで「一学期の頃は毎週日曜日になると，練習前に岡野と二人で，こんなふうにグラウンドに入りこんでいた。先輩の顔色をうかがうことなく二人で思いきり練習を繰り返し」と描かれている。このような「二人」の関係があるため，「ぼく」にとって岡野は「特別」だったのだ

と考えられる。

**問３**　A　前後に「ごめん」,「謝り」とあるので,「沈んだ声で」とするのがふさわしい。　B　岡野は「むかつく」と不愉快そうなようすでいるので，きげんを損ねたようすを表す「ムッとした」が選べる。　C　「ほんとうは優しくて気の弱い」岡野は，部員たちに無視されてつらい気持ちでいるが,「助けてくれよ——なんて，言わない」と心に決めている。そのような状況で「ぼく」のからかいに返す場面なので,「泣きそうな顔で笑った」とするのが合う。

**問４**　「スジガネ(筋金)入り」は，“体や考えがきたえぬかれてしっかりしている”という意味なので，ウがふさわしい。

**問５**　部員たちから無視されるつらい現状にあってもバスケが好きだと言う岡野に比べると，何も背負わずに「オレだって好きだよ」と返すのは言葉が軽いと感じて「ぼく」は言うのを「やめた」のだから，ウがよい。

**問６**　直後の一文の「あいつだってバスケ部員なんだから，試合はマジにやるよ」には，自分を無視しているテツに対する，信じきれないがそれでも信じるしかないという，岡野の気持ちがこめられている。よって,「自分に言い聞かせて」とあるイが選べる。

**問７**　二つ後の段落の「だからぼくたちは……」の後には，ぼう線⑤や「助けてくれよ——なんて，言わない」が続くと考えられる。「ぼく」も岡野も,「カッコ悪いことがとにかく大嫌いで，カッコ悪いことをやってしまう自分が死ぬほど恥ずかし」いから，相手をはげましたり助けを求めたりする言葉は言わないと決めているのである。

**問８**　「ぼく」や岡野にとって「カッコ悪い言葉」が入る。この後，岡野と「ぼく」は,「岡野くんがみんなにシカトされてて，かわいそう」という相沢志穂の言葉に戻り,「オンナにはわかんねえんだよ」,「オンナってバカだもん」と言い合っている。よって,「ぼく」が相沢志穂の言葉をさげすんで評した「ゆーじょう」がぬき出せる。

四　**出典は小田中直樹の『歴史学のトリセツ—歴史の見方が変わるとき』による**。ナショナル・ヒストリーの問題点を述べ，グローバル化以降はグローバル・ヒストリーへの人々の関心が高まったとしてその例をあげている。

**問１**　少し後の内容から,「ナショナル・ヒストリー」は「国家を分析単位かつ主要アクターとして歴史を描くこと」とわかるので,「国家」がぬき出せる。

**問２**　「ナショナリズム」とは,「ぼくらは国家の一員であり，そうであるからには，国家の役に立たなければならない」という意識だと説明されている。よって,「ひとびとは国家という実在に頼るようになる」とあるエがふさわしい。

**問３**　「功罪」は，ものごとのよい面と悪い面。　A　二つ後の段落で,「ナショナリズムの否定的な側面」(＝「罪」)として,「自国民以外を排除の対象とみなす排外主義にな」ることがあげられている。　B　五つ後の段落に,「歴史学者は，みずからの研究がナショナリズムさらには排外主義の強化につながりかねないからには，なにをなすべきか，どうすればよいか，という問題に，まさに実践の次元で取り組まなければならなくなった」とある。「ナショナリズム」は,「排外主義」につながることは「罪」だが,「罪」に対して「実践の次元で取り組まなければならなくなった」という状況を歴史学者に直視させたという点では,「功」ともいえる。

**問４**　続く部分で,「グローバル化」とは,「インターネット」(コンピュータのネットワーク化)によって「ヒト，モノ，カネ，情報などが，国境をこえて世界中を大量かつ高速に移動するという現象」であると説明されている。

**問５**　ぼう線④の直前に，「この関心に対応すべく」とある。そして，「この関心」が生じたのは，「グローバル化」によって「『ものごとをグローバルに捉える』傾向が強まり」，「ナショナル・ヒストリー」が「ひとびとの意識にとってピンとこなくなってきた」ためだと説明されているので，イがよい。

**問６**　二つ後の段落に，「生活水準，科学技術，文化など，なにをみても，ヨーロッパ諸国よりもアジアとりわけ中国のほうが高い水準にあった」とあるので，「生活水準にかぎってはアジアの方が水準が高かった」とあるアがふさわしくない。

**問７**　ア　後半で，「もちろん生活がグローバル化したからといって～ナショナル・ヒストリーの意義がなくなるわけでもありません」と述べられているので，「ナショナル・ヒストリーを研究することに意味がなくなる」は合わない。　イ　最後の五つの段落で，歴史を世界規模で捉えた「グローバル・ヒストリー」の例が実際にあげられているので，誤っている。　ウ　「一九七八年，中国は資本主義を導入することを決定します」で始まる段落の内容と合う。　エ　本文の最初の部分で，「初対面の歴史学者同士が交わす最初の会話」では「国」の名前をあげることが「ほとんどです」と述べられているが，「どうしても国名を言わなければならない」とは述べられていないので，あてはまらない。

# 2023年度 広尾学園小石川中学校

【算　数】〈第２回入試〉（50分）〈満点：100点〉

《注意事項》円周率は3.14として計算してください。

**1** 次の□に当てはまる数を答えなさい。

(1) $\left(4\frac{3}{5} \div 4.83 + 1\frac{7}{9} - \frac{4}{15} \div 0.6\right) = \square \times 3\frac{1}{21}$

(2) $999 \times 1000 \times 1001 + 999 \times 1000 - 998 \times 999 \times 1000 = \square$

(3) 下の図のような図形を,直線ＡＢを軸として１回転させてできる立体の体積は□$cm^3$です。

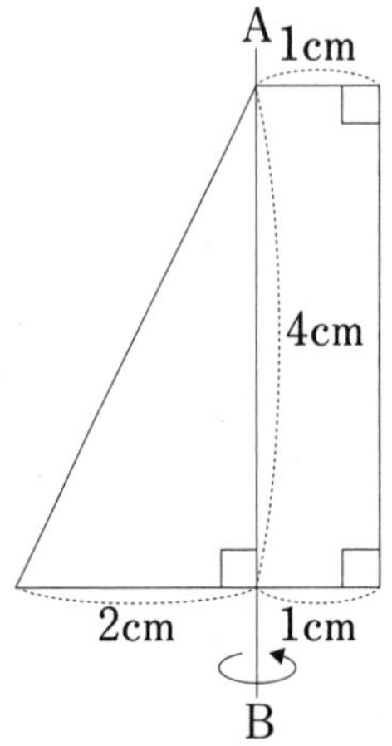


(4) $\left(\square - 2.75\right) : \left(\frac{1}{20} + \frac{1}{30} + \frac{1}{42} - \frac{3}{70}\right) = \left(2 + 3.75 - \frac{1}{5}\right) : \left(\frac{1}{2} + \frac{1}{4} + \frac{1}{5} + \frac{9}{10}\right)$

(5) あるクラスでテストをしたところ，クラス全体の平均点は59点で，最高点と最低点の差は72点でした。さらに，最高点をとった１人を除いて平均点を計算すると57.1点，最低点をとった１人を除いて平均点を計算すると60.7点でした。このとき，クラス最高点は□点です。

**2** 次の問いに答えなさい。

(1)　Ａ，Ｂ，Ｃの３人ですると，ちょうど12日で終わる仕事があります。その仕事をＡ，Ｂの２人ですると，ちょうど18日で終わります。その仕事を３人で４日した後，残りをＢ，Ｃの２人で16日すると，ちょうど終わります。次の問いに答えなさい。

①　この仕事をＣだけですると，何日で終わるか求めなさい。

②　この仕事をＡだけで４日した後，Ｂ，Ｃの２人ですると，Ｂ，Ｃの２人が仕事を始めてから何日で終わるか求めなさい。

(2)　ＡＢ＝ＡＣである二等辺三角形ＡＢＣの辺ＡＣ上に点Ｄがあり，ＡＤ＝ＢＤ＝ＢＣであるとき，$x$の値を求めなさい。

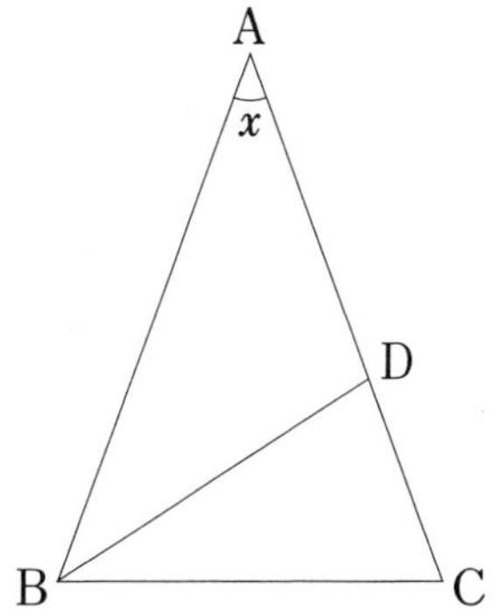


(3)　100円玉を３枚，50円玉を４枚，10円玉を10枚，５円玉を10枚，１円玉を10枚の合計５種類の硬貨があります。365円の品物を買うのに，おつりが出ないように支払います。
このとき，支払い方は何通りあるか求めなさい。
ただし，使わない種類の硬貨があっても構いません。

**3** 仕入れ値が１個 800 円の商品を 75 個仕入れ，仕入れ値の７割の利益を見込んで定価をつけて販売しました。次の問いに答えなさい。ただし，消費税はかからないものとします。

(1) 定価はいくらになるか求めなさい。

(2) 利益が出るのは何個以上売ったときか求めなさい。

(3) 定価で何個か売ったあと，途(と)中から定価の２割引きで販売したところ，75個すべてが売れて 31664円の利益を得ることができました。割引をして売った商品は何個か求めなさい。

**4** 図１のような３cm，４cm，５cmの直角三角形が底面，高さが８cmの三角柱ＡＢＣ-ＤＥＦの水そうがあります。水そういっぱいに水を入れたとき，次の問いに答えなさい。

(1) 辺ＤＥを床につけたまま45°傾けたところ水がこぼれました。水そうに残った水の体積は何$cm^3$か求めなさい。

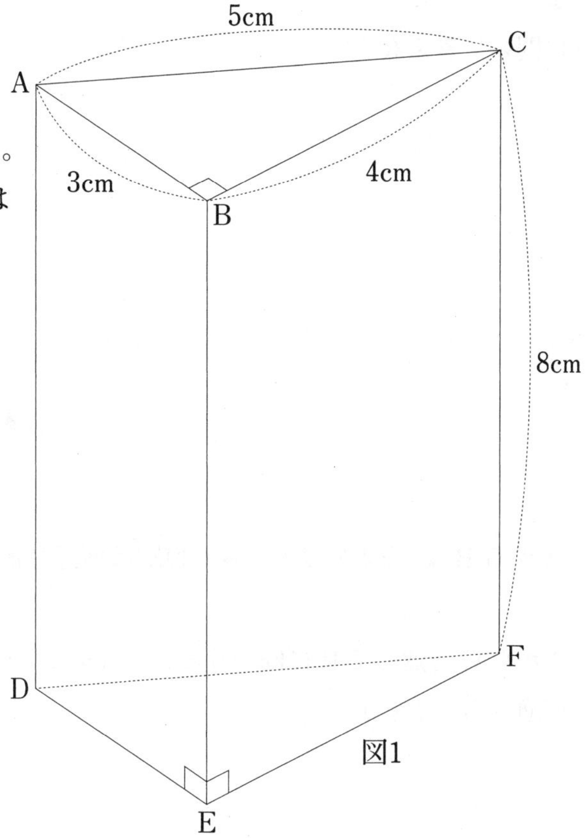

図1

(2) 図２のような直角二等辺三角形が底面の三角柱ＧＨＩ-ＪＫＬのおもりがあります。(1)で傾けた水そうに，水そうの各辺ＤＥ，ＥＦ，ＢＥと図２のおもりの各辺ＪＫ，ＫＬ，ＨＫが重なるように入れると12$cm^3$の水がこぼれました。その後，おもりを入れた状態で傾けた水そうをもとに戻すと水そうの中の水の高さは何cmになるか求めなさい。ただし，おもりの底面ＪＫＬは三角柱の底面ＤＥＦについた状態です。

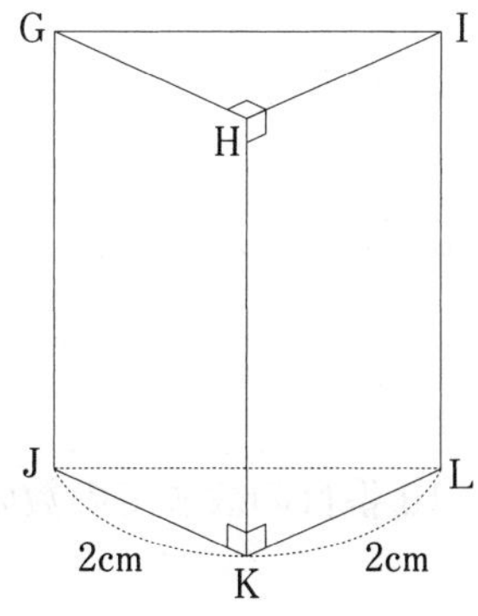

図2

**5** 図のような正方形の区画で出来た道があります。
最小の正方形の１辺を通過するのは５分かかり，左右に曲がるときに，２分かかります。
次の問いに答えなさい。

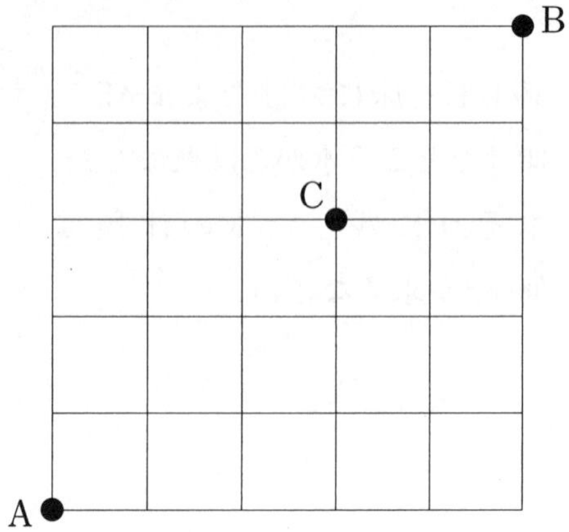


(1) ＡからＢまで54分以内に着く道順は何通りありますか。

(2) ＡからＣを通ってＢに向かうとき，Ｂまで60分ちょうどで着く道順は何通りありますか。

**6** 次の問いに答えなさい。

(1) 次の数の列の和を求めなさい。

2，4，6，8，10，12，14，16，18，20

次のように，ある規則に従って数が並んでいます。

1，3，7，13，21，31，43，57，……

(2) 10番目の数までの数の和を求めなさい。

(3) 1000番目の数を考え方も含（ふく）めて答えなさい。

問六　X・Yには対照的な意味を表す語句が入ります。X・Yに入る語句の組み合わせとして最もふさわしいものを次から一つ選び、記号で答えなさい。

ア　X　暗い　　Y　明るい　　イ　X　閉ざされた　Y　開かれた
ウ　X　貧しい　Y　豊かな　　エ　X　厳しい　　Y　穏やかな

問七　――線⑤「自分の仕事は世の中に意義のある貢献をしていない」とありますが、そのように感じる理由を説明した次の文の□に当てはまる表現を、本文中から十五字以内でぬき出しなさい。

**【文】自分の仕事が□だと思えるから。**

問八　Zに当てはまる言葉として最もふさわしいものを次から一つ選び、記号で答えなさい。

ア　習慣　　イ　同盟　　ウ　分断　　エ　疑問

問九　それぞれの章段の説明として、ふさわしいものには○、ふさわしくないものには×をつけなさい。

ア　【1】は、息子の体験談をすることにより、コロナの問題がわたしたち自身の問題だと読者に感じさせている。
イ　【2】は、知らないことに直面した人々の思考や行動のパターンを述べ、そうなってはならないと警告している。
ウ　【3】は、D・グレーバーの論を引用し、どうでもいい仕事が中心となっている現代の経済のあり方を批判している。
エ　【4】は、人々は健忘症のようにあらゆることを忘れていくのだから、ケア階級への拍手は無意味だったとしている。

四 次の文章を読み、後の問に答えなさい。

〔編集部注…課題文は著作権上の問題により掲載しておりません。作品の該当箇所につきましては次の書籍を参考にしてください〕
・朝日新聞社 編『コロナ後の世界を語る 現代の知性たちの視線』所収のブレイディみかこ 著「真の危機はウイルスではなく『無知』と『恐れ』」
（朝日新聞出版 二〇二〇年八月発行）
一二七ページ冒頭～一三一ページ最終行
（中略）
一三三ページ六行目～一三六ページ最終行

問一 ――線①「絶句して」の本文中での意味として最もふさわしいものを次から一つ選び、記号で答えなさい。
ア 意表をつかれて　イ 絶望して　ウ いかりにふるえて　エ 言葉につまって

問二 A～D に入る言葉の組み合わせとして最もふさわしいものを次から一つ選び、記号で答えなさい。
ア A だから　B しかし　C そのため　D とは言え
イ A とは言え　B そのため　C しかし　D だから
ウ A しかし　B とは言え　C だから　D そのため
エ A そのため　B だから　C とは言え　D しかし

問三 ――線②「こうしたムード」の「こうした」が指す内容を、解答らんの「ムード」に続くように三十字以内で答えなさい。

問四 ――線③「まったく同じもの」とは何ですか、【2】以外の章段から探し、五字以内でぬき出しなさい。

問五 ――線④「こういう日常の光景」とはどのようなことですか、六十字以上七十字以内で答えなさい。

問二　――線②「それは自分が無視されているからではなく、授業中は誰も他人のことは関係ないのだと夏実にはわかっている。答えられないのは、頭が悪いか、勉強しなかった本人の責任なのだから」とありますが、この部分から読み取れる「夏実」の心理として最もふさわしいものを次から一つ選び、記号で答えなさい。

ア　怒り　　イ　あきらめ　　ウ　強がり　　エ　後悔

問三　［Ａ］～［Ｄ］に入る語句としてふさわしいものを次からそれぞれ一つずつ選び、記号で答えなさい。

ア　ぱらぱらと　　イ　ぼそぼそと　　ウ　がさがさ
エ　ゆったりと　　オ　せかせか　　カ　のびのび

問四　［　　］に入るカタカナ四字の言葉を答えなさい。

問五　――線④「でも金村先生は今までは、私にあんなこと言わなかったのに……」とありますが、具体的にはどのような言葉を指していますか。本文中から十字以内でぬき出して答えなさい。

問六　――線⑤「夏実は少し困った。今はなるべく特別な目立つ立場になりたくない」とありますが、夏実はなぜ目立ちたくないのですか。最もふさわしいものを次から一つ選び、記号で答えなさい。

ア　一心に彫刻していると嫌なことをすべて忘れられるため、彫刻に集中させてほしいと思っていたから。
イ　内申点をあげるために頑張って絵を描いていたが、そのことが明らかになるといじめがエスカレートすると考えたから。
ウ　あまり得意でない自分の彫刻を、みんなが注目するのがとても恥ずかしいことだと思っていたから。
エ　自分が今微妙な立場に立っているため、美術で注目されるとさらに立場がなくなる可能性があると考えたから。

問七　――線⑥「異常だ、と夏実は思った。みんな狂ってる。いや、狂ってるのは自分なのかもしれない」とありますが、「夏実」はなぜこのように考えたのですか。本文中の表現を用いて八十字以上百字以内で説明しなさい。

いる。何だろう、と舌の上でころがしながら考えてみたがわからない。指先で取り出してみた。それは彫刻の削り屑だった。夏実はうつむいたままシチューを見つめた。それからもう一度一匙すくってみた。そこにも削り屑が入っていた。今日のシチューはとろりとした茶色だが、表面に［D］木屑が散っていたのなら気がついたと思う。誰かが混ぜたとしか思えない。もしそうだったら、席の周りの誰一人として知らない、ということはあり得ない。

眼を上げて周囲を見た。みんな何事もなかったように給食を食べている。⑥異常だ、と夏実は思った。みんな狂ってる。いや、狂ってるのは自分なのかもしれない。だって、みんなこんなに平静なのだから。

夏実は机の右側に付いている鉤に掛けてあった通学鞄を取ると、机の中のペンシルケースやノートをカバンの中にしまった。口金をパチンと留めた時、右の席の男子がチラとこちらを見たのを眼の端に感じた。夏実は黙って席を立ち、うしろの扉を開けて廊下へ出た。

校門を出るまで、誰にも出会わなかった。

［干刈あがた『黄色い髪』（朝日文庫）による］

注　換算内申　…　中学校における成績の付け方の一つ。

問一　――線①「見当をつけて」、③「個性的な」の本文中での意味として最もふさわしいものを次からそれぞれ一つずつ選び、記号で答えなさい。

①「見当をつけて」
ア　発見して
イ　予想して
ウ　見通して
エ　認識して

③「個性的な」
ア　風変わりな
イ　クセのある
ウ　目立った
エ　意見が強い

なにも生き生きと描けるのかもしれないね」

⑤夏実は少し困った。今はなるべく特別な目立つ立場になりたくない。

「ちょっと話が脱線するが、この前、私と同じ年ごろの、ずっと作文教育をやっている先生と話しました」

東先生は［C］話した。顔を上げないで手を動かしている生徒もいる。

「その先生が言うには、近ごろは海に行った時の作文を書かせても、〈海へ行きました。泳ぎました。楽しかったです。〉というようなものが多いそうです。五感をつかっていない。海はどんな色をしていたか、どんなふうにうねっていたか、風をどう感じたか、浜はどんな匂いがしたか。視覚・聴覚・嗅覚・触覚、そういうもので感じていない。というんですね」

「四感しかない」と誰かが言った。

東先生は「あー、もう一つは何かな？　今は思い出せない」と淡々と続けた。「みんなの図柄を見ると、アニメのキャラクターや、どこかで見た絵ハガキの絵のようなものが多いが、柏木さんは五感をつかって鳥を見ていたから、こんなにも生き生きと描けるんでしょう」

まだ言葉が続くのかと思っていたら、先生は溜息をついて夏実に下絵を返し、それっきりだったので、水野徹が言った。

「ガクッ」

図工の時間が終わって教室へ帰る途中で、徹がまた調子に乗って言った。

「柏木は点を稼ぎました。換算内申一・三倍」

高校受験には、家庭科や美術の試験はないが、内申書の点数になるのだ。笑い声を聞きながら夏実は、水野君はみんなを笑わせることで、良い子ぶってると言われないようにしてるんだと思った。

美術室から教室に戻ると、今週は給食当番である夏実は、三角布とエプロンを着けて手を洗った。ほかのもう一人の当番の女子、男子の当番二人、四人で廊下から給食を運び入れ、黒板の前に立った。生徒たちは並んで盆に食器をのせ、パンと牛乳を取る。夏実は女子の一人一人が差し出す盆の皿に鱈のムニエルをのせ、もう一人がボウルにシチューをついだ。最後に夏実は自分の分を盆にのせ、机の上に置いてから、廊下へ出てもう一度手を洗った。

席に着き、スプーンでシチューをすくって口に入れた時、舌にひっかかるものを感じた。今日のシチューには妙なものが入って

［B］している。実技が多いせいもあるが、東先生は少々おじいさんで迫力に欠けるので、みんなはそんな先生をばかにしているところがあるし、絵の好きな人には物足りないらしいけど、私は東先生が好きだ。安心していられる。それに東先生は、生徒のことを「水野君」「早川さん」と呼んでくれる。生徒を呼び捨てにする先生が多いし、名前も呼ばずに「お前」という先生もいる。小学校では呼び捨てにされたり「お前」なんて言われたりしなかったのに、中学校で「お前ら」と言われた時は、とてもやな感じがした。

でも、いつのまにか慣れてしまったらしい。授業参観の時は、いつもは「柏木」と呼ぶ国語の金村先生が「柏木さん」と言ったので変な感じがした。

夏実は考えごとをしながら、黙って彫り続けた。

金村先生は機嫌の良い時と悪い時とで、とても教室の雰囲気が違う。それがコワイ。悪い時には〈愛のムチ〉が活躍する。〈愛のムチ〉とサインペンで書いてあるから〈愛のムチ〉になるのだ。学校は名札が好きらしい。海水着の胸の名札は、油揚げの大きさ。体育着のは食パン二枚分。金村先生は相手によって言葉の調子をつかい分ける。成績の良い子や国語の好きな子には、あまり荒々しい態度はしない。できない子、と決めているらしい子には、そういう態度がわかる。うちのお母さんもそうだ。直美ちゃんに物を言う時は、どこかばかにしたような感じがある。そういうのって、とてもいや。④でも金村先生は今までは、私にあんなこと言わなかったのに……。

夏実が一心に彫っていると、「ほう」という声がした。東先生が斜めうしろから、手元をのぞき込んでいた。

夏実の彫刻の図柄は鳥だった。いつだったか裏庭にスズメぐらいの大きさの鳥がいた。羽根は青灰色で、尾はスズメより長かった。物干し棹に止まって鳴いている鳥をしばらく見ていたら、急に地面に飛びおりてきて、すぐ舞い上がった。クチバシには小さな青虫をくわえていた。それを描いたものだった。

「こういう鳥を見たことがあるのかな？」

と東先生が聞いたので、その時の様子を夏実は話した。すると先生は、その下絵を手に取った。

「あー、みんな、ちょっとこれに注目」

先生はそれを持ってテーブルのあいだを回り、みんなに見せながら、夏実が話したことをみんなに話した。

「このクチバシにくわえているのが花だったら、花喰鳥といって、古くからある図柄です。柏木さんは、よく見ていたから、こん

「わたしは負傷者たちの一人一人の処置をして回った。自分で動ける負傷者など一人もいなかった……」

夏実は立ったまま教科書を持ち、朗読の声を聞きながら文章の行を眼で追った。体が熱くなり、ボーっとして、一行一行の意味などわからない。傷を負った兵隊を助けている人の幻が、うつむいている教室のみんなの上に浮かんでいる。眼に涙がふくらんできたが、じっとこらえた。みじめさ、やりきれなさ、寂しさ。勇気をもってこらえるって、どういうことかわからない。もし勇気があったら、こう言いたかった。先生、私は考えていたんです。

その文章は十八ページも続いていたので、夏実はだんだん落ち着いてきた。実感としてわからない言葉がたくさん出てくる。壕。艦船。分隊長。少尉。朗読が終わると先生が言った。

「新出漢字十回。宿題。この章は期末テストには入らないからね。この前渡したプリントを、よく復習しておくように」

そこでベルが鳴り、長い長い国語の時間が終わって、夏実はやっと坐った。

つぎは美術なので、みんなは彫刻刀や図面をサブバッグから出し、それを持って教室を出ていく。手鏡の制作で、先週は糸ノコで板木の型抜きをし、裏面に彫る図柄を描いたのだった。夏実も美術室へとむかった。級友たちは図柄を見せ合ったりしているが、夏実に話しかける者はいない。廊下の前の方を、藤山里子と早川麗子が並んで歩いていく。このごろは里子は、同じ班の麗子を頼りにしているようだ。

美術室には大きなテーブルが四つあり、男子と女子が二つずつを占めている。奥のテーブルには吉田典子や坂口光子が坐っていたので、夏実は藤山里子や早川麗子が坐っている方のテーブルの端についた。

私の班にはこれといった③個性的な子がいないので、今では大きく典子と光子の班と、里子と麗子の班とに分かれている。そして典子の班は、彼女が表向きはリーダーのようだが、成績の良い光子が組むことでもっと力を増したというか、光子が典子を操っているというか、そんな感じだ。そして麗子は里子を庇うために、光子たちの班と同じように私を無視して［　　］を取っている。だから最近は、里子はあまりいじめられなくなった。そんなこと気にしてないけど、誰とも話さないでいると息がつまる。これは無視じゃない。みんなそれとなく私を見てるんだもの、と思いながら夏実は下絵を描いた紙を広げた。

「あー、それでは、今日は下絵にそって彫刻しましょう」

と美術の東先生は眼をしょぼしょぼさせながら言った。生徒たちはざわめきながら彫刻にとりかかった。美術の時間はみんな

三　次の文章を読んで、後の問に答えなさい。

神田隆はすらすらと読んでいく。夏実は前のページに書いてあったことがどうしても気になるので、そっとページを戻してもう一度黙読してみた。《もしも美しいまつ毛の下に、涙がふくらみたまるならば、それがあふれ出ないように、強い勇気をもってこらえよ》。胸がじんとするような言葉だけれど、どうも意味がよくわからない。涙がふくらみたまるような時って、たしかにある。夏休みにバドミントン部の人たちと喫茶店に入った時。かわいそうな人を見た時。大切にしていた物が壊れた時。何かに感動した時も、涙がふくらんでくる。

でも、強い勇気をもってこらえよって、どういうことだろう。《真実に生きることは、楽しいものとはかぎらない。それはしばしば人に、あふれ出る涙をこらえる勇気を要求する》。どういうことだろう、えーと、我慢しろということじゃないみたいだけど……。その時、夏実の耳の横の空気がヒュッと鳴った。「あッ」と思った瞬間、机がバシッと叩かれた。机の列のあいだをうしろから歩いてきた金村先生が、〈愛のムチ〉で机を叩いたのだった。夏実はあわてて教科書を一ページめくった。

「よし」と先生は神田隆に言ってから、座席順に朗読させていたのを急に変更した。

「柏木、つぎを読む」

夏実はどこから読んだらよいのかわからなかった。①見当をつけて、段落のつぎから読み始めた。

「ふと目覚めると、目の前に包帯を探しに来た娘がいた……」

「そこか？」

先生が教室のみんなに聞いた。誰も返事をしない。笑う者もいないが、教えてくれる者もいない。②それは自分が無視されているからではなく、授業中は誰も他人のことは関係ないのだと夏実にはわかっている。答えられないのは、頭が悪いか、勉強しなかった本人の責任なのだから。

「つぎ、木下。柏木は立っている」

と先生は朗読の順番を戻し、臙脂色のスカートを［A］揺らしながら前の方へ歩いて行った。

**二** 次の各問に答えなさい。

問一　次の①～③の空らんに、例にならって言葉を補い、下にある（　　）の中の言葉と同じ意味になる慣用句を作りなさい。
ただし、□にはひらがな一字を入れること。

《例》　お茶を [に][ご][す]。（いいかげんにしてその場をごまかす）

①足が□□□□□（長く歩いたり、立っていたりしたため疲れはてて足がこわばる）

②顔から□□□□（はずかしくて顔が真っ赤になる）

③□□□をぬぐ（降参すること）

問二　次の□の中に漢字を一字入れると四つの二字の熟語ができます。□に当てはまる漢字を答えなさい。

《例》
　楽
旅□事
　実
答え　行（旅行・行事・実行・行楽）

①
　生
魚□衆
　大

②
　場
大□面
　細

**2023年度**

# 広尾学園小石川中学校

**【国　語】**〈**第二回入試**〉（五〇分）〈満点：一〇〇点〉

《注意事項》問題で文字数が指定されている場合はカッコや句読点を文字数に含みます。

**一**　次の各問に答えなさい。

問一　――線の漢字の読みをひらがなで答えなさい。

①　純真な心の持ち主。
②　未熟なうで前。
③　仕事に就く。
④　注文を承ります。

問二　――線のカタカナを漢字に改めなさい。

①　場所をテイキョウする。
②　コウカ的に練習する。
③　人工エイセイを打ち上げる。
④　店のキボを大きくする。
⑤　深く息をスう。
⑥　命をアズける。

2023年度

# 広尾学園小石川中学校　▶解説と解答

## 算　数　＜第２回入試＞（50分）＜満点：100点＞

### 解　答

1 (1) $\frac{3}{4}$　(2) 3996000　(3) $20\frac{14}{15}$　(4) $2\frac{33}{35}$　(5) 97　2 (1) ① 36日　② 20日　(2) 36度　(3) 86通り　3 (1) 1360円　(2) 45個　(3) 38個　4 (1) $40cm^3$　(2) $6\frac{2}{3}$cm　5 (1) 10通り　(2) 30通り　6 (1) 110　(2) 340　(3) 999001

### 解　説

**1 逆算，計算のくふう，体積，比，平均**

(1) $4\frac{3}{5}\div4.83+1\frac{7}{9}-\frac{4}{15}\div0.6=\frac{23}{5}\div\frac{483}{100}+\frac{16}{9}-\frac{4}{15}\div\frac{3}{5}=\frac{23}{5}\times\frac{100}{483}+\frac{16}{9}-\frac{4}{15}\times\frac{5}{3}=\frac{20}{21}+\frac{16}{9}-\frac{4}{9}=\frac{20}{21}+\frac{12}{9}=\frac{20}{21}+\frac{4}{3}=\frac{20}{21}+\frac{28}{21}=\frac{48}{21}=\frac{16}{7}$より，$\frac{16}{7}=\square\times3\frac{1}{21}$　よって，$\square=\frac{16}{7}\div3\frac{1}{21}=\frac{16}{7}\div\frac{64}{21}=\frac{16}{7}\times\frac{21}{64}=\frac{3}{4}$

(2) $999\times1000\times1001+999\times1000-998\times999\times1000=999\times1000\times1001+999\times1000\times1-999\times1000\times998=999\times1000\times(1001+1-998)=999\times1000\times4=999000\times4=3996000$

(3) 右の図１のように，長方形PRSTと合同な長方形PRUVを直線ABの左側につくると，台形PQSTを１回転させてできる立体は，太線で囲んだ図形を１回転させてできる立体と同じになる。さらに，太線で囲んだ図形を長方形VWXPと台形WQRXに分けると，できる立体は，長方形VWXPを１回転させてできる円柱㋐と，台形WQRXを１回転させてできる立体㋑を合わせたものになる。ここで，VP＝１cm，QU＝２－１＝１(cm)より，VP＝QUだから，三角形WVPと三角形WUQは合同になり，VW＝UW＝４÷２＝２(cm)とわかる。すると，円柱㋐は，底面の半径が１cmで，高さが２cmだから，その体積は，$1\times1\times3.14\times2=2\times3.14(cm^3)$である。また，立体㋑は，底面の半径が２cm，高さが４cmの円すいから，底面の半径が１cm，高さが２cmの円すいをのぞいた立体となるので，その体積は，$2\times2\times3.14\times4\div3-1\times1\times3.14\times2\div3=\frac{16}{3}\times3.14-\frac{2}{3}\times3.14=\frac{14}{3}\times3.14(cm^3)$である。よって，求める立体の体積は，$2\times3.14+\frac{14}{3}\times3.14=\left(2+\frac{14}{3}\right)\times3.14=\frac{20}{3}\times\frac{314}{100}=20\frac{14}{15}(cm^3)$とわかる。

図１

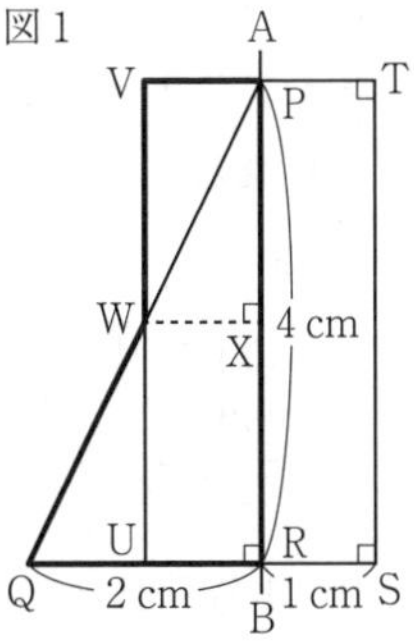


(4) $\frac{1}{20}+\frac{1}{30}+\frac{1}{42}-\frac{3}{70}=\frac{21}{420}+\frac{14}{420}+\frac{10}{420}-\frac{18}{420}=\frac{27}{420}=\frac{9}{140}$となる。また，$2+3.75-\frac{1}{5}=2+3.75-0.2=5.55$，$\frac{1}{2}+\frac{1}{4}+\frac{1}{5}+\frac{9}{10}=0.5+0.25+0.2+0.9=1.85$より，等号の右側は，$5.55:1.85=3:1$となる。よって，$(\square-2.75):\frac{9}{140}=3:1$より，$\square-2.75=\frac{9}{140}\times\frac{3}{1}=\frac{27}{140}$，$\square=\frac{27}{140}+2.75=\frac{27}{140}+2\frac{3}{4}=\frac{27}{140}+2\frac{105}{140}=2\frac{132}{140}=2\frac{33}{35}$

(5) クラス全体の人数より１人少ない人数を○人とすると，下の図２のように表すことができる。

図２より，60.7×○－57.1×○＝72，(60.7－57.1)×○＝72，3.6×○＝72，○＝72÷3.6＝20(人)と求められるので，最高点は，59×(20＋１)－57.1×20＝97(点)とわかる。

図２

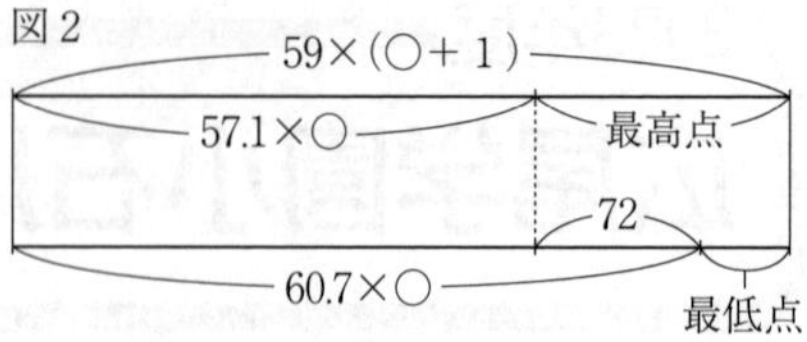


## 2 仕事算，角度，場合の数

(1) ① 仕事全体の量を12と18の最小公倍数の36とすると，３人で１日にする仕事の量は，36÷12＝３，A，Bの２人で１日にする仕事の量は，36÷18＝２となる。よって，C１人で１日にする仕事の量は，３－２＝１だから，Cだけですると，36÷１＝36(日)で終わる。 ② ３人で４日すると，残りは，36－３×４＝24となり，これをB，Cの２人で16日すると終わるので，B，Cの２人で１日にする仕事の量は，24÷16＝1.5である。よって，Bが１日にする仕事の量は，1.5－１＝0.5だから，Aが１日にする仕事の量は，２－0.5＝1.5とわかる。したがって，Aだけで４日すると，残りは，36－1.5×４＝30となるので，その後，B，Cの２人ですると，始めてから，30÷1.5＝20(日)で終わる。

(2) 右の図１で，三角形ABDは，AD＝BDの二等辺三角形だから，角ABD＝角DAB＝$x$(度)となる。すると，三角形の外角はそれととなり合わない２つの内角の和に等しいので，角BDC＝$x$＋$x$＝$x$×２(度)となる。また，三角形BCDは，BD＝BCの二等辺三角形だから，角BCD＝角BDC＝$x$×２(度)となる。さらに，三角形ABCは，AB＝ACの二等辺三角形なので，角ABC＝角BCD＝$x$×２(度)とわかる。よって，三角形ABCの内角の和を考えると，$x$＋$x$×２＋$x$×２＝$x$×５(度)が180度になるから，$x$＝180÷５＝36(度)と求められる。

図１

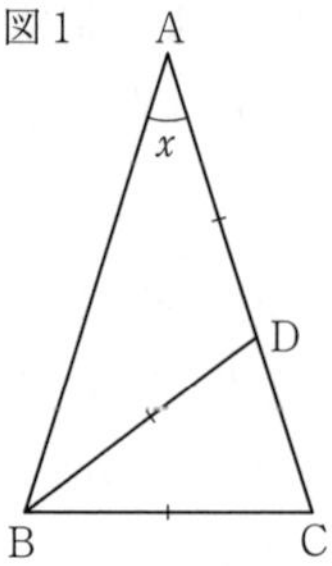


図２

| １円(枚) | 0 | | 5 | | 10 |
|---|---|---|---|---|---|
| 10円(枚) | 1 | 0 | 1 | 0 | 0 |
| ５円(枚) | 1 | 3 | 0 | 2 | 1 |

図３

| １円(枚) | 0 | | | | | 5 | | | | | | 10 | | | | |
|---|---|---|---|---|---|---|---|---|---|---|---|---|---|---|---|---|
| 10円(枚) | 6 | 5 | 4 | 3 | 2 | 6 | 5 | 4 | 3 | 2 | 1 | 5 | 4 | 3 | 2 | 1 |
| ５円(枚) | 1 | 3 | 5 | 7 | 9 | 0 | 2 | 4 | 6 | 8 | 10 | 1 | 3 | 5 | 7 | 9 |

(3) 100円玉と50円玉だけでは50円単位の金額しか支払(しはら)えず，10円玉，５円玉，１円玉だけでは，10×10＋５×10＋１×10＝160(円)までしか支払えないので，365円をおつりが出ないように支払うとき，㋐「100円玉，50円玉の合計が350円で，10円玉，５円玉，１円玉の合計が15円」，㋑「100円玉，50円玉の合計が300円で，10円玉，５円玉，１円玉の合計が65円」，㋒「100円玉，50円玉の合計が250円で，10円玉，５円玉，１円玉の合計が115円」のいずれかとなる。㋐のとき，100円玉，50円玉の枚数の組み合わせは(３枚，１枚)，(２枚，３枚)の２通りある。また，１円玉の枚数は０枚，５枚，10枚のいずれかになるから，10円玉，５円玉，１円玉の枚数の組み合わせは，上の図２のように５通りある。よって，㋐の支払い方は，２×５＝10(通り)ある。同様に，㋑のとき，100円玉，50円玉の枚数の組み合わせは(３枚，０枚)，(２枚，２枚)，(１枚，４枚)の３通りあり，10円玉，５円玉，１円玉の枚数の組み合わせは上の図３より，５＋６＋５＝16(通り)あるので，㋑の支払い方は，３×16＝48(通り)ある。㋒のと

図４

| １円(枚) | 0 | | | | 5 | | | | | 10 | | | | |
|---|---|---|---|---|---|---|---|---|---|---|---|---|---|---|
| 10円(枚) | 10 | 9 | 8 | 7 | 10 | 9 | 8 | 7 | 6 | 10 | 9 | 8 | 7 | 6 |
| ５円(枚) | 3 | 5 | 7 | 9 | 2 | 4 | 6 | 8 | 10 | 1 | 3 | 5 | 7 | 9 |

き，100円玉，50円玉の枚数の組み合わせは（2枚，1枚），（1枚，3枚）の2通りあり，10円玉，5円玉，1円玉の枚数の組み合わせは上の図4より，4＋5＋5＝14(通り)あるから，㋒の支払い方は，2×14＝28(通り)ある。したがって，支払い方は全部で，10＋48＋28＝86(通り)と求められる。

**3 売買損益，つるかめ算**

(1) 定価で売ったときの利益は，800×0.7＝560(円)だから，定価は，800＋560＝1360(円)となる。

(2) 仕入れ値の合計は，800×75＝60000(円)なので，売り上げ金額が60000円をこえると，利益が出る。よって，60000÷1360＝44.1…より，利益が出るのは，44＋1＝45(個)以上売ったときとわかる。

(3) 定価の2割引きで売ったときの利益は，1360×（1－0.2）－800＝288(円)である。かりに，75個すべてを定価で売ったとすると，利益は，560×75＝42000(円)となり，実際の利益よりも，42000－31664＝10336(円)多くなる。そこで，定価で売るかわりに定価の2割引きで売ると，1個あたりの利益は，560－288＝272(円)ずつ減る。よって，定価の2割引きで売った個数は，10336÷272＝38(個)と求められる。

**4 立体図形―水の深さと体積**

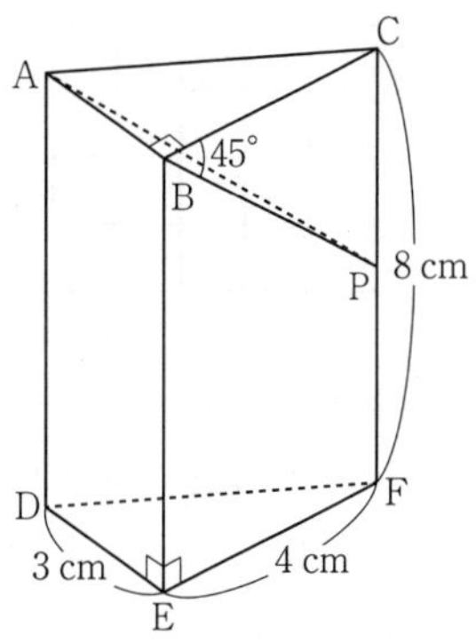


(1) 右の図で，水そうの底面積は，3×4÷2＝6 ($cm^2$)，高さは8cmだから，初めに入っていた水の体積は，6×8＝48($cm^3$)である。また，辺DEを床(ゆか)につけたまま45度傾(かたむ)けたときの水面は三角形ABPになるので，こぼれた水の体積は三角すいP－ABCの体積と等しい。ここで，角CBP＝45度より，三角形BCPは直角二等辺三角形だから，CP＝BC＝4cmである。よって，三角すいP－ABCの体積は，6×4÷3＝8 ($cm^3$) なので，水そうに残った水の体積は，48－8＝40 ($cm^3$)と求められる。

(2) 三角柱GHI－JKLを入れると水が12$cm^3$こぼれたので，三角柱GHI－JKLの体積は12$cm^3$である。また，三角柱GHI－JKLの底面積は，2×2÷2＝2 ($cm^2$)だから，三角柱GHI－JKLの高さは，12÷2＝6 (cm)となる。その後，水そうをもとに戻(もど)したとき，高さ6cmまでの水が入る部分の底面積は，6－2＝4 ($cm^2$)なので，高さ6cmまでの部分に入る水の体積は，4×6＝24($cm^3$)である。このとき，水そうに水は，40－12＝28($cm^3$)入っているから，高さ6cmより上の部分に水は，28－24＝4 ($cm^3$)入っている。さらに，この部分の底面積は6$cm^2$なので，高さ6cmより上の部分の深さは，4÷6＝$\frac{2}{3}$(cm)になる。よって，水の高さは，6＋$\frac{2}{3}$＝6$\frac{2}{3}$(cm)になる。

**5 場合の数**

図1

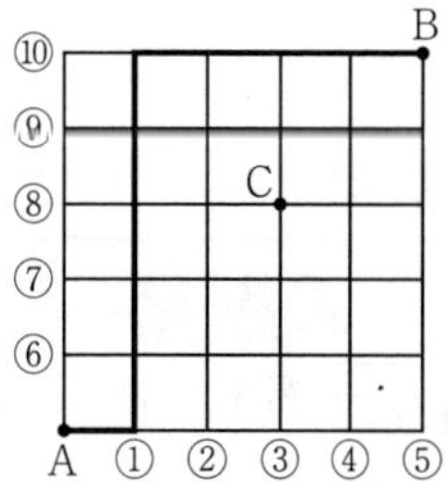


(1) 右の図1で，最小の正方形の1辺の長さを1とすると，AからBまでの最短の道のりは10なので，曲がる時間をのぞいても，5×10＝50(分)以上かかる。よって，54分以内に着くには，最短の道のりを進み，曲がる回数を，(54－50)÷2＝2(回)以下にする必要がある。このとき，1回曲がる道順は，⑤で曲がる道順と⑩で曲がる道順の2通りある。また，2回曲

がる道順のうち，①で曲がる道順は太線で示した１通りあり，②，③，④，⑥，⑦，⑧，⑨で曲がる道順もそれぞれ１通りあるから，２回曲がる道順は，１×８＝８(通り)ある。したがって，54分以内に着く道順は，２＋８＝10(通り)ある。

(2)　Ｂまで60分ちょうどで着く道順は，最短の道のりを進み，曲がる回数が，(60−50)÷２＝５(回)の道順のみとなる。まず，下の図２のように③で曲がる道順は１通りあり，⑧で曲がる道順も同様に１通りある。次に，下の図３のように②で曲がる場合，Ｓで曲がる道順は２通りあり，Ｔで曲がる道順も同様に２通りある。また，下の図４のようにＵで曲がる道順は２通りあるので，②で曲がる道順は，２×３＝６(通り)あり，⑦で曲がる道順も同様に６通りある。さらに，下の図５のように①で曲がる場合，Ｐで曲がる道順は，Ｓで曲がるときが１通りあり，Ｖで曲がるときが図３と同様に２通りあるから，合わせて，１＋２＝３(通り)ある。Ｑで曲がる道順も同様に３通りあり，Ｒで曲がる道順は図４と同様に２通りあるので，①で曲がる道順は，３＋３＋２＝８(通り)あり，⑥で曲がる道順も同様に８通りある。よって，60分ちょうどで着く道順は全部で，１×２＋６×２＋８×２＝30(通り)と求められる。

図２
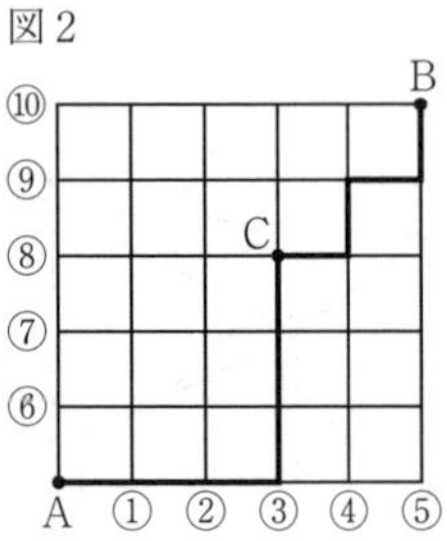


図３
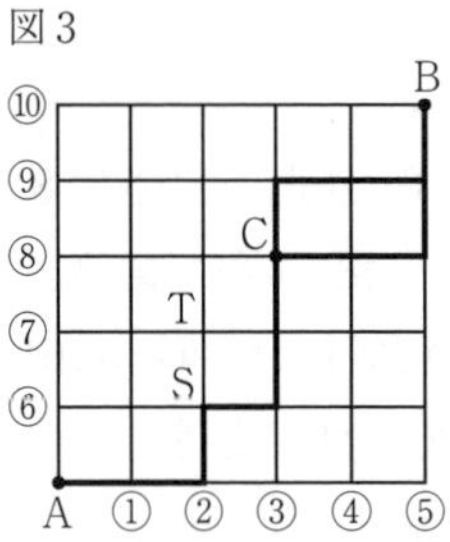


図４
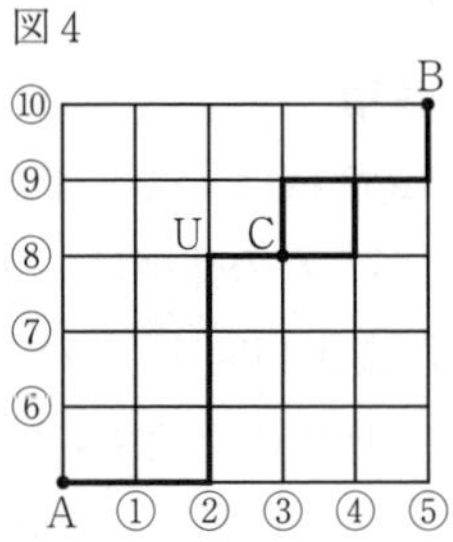


図５
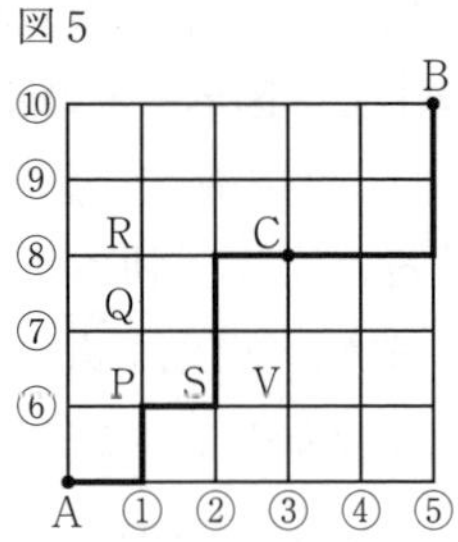


## 6　数列

(1)　となり合う数の差がすべて２である等差数列で，数は10個並んでいるから，これらの数の和は，(２＋20)×10÷２＝110と求められる。

(2)　右の図のように，となり合う数の差が２，４，６，…と２ずつ増えていくので，９番目の数は，57＋16＝73，10番目の数は，73＋18＝91となる。よって，10番目までの数の和は，１＋３＋７＋13＋21＋31＋43＋57＋73＋91＝340と求められる。

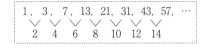

１，３，７，13，21，31，43，57，…
２　４　６　８　10　12　14

(3)　1000番目の数は，最初の１から，1000−１＝999(個)あとの数である。また，２，４，６，…と並ぶ数の列で999番目の数は，２×999＝1998なので，２＋４＋６＋…＋1998＝(２＋1998)×999÷２＝999000となる。よって，１，３，７，…と並ぶ数の列で1000番目の数は，１＋999000＝999001と求められる。

## 国　語　＜第２回入試＞（50分）＜満点：100点＞

**解　答**

一　**問１**　①　じゅんしん　②　みじゅく　③　つ(く)　④　うけたまわ(り)　**問２**　下記を参照のこと。　二　**問１**　①　ぼうになる　②　ひがでる　③　かぶと　**問２**

① 群　② 工　**三** **問1** ① イ　③ ウ　**問2** ウ　**問3** **A** エ　**B** カ　**C** イ　**D** ア　**問4** バランス　**問5** 柏木は立っている　**問6** エ　**問7** (例) シチューの中に削り屑が入っていたということはそれを行った人がいるはずだし，当然目撃した人もいるはずなのに誰も何も言わず，自分の感覚のほうがおかしいのではないかと考えたから。

**四** **問1** エ　**問2** ア　**問3** (例) コロナウイルス感染の拡大の原因はアジア系の人々だという(ムード)　**問4** 「ヘイト」(ヘイト)　**問5** (例) 日常の中で互いに差別や偏見にぶつかり，自分の中にも差別や偏見があることに気づき，これまで見えなかったものが見えるようになっていくこと。　**問6** イ　**問7** 人々の生活や命とは無関係　**問8** ウ　**問9** ア × イ × ウ ○ エ ×

**●漢字の書き取り**

**一** **問2** ① 提供　② 効果　③ 衛星　④ 規模　⑤ 吸(う)　⑥ 預(ける)

## 解　説

### 一 漢字の読みと書き取り

**問1** ① 心が清らかなようす。　② 不慣れで経験や技能が十分でないようす。　③ 音読みは「シュウ」「ジュ」で，「就職」「成就(じょうじゅ)」などの熟語がある。　④ 音読みは「ショウ」で，「承知」などの熟語がある。

**問2** ① 人のために差し出すこと。　② ききめ。　③ 惑星(わくせい)の周りを回っている天体。「人工衛星」は，ロケットで打ち上げ，地球の周りを回るようにした物体。気象衛星や通信衛星などがある。　④ ものごとのしくみや内容などの大きさ。　⑤ 音読みは「キュウ」で，「吸入」などの熟語がある。　⑥ 音読みは「ヨ」で，「預金」などの熟語がある。

### 二 慣用句の完成，熟語のパズル

**問1** ① 「足が棒になる」は，長く立ったり歩いたりして疲(つか)れ，足がこわばること。　② 「顔から火が出る」は，はずかしくて顔がまっ赤になるようす。　③ 「かぶとを脱(ぬ)ぐ」は，降参すること。

**問2** ① 「群」を入れると，上から時計回りに，「魚群」「群生」「群衆」「大群」という熟語ができる。「魚群」は，魚の群れ。「群生」は，同じ種類の植物が群がって生えていること。「群衆」は，群がり集まったたくさんの人々。「大群」は，大きな群れ。　② 「工」を入れると，上から時計回りに，「大工」「工場」「工面」「細工」という熟語ができる。「大工」は，材木で家を建てたり直したりすることを仕事にしている人。「工場」は，多くの人が機械を使ってものをつくっている場所。「工面」は，やりくりして都合をつけること。「細工」は，細かいものをつくること。

### 三 出典は干刈(ひかり)あがたの『黄色い髪(かみ)』による。給食に異物を入れられた夏実はクラスの異常さを感じ，学校を出る。

**問1** ① 「見当をつける」は，“はっきりしないことについて，だいたいこうだろうと予想する”という意味。　③ 「個性的」は，ほかの人とは違(ちが)う，その人だけの性質を持っていて独特であるようす。ここでは，“目立ってリーダー的な立場になる”というような意味で使われているので，ウがよい。

**問２**　直前の「笑う者もいないが，教えてくれる者もいない」，美術室へむかうときの「夏実に話しかける者はいない」などから，夏実は同級生から無視されていると推測できる。よって，「無視されているからではなく」と自分に言い聞かせているのは夏実の強がりである。

**問３**　**A**　前後に「スカートを」，「揺(ゆ)らしながら」とあるので，衣服などにゆとりがあるようすを表す「ゆったりと」がふさわしい。　**B**　前後に「生徒たちはざわめきながら」，「東先生は少々おじいさんで迫力(はくりょく)に欠けるので，みんなはそんな先生をばかにしているところがある」とあるので，“心配ごとがなく自由なようす”を表す「のびのび」が選べる。　**C**　「東先生は少々おじいさんで迫力に欠ける」のだから，低く小さな声で「ぼそぼそと話した」とするのが合う。　**D**　直後に「木屑(きくず)が散っていたのなら」とあるので，小さいものがまばらに散っているようすを表す「ぱらぱらと」があてはまる。

**問４**　いじめられていた里子を庇(かば)うために，麗子(れいこ)は夏実を無視することで「バランス」を取っていると考えられる。「バランスを取る」は，つり合いが保たれるように調整すること。

**問５**　夏実が金村先生に言われたのは，「柏木(かしわぎ)，つぎを読む」と「柏木は立っている」である。「あんなこと」という表現から，夏実がその言葉で傷ついていることがわかるので，「柏木は立っている」がぬき出せる。

**問６**　夏実が気にしているのはクラス内での「立場」なので，夏実の「立場」について説明しているエが選べる。

**問７**　給食のシチューに「彫刻(ちょうこく)の削(けず)り屑」が入っていたため，夏実は「誰(だれ)かが混ぜたとしか思えない。もしそうだったら，席の周りの誰一人として知らない，ということはあり得ない」と考えている。しかし，「みんな何事もなかったように給食を食べている」ので，夏実はぼう線⑥のように考えたのである。

**四**　**出典は朝日新聞社編の『コロナ後の世界を語る―現代の知性たちの視線』所収の「真の危機はウイルスではなく「無知」と「恐(おそ)れ」（ブレイディみかこ著）」による。**新型コロナウイルスの流行により，社会に起こった価値観の変化や人々の気づきについて取り上げている。

**問１**　「絶句する」は，感動や衝撃(しょうげき)で言葉が出なくなること。

**問２**　A　直後の「不安になる」ことの理由が直前の二文で述べられているので，続く部分の理由が前にあることを示す「だから」か「そのため」が入る。　B　直前の段落で「抽出(ちゅうしゅつ)されるのはまったく同じものだろうか」と問いかけ，直後で「常にそうである必要はない」と否定的な答えを導く文脈である。よって，前のことがらを受けて，それに反する内容を述べるときに用いる「しかし」か，“そうはいっても”という意味の「とは言え」がよい。　C　「現代の経済が大量の『ブルシット・ジョブ』を作り出すことによって回っている」ため，「ケア階級の仕事」は「なぜか経済とは別のもののように考えられてきた」というつながりである。よって，Aと同様に「だから」か「そのため」が合う。　D　「キー・ワーカーに拍手(はくしゅ)をするか，しないか」という議論はあったが，「こういうこともまたすぐに忘れられてしまうのだろう」というつながりである。よって，Bと同様に「しかし」か「とは言え」がよい。

**問３**　「ムード」は，雰囲気(ふんいき)。直後に「子どもに影響(えいきょう)を与(あた)えないわけがない」とあることから，この「ムード」は本文の最初の，筆者の息子の学校での体験にかかわるものとわかる。筆者の息子は「なんだか，もはやアジア人そのものがコロナウイルスになったみたいだね」と言っており，これは「コロナウイルス感染の拡大」の原因は「アジア系の人々」にあるという「ムード」といえる。

**問４**　ぼう線③をふくむ一文と同じ言葉が使われている一文が【１】の後半にあり，「『ヘイト』が抽出される」と表現されている。ぼう線③の直前に「抽出されるのは」とあるので，「ヘイト」がぬき出せる。

**問５**　「こういう日常の光景」とは，具体的には筆者の息子の学校での体験を指す。アジア系である筆者の息子は，コロナウイルスの感染源だと学校で決めつけられたことにより，自身にも自閉症に対する差別や偏見があると気づいた。これは，ぼう線④の直後の一文の，「人々は日常の中でむき出しの差別や偏見にぶつかり，自分の中にもそれがあることに気づき，これまで見えなかったものが見えるようになる」ことにあたる。

**問６**　X，Y　筆者の息子の体験例が示しているように，新型コロナウイルスはむき出しの差別や偏見のもととなったが，その間違いに気づいた人を成長させもした。他者と共存できる社会がお互いを理解し合える「開かれた」社会といえる一方，差別や偏見で相手を拒絶するのは「閉ざされた」社会といえる。筆者が【１】の後半で，「欧州の右派ポピュリストたち」が訴える「閉ざされた国境」を批判的に取り上げていることも，参考になる。

**問７**　ぼう線⑤の「仕事」は直前の一文の「ブルシット・ジョブ(どうでもいい仕事)」であり，「人々の生活や命」のために必要不可欠な「ケア階級の仕事」とは対照的な仕事である。よって，「人々の生活や命とは無関係」がぬき出せる。

**問８**　ホワイトカラーの人たちとケア階級の「キー・ワーカー」たちをめぐって「命か，経済か」という問いが生まれたと直前の段落にある。また，この段落ではキー・ワーカーに拍手をするかしないかという考え方の違いが生まれたことも指摘されており，社会に「分断」が生じたといえる。

**問９**　**ア**　筆者の息子の体験談は，「無知」を焚きつける「恐れ」が「子どもに影響を与え」ていることを示す実例であり，「恐れ」が「世界を真の危機に陥れる」という筆者の意見を支えるものとなっているので，合わない。　**イ**　筆者は，「知らないことに直面した時，人は間違う。だが，間違いに気づく時には，『無知』が少し減っている」と述べ，「知らないこと」が「我々を成長させる機会」ともなりうると主張している。よって，ふさわしくない。　**ウ**　筆者は「デヴィッド・グレーバー」の論を引用しながら，「現代の経済が大量の『ブルシット・ジョブ』を作り出すことによって回っている」ことを批判しているので，あてはまる。　**エ**　最後の段落に「わたしはケア階級への拍手を否定する気になれない」とあるので，合わない。

# 2023年度 広尾学園小石川中学校

【算　数】〈第３回入試〉(50分)〈満点：100点〉

《注意事項》円周率は3.14として計算してください。

**1** 次の□に当てはまる数を答えなさい。

(1)　$0.1 \div 0.01 \times 0.001 \div 0.0001 \times 0.00001 \div 0.000001 = \square$

(2)　$\left\{\left(2\frac{1}{3} - \frac{3}{7}\right) \times 0.625 + \frac{1}{7} \div 0.125\right\} \times 0.75 = \square$

(3)　$1.875 - \left\{\left(0.75 - \frac{1}{5}\right) \times \square\right\} \div \frac{1}{6} - \frac{7}{16} = 0.05$

(4)　縮尺 25000 分の 1 の地図上で 50 $cm^2$の面積の土地があります。
この土地の実際の面積は□ $km^2$です。

(5)　$\frac{1}{13}$ を小数で表したとき，小数第 2023 位の数は□です。

**2** 次の問いに答えなさい。

(1) Aの $\frac{2}{3}$ とBの 75 ％とCの４割が等しいとき，A：B：Cを最も簡単な整数で表しなさい。

(2) 現在，小川さんは 46 歳で，石川さんは 18 歳です。２人が出会ったとき，小川さんの年齢は石川さんの年齢の５倍でした。２人が出会ったのは何年前かを求めなさい。

(3) ２時から３時の間で時計の長針と短針が反対側に一直線になるときの時刻は何時何分かを求めなさい。

(4) 下の図の黒くぬられた部分の角の和を求めなさい。

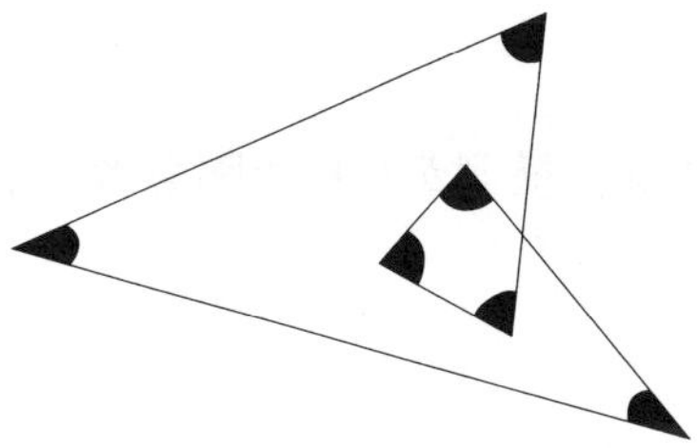

**3** ２つの容器A，Bがあり，容器Aには 12 ％の濃（こ）さの食塩水が 100 g，容器Bには３％の濃さの食塩水が 200 g入っています。このとき，次の問いに答えなさい。

(1) 容器Aから 10 g，容器Bから 10 gの食塩水を同時に取り出し，Aから取り出した食塩水をBに，Bから取り出した食塩水をAに入れました。
このとき，容器Aの食塩水に含（ふく）まれる食塩の重さは何gですか。

(2) 次に容器Bに水を 100 g加えました。容器Bの食塩水の濃さは何％になりますか。

(3) 次に容器Aに含まれる食塩の量が容器Bに含まれる食塩の量の２倍になるようにするには，どちらの容器の食塩水を何gどちらへ移動すればよいですか。

**4** 一定の速さで走る電車A，電車Bがあります。電車A，電車Bは平行する線路の上を逆向きに走っています。
この電車Aは長さ 540 mの鉄橋を渡りはじめてから渡り終わるまでに，７秒かかります。また，長さ 3.42 kmのトンネルを通過する際にトンネルに完全に隠(かく)れている時間が 29 秒でした。
電車Bは線路のそばに立っている人の前を通過するのに３秒かかります。次の問いに答えなさい。

(1) 電車Aの長さは何mですか。

(2) 電車Aと電車Bがすれ違(ちが)いはじめてから終わるまでに 2.5 秒かかります。電車Bの長さは何mですか。

**5** 各面が黒色で塗られた立方体があります。
同じ立方体を組み合わせて立体を作成し，上側，正面，横側から見た図を考えます。以下の問いに答えなさい。

(1) 下の図のとき，上側，正面，横側から見た図をかきなさい。

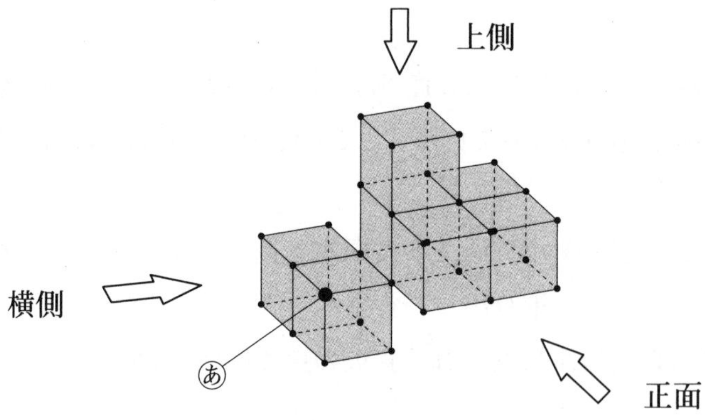


(2) 上側，正面，横側から見たときに，３×３の正方形になるために必要な最も少ない立方体の個数を求めなさい。

**6** データの分析を行うとき，そのデータの特徴を表すものの１つとして代表値というものがあります。
その代表値は平均値，中央値，最頻値があり，

平均値：すべてのデータの値を加えた値を個数で割った値
中央値：データを小さい順に並べたときに真ん中にある値
最頻値：最も個数が多いデータの値

を表します。

(1) 次のデータの特徴を表す際に，代表値として選択したものが正しくありません。その理由を述べ，適するものを『平均値・中央値・最頻値』の中から選びなさい。

① データ：売れたくつのサイズ

26，26，26，26，26，26，26，26.5，27

代表値：平均値

② データ：９人の年齢

2，3，4，4，3，5，3，6，100

代表値：平均値

③ データ：次の２回のテストの比較

| | |
|---|---|
| １回目 | 24，30，36，45，50，52，54，55，56 |
| ２回目 | 44，46，47，49，50，78，82，92，100 |

代表値：中央値

(2) 10人のテストの点数の平均値と中央値を求めると，中央値よりも平均値のほうが高いことが分かりました。このテストの10人の点数にはどのような特徴があるか答えなさい。

問四　――線④「主観と客観の中間領域にある」とありますが、その説明として最もふさわしいものを次から一つ選び、記号で答えなさい。

ア　自分にとっても他人にとっても、重要な価値を持つものには変わりないということ。
イ　他人にとっては特別ではないと知りつつも、自分にとっては特別なものだということ。
ウ　他人から見ると風変わりに見えるけれども、自分にはそれがわからないということ。
エ　自分が見るか他人が見るかによって、価値が左右されるあいまいなものだということ。

問五　――線⑥「この結末は何を意味しているのでしょうか」とありますが、結末の意味として最もふさわしいものを次から一つ選び、記号で答えなさい。

ア　不思議　　イ　変化　　ウ　孤独　　エ　安心

問六　X に入るふさわしい語を本文中からぬき出して答えなさい。

問七　――線⑦「彼の大切な中間領域」とありますが、具体的にはどのような場所ですか。次の文の（　　　）に当てはまるように二十字以内で説明しなさい。

ただの森ではあるが、クリストファーにとっては（　　　）場所。

問八　――線⑧「クマと夢でまた会えるのが楽しみになった」とありますが、講義を受ける前と後ではどのような気持ちの変化があったと考えられますか。その変化を八十字以上百字以内で説明しなさい。

ならなくなり、彼女はそれ以来、後悔の念に駆られ、そのクマの夢を見ることまであったそうです。そんな時にわたしの講義を受けたことで、自分とクマは物理的には離れてしまったけれど、より成熟した関係に移行しただけだと思い直すことが出来たといいます。

文末には、⑧クマと夢でまた会えるのが楽しみになったと書き添えられていました。この講義をすることが出来て本当に良かったと思いましたし、ぬいぐるみとわれわれの関係性について改めて考える機会になりました。

〔菊地浩平『人形と人間のあいだ』（NHK出版）による〕

問一　――線①「不本意な」、⑤「センチメンタルな」の本文中での意味として最もふさわしいものを次からそれぞれ一つずつ選び、記号で答えなさい。

①「不本意な」

ア　タイミングの悪い　　イ　あきらめられない　　ウ　かわいそうな　　エ　意志に反した

⑤「センチメンタルな」

ア　なつかしく切ない　　イ　苦しく悲しい　　ウ　さびしく恐ろしい　　エ　どうしようもない

問二　――線②「外的な要因」とありますが、どのような要因ですか。本文中から二十字以内で探し、ぬき出して答えなさい。

問三　――線③「大人になったらぬいぐるみは捨てるべきなのでしょうか」とありますが、それに対するウィニコットの考えをまとめたものとして最もふさわしいものを次から一つ選び、記号で答えなさい。

ア　ぬいぐるみは子どもにとっては成長に必要な「移行対象」であるが、その役割を終えたら次の子どもに手渡した方がよい。

イ　子どもがぬいぐるみに執着するのは何ら問題ないが、大人がいつまでも執着するのは秘密にしておかなければならない。

ウ　ぬいぐるみは社会的な観点から大人になったら手放さなくてはならないため、子どものころから距離を置くべきである。

エ　大人がぬいぐるみを持ち続けることは許容されるべきことであり、自分が適当だと思う距離感で接していくのがよい。

法の場所には、ひとりの少年とその子のクマが、いつもあそんでいることでしょう。（ミルン　三九一）

⑥この結末は何を意味しているのでしょうか。ウィニコットの移行対象について既に学んだ皆さんであればお分かりになるはずです。クリストファーのように、「なにもしないでなんか、いられなくなっちゃった」場合でも、つまり大人になっても、幼少期に大切にしたぬいぐるみを無理に捨てたり、別れる必要はありません。

ここで「ふたりのいったさきがどこであろうと、またその途中にどんなことがおころうと、あの森の魔法の場所には、ひとりの少年とその子のクマが、いつもあそんでいることでしょう」と書かれているように、クリストファーとプーは X 的に見て同じ時間をだらだらと過ごす機会は少なくなってしまいますが、彼らの主観においては「森の魔法の場所」に出向きさえすればいくらでも遊ぶことが出来ます。

これはもちろん、本を開く、映像を見る、または作品のことを思い出しさえすれば、いつでもそこに『くまのプーさん』の世界が存在しているという意味でもあります。すなわちクリストファーが成長し大人になったとしても、⑦彼の大切な中間領域が直ちに消滅（しょうめつ）するわけではないのです。

そうであるとすると、ぬいぐるみを捨てるべきか否（いな）かという問い自体が不適切なのかもしれません。ぬいぐるみを捨てようと捨てまいと、ここで描かれているのは、物理的に時間をともに出来なくとも精神的にはいつでも強く結び付き得るという、より成熟した関係への移行です。ぬいぐるみは捨てても捨てなくても良い、というのが移行対象の概念や『くまのプーさん』からわれわれが学ぶべきことなのではないでしょうか。

こうして『くまのプーさん』の結末について考える時、決まって思い出すのが、とある女子校で、ぬいぐるみに関する出張講義を行った際のことです。講義を終えたわたしのもとに、受講者の何人かからメールが来ました。独学で人形を制作している子や大学に進学し人形の講義を受けてみたいといってくれる子など、素直で熱心なリアクションがうれしかったのですが、その中に、ごく最近ずっと大切にしていたぬいぐるみを捨てたという学生がいました。

彼女は幼少の頃から病気がちで、外で遊ぶことが少なかったそうです。そんな彼女のよき遊び相手となったのが、身の丈（たけ）一メートルもある巨大なクマのぬいぐるみでした。一〇年以上の付き合いだったとのことでしたが、家庭の事情などもあって手放さねば

こうした議論を踏まえると、移行対象という概念を生み出したウィニコットですら、大人になったら毛布やぬいぐるみを捨てるべきだとはいっていないことが分かります。それどころか、大人には大人なりの楽しみ方が存在することまで示唆（しさ）しています。つまり、大人になったからといってぬいぐるみを無理に捨てる必要などなく、自分が適当だと思う距離感で接すれば良いだけなのではないでしょうか。

しかし、そんなことをいわれても、もう捨ててしまったので手遅れじゃないか、大人がぬいぐるみとベタベタするなんて勇気がなくて無理、と思う方もいるかもしれません。そんなぬいぐるみとの距離感に悩む人たちへヒントをくれるのが、ウィニコットが移行対象という概念を考えるにあたり念頭に置いていた作品でもある『くまのプーさん』です。

『くまのプーさん』は、作者のＡ・Ａ・ミルンが彼の実の息子であるクリストファー・ロビン・ミルンのために、部屋にあったぬいぐるみたちが登場する物語として創作したものです。ディズニーがアニメーション化したことで世界的に知られることとなった本作ですが、その物語の幕切れに今回は注目してみましょう。

ある日、クリストファーはプーに、「ぼく、もうなにもしないでなんか、いられなくなっちゃったんだ」と告げます。クリストファーはどうやら近々学校に行くようです。

それを告げられたプーは分かったような分かっていないような様子なのですが、既（すで）に学校へ行って卒業して、そののちいろいろ経験してしまったわれわれを、否（いや）が応（おう）でも⑤センチメンタルな気分にさせるセリフです。それと同時に、『くまのプーさん』の物語が一〇〇エーカーの森で起きる他愛のない出来事の連続で、その「なにもしない」ことがクリストファーにとって、とても大切であったことも分かります。

そして、クリストファーとプーは必ず再会することを約束して、次のように物語は締（し）めくくられます。

「さァ、いこう。」

「どこへ？」

「どこでもいいよ。」と、クリストファー・ロビンはいいました。

そこで、ふたりは出かけました、ふたりのいったさきがどこであろうと、またその途中にどんなことがおころうと、あの森の魔

**四** 次の文章を読んで、後の問に答えなさい。

自分のぬいぐるみをどのように扱(あつか)うかは、人それぞれの考えがあり、どんな理由によるものでもそれはもちろん個人の自由なのですが、もしそれが①不本意な別れとなっているのであれば、「捨てなければならない」と感じさせる②外的な要因にも問題がある気がしてなりません。

本当に、③大人になったらぬいぐるみは捨てるべきなのでしょうか。

そんなわれわれとぬいぐるみとの結び付きや別れのあり方について考えるにあたり、「移行対象」という概念(がいねん)が参考になります。英国の心理学者、ドナルド・ウィニコットによって名付けられたもので、主に乳幼児が母親と未分化の状態から移行し成長するために必要となる毛布やタオル、ぬいぐるみなどを指します。

移行対象の具体例として世界で最も有名なのは、スヌーピーで知られる『ピーナッツ』という作品に登場するライナスの毛布でしょう。ライナスは、片時も毛布を手放さないキャラクターで、毛布を取り上げられると、日常生活がままならないほど混乱してしまいます。この強い執着(しゅうちゃく)を見れば、乳幼児にとって移行対象がいかに重要な存在であるかがよく分かります。

移行対象という概念は、育児書や心理学の入門書などでも取り上げられてきたことから、一般的にも広く知られています。そのおかげで、乳幼児がぬいぐるみに執着するのは何ら問題ない、という認識が広まったのも事実でしょう。それと同時に、ぬいぐるみ＝子どもめいたものという誤解を生む原因の一つにもなってきたと思われます。

（中略）

ウィニコットは、移行対象とは主観と客観が交差する中間領域に存在し、大人になってもそれを持ち続けることはそれなりに許容され得ると述べています。ライナスの例でいえば、彼にとって毛布は肌身(はだみ)離さず持っておきたい存在ですが、客観的にはただの毛布に過ぎません。ライナスもそれは分かっているけれど手放せないわけで、その時の毛布は、まさに④主観と客観の中間領域にあるといえます。

ウィニコットはそれが狂気と紙一重であるといい添(そ)えてはいますが、誰かの主観において特別な何かがあれば、それが客観的に見てどんな存在であろうとあれこれいわれる道理ではないわけです。

問五　――線④「照れくさそうに、琴穂がマチからぱっと目をそらした」とありますが、琴穂が目をそらしたのはなぜですか。その理由を説明したものとして最もふさわしいものを次から一つ選び、記号で答えなさい。

ア　注意をしてきたマチに対して肩を並べるために、一人で頑張ろうとしているから。
イ　注意をしてきたマチに対して正直になれず、そんな相手の顔を見たくもないから。
ウ　注意してくれたマチに対して感謝しつつも、態度では素直になれないでいるから。
エ　注意してくれたマチに対して申し訳なくて、合わせる顔がないと考えているから。

問六　B に入る表現として、ふさわしい語句を本文中から漢字二字で探し、ぬき出して答えなさい。

問七　――線⑤「マチは『ありがとう』と思った。琴穂にも、手紙をくれた見えない誰かにも」とありますが、マチがこのように思った理由を説明したものとして最もふさわしいものを次から一つ選び、記号で答えなさい。

ア　歌詞を通して手紙の主の言葉を思い出し、マチ自身がはげまされたことで、深く考えずにいた琴穂の必死の努力が分かったから。
イ　歌詞を通して手紙の主の言葉を思い出し、マチ自身が強くなったために、琴穂のリーダーとしての資質を認めることができたから。
ウ　歌を口ずさむことで、手紙の主に肯定（こうてい）されたマチ自身と同じで、琴穂もみんなが嫌がる役を引き受けてくれていたと気づいたから。
エ　歌を口ずさむことで、手紙の主に肯定されたマチ自身と同じで、琴穂も他人を傷つけることが苦手な人間だと思いだしたから。

問八　――線⑥「ひとつの可能性がふっと浮かんだ」とありますが、マチはどのようなことを考えたのですか。二十字以内で書きなさい。

胸が［C］する。⑥ひとつの可能性がふっと浮かんだ。

［辻村深月『サクラ咲く』（光文社文庫）による］

問一　［A］・［C］に入る語句として最もふさわしいものを次からそれぞれ一つずつ選び、記号で答えなさい。

A　ア　そっけない　イ　気まずい　ウ　味気ない　エ　むなしい

C　ア　ぐらぐら　イ　きりきり　ウ　はらはら　エ　ざわざわ

問二　――線①「それを境に空気がほっと軽くなる」とありますが、なぜ軽くなったのですか。その理由を説明したものとして最もふさわしいものを次から一つ選び、記号で答えなさい。

ア　琴穂がみなみのように皆を引っ張るリーダーになり、アルトパートの雰囲気がよくなることに期待したから。

イ　責任を負いたくなくて誰も手を挙げないようにし、リーダーの役割を琴穂に押しつけることに成功したから。

ウ　琴穂がアルトのリーダーに決まったことで、文化祭の練習が他のどのパートよりもうまくいくと思ったから。

エ　誰もがリーダーになることを暗に避けていたが、琴穂がリーダーになって押しつけ合いから解放されたから。

問三　――線②「わかった途端、喉元が苦しくなって、それから全身が熱くなる」とありますが、このときのマチの心情を六十字以上八十字以内で説明しなさい。

問四　――線③「全身から力が抜けて、泣き出しそうな気持になった」とありますが、マチが泣き出しそうな気持になったのはなぜですか。その理由を説明したものとして最もふさわしいものを次から一つ選び、記号で答えなさい。

ア　周りの皆からの期待の視線がつらく、プレッシャーに押しつぶされそうだったから。

イ　慣れない行動による緊張（きんちょう）が解けて、琴穂から嫌われたのではと思うようになったから。

ウ　厳しく注意をしたにも関わらず、琴穂に自分の思いが伝わっていないと思ったから。

エ　練習への思いが皆にうまく伝わらず、みなみからの気づかいも的外れだったから。

人はただ　風の中を　祈りながら　歩き続ける

歌詞を噛(か)みしめるように声を出しながら、⑤マチは「ありがとう」と思った。琴穂にも、手紙をくれた見えない誰かにも。

歌い終えた後で、琴穂から「やったね」と声をかけられた。他の学年の生徒からの拍手の大きさが、合唱の成功を物語って聞こえた。

「うん」と頷き、お互いに手に拳(こぶし)を握ってガッツポーズを作る。

教室に戻るとき、みなみからも「マチ、がんばったね」と声をかけられた。

「ソプラノの子たちから聞いたけど、練習をまとめるきっかけを作ったのはマチだったんだってね。偉い！」

「私、何もしてないよ。それを言うなら、みなみちゃんだってアルトをしっかりまとめてて、私なんかよりずっと、普段から偉いよ」

「ううん。マチはいつも、あんまりはっきり人を注意したりしないし、私、マチは人が傷つくのが嫌な優しい子だと思ってたんだ。そういう優しい人が誰かを注意するのって、私が普段やってるのより何倍も勇気がいると思う。マチはすごいよ」

「そんなこと……」

恥ずかしくて顔を伏せ、感激しながら俯いたそのときだった。みなみの言葉の一部分が、マチの心の柔(やわ)らかな場所にふっと入りこんできた。

あっと思い当たる。

みなみの今の言葉は、マチがもらった図書室のあのメモの言葉とどこか似ている。

普段からはっきり意見が言えないこと。誰かが傷つくのが嫌なこと。マチを励(はげ)ますような力強い言葉と、考え方だ。

言葉が出てこなかった。そのままじっと、みなみの顔を見つめる。みなみはもう、前を向いてしまっている。

思い出す、記憶があった。

『ナルニア国ものがたり』の二巻と三巻。手紙の主がマチに最初に返事をくれた、あの本。本が返却されたばかりの棚(たな)の前に、あの朝、みなみがいた。――まるで、本を返したのが、みなみだったかのようなタイミングで。

『断れない、はっきり言えない人は、誰かが傷つくのが嫌で、人の傷まで自分で背負ってしまう強い人だと思う。がんばって。』

――がんばって。

読んだ瞬間、胸がぐっと熱くなった。

手紙を抜き取って、本を元に戻す。何度も何度も読んでから、お守りのように、そっと胸に当てた。便せんの内側が、あたたかく熱を持っているように感じた。

翌日の練習で、マチは思いきって、琴穂に自分の方から「おはよう」と挨拶してみた。練習用のテープのセットをしていた琴穂が、驚いたように一瞬黙ってから、マチの顔を見て、それから、一呼吸ついて、微笑んだ。

「おはよう、マチ、頑張ろうね」

「うん。――テープ、借りてきてくれたの？　ありがとう」

「一応、リーダーだから」

④照れくさそうに、琴穂がマチからぱっと目をそらした。

その日から、ソプラノは、みんなだんだんと声が出るようになっていった。

文化祭当日の合唱は、今までの練習の中でも声が一番伸びやかに重なって聞こえた。

アルトや、男子の声にだって負けていない。横の琴穂とも声がひとつになっている手ごたえがあった。

歌いながら、気づくことがあった。

みなみたちのアルトと違って、マチたちのソプラノはパートリーダーがなかなか決まらなかった。そのときに手を挙げて、リーダーになったのは琴穂だ。深く考えなかったけど、あれは、他に誰も立候補がなく練習が進まないのを見て、琴穂がみんなが嫌がる役をすすんで引き受けてくれたのではないだろうか。

だとすれば、それはとても［B］があることだと思う。

がかりだった。

その日は一日中、同じ教室の中で琴穂と［Ａ］時間を過ごした。

「どうしたの？　マチ、元気ないね」

「そんなことないよ」

みなみの声にも首を振る。誰にも、これ以上何も言いたくなかった。

一人で帰る前に、図書室に本を返しに寄る。本と紙の匂いに包まれた大好きな場所に入った途端、③全身から力が抜けて、泣き出しそうな気持になった。明日から、琴穂とどう顔を合わせればいいかわからなかった。合唱練習は明日もあるのに。

そのとき、図書室の奥の壁沿いに並んだ百科事典が目に留まった。見えない〝誰か〟と続けている文通。次にメモを残すのはマチの番だった。

本を手に取り、いつもより長く、手紙を書いた。

『真面目だ、いい子だ、と言われると、ほめられているはずなのに、なんだか苦しくなる。はっきり言えないことを優しいって言ってくれる人もいるけど、わたしは、本当は自分が人に嫌われたくないからそうしてるんだと思う。わたしは臆病です。』

次の日の朝練に、琴穂は遅刻もせず、時間より早く現れた。

何事もなかったかのように「さあ、練習するよー」と明るい声を出してみんなの前に立つ。マチにも「マチ、おはよう」と普段通り挨拶してくれた。

その声にほっとして、マチも「おはよう」と返事をする。けれど、琴穂が無理をしているんじゃないかと、やっぱりまだ気になった。

その日の放課後、図書室に急いで、ドキドキしながら本を開いた。昨日残した自分の長い手紙に、相手がどんな返事をしているかを考えると、待ち遠しいような、怖いような気持ちだった。

本を開くと、返事はもう来ていた。いつもより長い。

ゃ合わせて練習したときに声量で負けてしまうのではないか、つられてしまうのではないかと心配だ。アルトのリーダーであるみなみの声が一際よく聞こえる。

マチがみなみの方を見ていると、琴穂が「ねえねえ」と話しかけてきた。てっきり合唱に関することだろうと振(ふ)り向くと、いきなり「聞いてみた？」と聞かれた。

「何を？」

「みなみと恒河(こうが)のことだよ。夏休み、自由研究を一緒にやったんでしょ？　あの二人、つきあってるの？」

小声になって関係のない話をしようとする。

その言葉を聞いた途端(とたん)、ふいに、マチの胸の中でたくさんの感情が一度に揺れ動いた。

『リーダーなのに、やる気あるのかな』

さっき聞いたばかりの言葉を思い出したら、悲しくなった。本音を言えば、琴穂に真剣に練習して欲しいのはマチも同じだ。

「ちゃんと練習、しようよ」

とっさに飛び出した声が我ながら冷たく聞こえて、驚いた。琴穂が「え」と短く声を出す。きょとんとしたその表情を見たら、もう一押し、声が止まらずに出てしまった。

「しっかりやろうよ。琴穂、遅れてきたのに、関係のない話をしたり、全然、みんなに悪いと思っている様子がないよ」

琴穂が目を見開いた。ショックを受けたのだと、表情でわかった。②わかった途端、喉元(のどもと)が苦しくなって、それから全身が熱くなる。顔を伏せて、琴穂から離れた。

ややあって、背後から「わかった」と琴穂の声が答えた。思いがけず素直な声だったせいで、琴穂が沈んだ様子なのが、振り返らなくても伝わってくる。マチが返事をするより早く、「じゃ、もう一度ね」と他の子の声がして、歌の練習がまた始まってしまう。

声がうまく出なかった。息が苦しかった。

練習が終わった後で様子を見ると、琴穂は顔を俯(うつむ)けながら席に戻るところだった。マチの胸を小さな痛みがちくりと刺した。

「琴穂のこと、ありがとう。マチみたいなまじめないい子が注意してくれると助かるよ」

こっそりと囁(ささや)くような声に「ううん」と首を振る。感謝されるようなことは何もない。黙って一人で席に着いた琴穂のことが気

「うん」

かけられる声を受け止めながら、琴穂がこくりと頷いた。

（中略）

人はただ　風の中を　迷いながら　歩き続ける

足を肩幅に開いて床にしっかりつけ、声を出すが、朝の練習はまだ体が完全には声を出す態勢に入っていないのか、歌っている最中でも、自分たちの声が出ていないのがわかった。

文化祭で歌う『遠い日の歌』の、ソプラノパートの練習。

オルガンで音を取りながら、一度通して歌い、二度目の練習に入る。すると、途中で、教室の後ろのドアが開いて、ソプラノのパートリーダーである琴穂が顔を出した。

「ごめん！　部活の片付けで遅れちゃった」

オルガンを囲んでいたソプラノの女子が一斉に歌うのをやめて、声の方向を見る。琴穂が顔の前で手を合わせて「ごめんごめん」と言いながら駆け寄ってくる。

「本当にごめんね。今どこ歌ってた？」

「――いいよ、もう一度最初からやろう」

すぐに練習が再開され、琴穂も加わったが、歌い始める前に、マチの後ろで「琴穂ちゃん、いつも遅れてくるよね」という小さな声が聞こえた。自分のことではないけど、ドキンとする。聞いてはいけない気がするのに、耳が勝手に声の続きを聞いてしまう。

「リーダーなのに、やる気あるのかな」

琴穂は、朝練習を遅刻することが多い。その上、放課後も部活を理由に早めに練習を切り上げ、他のみんなを残して先に教室を出て行ってしまうことがよくあった。

歌った後で、それぞれグループごと、自分たちの歌の悪い部分について話し合う。

教室の隅から、アルトの女子の声が聞こえてくる。自分たちのソプラノより歌声がまとまっているように聞こえて、このままじ

三　次の文章を読み、後の問に答えなさい。

新学期になると、十月の文化祭に向けた準備が始まった。
夏の間に日焼けした顔ぶれが教室にそろう中、委員長であるみなみが文化祭の出し物について、意見をまとめていく。クラスごと、一日目のステージ発表か、二日目に行う教室展示のどちらかを選ぶことになっているのだ。
「では、五組はステージ発表でいいですか。内容は合唱、曲目は『遠い日の歌』」
みなみが告げた声に拍手が起こる。
『遠い日の歌』は、一学期に音楽の授業で歌ったものだった。パッヘルベルの『カノン』をモチーフにした旋律（せんりつ）が美しい、マチも大好きな曲だ。
普段、音楽の授業で分かれているパートごと、文化祭まで練習することになった。マチはソプラノ、みなみはアルトで分かれてしまうが、マチと同じソプラノグループには琴穂もいる。
学級会の終わりに、それぞれが固まってグループのリーダーを決める。
「誰かやりたい人いない？」
ソプラノパートで、琴穂と仲のいいグループの子たちがみんなを見回して尋ねる。横で話し合っていたアルトグループは、早くもみなみがリーダーに選ばれた様子だった。しかし、マチたちのソプラノは互いに顔を見合わせるだけで、誰の立候補もない。
「どうする？」
「じゃんけんで決める？」
そろそろ時間がなくなる。押しつけ合いのような気まずい沈黙が流れた。そのとき――。
「私、やるよ」
琴穂がすっと手を挙げて、①それを境に空気がほっと軽くなる。
「本当？　助かる」
「ありがとう、琴穂」

**二** 次の各問に答えなさい。

問一 空らん [a] と [b] 、 [c] と [d] 、 [e] と [f] に、例にならって、それぞれ対義の関係にある漢字を入れ、四字熟語を完成させなさい。

《例》 [x]往[y]往（うろたえてあわてること）→ [x]右[y]左

① 起[a]回[b]（だめなものを立ち直らせること）

② [c]令[d]改（命令や方針がたえず改められてあてにならないこと）

③ [e]名[f]実（名ばかりで実質のともなわないこと）

問二 次の□の中に漢字を一字入れると四つの二字の熟語ができます。□に当てはまる漢字を答えなさい。

《例》
楽
旅□事
実

答え 行（旅行・行事・実行・行楽）

①
性
認□識
機

②
戦
名□業
所

# 2023年度 広尾学園小石川中学校

【国　語】〈第三回入試〉（五〇分）〈満点：一〇〇点〉

《注意事項》問題で文字数が指定されている場合はカッコや句読点を文字数に含みます。

一　次の各問に答えなさい。

問一　――線の漢字の読みをひらがなで答えなさい。

① 外国人にも門戸を開く。
② 養蚕農家が減少する。
③ 消息がとだえる。
④ 古都を訪れる。

問二　――線のカタカナを漢字に改めなさい。

① 野鳥のホゴ運動。
② 事故のフッキュウ作業。
③ コウシュウ衛生。
④ アタタかい春の陽気。
⑤ ヤサしい問題から解く。
⑥ アヤツり人形。

**2023年度**

# 広尾学園小石川中学校　▶解　答

※　編集上の都合により，第３回入試の解説は省略させていただきました。

## 算　数　＜第３回入試＞（50分）＜満点：100点＞

**解　答**

[1] (1)　1000　(2)　$1\frac{3}{4}$　(3)　$\frac{37}{88}$　(4)　3.125　(5)　0　[2] (1)　9：8：15　(2)　11年前　(3)　2時$43\frac{7}{11}$分　(4)　360度　[3] (1)　11.1ｇ　(2)　2.3％　(3)　容器Ｂから容器Ａへ$39\frac{3}{23}$ｇ移動すればよい　[4] (1)　230ｍ　(2)　270ｍ　[5] (1)　右の図　(2)　９個　[6] (1)　①　**理由**…(例)　平均値だと，９人中７人が同じ値(26)であるというデータの特徴を表していないから。／**適するもの**…最頻値

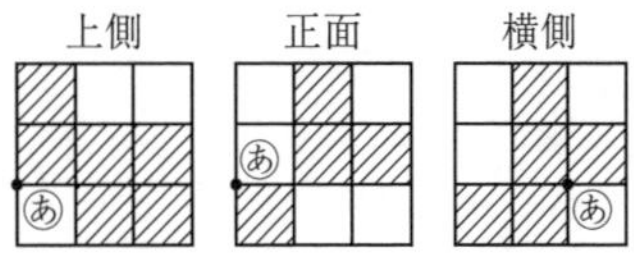


②　**理由**…(例)　１人だけ100才で，その年齢が平均値を引き上げてしまうから。／**適するもの**…中央値　③　**理由**…(例)　２回とも中央値は同じ50点であり，２回目のテストの方が全体的に高得点となっているデータの特徴を表していないから。／**適するもの**…平均値　(2)　(例)　上位５人の点数の平均値と10人の点数の中央値との差が，下位５人の点数の平均値と10人の点数の中央値との差よりも大きい。

## 国　語　＜第３回入試＞（50分）＜満点：100点＞

**解　答**

[一] **問１**　①　もんこ　②　ようさん　③　しょうそく　④　おとず(れる)　**問２**　下記を参照のこと。　[二] **問１**　①　ａ　死　ｂ　生　②　ｃ　朝　ｄ　暮　③　ｅ　有　ｆ　無　**問２**　①　知　②　作　[三] **問１**　Ａ　イ　Ｃ　エ　**問２**　エ　**問３**　(例)　琴穂が遅刻したり関係のない話をしたりすることを注意した結果，琴穂がショックを受けて落ちこんでいるのを見て，琴穂を傷つけてしまった自分を責めて後悔している。　**問４**　イ　**問５**　ウ　**問６**　勇気　**問７**　ウ　**問８**　(例)　図書室のメモの主はみなみだということ。　[四] **問１**　①　エ　⑤　ア　**問２**　ぬいぐるみ＝子どもめいたものという誤解　**問３**　エ　**問４**　イ　**問５**　エ　**問６**　客観　**問７**　(例)　大切な友達とゆっくり過ごすことができる　**問８**　(例)　講義を受ける前はぬいぐるみを手放したことを後悔していたが，講義を受けてからは，物理的に離れていても精神的にはいつでもそのぬいぐるみと強く結びついていると考えられるようになったという変化。

●漢字の書き取り

□一 問2 ① 保護 ② 復旧 ③ 公衆 ④ 暖(かい) ⑤ 易(しい)
⑥ 操(り)

# 2022年度　広尾学園小石川中学校

〔電　話〕　(03) 5940－４１８７
〔所在地〕　〒113－8665　東京都文京区本駒込２－29－１
〔交　通〕　都営三田線 ―「千石駅」Ａ１出口より徒歩２分
JR山手線 ―「巣鴨駅」,「駒込駅」より徒歩13分

**【算　数】**〈第１回入試〉(50分)〈満点：100点〉

《注意事項》円周率は3.14として計算してください。

**1** 次の□に当てはまる数を答えなさい。

(1)　$(2637 + 26370 + 263700) \div 999 + \square = 512$

(2)　$(42 - 3.89 \times 2.1) \div \{54 \times (1.4 - 3 \times 0.049)\} = \square$

(3)　$\square - \frac{1}{3} - \frac{3}{5} = \frac{8}{45} \div \left\{(0.5 \times 6) - 8 \div 30 + 1\frac{8}{15}\right\}$

(4)　92，256，368の最小公倍数は□です。

**2** 次の問いに答えなさい。

(1)　縦と横の長さの比が３：７の長方形があります。長方形の縦の長さを20cmのばしたところ，縦と横の長さの比が13：21となりました。このとき，長方形の横の長さを求めなさい。

(2)　次の９つのマス目に異なる整数を入れて縦，横，ななめに並ぶ数の和がすべて等しくなるようにします。ア，イ，ウ，エ，オ，カに入る数をそれぞれ求めなさい。

| | | |
|---|---|---|
| 9 | ア | 4 |
| 5 | イ | ウ |
| エ | オ | カ |

(3)　ＡさんとＢさんは学校から駅に向かって，それぞれ分速 60 m，分速 80 m の速さで同じ方向に歩きます。Ｃさんは駅から学校に向かって分速 70 m の速さで歩きます。３人が同時にそれぞれ学校と駅を出発すると，途(と)中でＢさんとＣさんがすれちがってから２分後に，ＡさんとＣさんがすれちがいました。学校から駅までの距離(きょり)は何 km か求めなさい。ただし，３人は同じ道を通ったとします。

(4)　下図のような正六角形ＡＢＣＤＥＦがあります。辺ＢＣ，ＥＦをそれぞれ三等分した点を点Ｇ，Ｈ，Ｉ，Ｊとします。点Ｈと点Ｊ，頂点Ｂと点Ｉをそれぞれ結んだときの交点をＫとすると，三角形ＫＩＪの面積は正六角形ＡＢＣＤＥＦの面積の何倍か求めなさい。

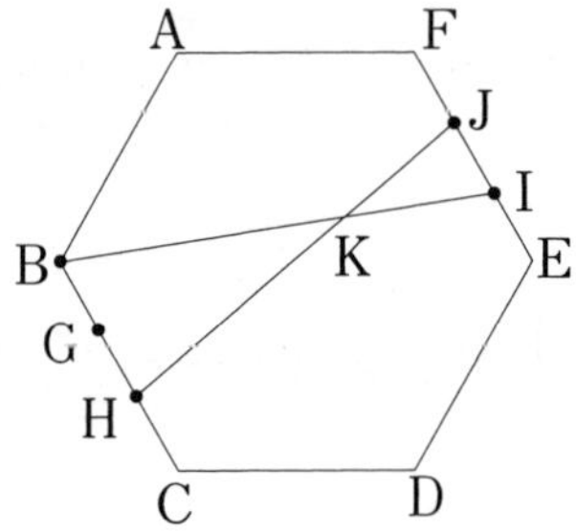


**3**　２つの容器Ａ,Ｂがあります。容器Ａにはこさ 12 ％の食塩水 600 g，容器Ｂにはこさ 10 ％の食塩水 400 g が入っています。
容器Ｂの食塩水の半分を容器Ａに混ぜた後，この容器Ａの食塩水の半分を容器Ｂに入れてかき混ぜました。次の問いに答えなさい。

(1)　容器Ｂに入っている食塩水のこさは何％か求めなさい。

(2)　容器Ｃに８％の食塩水が 800 g 入っています。容器Ｃの食塩水の $\frac{3}{4}$ を容器Ａに入れた後，容器Ｂの食塩水の半分を容器Ｃに入れました。このときの容器Ｃに入っている食塩水のこさは何％か求めなさい。

**4** 図１のような直方体の水そうがあります。この水そうは，底面と２つの側面に垂直な長方形のしきり板によってA,Bの２つの部分に分けられています。しきり板で分けられたAの部分に，じゃ口から一定の割合で水を注いだとき，水を入れ始めてから８分後までのAの部分の水の深さは図２のようになりました。次の問いに答えなさい。ただし，水そうのガラスの厚さとしきり板の厚さは考えないものとします。

(1) １分間に何 $cm^3$ の水を入れているか求めなさい。

(2) Bの部分の水の深さが 4.2 cm になるのは，水を入れ始めてから何分何秒後か求めなさい。

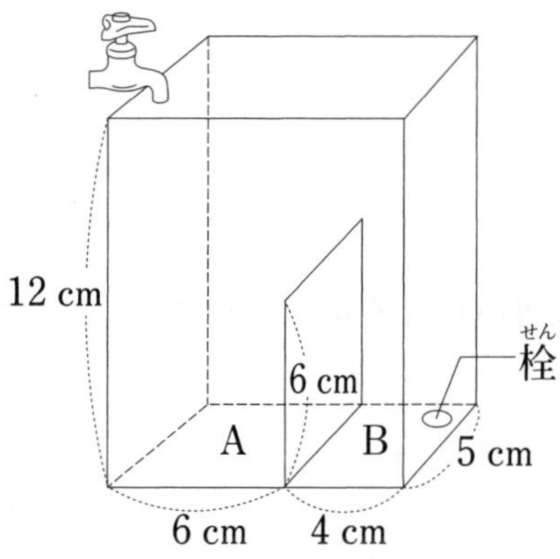

図１

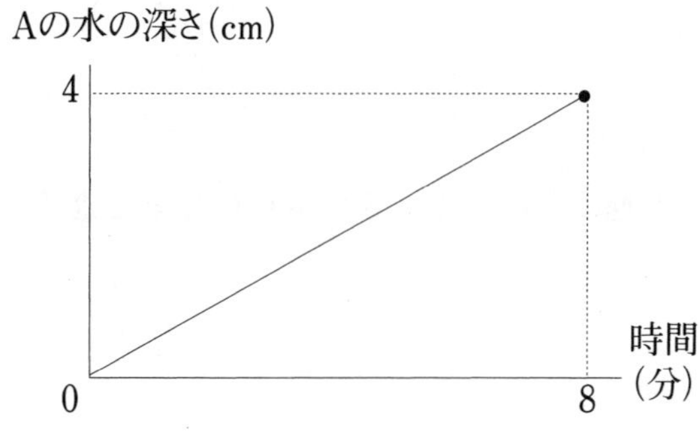

図２

Bの部分がいっぱいになった10分後，Bの部分の栓（せん）をぬいたところ，Aの部分の水の深さは図３のようになりました。

(3) １分間で何 $cm^3$ ぬけているか求めなさい。

(4) この水そうは水を入れ始めてから何分後にいっぱいになるか求めなさい。

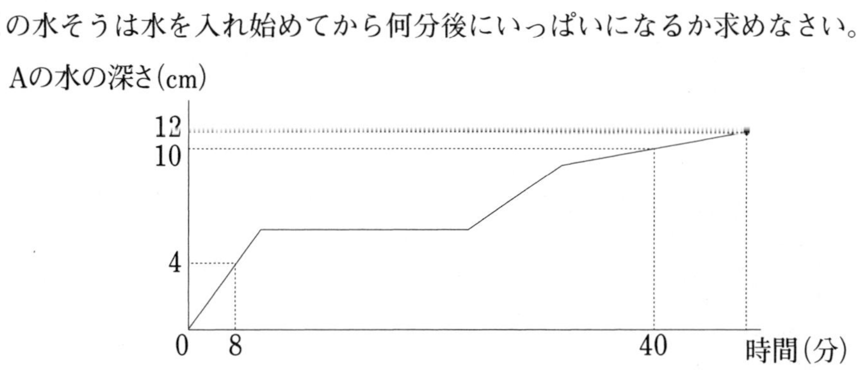

図３

**5** ふくろの中に１～３の数字が書いてあるカードがあります。ふくろの中からカードを１枚取り出し，出たカードに書かれた数字を確認して，ふくろにカードをもどします。この操作をくり返し行うとき，次の問いに答えなさい。

(1) 取り出したカードに書かれた数字だけマス目を進みます。図のようなマス目をスタートから進み，10マス目のゴールで止まるとき，進み方は全部で何通りあるか求めなさい。

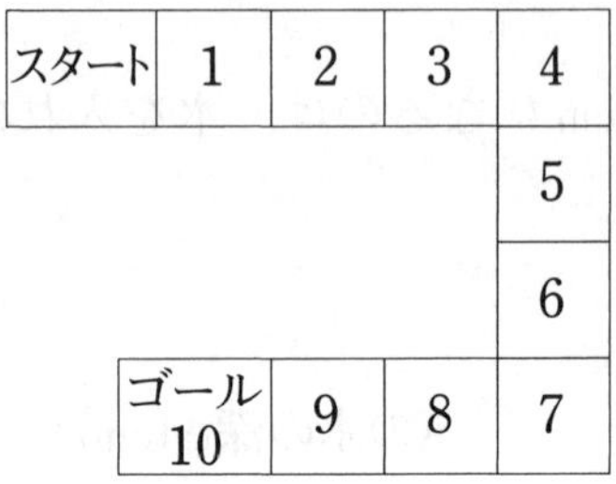


(2) (1)の進み方のうち，６マス目に止まる進み方は何通りあるか求めなさい。

**6** 図１のような正方形と正三角形からなる展開図があります。この展開図は，１辺10 cmの立方体の一部を切り取った立体の展開図です。次の問いに答えなさい。

(1) 組み立てたときに図１と同じ立体になる展開図を下の①～④から選びなさい。

(2) 図１の展開図を組み立てたとき，(ア)と平行な面を(イ)～(カ)から選びなさい。

(3) (2)の立体の体積を求めなさい。

図１

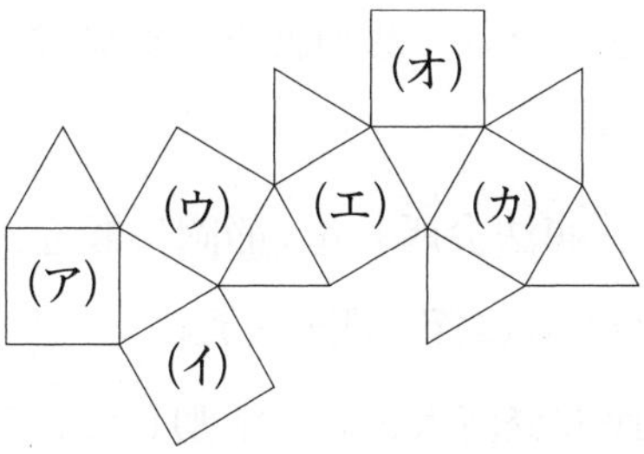


①

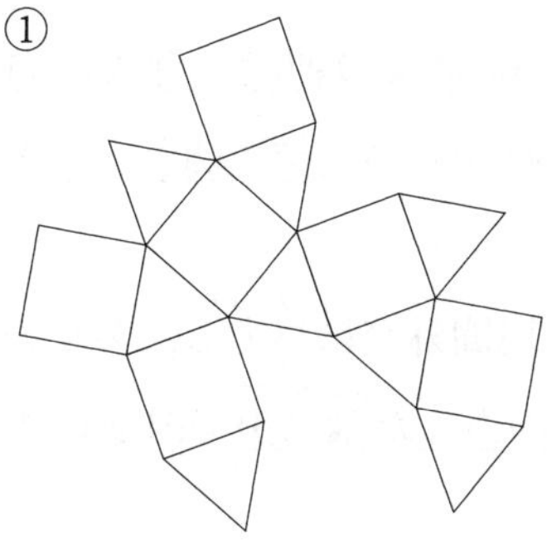

②

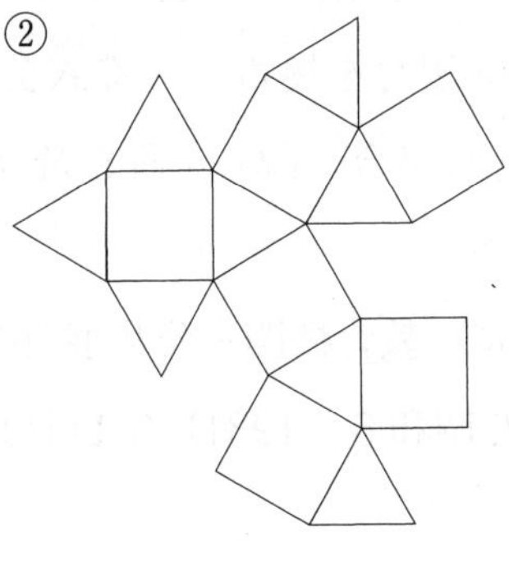

③

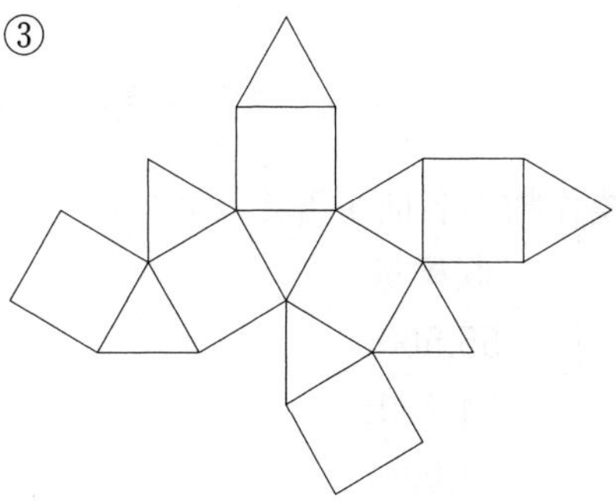

④

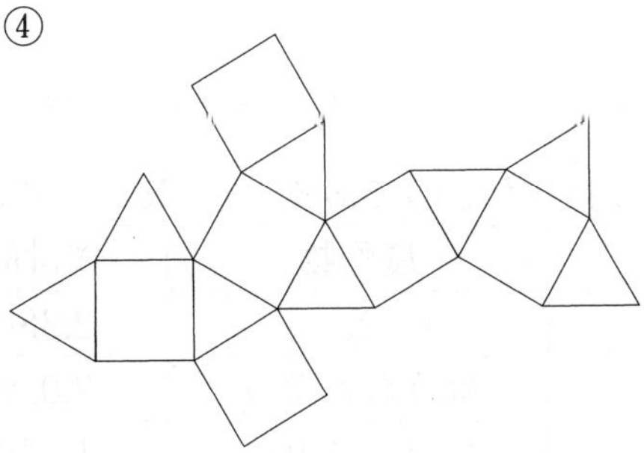

【社　会】〈第１回入試〉（30分）〈満点：50点〉

**1**　次の文章を読んで，あとの問に答えなさい。

渋沢栄一は天保11年２月13日（1840年３月16日），現在の①埼玉県深谷市血洗島の農家に生まれた。

家業の畑作，藍玉の製造·販売，養蚕を手伝う一方，幼い頃から父に学問を学び，従兄弟の尾高惇忠から本格的に中国の昔の書物である「論語」などを学んだ。

「尊王攘夷」思想の影響を受けた栄一や従兄たちは，②群馬県の高崎城乗っ取りの計画を立てたが中止し，③京都へ向かった。

郷里を離れた栄一は一橋慶喜（のちの徳川慶喜）に仕えることになり，一橋家の家政の改善などに実力を発揮し，次第に認められていった。

栄一は27歳の時，15代将軍となった徳川慶喜の弟で，のちに水戸藩主となった徳川昭武に同行しパリの万国博覧会を見学するほか，ヨーロッパ諸国の実情を見聞し，先進諸国の社会の実情を広く知ることができた。

明治維新となりヨーロッパから帰国した栄一は，「商法会所」を④静岡に設立，その後明治政府に招かれ大蔵省の一員として新しい国づくりに深く関わった。

明治６（1873）年に大蔵省をやめたあと，栄一は民間経済人として活動した。そのスタートは「第一国立銀行」の総監役（のちに頭取）であった。

栄一は第一国立銀行を拠点に，株式会社組織による⑤企業の創設・育成に力を入れ，また，「道徳経済合一説」を説き続け，⑥生涯に約500もの企業に関わったといわれている。

栄一は，約600の⑦教育機関・公共事業の支援並びに民間外交に尽力し，多くの人々に惜しまれながら昭和６（1931）年11月11日，⑧自宅のあった飛鳥山で91歳の生涯を閉じた。

（公益財団法人渋沢栄一記念財団ホームページより引用・一部改訂）

問１　下線部①について，次の表は2018年度の埼玉県の主要作物の作付面積の収穫量をあらわしたものである。（　X　）に入る農作物の名前を答えなさい。

| 農作物 | 作付面積 | 収穫量 |
|---|---|---|
| （　X　） | 2,380ha | 55,500t |
| ほうれんそう | 2,020ha | 24,200t |
| ブロッコリー | 1,240ha | 14,000t |

（参考資料：関東農政局「埼玉農林水産統計年報」，「関東農林水産統計年報」）

問２　下線部②について，群馬県について説明した文として，誤っているものを次のア～エの中から１つ選び，記号で答えなさい。

ア．北関東工業地域では工業団地がつくられ，電気機械工場や自動車工場が進出している。

イ．高原(こうげん)野菜の促成(そくせい)栽培が行われ，嬬恋村(つまごいむら)ではキャベツの生産がさかんである。

ウ．昔は養蚕業がさかんで，富岡製糸場(とみおかせいしじょう)は2014年に世界文化遺産(いさん)に登録された。

エ．冬に北西から吹く「からっ風」とよばれる季節風(きせつふう)を防ぐため，防風林(ぼうふうりん)が多くみられる。

問３　下線部③について，次の図のア～エから京都府の地図を１つ選び，記号で答えなさい。

ア．

イ．

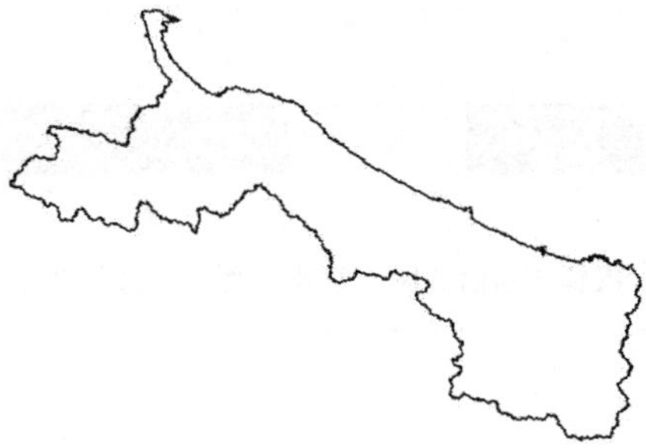

ウ．

エ．

問４　下線部④について，静岡県の製造品出荷額の割合グラフとして正しいものを，次のア～エから１つ選び，記号で答えなさい。

ア．

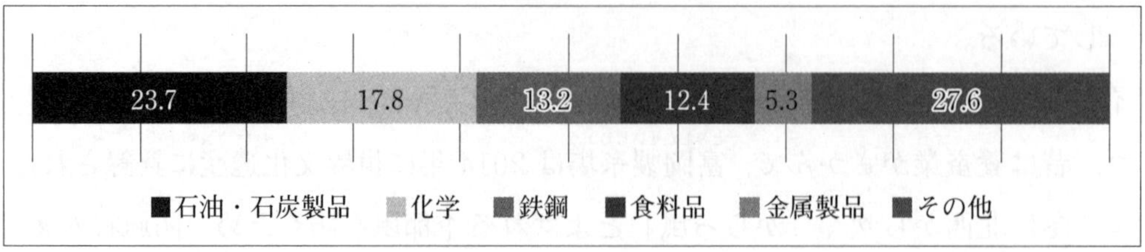


イ．

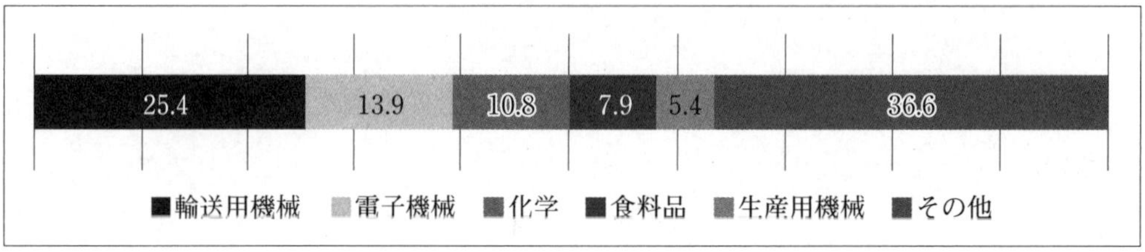


ウ．

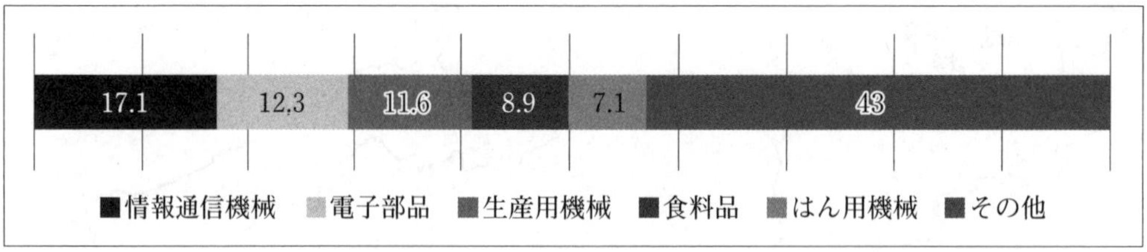


エ．

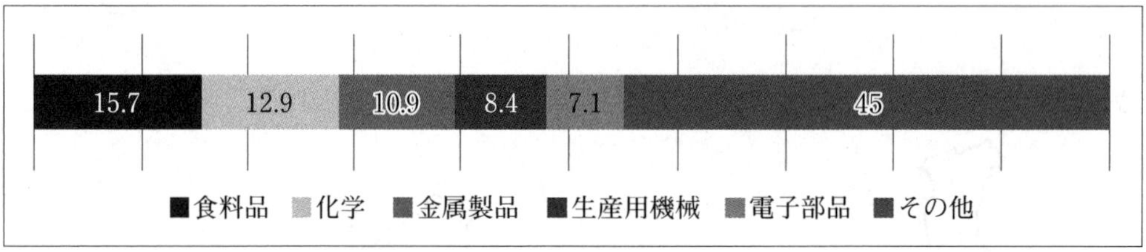


（参考資料：「データでみる県勢 2021」より作成）

問５　下線部⑤について，渋沢栄一の創設した会社に大阪紡績会社（現在の東洋紡）がある。この会社は大阪を代表する川である淀川の河口付近に建てられた。淀川について，次の問に答えなさい。

（１）淀川の水源地となっている日本最大の面積をもつ湖の名前を漢字で答えなさい。

（２）次の図は淀川の水源地となっている湖の周辺の地形図である。地形図から読み取れることとして誤っているものを，次のア～エから１つ選び，記号で答えなさい。

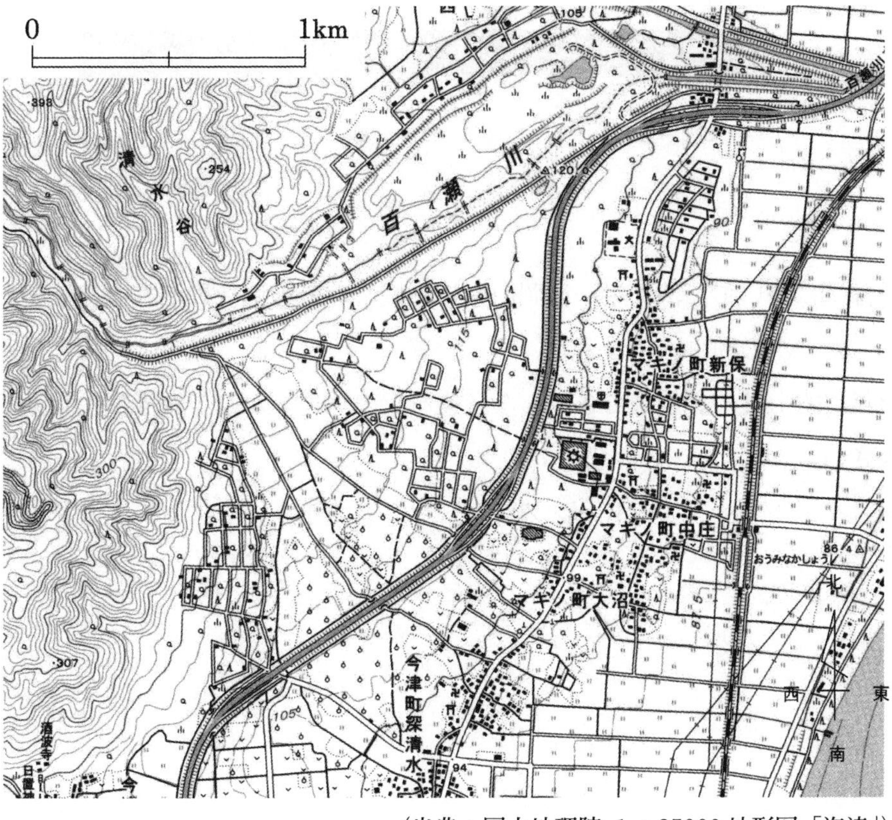


（出典：国土地理院　１：25000 地形図「海津」）

ア．西から東にかけて，なだらかな傾斜になっており，茶畑が広がっている。

イ．中央を走る高速道路の東には集落や田んぼが広がっている。

ウ．中央を走る高速道路の西は広葉樹林と針葉樹林が広がっている。

エ．この地形は川の流れがなだらかになったところに土砂が堆積してできている。

問６　下線部⑥について，渋沢栄一は日本各地の鉄道会社の設立にも関わった。次のグラフは国内の貨物輸送の手段を示したもので，下のグラフのア～エには鉄道，船舶，自動車，航空機のいずれかが入る。このうち，鉄道にあたるものを次のア～エから１つ選び，記号で答えなさい。

輸送機関別の分担率の移り変わり（トンキロベース：トン数に輸送距離をかけた単位）

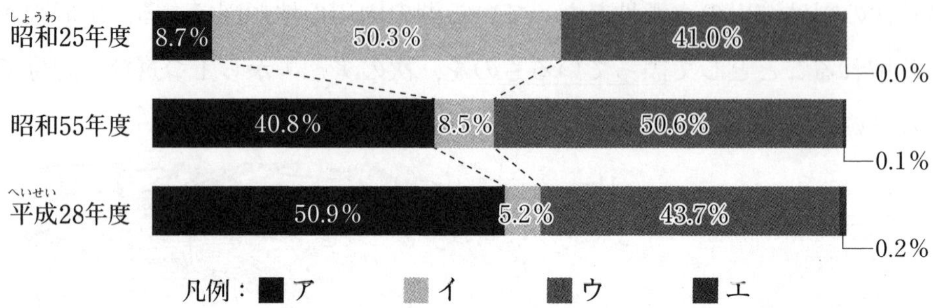


（資料：国土交通省）

問７　下線部⑦について，渋沢栄一は岡山県や愛媛県などの瀬戸内地方の学校創立にも関わった。次の問に答えなさい。

（１）近年，岡山県の倉敷市でさかんな産業を次のア～エから１つ選び，記号で答えなさい。

ア．液晶パネル　　イ．ジーンズ　　ウ．タオル　　エ．まほうびん

（2）瀬戸内地方の雨温図を次のア～エから１つ選び，その理由を下の地図を参考に１行程度で説明しなさい。

ア．

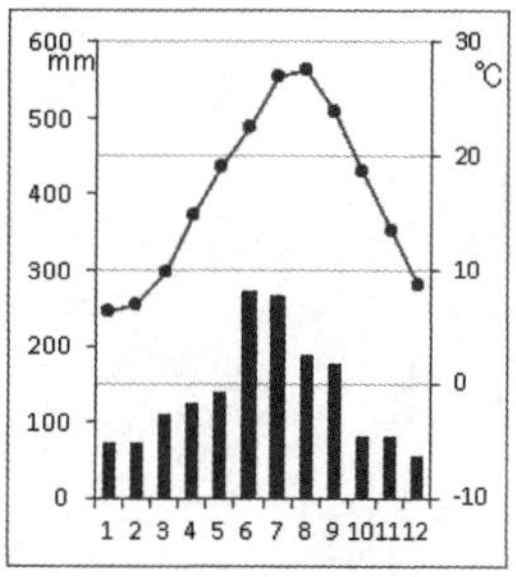


イ．

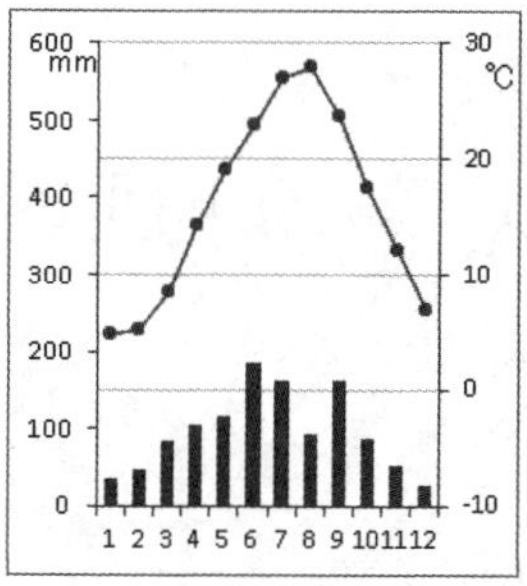


ウ．

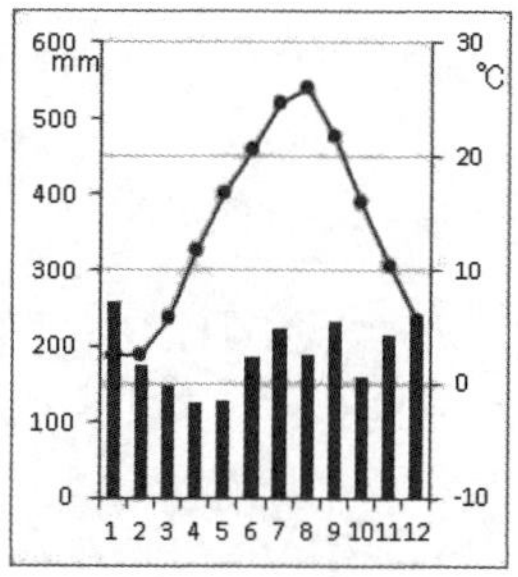


エ．

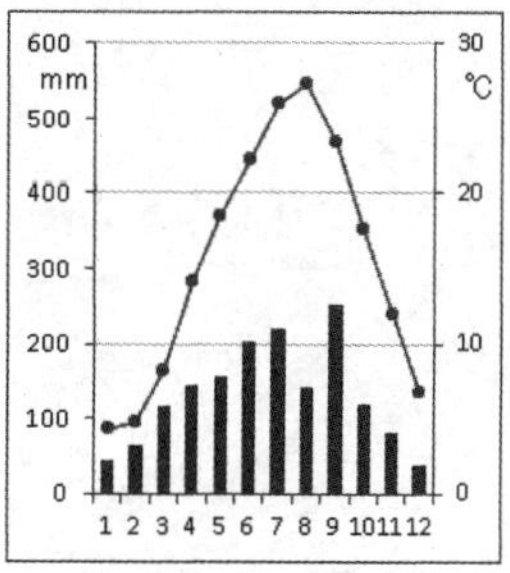


地図

（出典：国土地理院）

問８　下線部⑧について，次の地図は渋沢栄一の邸宅（ていたく）があった飛鳥山の現在の周辺地図である。下の写真が撮影された地点として正しいものを地図上のア～エから１つ選び，記号で答えなさい。

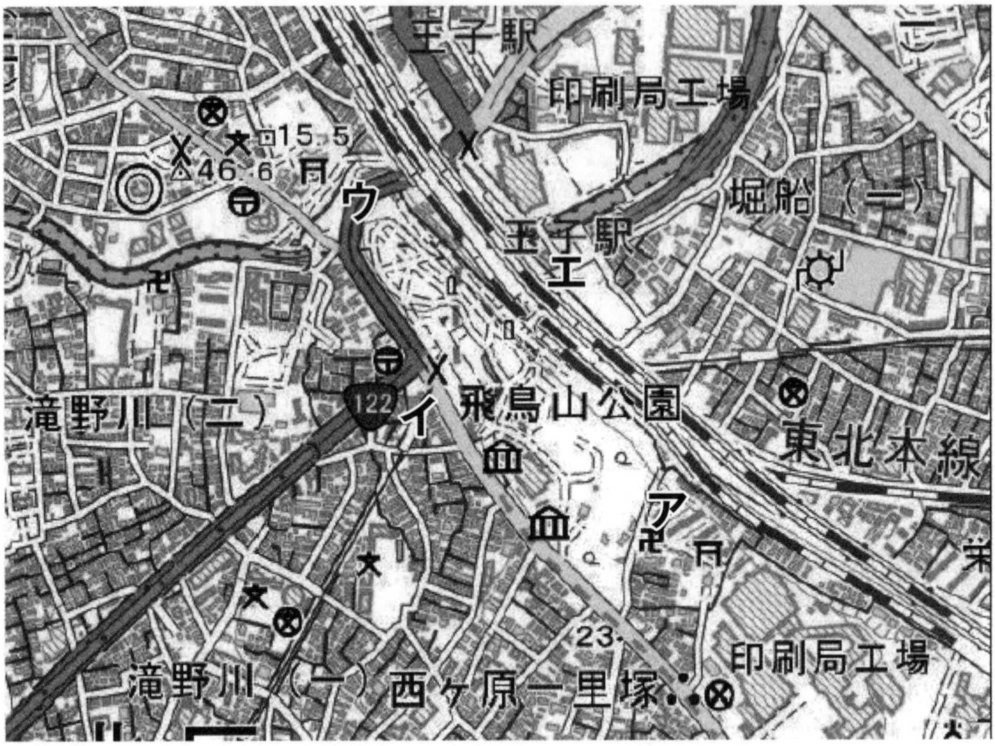


（出典：国土地理院）

写真

（出典：google map）

**2**　次の文章を読んで，あとの問に答えなさい。

石川くんは，社会科の調べ学習で，日本の歴史上の人物を1人選んで調べることになった。そこで，なやんだ結果，石川くんは亡くなって1400年となることを記念して展覧会(てんらんかい)が開かれている聖徳太子について調べることにした。すると，なぜ聖徳太子が今も日本人の間で親しまれているのかがわかってきた。

問１　石川くんはまず，聖徳太子が生きていた時代について調べた。この時代，またはそれ以前の時代についてまとめた文章として誤っているものを次のア～エから１つ選び，記号で答えなさい。

ア．日本は女王を中心とした国としてまとまりつつあり，中国の皇帝(こうてい)から金印を授(さず)けられた。

イ．大きく２つに対立した国を１つにまとめた人物が，中国の皇帝から「日本国王」と呼ばれた。

ウ．有力な豪族たちが次々に巨大な前方後円墳(ぜんぽうこうえんふん)を造って自らの力の強さを示した。

エ．稲作(いなさく)を中心とした農業の技術が著しく発達し，コメが主な税として納められるようになった。

問２　石川くんが聖徳太子について調べてみると，そもそも「聖徳太子」という名前は，この人物を尊敬して表したものであり，本名ではないことがわかった。この人物の本当の名前とされているものを次のア～エの中から１つ選び，記号で答えなさい。

ア．中大兄皇子(なかのおおえのおうじ)　　イ．厩戸皇子(うまやとのおうじ)　　ウ．大海人皇子(おおあまのおうじ)　　エ．大友皇子(おおとものおうじ)

問３　聖徳太子は推古天皇の政治を支え，天皇が政治の中心となる国のしくみを作るために力を尽くした。このために聖徳太子が中心となって作られたのが憲法十七条である。

（1）憲法十七条の内容として誤っているものを，次のア～エから１つ選び，記号で答えなさい。

ア．天皇の命令が出されたら必ずそれに従いなさい。

イ．和を大切にして，人といさかいを起こさないようにしなさい。

ウ．冠(かんむり)の色を十二色に分け，天皇に対する働きによって区別しなさい。

エ．役人はみな，礼儀(れいぎ)を物事(ものごと)の基本として行動しなさい。

（２）聖徳太子がその後の日本で尊敬されるにしたがって，のちの時代の人はその偉大さにあやかろうとした。たとえば鎌倉幕府は，御家人に対する法律を定めるにあたって，条文の数を憲法十七条の17を基準として，それを３倍にした51箇条とした。鎌倉幕府が作り，そののち江戸時代まで続く武家社会の考え方の基本として影響を与え続けたこの法律を何というか。

問４　聖徳太子は，当時天皇の力をもしのぐ勢いを持っていた豪族たちの力をおさえたり，天皇のために協力させようとした。このために聖徳太子がおこなったこととして正しいものを，次のア～エから１つ選び，記号で答えなさい。

ア．もっとも力の強かった豪族の菅原道真を殺害した。

イ．もっとも力の強かった豪族の藤原道長と協力して政治をおこなった。

ウ．もっとも力の強かった豪族の蘇我馬子と協力して政治をおこなった。

エ．もっとも力の強かった豪族の中臣鎌足を殺害した。

問５　聖徳太子がめざした天皇を中心とした政治のしくみは，太子の死から約80年後に完成した。701年に制定された，政治のしくみや裁判の決まりなどを定めた法律を何というか。

問６　石川くんは調べているうちに，天皇を中心とした政治という考えは，19世紀後半に再びさかんに唱えられ，その考え方を持つ人たちが，やがて江戸幕府を倒し，新しい明治新政府を作り出していったことに気づいた。この明治の天皇中心の国づくりの一つの到達点が，憲法十七条と同じ「憲法」の名がついた大日本帝国憲法の制定といえる。大日本帝国憲法についての説明として正しいものを，次のア～エから１つ選び，記号で答えなさい。

ア．この憲法はフランスの憲法を参考にして作られた。

イ．この憲法は国民の言論の自由を制限つきではあるが認めている。

ウ．この憲法では国会を衆議院と参議院の二院制としている。

エ．この憲法では軍は内閣の命令によって行動するものとされていた。

問７　石川君は，聖徳太子が築いた中国との新たな外交関係についても調べた。これについて以下の問いに答えなさい。

（１）607年に聖徳太子が中国に使者を派遣した時に中国を支配していた王朝の名前を，次のア～オから１つ選び，記号で答えなさい。

ア．元　　イ．唐　　ウ．明　　エ．隋　　オ．秦

（２）聖徳太子が中国の皇帝にあてた手紙（国書（こくしょ））には，それまでの日本の中国に対する態度とは明らかに異（こと）なり，天皇と中国の皇帝をともに「天子（てんし）」と呼んで対等にあつかう表現があった。これに対し中国の皇帝は無礼（ぶれい）であるとして怒るが，最終的には受け入れた。なぜ聖徳太子は，天皇と中国の皇帝を対等とする国書を送ったのか。そして中国はなぜそれを受け入れたのか。下の【手がかり】①～④を参考に，それらの理由としてあてはまらないと思うものを【選択肢】ア～オの中から１つ選び，記号で答えなさい。

【手がかり】

①当時の日本は朝鮮半島に勢力範囲を持っていたが，半島を支配する新羅（しらぎ）や百済（くだら）に奪われてしまった。

②天皇を中心として豪族が連合するヤマト政権の構造が，豪族の強大化により崩れつつあった。

③朝鮮半島北部にあった高句麗（こうくり）は当時，強い力を持って領地を拡大しようとして，周辺の国と争っていた。

④日本は中国や朝鮮半島から最新の文化や技術を積極的に取り入れていた。

【選択肢】

ア．日本が朝鮮半島の勢力範囲を回復するため，半島の国々に対して有利な立場に立ちたかったから。

イ．天皇が豪族たちよりも上にあることを示す必要があったから。

ウ．中国が持つ進んだ文化や技術を取り入れたかったから。

エ．中国が高句麗と戦うときに，日本と対立するよりもむしろ利用したほうが良いから。

オ．日本は高句麗と手を結び，朝鮮半島に勢力を拡大したかったから。

問８　聖徳太子が偉大な人物として尊敬される大きな理由の１つに，当時まだ日本に伝わって間もない仏教を広めたことがあげられる。聖徳太子が建てた，現存する世界で最も古い木造建築(もくぞうけんちく)とされているお寺を次のア～エの写真から１つ選び，記号で答えなさい。

ア

イ

ウ

エ

問９　聖徳太子が日本に広めた仏教は，その後，多くの僧によって発展したが，石川くんが調べてみると，聖徳太子が亡くなったちょうど200年後の平安時代初めに，延暦寺(えんりゃくじ)を建てて天台宗(てんだいしゅう)を開いた僧が亡くなっていることに気づいた。この僧を，次のア～オから１人選び，記号で答えなさい。

ア．空海(くうかい)　　イ．鑑真(がんじん)　　ウ．最澄(さいちょう)　　エ．日蓮(にちれん)　　オ．親鸞(しんらん)

問10　下の肖像画は聖徳太子を描いたものであると長く信じられてきたものである。この肖像画をもとにして，聖徳太子は昭和の時代に長く日本の「お札の顔」として採用されていた。明治時代に入り，現在につながるお金の仕組みができて以来，お札には多くの歴史上の偉人が採用されている。石川くんは平成の時代に使われたお札に採用された人物を調べたところ，共通する特徴を発見した。【お札の顔】に挙げられている①～④の人物をもとに，共通する特徴として誤っていると考えられるものを【特徴】のア～エから１つ選び，記号で答えなさい。

【お札の顔】

①夏目漱石

②樋口一葉

③新渡戸稲造

④福沢諭吉

【特徴】

ア．明治時代以後に活躍した人物。

イ．日本の政治の近代化に貢献した人物。

ウ．日本の文化の発展に貢献した人物。

エ．現在も読みつがれる著作をあらわした人物。

**3** 次のＡ～Ｃの文章を読んで，あとの問に答えなさい。

Ａ．第一次世界大戦の反省から，①アメリカ大統領の提案で，1920年に平和のための組織である②国際連盟が設立された。しかし，その力は弱く，第二次世界大戦を防ぐことはできなかった。

1939年から1945年にかけて，ドイツ・イタリア・日本の枢軸国とイギリス・フランス・アメリカ・ソ連などの連合国との間で，第二次世界大戦が起こった。この戦争は連合国の勝利に終わったが，全世界を巻き込み，各国は大きな損害を受けた。

1945年，国際連盟の失敗をふまえ，アメリカ大統領の提案から，平和のための新しい組織として国際連合が成立した。

Ｂ．第二次世界大戦後の世界は，アメリカや西ヨーロッパなどを中心とする資本主義の国々と，ソ連や東ヨーロッパなどを中心とする社会主義の国々とが対立した。米ソが直接戦うことはなかったが，激しく対立したため，この状態は「冷たい戦争（冷戦）」と呼ばれた。

1989年，米ソ首脳によるマルタ会談で冷戦の終結が宣言された。同じ年，東西対立の象徴であったベルリンの壁が崩壊し，東ヨーロッパの国々では社会主義政権がくずれていった。1991年にはソ連が解体してロシア連邦と11の共和国に分かれ，ＣＩＳ（独立国家共同体）をつくった。

冷戦終結後も，各地では戦争が絶えなかった。1991年の③湾岸戦争，1999年のコソボ紛争，パレスチナ紛争など，たび重なる平和への努力も実らず，現在でも世界では戦争や紛争が起こっている。

Ｃ．1945年４～６月，第二次世界大戦の連合国約50か国が，サンフランシスコで会議を開いて国際連合憲章が起草され，戦争終了後の10月に国際連合が成立した。

国際連合は，世界の平和と安全を守り，世界の国々が仲よく発展していくことを進め，世界の人々の人権と自由を尊重し，生活や文化を高めることを主な目的としている。

国際連合のおもな機関は，全加盟国からなる国際連合の最高機関である総会，国際連合の第一の目的である平和と安全を守る仕事をする中心機関である④安全保障理事会などがある。また，⑤各分野の専門機関もあり，経済社会理事会と協力して，経済・社会・教育・保健・交通などで国際協力を進めている。

国際連合はさまざまな課題に取り組んでいるが，平和の実現への取り組みとしては，休戦後の紛争地域で中立の立場で行われる平和維持（いじ）活動が，⑥PKFにより行われている。

問１　下線部①について，このアメリカ大統領は誰か。正しいものを次のア～エから１人選び，記号で答えなさい。

ア．オバマ　　　　イ．フランクリン＝ルーズベルト
ウ．セオドア＝ルーズベルト　　　　エ．ウィルソン

問２　下線部②について，国際連盟についての説明として正しいものを次のア～エから１つ選び，記号で答えなさい。

ア．集団安全保障の考え方に立つ，世界で二番目の国際組織である。
イ．アメリカは議会の反対で参加できず，日本などは途中で脱退（だったい）してしまった。
ウ．会議の取り決めが過半数（かはんすう）を原則としていたため，決定がはやかった。
エ．国際連盟は武力制裁（ぶりょくせいさい）ができたが，武力の行使に制限があった。

問３　下線部③について，湾岸戦争のおこった場所を，地図上のア～エから１つ選び，記号で答えなさい。

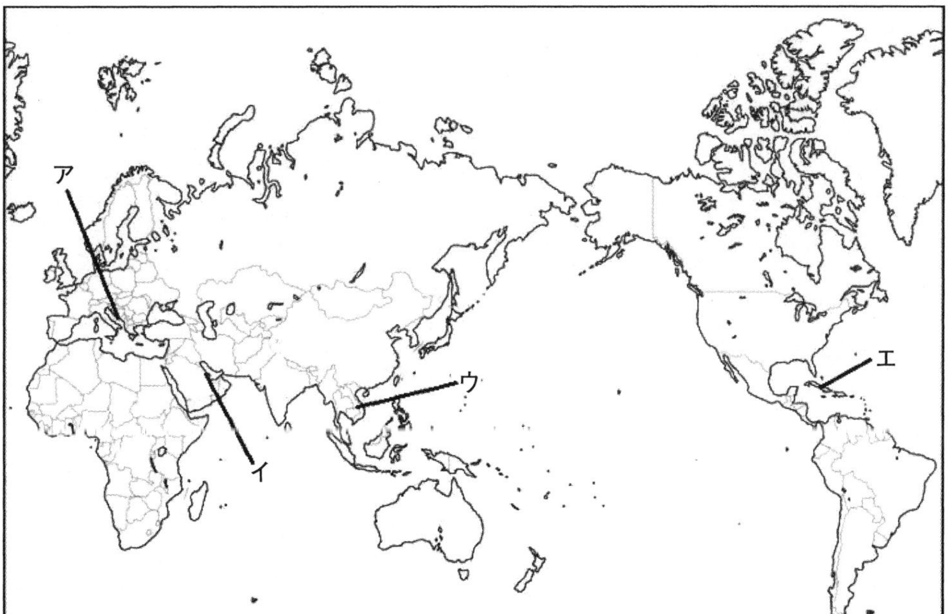

問４　下線部④について，安全保障理事会の常任理事国ではない国を，次のア～エから１つ選び，記号で答えなさい。

ア．中国　　イ．イギリス　　ウ．ドイツ　　エ．フランス

問５　下線部⑤について，次のⅰ～ⅲの説明にあてはまる専門機関の略称をアルファベット大文字で答えなさい。

ⅰ．人々の健康水準を引き上げることを目標とし，医学の研究などを行う機関。

ⅱ．為替相場を安定させ経済危機を防止する機関で，本部はワシントンにある。

ⅲ．教育・科学・文化を通して国際理解を深め，平和を実現しようとする機関。

問６　下線部⑥について，「PKF」の日本での正式な名称を，漢字で答えなさい。

**4**　近年，スマートフォンやタブレット型端末が小学生や高齢者など幅広い年齢層にも普及してきた。さらに新型コロナウイルス感染症の感染拡大でSNS利用の増加も加速している。またSNSユーザーは，大都市部を中心に高齢者を含めた幅広い年齢層で増えつつある。

一方，SNSの弊害も顕在化しており，SNSを利用した誹謗中傷やいじめ，青少年を巻き込む犯罪などが深刻化している。学校や警察では注意を呼びかけているほか，SNSの匿名利用に対する法律による規制に向けた議論も始まっている。

次の資料Ａ～Ｃを参考に，SNSによる犯罪被害を減らすための対策について，自分なりの考えを書きなさい。

資料Ａ　SNSの年齢層別利用率

※単位：%

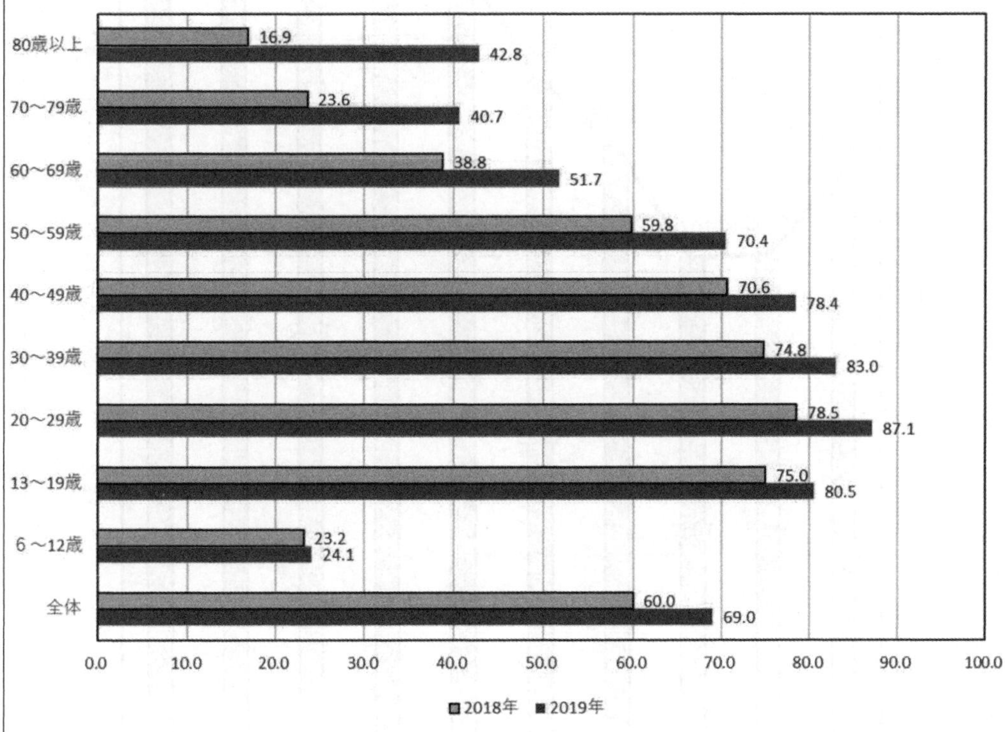


（出典：総務省「令和元年通信利用動向調査」）

資料B　SNSを利用した児童犯罪被害者数の罪種別推移

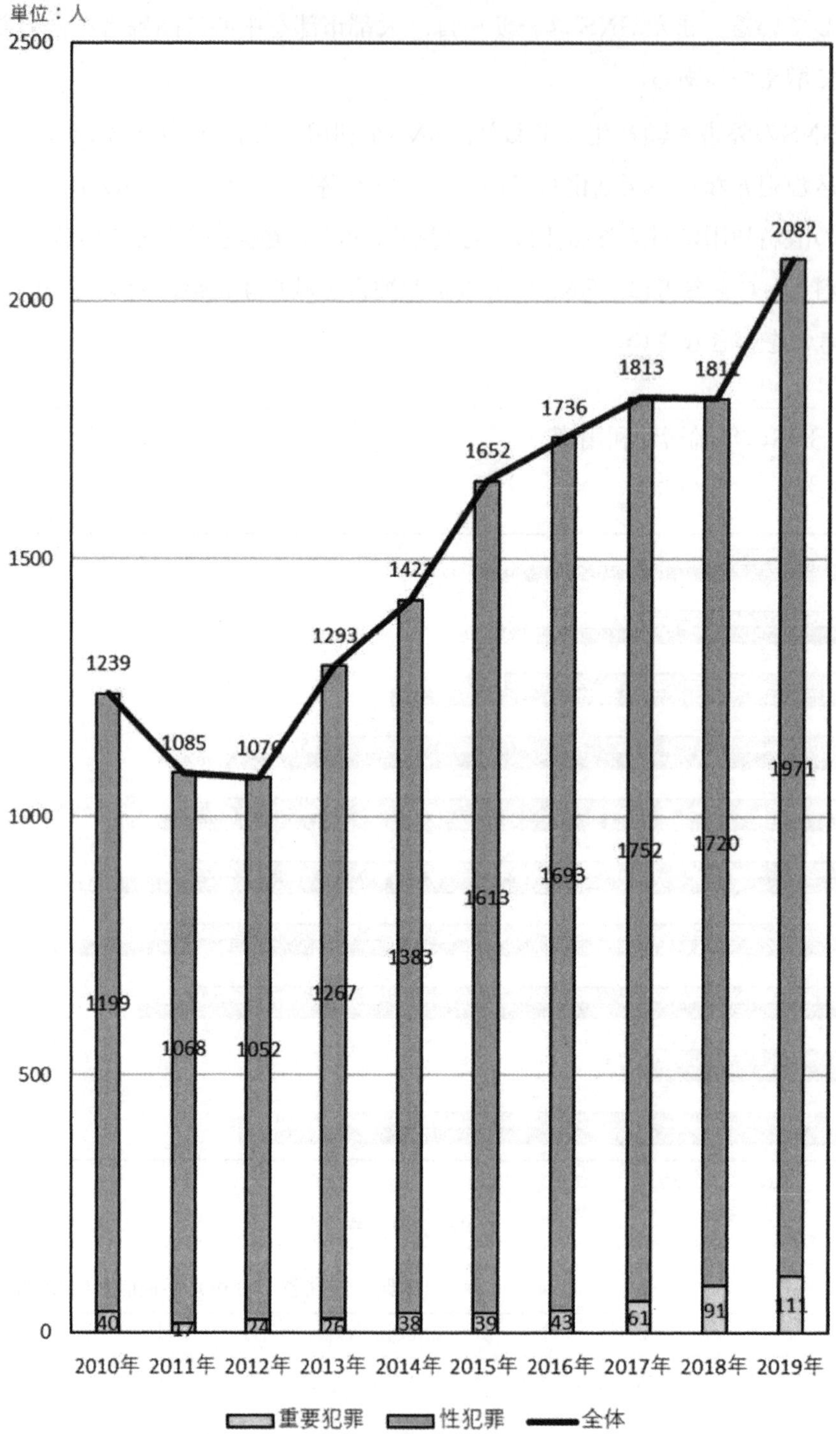


（出典：警察庁「なくそう，子供の性被害。」関係統計）

資料Ｃ　被害児童別の校種別割合（2019年）

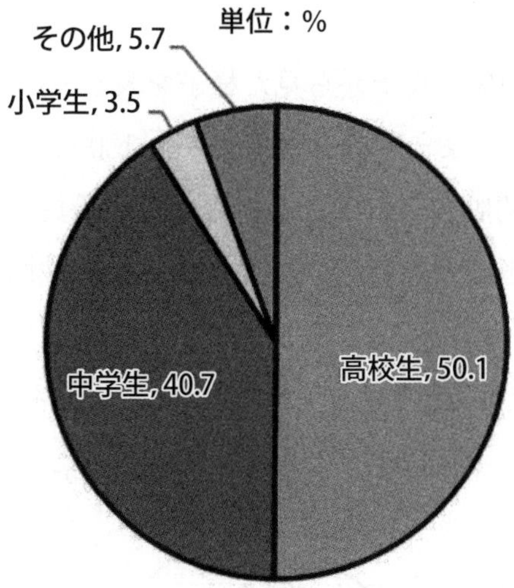


（出典：警察庁「なくそう，子供の性被害。」関係統計）

**【理　科】**〈第１回入試〉(30分)〈満点：50点〉

**1**　音についての観測を行った次の文章を読み，あとの問いに答えなさい。

図１は沖に出ている２隻の船を真上から見た様子を表しています。船Ａは秒速 10 m で岸壁から離れる向きに走っており，船Ｂは岸壁から 1300 m離れたところに停まっています。船Ａが汽笛を３秒間鳴らしたところ，船Ａの乗船員は汽笛を鳴らしはじめてから７秒後に岸壁からの反射音を確認することができ，数秒間反射音を聞くことができました。

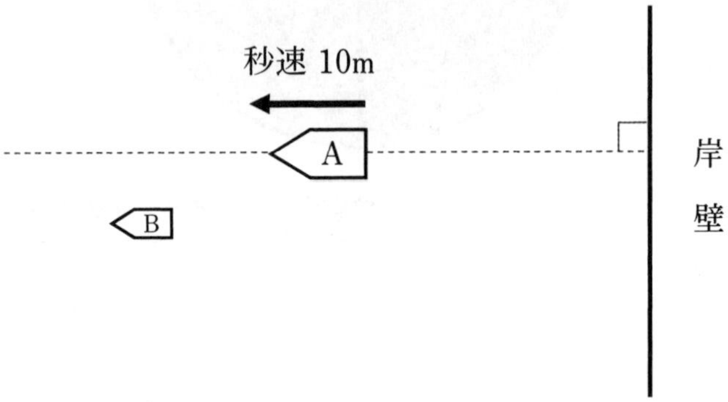


図１

問１　船Ａが汽笛を鳴らしはじめたとき，船は岸から何m離れたところにいましたか。音の速さは秒速 340 mとします。

問２　船Ａが汽笛を３秒間鳴らしたとき，船Ａの乗船員は反射音を何秒間聞くことができましたか。小数第１位まで答えなさい。

問３　問２で聞こえる反射音について述べたものとして，最も適当なものを次のア～オから１つ選び，記号で答えなさい。

ア　船Ａが鳴らした汽笛の音よりも音量は大きく，高い音が聞こえる。

イ　船Ａが鳴らした汽笛の音よりも音量は大きく，低い音が聞こえる。

ウ　船Ａが鳴らした汽笛の音よりも音量は小さく，高い音が聞こえる。

エ　船Ａが鳴らした汽笛の音よりも音量は小さく，低い音が聞こえる。

オ　船Ａが鳴らした汽笛の音と同じ音量，同じ高さの音が聞こえる。

問４　船Ｂの乗船員が観測する船Ａから直接聞こえる汽笛の音はどのように聞こえますか。最も適当なものを次のア～オから１つ選び，記号で答えなさい。

ア　船Ａが鳴らした汽笛の音よりも大きい音が聞こえる。

イ　船Ａが鳴らした汽笛の音よりも小さい音が聞こえる。

ウ　船Ａが鳴らした汽笛の音よりも高い音が聞こえる。

エ　船Ａが鳴らした汽笛の音よりも低い音が聞こえる。

オ　船Ａが鳴らした汽笛の音と同じ音量，同じ高さの音が聞こえる。

問５　船Ｂの乗船員は，船Ａが汽笛を鳴らしたあと，どのような音が観測できると予測できるか述べなさい。

**2**　次の文章を読み，あとの問いに答えなさい。

気体を発生させる実験として，【実験１】，【実験２】を行いました。

【実験１】

アルミニウムの粉末0.6gに塩酸を加えました。次の表はある濃さの塩酸を，量を変えて加えたときの塩酸の体積と発生した気体の体積を記録したものです。

【結果１】

| | | | | | |
|---|---|---|---|---|---|
| 塩酸の体積（$cm^3$） | 10 | 20 | 30 | 40 | 50 |
| 気体の体積（$cm^3$） | 250 | 500 | 750 | 750 | 750 |

【実験２】

亜鉛の粉末0.6gに塩酸を加えました。次の表は【実験１】と同じ濃さの塩酸を，量を変えて加えたときの塩酸の体積と発生した気体の体積を記録したものです。

【結果２】

| | | | | | |
|---|---|---|---|---|---|
| 塩酸の体積（$cm^3$） | 10 | 20 | 30 | 40 | 50 |
| 気体の体積（$cm^3$） | 100 | 200 | 300 | 400 | 400 |

問１　アルミニウムの性質として**適当でないもの**を次のア～エから１つ選び，記号で答えなさい。

ア　薄く広げることができる。

イ　電気をよく通す。

ウ　磁石にくっつく。

エ　水に溶けない。

問２　この実験と同じ気体を発生させることのできる物質の組合せとして最も適当なものを次のア～エから１つ選び，記号で答えなさい。

ア　石灰石に塩酸を加える。

イ　二酸化マンガンにオキシドールを加える。

ウ　水を電気分解する。

エ　チャートに塩酸を加える。

問３　【実験１】において，塩酸にアルミニウムを加える前にしばらく放置したところ，同じ実験結果を得るのに時間がかかりました。このことから考えられることとして，最も適当なものを次のア～エから１つ選び，記号で答えなさい。

ア　アルミニウムが蒸発した。

イ　アルミニウムが空気中の酸素と結びついた。

ウ　アルミニウムが発熱した。

エ　アルミニウムが空気中の水蒸気と結びついた。

問４　【実験１】の結果から，50cm$^3$の塩酸を用いたときに残った物質は塩酸とアルミニウムのうちどちらですか。また，残った量はいくらですか。単位をつけて答えなさい。

問５　この実験を授業中に行ったところ，ある生徒は塩酸50cm$^3$にアルミニウムの粉末と亜鉛の粉末が混ざったもの0.6gを使用してしまいました。この混合物を完全に塩酸と反応させたところ，発生した気体は，575cm$^3$でした。混合物の中にアルミニウムと亜鉛はそれぞれ何gずつ入っていましたか。

**3** 次の文章を読み，あとの問いに答えなさい。

ひろこさんは夏休みに小学校からアサガオの鉢を持って帰ってきました。家族と「何色のアサガオが咲くのかな」と話していたところ，おばあちゃんが「アサガオは江戸時代に園芸ブームが起きて，『これが本当にアサガオなの？』と驚いてしまうような変化咲き（写真）のものがたくさん登場したのよ。今でも入谷の朝顔まつりなど，全国各地で変化咲きの朝顔を見ることができるよ。」と教えてくれました。そこで，アサガオについて調べてみることにしました。

写真

問１　アサガオと同じく夏に花を咲かせる植物として最も適当なものを，次のア～エから１つ選び，記号で答えなさい。

ア　アヤメ　　イ　ケイトウ　　ウ　サザンカ　　エ　アブラナ

問２　アサガオの葉の約半分をアルミニウムはくでおおって光をさえぎり，直射日光の当たる場所で６時間放置しました。湯せんで温めたエタノールの中で葉を脱色処理した後，薄めたヨウ素液で染色したところ，アルミニウムはくで（　①　）部分は濃く染まり，アルミニウムはくで（　②　）部分は染まりませんでした。また，アサガオの斑入りの葉（緑と白のまだら模様の葉）で同様の実験を行ったところ，アルミニウムはくで（　③　）の部分だけが濃く染まりました。

文章中の（　　　）にあてはまる語句の組み合わせとして，最も適当なものを次のア～クから１つ選び，記号で答えなさい。

| | ① | ② | ③ |
|---|---|---|---|
| ア | おおった | おおわなかった | おおった側の緑 |
| イ | おおった | おおわなかった | おおった側の白 |
| ウ | おおった | おおわなかった | おおわなかった側の緑 |
| エ | おおった | おおわなかった | おおわなかった側の白 |
| オ | おおわなかった | おおった | おおった側の緑 |
| カ | おおわなかった | おおった | おおった側の白 |
| キ | おおわなかった | おおった | おおわなかった側の緑 |
| ク | おおわなかった | おおった | おおわなかった側の白 |

問３　花の形成は図１のようなＡ，Ｂ，Ｃの３つの因子によって調節されています。本来がく片が生じる１番外側の領域を領域１，内側に向かって順番に花弁，おしべ，めしべが生じる領域を２，３，４とします。花とそれらの配置を模式的に表すと，図１のように領域１ではＡの因子のみ，領域２ではＡとＢ，領域３ではＢとＣ，領域４ではＣのみがはたらいていることになります。

アサガオにおいても同様の花の形成が見られることがわかっています。一般的なアサガオを模式的に表すと図２のようになります。

アサガオには「牡丹」とよばれる花の形成に異常があるものが平賀源内によって記録されています。牡丹は図３のように，おしべの代わりに花弁が，めしべの代わりにがく片が形成されます。最近では図４のようなおしべの代わりにめしべが，花弁の代わりにがく片が形成される「無弁花」とよばれる変異体も見つかっています。これまでの研究から，「牡丹」ではＣの因子が，「無弁花」ではＢの因子が機能していないことがわかっています。

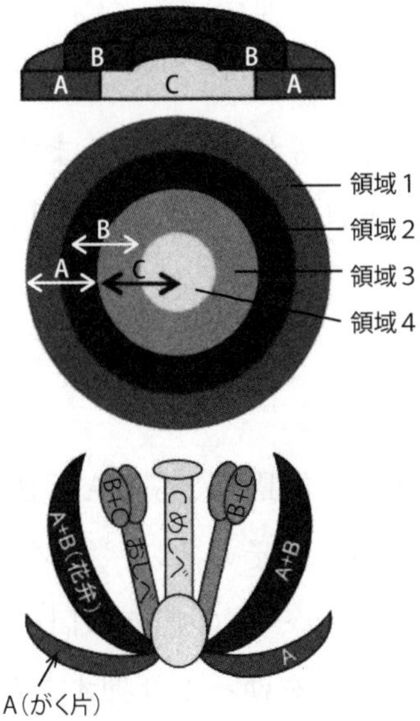


図１

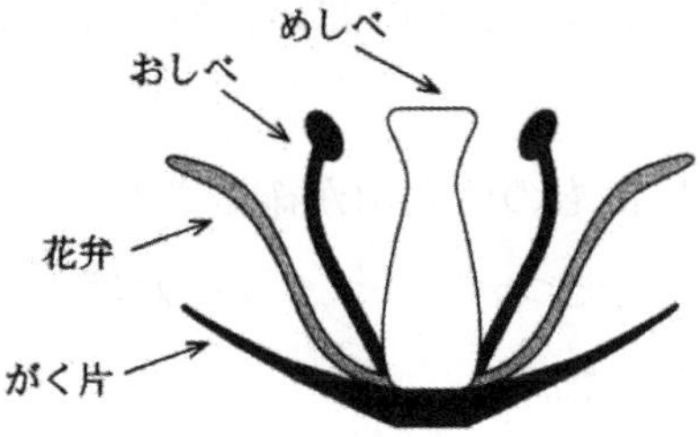


図２　一般的なアサガオ

図３　牡丹

図４　無弁花

アサガオでは図５のように花の全てが，がく片となる品種が存在します。また，明治時代には図６のように花弁の代わりにおしべが，がく片の代わりにめしべが形成される「枇杷(びわ)咲き」と呼ばれる品種が記録されています。図５や図６の品種はそれぞれにおいてＡ～Ｃのどの因子の機能が失われていると考えられますか。機能が失われていると考えられる因子の組み合わせとして最も適当なものを次のア～オから１つ選び，記号で答えなさい。

ア　Ａ　　イ　ＡとＢ　　ウ　ＢとＣ　　エ　ＡとＣ　　オ　ＡとＢとＣ

図５　変異体Ｘ

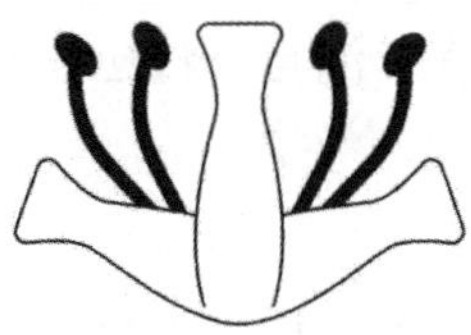

図６　変異体Ｙ

**4** 次の文章を読み，あとの問いに答えなさい。

世界には1548山もの活火山が確認されており，そのうちの約７％が日本にあります。

この火山の形成について，マグマのねばり気と火山の形に着目し，【実験１】～【実験３】を行いました。

【実験１】

火山のつくりを調べるために，マグマに見立てた，小麦粉と水を混ぜたものＡ，Ｂ，Ｃを用意し，図１のように，地表を模した穴の開いた板を用意し，その穴に，マグマの通り道を模したゴムチューブを取り付けました。このゴムチューブの他方の口に，小麦粉と水を混ぜたものをいれたシリンジを取り付け，ピストンをゆっくり押すことでマグマがふん出する様子を再現しました。Ａ，Ｂ，Ｃの小麦粉と水の量はそれぞれ表のとおりです。

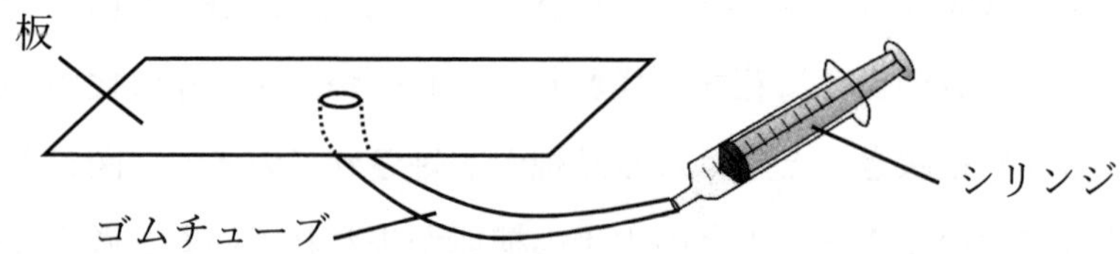


図１

| | 小麦粉 | 水 |
|---|---|---|
| A | 100g | 150g |
| B | 100g | 100g |
| C | 100g | 50g |

表：混ぜ合わせる小麦粉と水の質量

【結果１】

小麦粉と水を混ぜたものＡ，Ｂ，Ｃがそれぞれ板の上に流れ出しましたが，ＡとＢは似た形になり，ＣはＡ，Ｂとは異なる形になりました。

問１　表のＣを用いて【実験１】を行ったときにできる様子として，最も近いものを次のア～ウから１つ選び，記号で答えなさい。

ア　うすく広がった

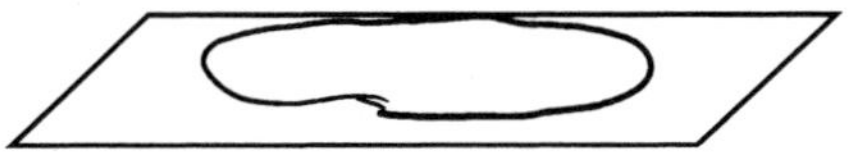

イ　あまり広がらず，盛り上がった

ウ　広がり，盛り上がった

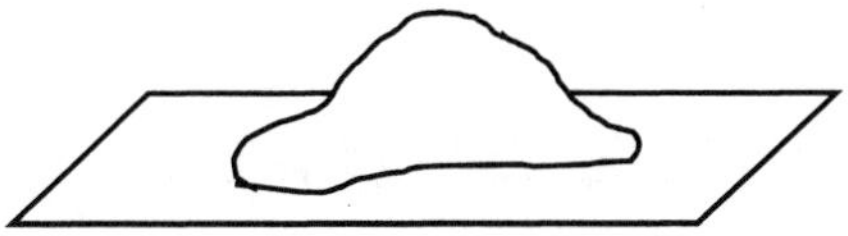

【実験２】

火山は長い年月の間に何度もマグマのふん火をくり返し，形成されるということが知られています。そこで，火山のつくりをより忠実に再現するために，表のＡ，Ｂ，Ｃをシリンジに入れ，激しいマグマのふん火を再現するために，勢いよくピストンを押して小麦粉と水を混ぜたものをふん出させ，20分間自然乾燥させた後，同じように勢いよくピストンを押して２回目のふん火を再現しました。これを何度かくり返し，そのときできた山の様子を観察しました。

【結果２】

・Ａはうすく広がり，【実験１】のときと比べると高い山ができました。
・ＢはＡよりも高い，円錐状の山ができました。
・Ｃはふん火の回数をくり返すごとに山が大きくなっていきましたが，溶岩に模した小麦粉と水を混ぜたものは出にくかったです。

火山がふん火したときのふん出物に着目して，【実験３】を行いました。

【実験３】

小麦粉を水と混ぜずにシリンジに入れ，【実験２】と同じようにピストンを強く押すことで小麦粉をくり返しふき出しました。

【結果３】

円錐型の山ができました。

問２　【実験３】で用いた，水と混ぜなかった小麦粉は何を模したものか答えなさい。

問３　【実験１】～【実験３】の結果から，成層火山のつくりについての考察として，最も適当なものを次のア～エから１つ選び，記号で答えなさい。

ア　成層火山はマグマの粘り気が少なすぎず，多すぎなければふん火が起こったときに必ずできる。

イ　成層火山は激しいふん火とマグマの流出をくり返すことで層状に積み重なってできている。

ウ　激しい爆発をともなうふん火があれば必ず火山ができる。

エ　成層火山は，ほかのどの種類の火山よりも高い。

問４　一般的に円錐型になる成層火山の岩石は，マグマの粘り気の関係から，安山岩質の火山と言われています。この安山岩と同じ結晶のつくりができる条件を調べるために，マグマに模した60℃の濃いミョウバンの水溶液を入れたペトリ皿を用意し，ア～エのように冷やし方を変えて結晶のつくりを観察しました。このとき，安山岩と同じような結晶のつくりになるものとして最も適当なものを次のア～エから１つ選び，記号で答えなさい。

ア　氷水で冷やし続ける。

イ　温度を25℃に保った部屋に放置する。

ウ　氷水で急激に冷やし，結晶ができ始めたら氷水からあげて，温度を25℃に保った部屋に放置する。

エ　温度を25℃に保った部屋に放置し，結晶ができ始めたら氷水で急激に冷やす。

**5**　次の状況のとき，あなたはどのように対処するか説明しなさい。

震災が起こったとき，電気やガス，水道，スマートフォンなどの通信機器といったライフラインが途絶え，それらの復旧には１～２週間，場合によっては数か月の時間を要することがあります。

ある日，大きな震災が起こったときに近くの学校の体育館にしばらく避難することになりました。食料に関しては十分に備蓄がありますが，ライフラインの復旧には２週間かかる状況のとき，避難生活をより快適なものにするために，身の周りの物を材料にして道具を作るとしたら，あなたは，**どのような目的で，何を用いて，どのような道具を作りますか**。ライフラインを用いなければどんな材料を用いてもかまいません。また，その道具の説明の際に，イラストを用いて説明してもかまいません。

問四　――線③「日本人は不可解だというイメージ」とありますが、それはどのようなことから生じるものですか。ふさわしくないものを次から一つ選び、記号で答えなさい。

ア　日本人にとって断ることときっぱりと断ることとは違うから。
イ　日本人の否定は肯定に転じる可能性を持っているから。
ウ　日本人はイエス、ノーをはっきりと区別していないから。
エ　日本人は否定か肯定かわからないと勝手にどちらかに決めて行動するから。

問五　――線④「矛盾」の意味として最もふさわしいものを次から一つ選び、記号で答えなさい。

ア　二つのことを一つのものでまかなうこと。
イ　二つのことが論理的に合わないこと。
ウ　一つの言葉で二つの意味をもつこと。
エ　一つのことだけが他とかみ合わないこと。

問六（Ⅰ）（Ⅱ）に入る語の組み合わせとして最もふさわしいものを次から一つ選び、記号で答えなさい。

ア　Ⅰ　イエス　Ⅱ　イエス
イ　Ⅰ　イエス　Ⅱ　ノー
ウ　Ⅰ　ノー　Ⅱ　イエス
エ　Ⅰ　ノー　Ⅱ　ノー

問七　――線⑤「外国人とのあいだにまた誤解が生じる」とありますが、それはどのような誤解ですか。十五字以上二十以内で答えなさい。

問八　――線⑥『あらためてイエスとノー、「はい」と「いいえ」をきっぱりといいきる言語習慣を身につける必要があるのではなかろうか』と筆者は述べていますが、その理由を、本文中の表現を用いて、四十字以上五十字以内で答えなさい。

問一　[A]～[D]に入る語の組み合わせとして最もふさわしいものを次から一つ選び、記号で答えなさい。

ア　A　つまり　B　なぜなら　C　ところが　D　すると
イ　A　ところが　B　なぜなら　C　すると　D　つまり
ウ　A　なぜなら　B　つまり　C　すると　D　ところが
エ　A　すると　B　つまり　C　ところが　D　なぜなら

問二　――線①『日本人は「はい、ありません」と答える』とありますが、その理由として最もふさわしいものを次から一つ選び、記号で答えなさい。

ア　イエスとノーの使い方に慣れていないから。
イ　きっぱりと否定すると外国人との間でトラブルが起こるから。
ウ　主体的に考えた結果、肯定すべきだと思うから。
エ　相手のことを考えた結果、肯定すべきだと思うから。

問三　――線②「日本人はどうもそれが苦手なのだ」とありますが、その理由として最もふさわしいものを次から一つ選び、記号で答えなさい。

ア　一応断っておいて、徐々にこちらの否定の意志を感じとらせようとするから。
イ　日本人にとっては「断る」ことが必ずしも否定を意味してはいないから。
ウ　はっきりと断って相手につれないと思われたらやりきれないから。
エ　断るところから新たな人間関係が築かれ、仕事がうまくいくと考えるから。

「会話のあいだじゅう、うなずいているのが日本人、けっして首を動かさないのが中国人ですよ。それですぐわかるんです」

いわれてみれば、たしかにそうである。日本人は相手が何かを言明しないうちから、もううなずいている。しかし、それはかならずしも相手の意見に賛同しているわけではない。「私はあなたのいうことを、ごらんのように傾聴していますよ」といっているにすぎないのだ。したがって、日本人のうなずきは肯定とはかぎらない。そこで⑤外国人とのあいだにまた誤解が生じる。

「ノー」にあたる日本語が「いいえ」なら、「イエス」は「はい」とか「ええ」ということになる。だが、この肯定の表現も否定の言葉と同様に「きっぱりとした肯定、ないし同意」とはかぎらない。日本人は肯定においてもきわめてあいまいで、否定の余地をかならず残しておくのである。「はい」「はい」といいながら、相手のいうとおりに行動しないということは、日本人ならざらにあることではないか。日本人は約束を守らない、ずるい、といったイメージは、日本人のこのような肯定のあいまいさにも起因しているのだ。

考えてみると、生きるということは肯定と否定から成り立っているといえよう。人生とは肯定と否定とで織り出されている行為の集積なのである。だとすれば、その肯定と否定とが、ともにあいまいであるということは、その人の人生そのものがあいまいということになろう。日本人が地球社会で生きてゆくためには、そして、各人がメリハリのある人生を送りたいというのなら、この際、⑥あらためてイエスとノー、「はい」と「いいえ」をきっぱりといいきる言語習慣を身につける必要があるのではなかろうか。

〔森本哲郎『日本語　表と裏』（新潮文庫）による〕

注１　スローガン　…（ある団体の）主義・主張などを簡潔に言い表した言葉。
注２　鼓舞　………そうすることの意義を改めて強調し、意気を奮いたたせること。
注３　婉曲　………表現が直接的ではなく、遠回しなこと。

[C]、こうしたスローガンが立派に通用し、社員を鼓舞（こぶ）[注2]しているところを見ると、日本人の否定は完全な否定ではなく、あくまで一応の否定であって、その否定はいつか肯定に転じる可能性を持っていることが、わかる。別言すれば、日本人にとってきっぱり断ること、最後まで「ノー」といいつづけること、それがいかに困難であるか、この標語が見事にいい当てているのである。

このように、日本人は完全な否定を言明することをためらい、つねにいくばくかの肯定の余地を残すのを美徳と考えるから、外国人とのあいだでしばしばトラブルが起きる。たいていの民族は、否定は否定、肯定は肯定と、それこそイェス、ノーをはっきりと区別している。否定だか肯定だかわからないと、いらいらし、勝手にどちらかにきめて行動する。[D]日本人はびっくりして、じつはそうではないんです、などと訂正する破目になる。外国人のあいだで通念のようになっている③日本人は不可解だというイメージは、このような日本人の否定のあいまいさに大半を負うている。

そのいい例が「結構です」という慣用語であろう。この場合の「結構」というのは「申し分のない」「たいへんよい」という意味であるが、同時に拒絶の意志を表明する際にも用いられる。この場合は、「自分はこのままで充分満足しているので、これ以上は望みません」ということであり、「結構」本来の意味とけっして④矛盾した表現ではないのだが、「いかがですか?」と何かをすすめられ、「結構です」（ヴェリイ・グッド）といえば、外国人ははっきりとした肯定と受けとるにちがいない。

では、なぜ日本人はそのようなあいまいな否定の表現を使うのか。きっぱりと断るのをよしとしないからだ。肯定とか否定というのは、あくまで主体の意志や判断について言明されることなのであるが、日本人はその際にも相手とのかかわりあいで使い分けられるのである。「結構」とは「充分に満足すべき状態」を意味し、したがって、それが相手のことがらについて用いられるときには「すばらしい」の意になり、自分について使うときには「充分満足しているのだから、これ以上は望まない」という婉曲（えんきょく）[注3]な拒絶の意となる。だから「結構です」といえば「（　Ⅰ　）」であり、「結構ですね」というと「（　Ⅱ　）」となる。「結構ですね」と「ね」を加えると、それは相手についての言明になるからである。つまり、それは「あなたの申し出は結構なことですね」ということであり、したがって、「遠慮なく頂戴（ちょうだい）いたしましょう」ということになるのだ。

長く日本に住んでいるベルギー人の神父で言語学者でもあるグロータース氏が、笑いながら私に教えてくれたことがある。中国人と日本人は話しているところを見れば、すぐに区別がつく、というのである。

「どんな点で区別できるのですか」ときくと、グロータース氏はこういった。

四　次の文章を読んで、後の問に答えなさい。

「あなたはロンドンへ行ったことはありませんか?」ときかれると、行ったことがない場合、①日本人は「はい、ありません」と答える。しかし、英語でもフランス語でもドイツ語でも「いいえ、行ったことはありません」と答えなければならない。なぜなら、行ったことがないのだから「ノー」なのである。［A］、イエスかノーかの返事はあくまで自分の意志なり行動なりについていうわけであって、この意味できわめて主体的である。

それに対して、日本人はつねに相手のことを考える。相手が「……ではありませんか」ときいているのだから、その相手に対して、イエスと肯定すべきだと思うのだ。だから英語などの会話で日本人にとって何よりもむずかしいのは、こうしたイエスノーの使い方である。

じっさい、日本人にとって、いちばん使いにくい言葉は「ノー」なのである。むろん、日本人も「いいえ」とか「いや」とかいうが、どんな否定の言葉も、「ノー」のように、はっきりしていない。「ノー」というのは、きっぱりと否定することである。はっきりと断ることでもある。ところが、②日本人はどうもそれが苦手なのだ。げんに「きっぱりと断る」というような表現がその間の心情をよく語っている。

断るというのは、そもそも「はっきりと断る」ことではないか。それなのに、「きっぱり」とか「はっきり」などという限定詞をつけるのは、日本人にとって「断る」ということが「きっぱり」「はっきり」した否定を意味していないということを語っている。もし、そんなふうにきっぱり断ったなら、相手はつれないと思うだろう。「すげなく断られた」と思われるにちがいない。そんなふうに思われたらやりきれないので、まずは、一応断っておくのだ。つまり、いくばくかの可能性を残しておくわけである。そして、徐々に相手にこちらの否定の意志を感じとらせるというやり方を取る。

ある販売会社の壁(かべ)に、こんな標語が貼(は)ってあるのを見かけた。「セールスは断られたときに始まる」。それを見て私は、あっぱれな精神！と大いに感心したのだが、同時に、なんと日本的なスローガン[注1]だろうか、と思った。［B］、この標語は「日本人にとって断るということは、けっしてきっぱり断ることではない」といっているように思えたからである。もし断ることが、きっぱり断るのと同義であるなら、こんな標語は成り立つわけがない。いくら説得しても、客は最後まで「ノー」というであろうからだ。

問五　――線⑥「その瞬間、俺は胸の中がひんやりした。自分でも驚くくらい身体の底までが冷たくなった」とありますが、このときの「俺」の心情として最もふさわしいものを次から一つ選び、記号で答えなさい。

ア　桝井が口にした言葉は、あまりにも冷静な分析であり、余計な口をはさめないと感じた。
イ　桝井が発した言葉は、駅伝のメンバー全員の思いを無にするもので、他を寄せつけないものを感じた。
ウ　桝井の発した言葉は、上原を傷つける最悪の言葉だと感じ、身も心も縮む思いがした。
エ　桝井が口にした言葉は自分もうすうす感じていて、その考えを代弁してくれたという思いがした。

問六　――線⑦「お前には影はないのかよ」とありますが、「影」とは具体的に何を指していますか。本文中から五字でぬき出しなさい。

問七　――線⑧「どう説明したって、ジローにはわからない。そして、ジローにはわかる必要なんてないのだ」とありますが、この表現からどのようなことが分かりますか。最もふさわしいものを次から一つ選び、記号で答えなさい。

ア　ジローの気楽さをうらやんでいる。
イ　ジローの無神経さを馬鹿にしている。
ウ　ジローのがさつさをねたんでいる。
エ　ジローの陽気さを内心では認めている。

問八　――線⑨「こんなに優しい中学生を初めて見たなと思って」とありますが、それはなぜですか。その理由として、最もふさわしいものを次から一つ選び、記号で答えなさい。

ア　自分のことを心配してくれて待っていてくれたから。
イ　みんなの不安な気持ちを一人で抱え込んでいるから。
ウ　日が沈むまで一時間もうろついていたのを見ていたから。
エ　普段は皮肉や嫌味を言っているのにしおらしくしているから。

問九　この文章の視点人物（語り手）は誰ですか。本文中に登場する人物名で答えなさい。

問一　――線①「もっと落ち着いて堂々としていよう。でも、人を待たせるのはだめだろう。いや、そんなことを気にするってどうなんだ」とありますが、この部分の表現の特徴の説明として、最もふさわしいものを次から一つ選び、記号で答えなさい。

ア　「でも」や「いや」など、逆接や否定のことばを重ねて使うことによって、「俺」自身の戸惑いの心理を表現している。

イ　臨場感あふれる話しことばを使用することによって、「俺」のやり場のない怒りの感情を表現している。

ウ　「だろう」や「どうなんだ」など、推量や疑問のことばを使うことによって、「俺」の揺れ動く心理を表現している。

エ　短文を繰り返すことによって、リズム感が生まれ、テンポ良く会話が進み、展開のスピード感を表現している。

問二　――線②「あまりにあっけなく言い渡されたから、うっかり流しそうになったけど、区間を確認すると同時に全員が戸惑いの表情を浮かべた」とありますが、それはなぜですか。本文中の表現を用いて、四十字以上五十字以内で説明しなさい。

問三　――線③「精彩がない」・④「面喰らって」の意味としてふさわしいものを後からそれぞれ一つずつ選び、記号で答えなさい。

③「精彩がない」

ア　明るくない　　イ　気持ちが足りない　　ウ　活気にとぼしい　　エ　いろどりに欠ける

④「面喰らって」

ア　顔色をうかがって　　イ　驚きあわてて　　ウ　見合わせて　　エ　困り果てて

問四　――線⑤「たぶん、今、突き詰めるのはよくない」とありますが、「俺」はなぜ「突き詰めるのはよくない」と感じたのですか。最もふさわしいものを次から一つ選び、記号で答えなさい。

ア　上原が言っていることは、論理に一貫性がなく、ただ桝井を怒らせると感じたから。

イ　普段は明るく屈託のない桝井の様子が、あまりにも余裕がないと感じたから。

ウ　その場にいた全員が桝井のスランプに気づいていたが、話題にすべきではないと感じたから。

エ　桝井を突き詰めることは、「つくろって」いる部分を浮き彫りにしてしまうと感じたから。

みんなが帰ったあと、俺はなんとなく校門あたりをうろついていた。俺がどうこうできるなんて思ってもないし、どうしようってこともない。でも、このままじゃだめだろうとは思った。

「あれ？　渡部君何してるの？」

一時間ぐらい経ったのだろうか。財布を手にした上原が校門の近くにやってきた。

「先生は？」

「夕飯の買い出しに。今日はまだまだ仕事が終わりそうにないから、スーパーにお弁当でも買いに行こうかなって」

「ああ、そっか」

「もう暗いのに。早く帰らないと」

上原は空を見上げた。日は完全に沈んでいる。

「あのさ、本気じゃないだろうし」

「何が？」

「いや、ほら、今満田がいても困るだろう？　なんか練習のペースが崩れるし、桝井だってそんなことわかってるっていうか」

俺が迷いながら言葉を並べるのに、上原はくすくす笑い出した。

「なんだよ」

「⑨こんなに優しい中学生を初めて見たなと思って」

「は？」

何言ってるんだこいつ。優しいなんて、俺のどこをどう取っても当てはまらない表現だ。

「まさか、それが言いたくてここにいたの？」

「たまたまいたら、先生が出てきただけだ」

「そっか。じゃあ、もう遅いし車で送ってくよ」

「そんなのいいよ」

俺は首を横に振った。今頃ばあちゃんは、心配して家の前で待っているだろう。それを上原に見られるのは嫌だった。

〔瀬尾まいこ『あと少し、もう少し』（新潮文庫）による〕

要以上に悪ぶっているし、桝井は自分をコントロールしているし、設楽はびくついて周りの顔色ばかり見ている。そして俊介だって……。何もつくろっていないやつなんていないのだ。

いや、いた。世の中で唯一何もつくろっていない人間が。解散と同時に、ジローは俺のところへやってきた。

「俺が３区でお前が４区ってことはさ、襷渡すってことだろう？　せめてもう少し仲を深めとかないとな」

「は？」

「だから、俺と渡部で襷リレーするわけじゃん。スムーズにいかせるためにもさ、息が合ってないといけない」

「⑦お前には影はないのかよ」

「え？　あるよ。ああ、もう日が陰ってるから見えないのか」

ジローは不思議そうに自分の足元に目を落とした。こいつは本物の馬鹿だ。

「どれだけお調子者のやつでもちゃんと裏があるじゃん」

「裏？　何の話だ？」

「明るいやつにも暗い一面があったり、陰湿な部分を覆うために陽気にふるまったりさ。そういうもんだろう？」

「なんだ、それ？」

「それなのに、お前には影もなければ裏もない」

「どういうことだ？」

ジローはまったく意味がわからないようで、思いっきり眉をひそめた。

「お前には一生わかんないよ」

俺はジローを振りきると、グラウンドを出た。

⑧どう説明したって、ジローにはわからない。そして、ジローにはわかる必要なんてないのだ。

言ってはいけない言葉ってある。皮肉や嫌味ばかり言っている俺ですら、ぞっとした。馬鹿とかアホとかはまったく違う種類の言葉。一番言ってはいけない人間が、一番言うべきでない相手に、最悪の言葉を投げた。「満田先生が戻ってきてくれたらな」桝井のつぶやきは、俺の耳の底にどんよりと引っかかっていた。

「変なことないですよ。自分ながらいい配置だと思うんです」
「桝井君、最後の駅伝なのに？」
「そんなことは関係ないです。大事なのは勝つことですから」
軽やかだった桝井の言葉遣いが丁寧になっている。桝井はいろんな思いを陽気さでカバーできなくなっているのだろう。⑤たぶん、今、突き詰めるのはよくない。けれど、上原は食い下がった。
「だけど、５区と６区は逆じゃないかな」
「先生に駅伝がわかるんですか？」
「ううん、わからない。それでも桝井君がアンカーを走るべきだと思う」
「そんなの先生の勝手なイメージです」
「でも、この配置がおかしいのは私でもわかるよ」
上原が珍しくはっきりと言い、桝井は困ったように宙に目を向けた。設楽や俊介はどうしたものかと考えている。誰かが何かを言うべきなのだろうか。みんながお互いにうかがっているところに、
「満田先生が戻ってきてくれたらな」
桝井がぼそりと言った。
⑥その瞬間、俺は胸の中がひんやりした。自分でも驚くくらい身体の底までが冷たくなった。桝井はほかにこの場を収める方法が思いつかなかっただけかもしれない。だけどだ。こんなにすべてを否定してしまう言葉はない。
「そっか。でも、そればっかりは教育委員会に言わなきゃ無理だな。じゃあ、しかたないかな」
上原はみんなの空気が滞るのを食い止めるように、声の調子を上げた。
みんなも「まあそうだよな」「俊介二年生でアンカーとかかっこいいじゃん」などと口にした。俊介も「うわー僕、緊張する」とおどけている。
なんだろうこれは。誰も間違ってはいないけど、痛々しい。つくろっているのは、俺だけじゃないんだ。誰だって、本当の部分なんて見せられるわけがない。生きていくってそういうことだし、集団の中でありのままでいられるやつなんていない。大田は必

練習後のミーティングで、桝井が言った。

１区と２区はずいぶん前に決まっていたけど、それ以外は今のところ未定だ。

「一応考えてみたんだけど、おれが言っていいですか？」

桝井がうかがうと、上原は「もちろん」とうなずいた。ジローは「おお、ついにだ」とはしゃぎ、既に２区に決まっている大田も「やっとわかるのかよ」と偉そうに言った。みんな誰がどの区間を任されるのか、興味津々だった。

「１区と２区は前決めたとおり、設楽と大田。３区がジローで、４区が渡部、５区が俺で、ラストが俊介」

桝井はみんなの注目をよそに、さらりと発表した。それなりに重大発表のはずなのに、気持ちを込めずに言い切った。②あまりにあっけなく言い渡されたから、うっかり流しそうになったけど、区間を確認すると同時に全員が戸惑いの表情を浮かべた。

３区は一番緩やかなコースだからジローなのはわかる。４区と５区の違いはわからない。俺でも俊介でもいいだろう。おかしいのは最後だ。１区と６区は要だ。１区が設楽なら、アンカーは桝井だ。そんなことは駅伝に詳しくなくてもわかる。確かに最近の桝井の走りには、③精彩がない。理由はわからないけど、力が感じられない。だけど、アンカーを走るのは桝井しかいない。俊介は完全に④面喰らっているし、大田や設楽も俺と同じことを思っているはずだ。

「よくわからないけど、６区は桝井君だと思う」

しばらくしてから、上原が遠慮がちに言った。

「それも思ったんだけど、最後どういう状況で襷が来るかわからないから、今一番力がある俊介がいいかなって」

桝井はあっさりと答えた。

「でも、駅伝ってそれだけじゃないっていうか」

上原が言いたいことはよくわかる。みんなじっと上原を見た。

「そうだけど、ほら、みんなだって気づいてるだろ？　今のおれの走りは不安定だし、力もない。それに比べて俊介は、すごく乗ってる。ここぞってところで力が出るはずだし。とりあえず、これがベストだと思う。ま、これで行こう」

桝井は精一杯明るく切り上げようとしたけど、上原は納得できないようだった。

「桝井君の言うことはわからないでもないけど、やっぱり変だよ」

**三** 次の文章を読んで、後の問に答えなさい。

陸上部の名物顧問(こもん)が異動になり、代わりにやってきたのは頼りない美術教師の上原だった。部長の桝井(ますい)は、中学最後の駅伝大会に向けてメンバーを募(つの)り練習を始めたのだった。俺は、桝井に頼まれ、顧問からも説得されて、吹奏楽部とかけもちで参加することになった。

俺は音を出さないようにこっそりサックスを片づけた。もうみんなは集まっている。急がなくてはと音楽室を最短で出ていく経路を確認している自分に、はっとした。何を慌(あわ)てているんだ。これじゃ走りたくってしかたがないみたいじゃないか。①もっと落ち着いて堂々としていよう。でも、人を待たせるのはだめだろう。いや、そんなことを気にするってどうなんだ。最近俺は、どんなふうに自分を作っていたのか、時々わからなくなることがあった。走ることが意外なところで影響を及ぼしているのかもしれない。

結局、澤田の「じゃあ、解散」の声と同時に、俺はグラウンドへと走っていた。

「今日はタイムトライアルね。六時ジャストに出走するから、各自でアップして。それで、最後に流し入れて、筋トレとストレッチで終了」

二学期に入って四回目のタイムトライアル。俺は気持ちよく走った。真夏とは違って、六時を回ればちゃんと日が傾く。暑さを身体にしみこませながら走るのも悪くないけど、日が静まりかけている中を走るのはもっといい。何より身体が滑(なめ)らかに動く。それはみんなも同じようで、メンバーのほとんどがよい記録を出していた。

設楽(したら)は十分五秒でもうすぐ九分台に入りそうだし、大田は十分十二秒、ジローだって十分五十二秒。中でも俊介(しゅんすけ)はとりわけよかった。ここのところの俊介は勢いがある。のびやかで身体が弾んでいる。素直な俊介の性格が走りにもよく出ていて、走りこめば走りこんだだけ結果がついてきていた。ただ、桝井だけは九分五十四秒と振るわなかった。もちろん、俺たちより速い。だけど、それだけだ。桝井の走りがこんなものではないのは、陸上部でない俺でも知っている。桝井が先手を打ってかわすから、誰も触れようとしないけど、本調子ではないはずだ。

「今週の土曜は三回目の試走だし、そろそろ区間を決めないといけないと思うんだけど。先生もエントリー提出しないといけないだろうし」

**二** 次の各問に答えなさい。

問一　次の□に同じ漢字を入れて、四字熟語を完成させたい。□に入る漢字を答えなさい。

①　以□伝□

②　□発□中

③　□立□歩

問二　例にならって、（　　）の中にはあとの〈語群〉からふさわしいものを選び、□の中にはひらがなを入れて、正しい慣用句を完成させなさい。ただし、□一つにはひらがなは一字入ります。

《例》（　　）□まつり　→　（後）[の]まつり

①　（　　）□かかえる

②　木に（　　）□つぐ

〈語群〉足　・　花　・　胸　・　竹　・　頭　・　後

# 二〇二二年度 広尾学園小石川中学校

【国　語】〈第一回入試〉（五〇分）〈満点：一〇〇点〉

一　次の各問に答えなさい。

問一　――線の漢字の読みをひらがなで書きなさい。

① 出船の汽笛が聞こえる。
② 落としたコンタクトレンズを血眼になって探す。
③ 耳障りな音が聞こえる。
④ 修学旅行で日光を訪れる。

問二　――線のカタカナを漢字に改めなさい。

① 手を引くべきだとチュウコクする。
② 雨のため試合がジュンエンされた。
③ ムし暑い日が続く。
④ 三陸エンガン道路が開通した。
⑤ 東北地方は日本のコクソウ地帯と言われる。
⑥ 悪いことをしたと素直にアヤマる。

2022年度

# 広尾学園小石川中学校 ▶解説と解答

## 算 数 ＜第１回入試＞（50分）＜満点：100点＞

### 解 答

**1** (1) 219 (2) 0.5 (3) $\frac{39}{40}$ (4) 5888 **2** (1) 105cm (2) ア 17 イ 10 ウ 15 エ 16 オ 3 カ 11 (3) 1.95km (4) $\frac{1}{27}$倍 **3** (1) 11% (2) 9.8% **4** (1) 15cm$^3$ (2) 17分36秒後 (3) 10cm$^3$ (4) 60分後 **5** (1) 274通り (2) 168通り **6** (1) ③ (2) (エ) (3) $833\frac{1}{3}$cm$^3$

### 解 説

**1** **計算のくふう，逆算，四則計算，倍数**

(1) $(2637+26370+263700)\div999=(2637\times1+2637\times10+2637\times100)\div999=2637\times(1+10+100)\div999=2637\times111\div999=\frac{2637\times111}{999}=\frac{2637}{9}=293$より，293＋□＝512　よって，□＝512－293＝219

(2) $(42-3.89\times2.1)\div\{54\times(1.4-3\times0.049)\}=(42-8.169)\div\{54\times(1.4-0.147)\}=33.831\div(54\times1.253)=33.831\div67.662=0.5$

(3) 等号の右側を計算すると，$\frac{8}{45}\div\left\{(0.5\times6)-8\div30+1\frac{8}{15}\right\}=\frac{8}{45}\div\left(3-\frac{4}{15}+\frac{23}{15}\right)=\frac{8}{45}\div\left(\frac{45}{15}-\frac{4}{15}+\frac{23}{15}\right)=\frac{8}{45}\div\frac{64}{15}=\frac{8}{45}\times\frac{15}{64}=\frac{1}{24}$となる。　よって，$\square-\frac{1}{3}-\frac{3}{5}=\frac{1}{24}$より，$\square=\frac{1}{24}+\frac{3}{5}+\frac{1}{3}=\frac{5}{120}+\frac{72}{120}+\frac{40}{120}=\frac{117}{120}=\frac{39}{40}$

(4) 右の計算より，92，256，368の最小公倍数は，$2\times2\times2\times2\times23\times1\times16\times1=5888$となる。

| | | | |
|---|---|---|---|
| 2 | 92 | 256 | 368 |
| 2 | 46 | 128 | 184 |
| 2 | 23 | 64 | 92 |
| 2 | 23 | 32 | 46 |
| 23 | 23 | 16 | 23 |
| | 1 | 16 | 1 |

**2** **比の性質，条件の整理，旅人算，辺の比と面積の比**

(1) 縦の長さをのばす前と後で横の長さは変わらない。そこで，横の長さを表す比の数を７と21の最小公倍数である21にそろえると，縦の長さをのばす前の比は，(縦)：(横)＝３：７＝９：21となる。すると，比の，13－９＝４にあたる長さがのばした20cmだから，比の１にあたる長さは，20÷４＝５(cm)とわかる。よって，横の長さは，５×21＝105(cm)と求められる。

(2) 右の図１で，９＋５＋エ＝４＋イ＋エより，９＋５＝４＋イとなるから，イ＝９＋５－４＝10とわかる。次に，９＋10＋カ＝４＋ウ＋カとなるので，９＋10＝４＋ウより，ウ＝９＋10－４＝15とわかる。すると，縦，横，ななめに並ぶ数の和は，５＋イ＋ウ＝５＋10＋15＝30となる。したがって，９＋ア＋４＝30より，ア＝17，９＋５＋エ＝30より，エ＝16，17＋10＋オ＝30より，オ＝３，４＋15＋カ＝30より，カ＝11と求められる。

図１

| | | |
|---|---|---|
| 9 | ア | 4 |
| 5 | イ | ウ |
| エ | オ | カ |

(3) ３人が歩いたようすは下の図２のように表せる。Ｃさんが B さんとすれちがってから A さんとすれちがうまでの２分間で，Ａさんと C さんは合わせて，(60＋70)×２＝260(m)歩く。すると，

この距離はＢさんとＣさんがすれちがったときのＡさんとＢさんの間の距離と等しい。よって，ＢさんがＣさんとすれちがったのは，出発してから，260÷(80－60)＝13(分後)だから，学校から駅までの距離は，ＢさんとＣさんが13分間で歩く距離の和と等しく，(80＋70)×13＝1950(m)，つまり，1.95kmと求められる。

図２

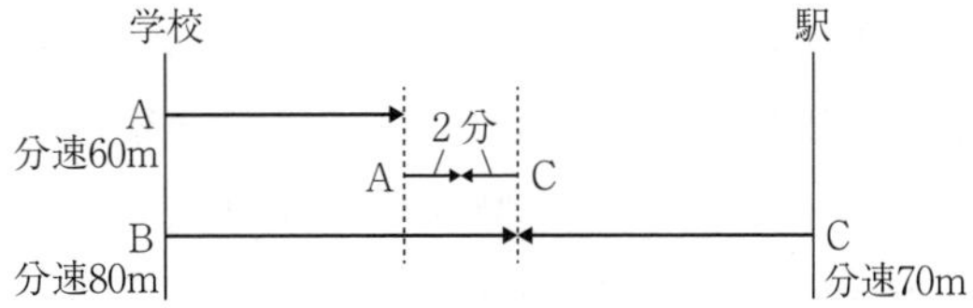


⑷　まず，右の図３のように，正六角形の対角線AD，BE，CFを引くと，６つの合同な正三角形に分けられる。すると，図３で，三角形BEFの面積は正三角形２個分なので，正六角形ABCDEFの面積を１とすると，その面積は，$1\times\frac{2}{6}=\frac{1}{3}$となる。次に，右の図４で，三角形BIJと三角形BEFは，底辺をそれぞれIJ，EFとすると高さが等しいので，面積の比は，IJ：EF＝１：３となる。これより，三角形BIJの面積は三角形BEFの面積の$\frac{1}{3}$倍だから，$\frac{1}{3}\times\frac{1}{3}=\frac{1}{9}$とわかる。さらに，JIとBHは平行だから，三角形KIJと三角形KBHは相似で，BK：IK＝BH：IJ＝２：１となる。よって，三角形BKJと三角形KIJの面積の比も２：１だから，三角形KIJの面積は，$\frac{1}{9}\times\frac{1}{2+1}=\frac{1}{27}$となり，正六角形ABCDEFの，$\frac{1}{27}\div1=\frac{1}{27}$(倍)と求められる。

図３

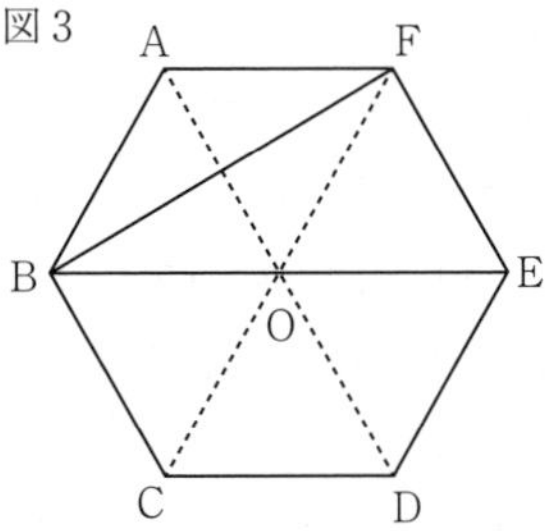


図４

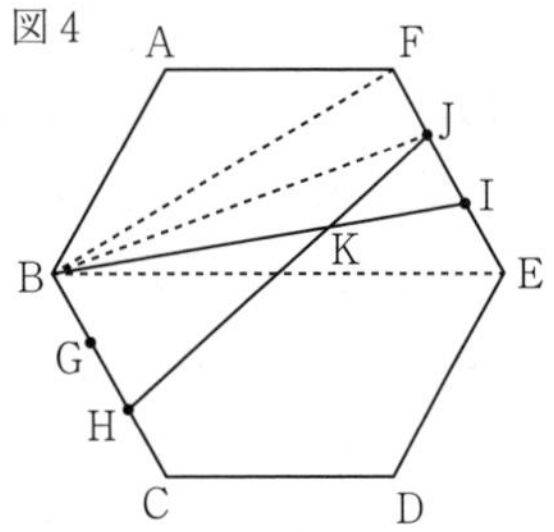


## ３　濃度

⑴　初めに容器Ｂの食塩水の半分を容器Ａに入れると，容器Ｂには10％の食塩水が，$400\times\frac{1}{2}=200$(g)残り，容器Ａには12％の食塩水600ｇと10％の食塩水200ｇが入る。このとき，容器Ａにできる食塩水の重さは，600＋200＝800(g)で，その中に食塩は，600×0.12＋200×0.1＝72＋20＝92(g)含まれる。その後，容器Ａの食塩水の半分を容器Ｂに入れると，容器Ｂにできる食塩水の重さは，$800\times\frac{1}{2}+200=600$(g)で，その中に食塩は，$92\times\frac{1}{2}+200\times0.1=46+20=66$(g)含まれるから，こさは，66÷600＝0.11より，11％になる。

⑵　容器Ｃの食塩水の$\frac{3}{4}$を容器Ａに入れると，容器Ｃには８％の食塩水が，$800\times\left(1-\frac{3}{4}\right)=200$(g)残る。その後，容器Ｂの食塩水の半分を容器Ｃに入れると，容器Ｃにできる食塩水の重さは，$600\times\frac{1}{2}+200=500$(g)で，その中に食塩は，$66\times\frac{1}{2}+200\times0.08=33+16=49$(g)含まれるから，こさは，49÷500＝0.098より，9.8％になる。

## ４　グラフ―水の深さと体積

⑴　水そうを正面から見た図は右の図のようになり，ＡとＢの部分の底面積はそれぞれ，５×６＝30(cm²)，５×４＝20(cm²)である。問題文中の図２のグラフより，水を入れ始めてから８分後にＡの深さが４cmになったので，１分間に，30×４÷８＝15(cm³)の水を入れているとわかる。

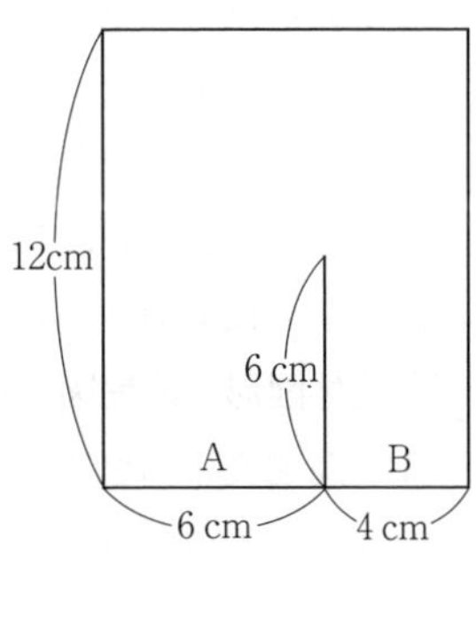


⑵　Ｂの部分の深さが4.2cmになるとき，Ａの部分には，30×６＝180(cm³)，Ｂの部分には，20×4.2＝84(cm³)の水が入っている。よっ

て，入った水の量は全部で，180＋84＝264(cm$^3$)だから，Ｂの部分の深さが4.2cmになるのは，水を入れ始めてから，264÷15＝17.6(分後)で，60×0.6＝36(秒)より，17分36秒後となる。

(3)　Ｂの部分がいっぱいになるのは全部で，180＋20×６＝300(cm$^3$)の水が入ったときだから，水を入れ始めてから，300÷15＝20(分後)である。よって，Ｂの部分の栓をぬいたのは，水を入れ始めてから，20＋10＝30(分後)で，そのとき，水は，15×30＝450(cm$^3$)入っている。また，問題文中の図３のグラフより，水を入れ始めてから40分後にＡの水の深さが10cmになっている。このとき，水そうに入っている水の量は，(30＋20)×10＝500(cm$^3$)なので，栓をぬいてから，40－30＝10(分間)で水そうの水の量は，500－450＝50(cm$^3$)増えたことになる。したがって，栓をぬいてからは，水そうの水の量が１分間に，50÷10＝５(cm$^3$)増える。この間も，水そうには１分間に15cm$^3$の水が入っているので，１分間でぬけている水の量は，15－５＝10(cm$^3$)とわかる。

(4)　Ａの水の深さが10cmから12cmになるまでに水そうの水の量は，(30＋20)×(12－10)＝100(cm$^3$)増える。(3)より，栓をぬいてからは水そうの水の量が１分間に５cm$^3$増えるから，Ａの水の深さが12cmになる(水そうがいっぱいになる)のは，Ａの深さが10cmになってから，100÷５＝20(分後)とわかる。これは，水を入れ始めてから，40＋20＝60(分後)となる。

## 5　場合の数

(1)　たとえば，１回目に１マス，２回目に３マス進むことを{1，3}のように表すことにすると，１マス目までの進み方は{1}の１通り，２マス目までの進み方は{2}，{1，1}の２通り，３マス目までの進み方は{3}，{2，1}，{1，2}，{1，1，1}の４通りある。また，４マス目までの進み方を，１マス目から１回で３マス進む方法，２マス目から１回で２マス進む方法，３マス目から１回で１マス進む方法のいずれかと考える。まず，１マス目までの進み方は１通りだから，１マス目に止まってから３のカードが出て３マス進む方法は１通りある。同様に，２マス目に止まってから２のカードが出て２マス進む方法は２通り，３マス目に止まってから１のカードが出て１マス進む方法は４通りだから，４マス目までの進み方は，１＋２＋４＝７(通り)ある。同じように考えると，５マス目までの進み方は，２マス目から１回で３マス進む方法，３マス目から１回で２マス進む方法，４マス目から１回で１マス進む方法のいずれかになるから，２＋４＋７＝13(通り)ある。このように，あるマスまでの進み方は，その３つ前，２つ前，１つ前のマスまでの進み方の数の和になるから，それぞれのマスまでの進み方は右のように計算できる。よって，10マス目までの進み方は全部で274通りある。

１マス目…１通り
２マス目…２通り
３マス目…４通り
４マス目…１＋２＋４＝７(通り)
５マス目…２＋４＋７＝13(通り)
６マス目…４＋７＋13＝24(通り)
７マス目…７＋13＋24＝44(通り)
８マス目…13＋24＋44＝81(通り)
９マス目…24＋44＋81＝149(通り)
10マス目…44＋81＋149＝274(通り)

(2)　右上の図より，６マス目までの進み方は24通りある。また，10マス目は６マス目から，10－６＝４(マス)進んだところにあるので，６マス目から10マス目までの進み方は，スタートから４マス目までの進み方と同じで７通りある。よって，６マス目に止まってから10マス目まで進む進み方は，24×７＝168(通り)ある。

## 6　立体図形―展開図，体積

(1)　問題文中の図１を組み立ててできる立体は，下の図Ｉのような，１辺10cmの立方体から，となり合う各辺の真ん中の点を結んでできる８個の正三角形の面で三角すい８個を切り取った形の立体とわかる。この立体では，正方形の辺と正三角形の辺が重なっていて，正方形の辺どうし，正三角形の辺どうしは重なっていない。すると，下の図Ⅱの①～④の展開図のうち，たとえば，①は○印をつけた正三角形の辺と重なる正方形の辺がなく，②と④は，○印をつけた正方形の辺と重なる正三角形の辺がない。よって，組み立てると図１と同じ立体になる展開図は③である。

(2)　問題文中の図１の展開図を組み立てると，図Ⅰのようになるので，(ア)と平行な面は(エ)である。

(3)　図Ⅰの立体で，１辺10cmの立方体から切り取った三角すいは，等しい辺の長さが，10÷２＝５(cm)の直角二等辺三角形を底面とし，高さが５cmの三角すいと見ることができるので，その体積は，$(5\times5\div2)\times5\div3=\frac{125}{6}$(cm³)である。よって，図Ⅰの立体の体積は，$10\times10\times10-\frac{125}{6}\times8=1000-\frac{500}{3}=\frac{2500}{3}=833\frac{1}{3}$(cm³)と求められる。

図Ⅰ

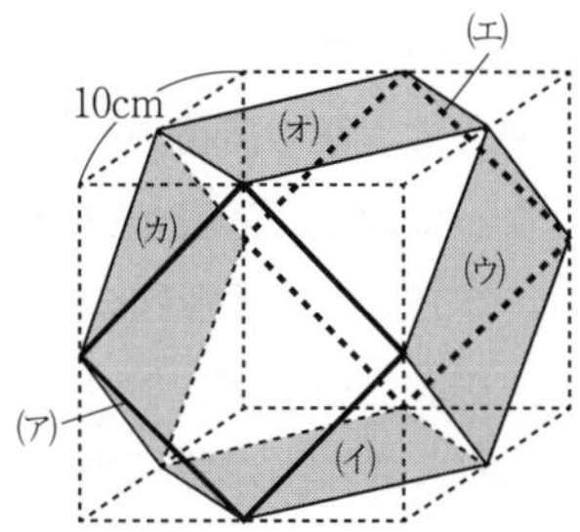


図Ⅱ

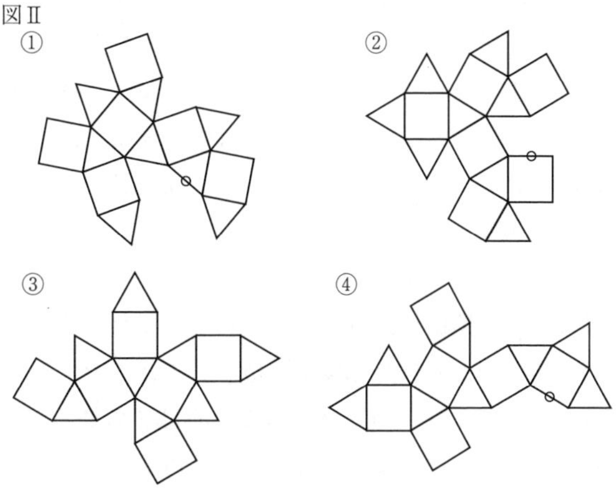


## 社　会　＜第１回入試＞（30分）＜満点：50点＞

### 解　答

1　**問１**　ねぎ　**問２**　イ　**問３**　ア　**問４**　イ　**問５**　(1)　琵琶湖　(2)　ア　**問６**　イ　**問７**　(1)　イ　(2)　イ／(例)　瀬戸内地方は夏も冬も季節風が中国山地と四国山地によってさえぎられ，年間を通して晴天の日が多く降水量が少ないから。　**問８**　ウ

2　**問１**　イ　**問２**　イ　**問３**　(1)　ウ　(2)　御成敗式目(貞永式目)　**問４**　ウ　**問５**　大宝律令　**問６**　イ　**問７**　(1)　エ　(2)　オ　**問８**　ウ　**問９**　ウ　**問10**　イ

3　**問１**　エ　**問２**　イ　**問３**　イ　**問４**　ウ　**問５**　i　WHO　ii　IMF　iii　UNESCO　**問６**　国連平和維持軍　4　(例)　高校生以下の人が所有するスマートフォンやタブレット型端末には，不適切なサイトやアプリを利用したり，素性がわからない人と連絡を取ったりするのを禁止する，あるいはそれをしようとしたときに保護者にわかるようにする機能をつけておく。

### 解　説

**1　各都道府県の産業や気候，地形図の読み取りなどについての問題**

**問１**　埼玉県では，近郊農業による野菜の生産がさかんに行われている。主要作物としては，収穫量全国第１位のほうれんそう，第２位のねぎとかぶ，ブロッコリー，第３位のきゅうりなどがあげられる。なお，渋沢栄一の出身地である埼玉県深谷市は，「深谷ねぎ」の産地として知られる。統計資料は『データでみる県勢』2022年版による(以下同じ)。

**問２**　夏でも涼しい高原の気候を生かした高原野菜の栽培は，作物の栽培・出荷時期を一般的なものよりも遅らせる抑制栽培によって行われている。促成栽培は栽培時期を早める方法で，温暖な気候の高知平野や宮崎平野などで行われている。

**問３**　京都府は，北西から南東にかけて細長い形をしており，北部には丹後半島がある。なお，イは鳥取県，ウは三重県，エは東京都の形。

**問４**　静岡県では，オートバイの生産がさかんなことで知られる浜松市を中心として，特に県西部で自動車工業が発達している。そのため，製造品出荷額に占める輸送用機械の割合が高く，全体の約４分の１となっている。なお，アは千葉県，ウは長野県，エは新潟県のグラフ。

**問５**　(1)　琵琶湖は，滋賀県のほぼ中央部に位置する日本最大の湖で，滋賀県の面積の約６分の１を占めている。淀川(流れ出る時点では瀬田川とよばれる)の水源となっており，近畿地方の広い範囲に水を供給していることから，「近畿の水がめ」ともよばれる。　(2)　ア　地形図の西(左)から東(右)にかけて傾斜地が広がっているが，茶畑(∴)はみられない。なお，田んぼは(Ⅱ)，広葉樹林は(Q)，針葉樹林は(Λ)で表される。また，地形図では，山地を流れてきた川が急に平地に出たさい，川が運んできた土砂が堆積することでできる扇状地がみられる。

**問６**　かつて，日本の貨物輸送の中心はイの鉄道だったが，自動車の普及にともなってトラック輸送が増加し，現在はアの自動車が貨物輸送の中心となっている。船舶は大きな，あるいは重い貨物を遠くまで運ぶのに利用されるため，トンキロベースでは大きな割合を占める。エには，航空機があてはまる。

**問７**　(1)　岡山県倉敷市児島は，国産のジーンズが初めて生産された場所で，現在でもジーンズがさかんに生産されている。　(2)　瀬戸内地方の気候は，夏の南東の季節風を四国山地に，冬の北西の季節風を中国山地にさえぎられるため．一年を通じて降水量が少なく，冬でも比較的温暖なことが特徴となっている。したがって，イが選べる。なお，アとエは太平洋側の気候，ウは日本海側の気候の特徴を示す雨温図。

**問８**　写真の中央の道路に「国道」と書かれているので，国道122号線上の地点であるウで撮影されたと考えられる。

**２**　**聖徳太子の功績を中心とした歴史の問題**

**問１**　聖徳太子は，飛鳥時代前期の６世紀末～７世紀初めに活躍した。イの「大きく２つに対立した国」とは，室町幕府の初代将軍足利尊氏が立てた光明天皇から始まる京都の北朝と，奈良県吉野に逃れた後醍醐天皇から始まる南朝のことを指している。14世紀末の1392年，室町幕府の第３代将軍足利義満は，２つに分かれていた南北朝の合一をはたした。また，足利義満はその後，明(中国)と国交を開いて貿易を始めたが，そのさいに中国の皇帝から「日本国王」の称号を授けられた。なお，アとエは弥生時代，ウは古墳時代のできごと。

**問２**　聖徳太子は用明天皇の皇子で，厩戸皇子にあたる人物と考えられている。なお，中大兄皇子はのちの天智天皇，大海人皇子は天智天皇の弟，大友皇子は天智天皇の子で，672年の壬申の乱で皇位をめぐって争い，勝利した大海人皇子が天武天皇として即位した。

**問３**　(1)　ウは，聖徳太子が604年に定めた十七条の憲法ではなく，603年に定めた冠位十二階にあてはまることがらである。　(2)　御成敗式目(貞永式目)は，1232年に鎌倉幕府の第３代執権北条泰時が定めた日本初の武家法で，初代将軍源頼朝以来の先例や武家社会の慣習・道徳などをもとに作成された。行政や刑事訴訟など51か条からなるこの法律は，その後の武家法の手本となった。

**問４**　蘇我馬子は，仏教導入をめぐって敵対していた物部氏を聖徳太子と協力して滅ぼすと，崇峻天皇を暗殺して推古天皇を即位させた。その後，推古天皇・聖徳太子・蘇我馬子は，協力して天皇中心の国づくりを進めた。なお，菅原道真と藤原道長は平安時代の人物。中臣鎌足は，中大兄皇子(天智天皇)の政治に協力し，のちの藤原氏の祖となった豪族。

**問５**　701年，文武天皇の命にもとづき，刑部親王や藤原不比等らが唐(中国)のものを手本に編さんした法令が，大宝律令として完成した。「律」は現在の刑法，「令」は民法・行政法などにあたり，これによって律令制度が確立した。

**問６**　1889年２月11日に発布された大日本帝国憲法は，天皇に主権があり，国民は天皇に従う国民という意味で臣民とされた。言論の自由をふくむ臣民の基本的人権は認められたものの，法律の範囲内という制限が設けられた。なお，アは「フランス」ではなく「ドイツ」，ウは「参議院」ではなく「貴族院」，エは「内閣」ではなく「天皇」が正しい。

**問７**　(1)，(2)　607年，聖徳太子は隋(中国)の進んだ政治制度や文化を学び，それまでとは異なる外交関係を結ぶため，小野妹子を遣隋使として隋に派遣した。小野妹子が持参した国書には，中国の皇帝を指す「天子」という語が，日本の天皇を指すのにも用いられていたため，これを読んだ隋の第２代皇帝煬帝は立腹したと伝えられている。しかし，このころ隋は朝鮮半島北部の高句麗と争っており，日本と高句麗が結びつくことは避けたいと考えていた。そのため，煬帝は裴世清という使者をつけて小野妹子を日本に帰国させた。

**問８**　ウは，607年に聖徳太子が大和国(奈良県)の斑鳩に建てた法隆寺を写したもの(左から金堂，中門，五重塔)である。法隆寺は現存する世界最古の木造建築物で，1993年にユネスコ(国連教育科学文化機関)の世界文化遺産に登録された。なお，アは東大寺大仏殿(奈良県)，イは円覚寺舎利殿(神奈川県)，エは平等院鳳凰堂(京都府)。

**問９**　最澄は平安時代初めの804年に学問僧として遣唐使船で唐に渡り，天台教学や密教を学んで805年に帰国した。その後，日本における天台宗の開祖となり，比叡山(滋賀県・京都府)の延暦寺を本山として教えを伝えた。なお，空海は真言宗，日蓮は日蓮宗(法華宗)，親鸞は浄土真宗の開祖。鑑真は唐の高僧で，奈良時代に来日して正式な戒律(僧が守るべきいましめ)を伝えた。

**問10**　夏目漱石と樋口一葉は小説家。政治の近代化に貢献したとはいえない。

## 3　国際連盟と国際連合についての問題

**問１**　第一次世界大戦中の1918年，アメリカ大統領ウィルソンは「十四か条の平和原則」を発表し，この提案にもとづいて1920年に国際連盟が創設された。なお，オバマは2009～17年のアメリカ大統領。フランクリン＝ルーズベルトは，1929年に始まった世界恐慌や第二次世界大戦(1939～45年)に対応したアメリカ大統領。セオドア＝ルーズベルトは日露戦争(1904～05年)のさい，日本とロシアの仲立ちをしてポーツマス条約の締結に貢献したことで知られるアメリカ大統領。

**問２**　ア　国際連盟ではなく，国際連合(国連)にあてはまる説明である。　イ　国際連盟について，正しく説明している。　ウ　国際連盟の議決は全会一致を原則としていたため，重要な議題ではなかなか意見が一致せず，議決が行えないこともあった。　エ　国際連盟には，武力行使をする権限がなかった。

**問３**　1990年，イのペルシャ湾岸にあるクウェートに，隣国(りんごく)のイラクが軍事侵攻(しんこう)した。翌91年，アメリカ軍を中心とする多国籍軍がイラクを攻撃し，湾岸戦争が始まったが，戦闘は１か月ほどで終結し，イラク軍はクウェートから撤退(てったい)した。なお，アはバルカン半島，ウはインドシナ半島，エはキューバで，いずれも国際紛争や戦争のきっかけとなるできごとが起こった場所。

**問４**　国際連合の安全保障理事会は，アメリカ・イギリス・フランス・ロシア・中国の５常任理事国と，任期２年で総会によって選ばれる10か国の非常任理事国の，合わせて15か国で構成されている。

**問５**　ⅰ　WHO(世界保健機関)は，人々の健康の維持や向上，伝染病対策のための研究や医薬品の普及を目的として設立された国際連合の専門機関で，本部はスイスのジュネーブにある。　ⅱ　IMF(国際通貨基金)は，為替(かわせ)相場を安定させ，国際的な経済危機を防ぐことなどを目的として設立された国際連合の専門機関で，本部はアメリカのワシントンにある。　ⅲ　UNESCO(ユネスコ)(国連教育科学文化機関)は，教育・科学・文化を通して国際理解と平和をすすめることを目的として設立された国際連合の専門機関で，本部はフランスのパリにある。

**問６**　PKFは国連平和維持軍の略称で，PKO(国連平和維持活動)の一つとして編成される軍隊である。PKFは，紛争の休戦・停戦や，紛争地域の治安維持などを仕事としている。なお，日本の自衛隊は軍隊ではないため，PKOには参加するが，PKFには参加しない。

**４　SNSによる犯罪被害を減らすための対策についての問題**

資料Ａ～Ｃからは，SNSの利用率が高い若い世代が犯罪被害者となるケースが多く，特に中学生・高校生の割合が多いことがわかる。これを防ぐための対策としては，中学生・高校生が危険な大人とつながらないようなシステムを導入することなどが考えられる。

## 理　科　<第１回入試>（30分）<満点：50点>

### 解　答

**１**　**問１**　1155m　**問２**　3.2秒間　**問３**　エ　**問４**　ウ　**問５**　（例）　船Ａからの直接の音が聞こえたあと，岸壁からの反射音が聞こえる。　**２**　**問１**　ウ　**問２**　ウ　**問３**　イ　**問４**　**残った物質**…塩酸　**量**…20cm$^3$　**問５**　**アルミニウム**…0.3ｇ　**亜鉛**…0.3ｇ　**３**　**問１**　イ　**問２**　キ　**問３**　**図５**…ウ　**図６**…ア　**４**　**問１**　イ　**問２**　（例）　火山灰　**問３**　イ　**問４**　エ　**５**　（例）　**目的**…太陽光を使って料理する。**材料**…かさ，アルミホイル　**道具の説明**…かさの持ち手を取り，かさの内側にしわができないようにアルミホイルをはり，パラボラアンテナのような形をつくる。これを使って太陽光を集め，食材などを加熱する。

### 解　説

**１　音の観測についての問題**

**問１**　船Ａは秒速10mで岸壁から遠ざかるので，汽笛を鳴らし始めてから７秒後までに，10×７＝70(m)進む。また，音は７秒間で，340×７＝2380(m)進むので，船Ａが汽笛を鳴らし始めたとき，岸壁から，(2380－70)÷２＝1155(m)離れたところにいたとわかる。

**問２**　船Ａが汽笛を鳴らし終わったとき，船は岸壁から，1155＋10×３＝1185(m)離れたところにいるため，汽笛を鳴らし終えてから船Ａの乗船員が反射音を聞き終えるまでに船Ａと音が進むきょりの差は，1185×２＝2370(m)となる。船Ａと音が１秒間に進むきょりの差は，340－10＝330(m)だから，汽笛を鳴らし終えてから，2370÷330＝7.18…より，7.2秒後に船Ａの乗船員が反射音を聞き終えることになる。よって，船Ａの乗船員は，音を鳴らし始めて７秒後から，３＋7.2＝10.2(秒後)まで反射音を聞くことができるので，聞いていた時間は，10.2－７＝3.2(秒間)と求められる。

**問３**　聞こえる音の高さは，１秒間に空気がしん動する回数で決まる。すると，同じしん動の回数でも，より長い時間で聞くと音は低く感じる。船Ａで聞こえた反射音は，鳴らした汽笛よりも，3.2－３＝0.2(秒間)長いので低い音として聞こえる。また，音は，長いきょりを進むうちに少しずつ空気に吸収されるため，音量は小さくなる。

**問４**　船Ｂは停まっていて，船Ａが汽笛を鳴らしながら近づいてきているから，船Ｂの乗船員が聞く汽笛の音は，船Ａが鳴らした音よりも短い時間で聞こえる。そのため，船Ａが鳴らした汽笛の音よりも高い音が聞こえる。

**問５**　船Ｂでは，まず船Ａが鳴らした汽笛の音が直接聞こえ，その後，岸壁で反射した汽笛の音が聞こえる。

**2　気体を発生させる実験についての問題**

**問１**　アルミニウムは，電気をよく通し，水に溶けない。また，薄く広げることができるため，アルミホイルとして利用されている。磁石につく性質はない。

**問２**　アルミニウムや亜鉛に塩酸を加えると水素が発生する。同様に，水を電気分解すると，水素と酸素が発生する。なお，石灰石に塩酸を加えて発生する気体は二酸化炭素，二酸化マンガンにオキシドール(過酸化水素水)を加えて発生する気体は酸素である。なお，チャート(二酸化ケイ素が主成分の岩石)に塩酸を加えてもふつうチャートは溶けず，気体は発生しない。

**問３**　アルミニウムを空気中に放置すると，アルミニウムと空気にふくまれている酸素が結びついてアルミニウムの表面に酸化アルミニウムの膜ができる。酸化アルミニウムは塩酸と反応しにくいので，同じ実験結果を得るのに時間がかかったと推測できる。

**問４**　アルミニウム0.6ｇに加える塩酸の体積が10cm$^3$の２倍，３倍になると，発生した水素の体積も250cm$^3$の２倍，３倍になっているが，塩酸を30cm$^3$より増やしても発生した水素の体積は750cm$^3$のまま変化しない。このことから，アルミニウム0.6ｇと塩酸30cm$^3$が過不足なく反応して750cm$^3$の水素が発生することがわかる。したがって，0.6ｇのアルミニウムに塩酸50cm$^3$を加えると，アルミニウムは全部溶けるが，塩酸は，50－30＝20(cm$^3$)残る。

**問５**　問４と同様に考えると，実験２より，亜鉛0.6ｇと塩酸40cm$^3$が過不足なく反応して400cm$^3$の水素が発生することがわかる。0.6ｇの粉末がすべてアルミニウムだとすると，発生する水素は750cm$^3$となり，実際よりも，750－575＝175(cm$^3$)多くなる。アルミニウム0.1ｇの代わりに亜鉛0.1ｇを塩酸に加えると，発生する気体は，$750\times\frac{0.1}{0.6}-400\times\frac{0.1}{0.6}=125-\frac{200}{3}=\frac{175}{3}$(ｇ)少なくなるから，粉末0.6ｇの中にふくまれていた亜鉛は，0.1×175÷$\frac{175}{3}$＝0.3(ｇ)，アルミニウムは，0.6－0.3＝0.3(ｇ)と求められる。

**3 アサガオの花についての問題**

**問１**　ケイトウは夏から秋にかけて花を咲かせるヒユ科の一年草である。花がニワトリのとさかに似ていることからケイトウ(鶏頭)と名付けられたといわれている。なお，アヤメは５月ごろ，サザンカは秋から冬にかけて，アブラナは春の初めごろに咲く。

**問２**　ヨウ素液は，デンプンに反応すると青紫色になるので，葉のデンプンができている部分につけると濃く染まる。葉にデンプンができるのは，葉緑体があり，日光によく当たった部分だから，全体が緑色の葉では，アルミニウムはくでおおわなかった部分が濃く染まり，斑入りの葉では，アルミニウムはくでおおわなかった側の緑色の部分が濃く染まる。

**問３**　**図５**…図１より，がく片はＡの因子のみがはたらいたときに形成されるとわかる。よって，花のすべてががく片になっている変異体Ｘは，ＢとＣの因子の機能が失われていて，Ａの因子だけが機能している。　**図６**…変異体Ｙの花にはおしべがあるのでＢとＣの因子が機能している。また，がく片と花弁がないので，Ａの因子は失われて機能していない。

**4 火山についての問題**

**問１**　Ｃは小麦粉の量に対する水の量が最も小さいので，ねばり気が最も強くなる。したがって，イのような広がらずに盛り上がった形になると考えられる。一方，ねばり気の弱いＡやＢはＣに比べて広がった形となる。

**問２**　小麦粉は液体状ではなく，粉状(固体)であるから，火山灰や火山れきなどの，火山からふん出する固体のもの(火山さいせつ物)を模したものだといえる。

**問３**　成層火山は，ねばり気が中くらいのマグマが１つの火口からくり返しふん火してできた円錐型の火山である。代表的な成層火山として，富士山や浅間山，桜島などがあげられる。成層火山は，火山の激しいふん火とマグマの流出がくり返されることで，火山さいせつ物や溶岩などが層になって積み重なり，円錐型の山ができる。

**問４**　安山岩を虫めがねなどで見ると，小さな結晶が集まった中に，ところどころ大きく育った結晶が見られる。大きな結晶は上昇するマグマがじょじょに冷やされていく間にできたもので，小さな結晶は地上付近で急に冷やされてできたものである。したがって，まず，ミョウバンの水溶液を25℃で保って大きな結晶をつくり，その後，すぐに氷水で急激に冷やして小さな結晶の集まりをつくるようにすると，安山岩と同じような結晶のつくりになる。

**5 避難生活をより快適にする道具のつくり方についての問題**

たとえば，温度の高い熱を発生させることができれば，電気コンロやガスコンロのかわりに食べ物などをあたためることができ，２週間にわたる避難生活をより快適にすることができるので，そのための道具をつくりだすことを考える。解答例にあるように，アルミホイルを内側にはったかさを利用して太陽光を集めることができれば，フライパンやなべなどを熱して温かい料理をつくることができる。また，かさの代わりにたくさんの板を組み合わせるなどしてかさと同じような丸い形に整え，アルミホイルをはってもかさと同じように太陽光を集めることができる。そのほか，まわりを明るく照らすために，かい中電灯の上に水の入ったペットボトルを置き，光を拡散させてランタンのようにしたり，飲料水や料理以外で用いるきれいな水を得るために，ペットボトルに小石や木炭，綿などを入れて水のろ過装置をつくったりすることでも，避難生活がより快適なものになると考えられる。

## 国　語　＜第１回入試＞（50分）＜満点：100点＞

**解　答**

一 **問１**　①　きてき　②　ちまなこ　③　ざわ(り)　④　おとず(れる)　**問２**　下記を参照のこと。　二 **問１**　①　心　②　百　③　独　**問２**　①　頭を(かかえる)　②　(木に)竹を(つぐ)　三 **問１**　ア　**問２**　(例)　そこにいる全員が，アンカーを務めるのは桝井しかいないと考えていたが，俊介がアンカーに選ばれたから。　**問３**　③　ウ　④　イ　**問４**　イ　**問５**　ウ　**問６**　陰湿な部分　**問７**　エ　**問８**　ア　**問９**　渡部　四 **問１**　ア　**問２**　エ　**問３**　ウ　**問４**　エ　**問５**　イ　**問６**　ウ　**問７**　(例)　自分の意見に賛同しているということ。　**問８**　(例)　きっぱりといいきることで地球社会で生きてゆけるし，各人がメリハリのある人生を送れるから。

**●漢字の書き取り**

一 **問２**　①　忠告　②　順延　③　蒸(し)　④　沿岸　⑤　穀倉　⑥　謝(る)

**解　説**

一 **漢字の読みと書き取り**

**問１**　①　汽船や汽車などで，蒸気の力を使って鳴らす笛。　②　夢中になってするようす。　③　音読みは「ショウ」で，「障害」などの熟語がある。　④　音読みは「ホウ」で，「訪問」などの熟語がある。訓読みにはほかに「たず(ねる)」がある。

**問２**　①　相手の悪い点を，真心から伝えて改めさせようとすること。　②　決められた日取りを順に延ばすこと。　③　音読みは「ジョウ」で，「蒸気」などの熟語がある。　④　川や海や湖に沿った陸地。　⑤　穀物が多く取れる地帯。　⑥　音読みは「シャ」で，「謝罪」などの熟語がある。

二 **四字熟語の完成，慣用句の完成**

**問１**　①　「以心伝心」は，言葉がなくとも，おたがいの気持ちが通じ合うこと。　②　「百発百中」は，予想や計画がすべて当たること。　③　「独立独歩」は，人にたよらずに，自分の力で物事を行うこと。

**問２**　①　「頭をかかえる」は，“難しい問題が解決できずに，どうすればよいのかなやんでしまう”という意味。　②　「木に竹をつぐ」は，“前後のつじつまが合わない”という意味。

三 **出典は瀬尾(せお)まいこの『あと少し，もう少し』による。**駅伝大会のアンカーに二年生の俊介(しゅんすけ)を選んだ部長の桝井(ますい)は，新任顧問(こもん)の上原に反対されるが，桝井は最も言ってはいけない言葉で上原の意見を退ける。

**問１**　陸上部に急いで行こうとしている自分に驚(おどろ)いたり，最近，自分のことがわからなくなることがあると思い返したりすると前後にあるとおり，「俺(おれ)」の中にはとまどう気持ちがあり，それが自問自答するぼう線①に表れている。よって，アが選べる。

**問２**　次の段落にあるように，そこにいる全員がアンカーを走るのは桝井しかいないと考えていたのに，桝井は俊介をアンカーに選んだのである。

**問３**　③「精彩」は，生き生きとした感じ。活気のあるようす。　④「面喰らう」は，“まごつく”“あわてる”という意味。

**問４**　前の部分に注意する。桝井の言葉づかいから軽やかさが消えて丁寧になっていることから，「俺」は桝井の気持ちに余裕が失われていることに気づき，「今，突き詰めるのはよくない」と感じていると考えられる。よって，イがふさわしい。

**問５**　前後に注意する。桝井の意見に反対する上原は，前任の満田先生とちがって陸上にくわしくはなかった。満田先生の名前を出すことで，桝井は上原との議論を終わらせようとしたが，それは上原を傷つけることでもあったため，「俺」は身体が冷えきるように感じたのである。よって，ウが合う。

**問６**　誰もが本当の部分を見せまいとして，「何もつくろっていないやつなんていない」と「俺」は思っている。だが，ジローは何もつくろっていない，影のない人物だと「俺」は感じ，「お前には影はないのかよ」という言葉の意味が理解できないジローに，「影」を「裏」，「暗い一面」，「陰湿な部分」と言いかえて説明している。

**問７**　「満田先生が戻ってきてくれたらな」という上原には一番言ってはいけない言葉で，桝井は上原の意見を切り捨てた。空気が滞るのを恐れた上原は話を収め，みんなも場をつくろうが，ジローだけはそれに全く気づかなかった。影を持たないジローにはこの思いは理解できないだろうが，そんな底ぬけの明るさを貴重だと「俺」は認めて「わかる必要なんてない」と思っているので，エがよい。

**問８**　みんなが帰った後まで残っていた「俺」が，桝井が「満田先生が戻ってきてくれたらな」と言ったのは本気ではないと思うと言い出したため，上原は，自分が傷ついたのではないかと心配して「俺」が待っていてくれたことに気づき，「こんなに優しい中学生を初めて見たなと思って」と言っている。よって，アが正しい。

**問９**　語り手の「俺」がジローと話す場面があるが，ジローは「俺」を「渡部」と呼んでいる。また，最後の場面で上原は「俺」に「渡部君」と呼びかけている。以上から，語り手は「渡部」であることがわかる。

**四**　**出典は森本哲郎の『日本語　表と裏』による。**ほかの民族とちがい，日本人はイエスとノーをはっきり言うのが苦手だとし，きっぱりいいきる言語習慣を身につける必要性を指摘している。

**問１**　A　行ったことがない場合，「行ったことはありませんか」ときかれると，英語やフランス語やドイツ語では「ノー」と答えると前にある。後には，自分の意志や行動について「ノー」と主体的に答えていると前の内容の説明が続く。よって，前に述べた内容を，“要するに”とまとめて言いかえるときに用いる「つまり」が合う。　B　後に理由を示す「から」が続くので，理由を導くときに使う「なぜなら」がよい。　C　断ることがきっぱり断ることであれば，「セールスは断られたときに始まる」という標語は成り立たないと前にある。後には，こうしたスローガンは立派に通用し，社員を鼓舞していると続く。よって，前のことがらを受けて，後に対立することがらを述べるときに用いる「ところが」が入る。　D　たいていの民族は，否定と肯定をはっきり区別し，どちらかわからないといらいらして「勝手にどちらかに決めて行動する」と前にある。後には，日本人はそうした行動におどろき，実はちがうと訂正するはめになると続く。よって，前のことがらに続いて後のことが起こることを表す「すると」がふさわしい。

**問２**　次の段落に説明がある。相手は「行ったことはありませんか」と聞いているので，行ったことがない場合，日本人は相手のことを考えて肯定すべきだと思うとある。よって，エが選べる。

**問３**　ぼう線②の「それ」は，きっぱりと否定すること，はっきりと断ることを指す。次の段落にあるとおり，きっぱり断れば「相手はつれないと思う」と考えられ，そう思われるのが日本人には「やりきれない」のだから，ウがあてはまる。

**問４**　「日本人は不可解だというイメージ」は，続く部分にあるとおり，日本人の否定のあいまいさから大半は生じているので，ア・イ・ウは合う。エは，日本人以外のたいていの民族についての内容である。

**問５**　「矛盾（むじゅん）」は，二つのことのつじつまが合わないこと。

**問６**　「結構です」と「結構ですね」のちがいを説明する文なので，ⅠとⅡにはちがう内容が入る。

Ⅰ　自分について「結構」を使うなら「婉曲（えんきょく）な拒絶（きょぜつ）」になると前にあるとおり，「ノー」が入る。

Ⅱ　続く二文にあるとおり，「ね」が入ることで相手への言明になり，「遠慮（えんりょ）なく」いただきますという意味になるので，「イエス」になる。

**問７**　ぼう線⑤直前の「そこで」の「そこ」とは，直前の「日本人のうなずきは肯定とはかぎらない」ことを指している。だが，外国人は，日本人がうなずくのを見て自分の「意見に賛同している」と誤解してしまうのである。

**問８**　ぼう線⑥の前に，「日本人が地球社会で生きてゆくためには，そして，各人がメリハリのある人生を送りたいというのなら」と条件が述べられる。きっぱりといいきることで地球社会で生きてゆけるし，各人がメリハリのある人生を送れるため，筆者はぼう線⑥のように考えるのである。

Memo

# 2022年度　広尾学園小石川中学校

〔電　話〕　(03) 5940－４１８７
〔所在地〕　〒113－8665　東京都文京区本駒込２－29－１
〔交　通〕　都営三田線 ―「千石駅」Ａ１出口より徒歩２分
JR山手線 ―「巣鴨駅」,「駒込駅」より徒歩13分

【算　数】〈第２回入試〉(50分)〈満点：100点〉

《注意事項》円周率は3.14として計算してください。

**1**　次の□に当てはまる数を答えなさい。

(1)　$32 \times 73 + 45 \times 36 + 43 \times 73 + 56 \times 36 + 52 \times 73 + 36 \times 36 = \square$

(2)　$\left\{\frac{3}{8} + \frac{9}{16} \times \left(\square + \frac{1}{18}\right)\right\} \div 1\frac{1}{8} = 1$

(3)　$\frac{1}{8} + \frac{1}{24} + \frac{1}{48} + \frac{1}{80} = \square$

(4)　$1.25 \times 32 \times 2.5 \times 27 = \square$

**2**　次の問いに答えなさい。

(1)　ボールが２つまでしか入らないコップＡ，Ｂ，Ｃ，Ｄの中に次のような規則で，１つずつボールを入れていきます。

規　則

①　Ａ→Ｂ→Ｃ→Ｄの順に，コップにボールを入れる

②　コップがいっぱいになったときは，次のコップにボールを入れて，いっぱいになったコップの中のボールは捨てる

③　Ａのコップがいっぱいでないときは，Ａのコップにボールを入れる

A，B，C，Dに入っているボールの個数がそれぞれ２，０，２，１であるとき，捨てたボールの総数を求めなさい。

(2) 直径が６cm，８cm，10cmの円を図のように重ねたとき，斜線部分の面積の和を求めなさい。

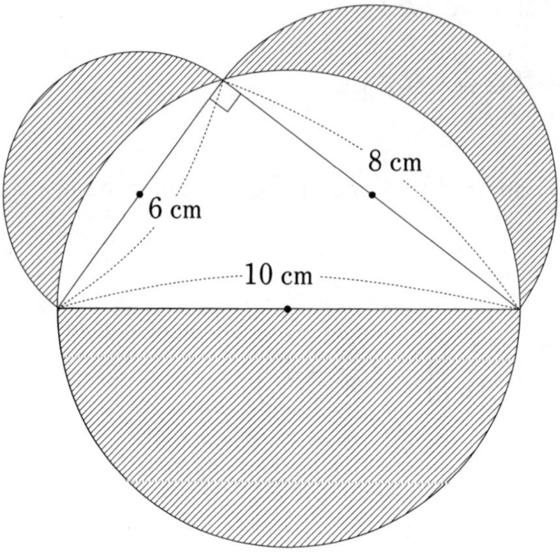


(3) 次のような規則で玉を並べます。玉の個数が144となるのは何番目ですか。

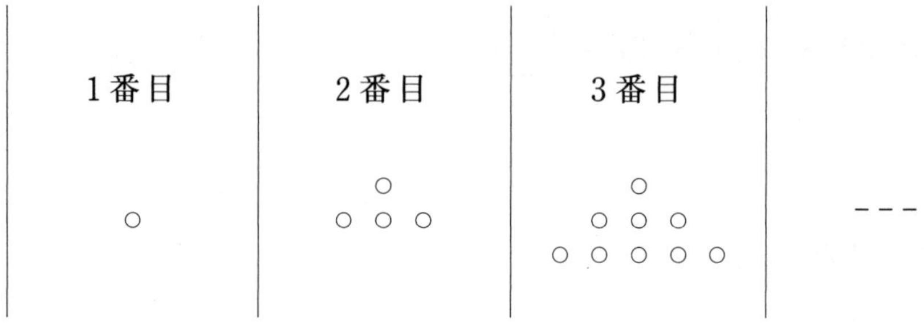

(4) 下図のような平行四辺形ＡＢＣＤがあります。
ＣＥ：ＥＤ＝１：１，ＡＦ：ＦＤ＝１：２です。
ＥＧとＤＢが平行のとき，ＦＧ：ＧＣをもっとも簡単な整数の比で求めなさい。

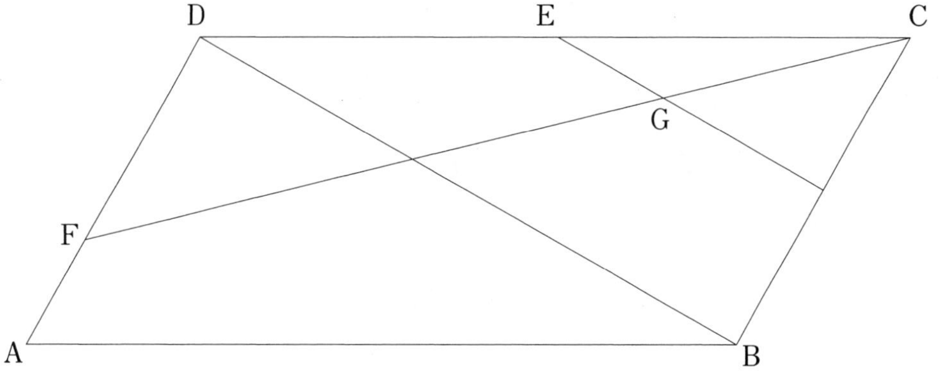


**3** 短距離走（たんきょりそう）の練習法の１つに，どの生徒でも同じタイムになるようにスタートラインを調整する方法があります。ＡさんとＢさんが100ｍ走で，この方法を試しました。Ａさんがゴールしたとき，Ｂさんはゴールまで５ｍありました。ＡさんとＢさんは一定の速さで走るものとしたとき，次の問いに答えなさい。

(1) Ａさんをスタートラインから５ｍ後ろに下げて，もう１度走りました。どちらが先に何ｍの差をつけてゴールしたか求めなさい。

(2) Ｂさんのスタート位置を変えず，Ａさんがスタートラインから何ｍ下がればＡさん，Ｂさん同時にゴールできるか求めなさい。なお，小数点第２位で四捨五入し，小数点第１位まで求めなさい。

**4**

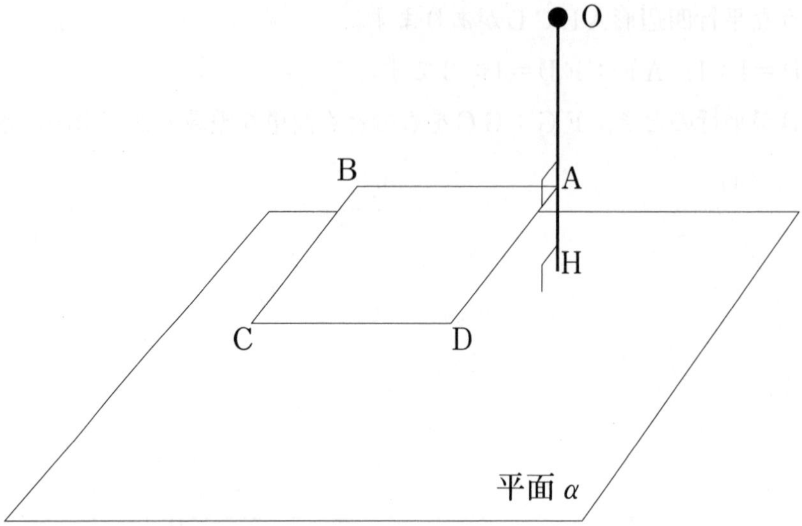


１辺が３cmの正方形ＡＢＣＤがあります。上図のように平面 $\alpha$ に対して垂直に立っている30cmの棒が１本あり，先端（たん）には光源Ｏがついています。正方形ＡＢＣＤと平面 $\alpha$ は平行です。また，点ＡはＯＨ上にあります。暗いところで光源をつけたとき，現れる影（かげ）は四角形となります。平面 $\alpha$ にできる影（かげ）について次の問いに答えなさい。

(1)　ＯＡが20cmのとき，影（かげ）の面積を求めなさい。

(2)　影（かげ）の面積が25 $cm^2$ となるとき，ＯＡの長さを求めなさい。

(3)　現れる四角形の影（かげ）を四角形ＩＪＫＬとします。四角形ＩＪＫＬと正方形ＡＢＣＤを底面とする立体ＡＢＣＤ-ＩＪＫＬの体積が，四角すいＯ-ＡＢＣＤの体積の $\frac{61}{64}$ 倍となるとき，ＡＨの長さを求めなさい。

**5** 分母が12の$1\frac{1}{3}$より大きく$16\frac{1}{4}$より小さい分数について，次の問いに答えなさい。
既約分数とは，これ以上約分できない分数のことです。

(1) 整数となるものはいくつあるか答えなさい。

(2) 分母が２となる既約分数はいくつあるか答えなさい。

(3) 分母が６となる既約分数はいくつあるか答えなさい。

**6** ＜m，n＞はmをn回かけた数を表します。例えば，＜３，２＞＝９となります。

(1) □に当てはまる数を答えなさい。

（i）＜２，３＞＝□　　（ii）＜５，□＞＝125

(2) ＜２，a＞×＜２，b＞＝64，＜a，２＞×＜b，２＞＝64
上の２つの式を同時に満たすa，bについて，＜a，b＞の値を求めなさい。

ウ　記号論に立ち返り、数学的方法を用いること。
エ　外国語を使って、言語的創造を行うこと。

問七　――線⑧「ちょうど、物差しでカボチャのひだの深さを測ろうとするようなものである」とありますが、この比喩が述べようとしていることとして最もふさわしいものを次から一つ選び、記号で答えなさい。
ア　イディオムを使うと、言語のおもしろみは見えてこない。
イ　イディオムを使って、新しいことを考え出すことは困難だ。
ウ　イディオムを確立させようとするのは、難しいことである。
エ　母国語を使って、創造力を育てようとするのは不可能だ。

問八　――線⑨「その外国語の語学が母国語に近くなるのは考えものである」とありますが、そう考える理由として最もふさわしいものを次から一つ選び、記号で答えなさい。
ア　外国語を学ぶと、本来の母国語の扱いがおろそかになってしまい、母国語が入れ替わることになるから。
イ　外国語を習得しようとするときに、母国語の語彙（ごい）数が足りないことは致命（ちめい）的であるから。
ウ　母国語と外国語の差がなくなると、新旧のものの考え方が入り混じって困惑（こんわく）するから。
エ　外国語が持つ創造に都合のよい部分が、母国語に近づくことでなくなってしまうから。

問九　本文の内容と合っているものを次から一つ選び、記号で答えなさい。
ア　創造性は、人間が大人になるにしたがって失われるものである。
イ　創造性は、外国語を学べば学ぶほど身につくものである。
ウ　創造性は、さまざまな知識を得ることから作られるものである。
エ　創造性は、日常性から離れたところから生み出されるものである。

問二　――線②「折紙をつけてもらう」・⑥「泣きどころ」の意味として、ふさわしいものを後からそれぞれ一つずつ選び、記号で答えなさい。

②「折紙をつけてもらう」
ア　保証してもらう　　イ　目をつけてもらう
ウ　ほめてもらう　　エ　評価してもらう

⑥「泣きどころ」
ア　批判　　イ　突破口
ウ　急所　　エ　両面性

問三　――線③「皮肉である」とありますが、その理由を説明した次の文の空欄を、本文中の表現を使って五十字以内で答えなさい。

寺田寅彦は（　　　　　　　　）と思われたが、その寅彦がアインシュタインの、語学教育は思考力を養うのにあまり適しないということばを引いているから。

問四　――線④「さきの数学者のことば」とありますが、数学者の仮説に当たる部分を本文中から探し、最初と最後の五字をぬき出して答えなさい。（句読点や記号は字数にふくめません）

問五　――線⑤「それ」とありますが、「それ」が表す内容を三字で言い換えるとどうなりますか。本文中からぬき出して答えなさい。

問六　――線⑦「レールからあえて外れる、脱線する必要がある」とありますが、「脱線する」とはどうすることですか。その説明として最もふさわしいものを次から一つ選び、記号で答えなさい。

ア　数学と語学を両立させること。
イ　母国語を見つめ直して、再使用すること。

母国語的イディオムの世界と数学的世界の中間に外国語が位すると考えてよい。さきにも述べたように、イディオムはかならずしも創造に好都合でない。数学は創造的思考をすすめる方法としては申し分がないけれども、いかんせん人間の感覚が扱いにくい。そこで、言語であって、しかも、言語の不自由さをすて、数学的自由さをもった手段はないかということになる。その答えが外国語というわけである。外国語は母国語と数学の中間にあって、母国語でも数学でも難しいような言語的創造を行なうことができるはずである。

寺田寅彦が語学を数学に似たものと考えていたことが、ここで改めて思い合わされる。したがって、⑨その外国語の語学が母国語に近くなるのは考えものである。

〔外山滋比古『ものの見方、考え方　発信型思考力を養う』（ＰＨＰ文庫）による〕

注１　ソ連　：「ソビエト社会主義共和国連邦」の略。現在のロシア連邦のこと。
注２　スプートニク　：ソ連の人工衛星のこと。
注３　寺田寅彦　：戦前の物理学者。随筆家。
注４　岡潔　：数学者。理学博士。
注５　Ｔ・Ｅ・ヒューム　：イギリスの批評家。哲学者。

問一　――線部①「頭をよくする語学」とありますが、本文中の意味として、最もふさわしいものを次から一つ選び、記号で答えなさい。

ア　科学者を育てる語学
イ　数理的思考力を養う語学
ウ　創造性を高めるための語学
エ　エレガントな解法を得るための語学

われわれは日常、ことばを使って生活しているが、ことばを使っているという意識をはっきりもっていないことがすくなくない。考えるより前に反射的にことばが飛び出してくる。T・E・ヒューム[注5]の『思索集』（Speculations）に、そういう反射的言語のことが出てくるが、ある精神病患者が、まるで理解していない問題について、まっとうに見える受け答えをしたとか、ほとんど考えることなしにも、一冊の本を書くことができるのだ、とか述べている。

なぜ、こういうことが可能であるかと言うと、日常使いなれていることばは、いわばレールのようにわれわれの心の中で確立している。その上へ車をのせてやれば、何もしなくても自然にレールに沿って走って行く。まったく自然には走り出さないまでも、ちょっと押してやれば動き出す。そして、なかなか止まらない。

こういう言語をかりにイディオムとよぶことにする。どうして、そういうレールが敷かれるのか、はっきりした説明はつかないが、それにのっている限り、伝達は容易に行なわれる。母国語のかなりの部分が、この意味でのイディオムになっている。

こういうイディオムだけを使って、新しいことを考え出すのはきわめて難しい。発見はこれまで人びとの目に入らなかった事象を見つけるのであるから、レールの上などにころがっているはずがない。レールの上しか走ることができないイディオムに発見ができないのは当然である。むしろ、⑦レールからあえて外れる、脱線する必要がある。レールにはまっていては新しい道をつくることは覚束（おぼつか）ない。日常性から離脱しなくてはならないのであるが、反射的に使われるようになってしまっている言語にとって、それは至難のことである。

言いかえると、イディオムになったことばは案外、思うようにならない。不自由なものである。ちょっと曲げようと思っても簡単には曲がらない。そういう言語を無自覚に使いながら新しいことを見つけ、考え出そうとするのは、⑧ちょうど、物差しでカボチャのひだの深さを測ろうとするようなものである。母国語は役に立つようで、こういうところに難点がある。

イディオム的言語のもっている硬直性のないことばとしてもっとも操作に便利なのは数学的記号、数式であることは言うまでもない。感覚という裏付けを欠いているのが数学の泣きどころであるけれども、他方、まったく新しい世界にも、ある程度は対応できる柔軟さがある。学問を記述する方法として数学が好まれるのは理の当然である。かつては主として自然科学に限られていた数学的方法がこのごろは人文科学の部門にも及んできて、人文科学諸学問の数学化が急速に進んでいる。従来のような言語による記述に依存していたのでは新しい展開が難しいと考える学者が多くなってきて、「言語の危機」が叫ばれているのである。

語学と数学とは一般にあまり近い関係にないように見られているが、両者には、いろいろ似たところがある、ということを言ったのは注3寺田寅彦（てらだとらひこ）である。この独創的物理学者がまた大の語学好きで、生涯いろいろの言語に手を出したことは知る人ぞ知るところである。寅彦は語学によって新しい考えを生み出すことができると信じて、普通の人は考えもしないような珍しいことばの学習をしていたのではないかと思われるフシがある。

もっとも、語学を数学と似たものと考える考え方に対しては、注4岡潔（おかきよし）博士のような異論もあるから、にわかには決することはできない。しかし、寅彦が語学が頭をよくすると考えていたことは事実であるし、彼自身の独創性と語学との間になにがしかの関係があるらしいことは否定できないのではなかろうか。

その寺田寅彦が相対性理論のアインシュタインの教育観を紹介して、語学教育は思考力を養うのにあまり適しない、というアインシュタインのことばを引いているのは③皮肉である。こうなると、語学が創造性を高めるとは言いきれなくなってくる。ある人にはプラスになる語学が、ほかの人にはマイナスになるのかもしれない。

こういうふうに語学が独創性に対して両刃（もろは）の剣であることをはっきりさせるのが、二重言語性（バイリンガリズム）(bilingualism)の問題であろう。語学教育は不完全ではあるが、一種の二重言語性の状態を志向している。ところが、二重言語人、つまり、二カ国語を同じように使うことのできる人間の特色として、一方ではきわめて創造的であるかと思うと、また、逆に創造性に乏しいこともある。これまでの心理学の研究によっても、バイリンガリズムがわれわれの言う創造性にとってプラスに働くのか、マイナスに働くのか、はっきりしたことがよくわかっていない。まさにバイリンガリズムは両刃の剣なのである。

数学者がほめてくれただけで喜ぶのは早い。現にわれわれの仲間の語学教師をながめても、独創的思想家ばかりとは残念ながら言えない。むしろ、一般的に常識的ではあるが、クリエイティヴではない人のほうが多いように見受けられる。もともと年少のときからそうでなかったらしいのは、④さきの数学者のことばからしても推察できる。高校生のとき独創的であり得たのに、勉強を積みかさねて語学者になると、⑤それが消えてしまうのであろうか。

しかし、これは語学に限ったことではないかもしれない。だいたい、教育を受ければ受けるだけ創造性は低下すると言われている。学校教育の⑥泣きどころは知識を与えるのに反比例してものを生み出す力が弱まるところにある。そういうことを頭においた上で、外国語が創造性を高めるとすれば、そのメカニズムはどういうところにあるのか。それについて、試論を提出することにする。

問七　文中の――線ⓐ～ⓓの表現の説明としてふさわしくないものを次から一つ選び、記号で答えなさい。

ア　ⓐ「……」がふたつ続いているのは早紀と祐也がどちらも答えられない状況を表している。

イ　ⓑ「大人らしく振る舞った」というのは子どもの気持ちを考えず、押さえつけようとする大人の姿を表している。

ウ　ⓒ「歩くたびに、階段が軋んだ」というのは私のためらう気持ちを表現している。

エ　ⓓは以前と変わらないムーと子どもたちの日常を表している。

## 四　次の文章を読んで、後の問に答えなさい。

　ある年の入学試験のあとで、友人の数学者がこんなことをもらした。出題者の予期しなかったような〝エレガント〟な解法をしている答案にぶつかると、目からウロコの落ちる思いをするが、気をつけていると、そういう答案はどうも英文科の受験生に多いようだ。語学と数学の学力には相関関係があるのではなかろうか。語学のできる人は独創的な頭の持ち主なんだろう――。

　こちらが英語の教師だと思って、よけいなお世辞はやめてくれ、と言おうとして、相手の顔を見ると、思いのほか大真面目である。それで、改めてその気になって、考えてみると、そうかもしれない、と思われ出した。さすがに悪い気はしない。

　それで思い合わすのは、ソ連[注1]がスプートニク[注2]の打ち上げに成功し、アメリカの宇宙科学が一歩おくれをとったときのことである。アメリカ側で躍起（やっき）になって原因を究明したところ、意外や意外、アメリカは語学に冷淡なのに、ソ連が外国語教育にきわめて熱心で、これがソ連科学の創造性の高さの秘密らしい、ということになったのである。それではというので、アメリカは急遽（きゅうきょ）、国防予算をまわしてハイスクールの外国語教育振興に乗り出した。

　いわゆる役に立つ語学ではない。①頭をよくする語学が目標である。ここで、はからずも語学が創造性を高めるのに有効であることが裏付けられたわけであるが、その頃、わが国では役に立つ英語教育の全盛時代であったから、このことは話題にすらならなかった。しかし、数学者から英語のできる生徒はオリジナリティが豊からしいと②折紙をつけてもらうと、やっぱり、そうだったかと肯（うなず）きたいような気持になる。

問三　――線②「早紀は、ずいぶん大人になったわね」とありますが、妻はどうしてそう思ったのですか。最もふさわしいものを次から一つ選び、記号で答えなさい。

ア　悲しくても両親の思いをわかってくれているから。
イ　自分以外の父の思いに考えがおよんでいるから。
ウ　さりげなく父を責めて捨てることをやめさせようとしているから。
エ　自分の喘息を我慢してでもムーを守ろうとしたから。

問四　――線③「私は考えるのをためらった」とありますが、ためらったのはなぜですか。「〜から。」に続くように三十字以内で説明しなさい。

問五　――線④「不意に私の頬を、涙が伝った」とありますが、この時の「私」の心情として最もふさわしいものを次から一つ選び、記号で答えなさい。

ア　ムーを捨てる決心がゆるがず、自分の心の冷たさを責める気持ち。
イ　今までなつかなかったムーが甘えてくれてとてもうれしい気持ち。
ウ　どうしたらいいのか答えを見つけられなくてなさけない気持ち。
エ　ムーのいじらしさがたまらなくかわいくていとおしい気持ち。

問六　――線⑤「この朝日の清々しさはなんなのだろう」とありますが、この時の朝日が清々しく感じられたのはなぜですか。「〜から。」に続くように三十字以内で説明しなさい。

問題は何も解決していない。これでいいのか悪いのか、それすら分からない。とりあえず私はすべてを保留してしまったのだ。
それにしても、⑤この朝日の清々(すがすが)しさはなんなのだろう。私は椅子に座ったまま、大きく一つ伸びをした。

［阿部夏丸「捨てることのできないもの」（講談社文庫）による］

問一 [A]・[B] にあてはまる言葉として最もふさわしいものを次から一つ選び、記号で答えなさい。

A
ア 血の気が引くような
イ 食い入るような
ウ 夢見ごこちな
エ うらめしそうな

B
ア 悲しい
イ おそろしい
ウ いじわるい
エ 心にくい

問二 ――線①「妻がいおうとしていることを感じ取った」とありますが、早紀が母から感じ取ったこととはどのようなことですか。最もふさわしいものを次から一つ選び、記号で答えなさい。
ア 猫とは一緒に暮らせないから、ムーを捨てなければならないということ。
イ 喘息の原因が猫だなんて、検査の結果なんか信用ができないということ。
ウ 祐也は、話を聞いていても勘が悪いから教えてやってほしいということ。
エ 喘息の苦しみは猫が原因だから、ムーを早く捨ててしまおうということ。

「ムー、ムー、ムー」

私は両手でムーの頭を包むように撫でた。ムーは首を振ってそれに応える。

「ムー……」

④不意に私の頬を、涙が伝った。

「……」

暗い車の中で、ムーの顔はよく見えない。ただ、目の前の闇が、おぼろに霞んでいった。

腕の中にある温かい感触。なぜだか懐かしい感触。確か、子どものころにも、猫を抱いて泣いたことがあった。

あれは、もう、三十年も前のことになるのか……。

十歳の私は、今と同じように猫を抱いて泣いていた。空き地の土管の中で泣いていた。拾ってきた猫を母に捨ててらっしゃいといわれ、捨てられずに泣いていたのだ。

猫は、ボロボロの猫だった。やせ細り、毛が抜けていて、母はタムシという病気なのだといっていた。タムシがうつったら、お前も丸坊主になってしまうんだと脅された。しかし、私はその猫を抱きかかえたまま離さなかった。かわいいと思っていたのか、かわいそうだと思っていたのか。

それよりも、あの猫はどうなってしまったのだろう……、まったく覚えていない。

（いや、待てよ。あの猫は、家で飼っていたぞ。最終的には家で飼っていたぞ。でも、なんで……？）

いくら考えても、あの猫を飼うことになったいきさつは思い出せなかった。夜が明けても……。

私が書斎で睡眠不足の目をこすっていると、窓の外から声がした。祐也が、また猫と話をしているらしい。

ⓓ「ムーにゃん。だめだろ。じっとしてなさい」

どうやら、ムーに、ブラッシングをしているようだ。

「おとなしくしていないと、床屋さんに行って、毛を全部刈っちゃうからな」

私は、あれから車を走らせることができず、そのまま朝を迎えてしまった。泣いたり、わめいたりしてみたものの、結局、ムーは今までどおり、わが家にいるのだ。

「……」

(喘息になったのが、妻や娘でなく私だったら……)

③私は考えるのをためらった。そして、ムーを抱き上げると、そのまま車庫へと向かった。

ギィ……、ギィ……、ギィ……、

ⓒ歩くたびに、階段が軋んだ。

ギィ……、ギィ……、ギィ……。

真っ暗な部屋に、［B］音が染みていく。妻は、この音を聞いているのだろうか。子どもたちは、この音を聞いているのだろうか。

ムーは目を開けてはいるが、おとなしく抱かれたままだ。

私は、静かに玄関を出て、車庫の電気をつけた。車のワイパーに何か挟んである。子どもの書いた手紙のようだ。私はムーを車に乗せ、手紙を取って運転席に座った。

〈お父さんへ。おてつだいをいっぱいしますから、ムーをすてないでください　ゆうや〉

「あいつらしいな……。でも、ムーは捨てなければならないんだ」

私は、自分自身にいい聞かせるように、そうつぶやいた。

そのときだった。

ナーオ、

手紙を持つ私の肘に、ムーが鼻を押し付けてきた。

ナーオ、ナーオ、ナーオ、

甘ったれた、啼き声だった。

私はシートを深く倒し、横になった。そして、いつものようにムーを胸の上に乗せた。

ズンとした重みと、突っ張った腕。

頭からお尻までを何度も撫でてやると、ムーはゴロゴロと喉を鳴らした。そして、突っ張った腕で私のシャツの喉元を、何度も何度も揉みだすのだった。

「なんだ」
「……私、我慢するよ。喉が鳴ったって、我慢するよ……」
「………」
「……だから……捨てたりしないでよ。……ムーはさ、私たちが育てたんだよ……赤ちゃんのときから、みんなで、育てたんだよ……。そんなの、捨てたりしたら……。そんなことで喘息が治っても、私、嬉しくないよ。ちっとも嬉しくないよ……」
「………」
「ねえ、お父さん」
私は、たまらず椅子から立ち上がった。そして、こういった。
「うるさい、もう決めたことだ」
なんと冷たい一言だろう。だが、他に言葉は見つからなかった。これ以上話を続けたら、ムーを捨てる決心が揺らいでしまう。もう、逃げ出すしかないのだ。
私は三人の泣き声を背中に感じながら、食卓を後にした。

（中略）

「②早紀は、ずいぶん大人になったわね」
「早紀はなんて？」
「お父さんだったら、どうするのかなぁって。喘息になったのが私やお母さんじゃなくて、お父さんだったら、ムーをどうするのかなぁって……」
「………」
「それでも、やっぱり、ムーを捨てるの？」
妻はそれだけいうと、ドアを閉め、寝室に向かって歩いていった。

酷な質問だ。大人の私にだって答えの出せない問題なのだ。子どもたちに聞いたって、答えが出せるわけがない。

早紀が小声でいった。

「……捨てるの？」

その言葉で、すべてを悟った祐也がいった。

「嫌だよ、そんなの嫌だよ」

「だけどね、ムーがいる限り、お母さんとお姉ちゃんの喘息は治らないのよ。それでも、いい？」

つらそうな、妻の声だった。

「嫌だよ。両方嫌だ！」

祐也の悲しく責めるような声に、私はたまらず叫んでしまった。

「わがままをいうんじゃない！　お母さんやお姉ちゃんが、死んじゃってもいいのか！」

「……うあああああーん」

（わがままなのはどっちだ。自分の都合でムーを捨てようとしているのは誰なんだ）

私は、できる限りⓑ大人らしく振る舞った。

「いいか、二人とも。お前たちがムーを好きなように、お父さんやお母さんだって、ムーが大好きだ。でもな、お互い一緒に暮らせない以上、別れなきゃならないようなことだってあるんだ。俺は、ムーが大好きだ。でも、それ以上に、お母さんやお前たちが大切だ。だから、俺がムーを捨ててくる。分かったな……」

「………」

「……うっく、うっく、うっく」

冷め切った食卓に、祐也の嗚咽だけが続いた。祐也は妻の胸に顔をうずめて泣き続けている。それを抱きしめる妻の肩も微かに震え、泣いているのが分かる。

「お父さん……」

早紀が口を開いた。込み上げてくるものを必死でこらえる、ギリギリの声だった。

三　次の文章を読んで、後の問に答えなさい。

「ねえ、二人とも、お母さん、ちょっと話があるんだ」

「待てよ」

「いわせて、いわなきゃいけないと思うの」

毅然（きぜん）とした妻の顔に、私は言葉を飲み込んだ。

「祐也（ゆうや）。私とお姉ちゃんが、喘息（ぜんそく）っていう病気だっていうことは知っているよね」

「夜中にヒューヒュー喉（のど）が鳴るやつだろ」

「うん。お姉ちゃんなんか、苦しくなって、朝方病院に行ったこともあるよねえ。それでさ、この前、病院で血液検査を受けたんだ。その結果が、今日分かったの」

「………」

子どもたちは、［Ａ］顔で、妻を見つめた。

「喘息の原因は色々あるんだけど、一番大きな原因は猫なの」

「えっ？」

「猫？」

「猫は毛がたくさん抜けるでしょ。その毛が喘息の原因なんだって」

「………」

「へーっ」

勘（かん）のいい早紀は、①妻がいおうとしていることを感じ取ったようだ。だが、祐也には、まだ分かっていない。

「お医者さんはね、猫を飼っていると、喘息がどんどんひどくなりますよっていうの。どう思う？　どうしたらいいと思う？」

ⓐ「………」

「………」

## 二　次の各問に答えなさい。

問一　次の□にあてはまる言葉を答え、（　　）内の意味のことわざを完成させなさい。解答は漢字でもひらがなでもかまいません。

①　鼻を□。（相手をだしぬいて、あっと言わせる）

②　弘法（こうぼう）にも□のあやまり。（名人でもときには失敗する）

③　すずめ□までおどりを忘れず。（おさない時からの習慣は年をとってもぬけない）

問二　次の①・②の中に適当な漢字を入れ、たて横ともに三字熟語が成り立つようにしなさい。

①

| | | |
|---|---|---|
| | 希 | |
| 展 | □ | 台 |
| | 的 | |

②

| | | |
|---|---|---|
| | 名 | |
| 決 | □ | 点 |
| | 負 | |

# 二〇二二年度
# 広尾学園小石川中学校

【国　語】〈第二回入試〉（五〇分）〈満点：一〇〇点〉

**一**　次の各問に答えなさい。

問一　――線の漢字の読みをひらがなで書きなさい。

①　市政の刷新に乗り出す。
②　悪寒がする。
③　著しい変化があらわれる。
④　海に臨む部屋。

問二　――線のカタカナを漢字に改めなさい。

①　セイカリレーをテレビで観た。
②　人間としてのソンゲンを守る。
③　安全ソウチが作動する。
④　天気がよいのでふとんをホす。
⑤　友人に心をユルす。
⑥　文化的なサイテンを行う。

# 2022年度 広尾学園小石川中学校 ▶解説と解答

## 算　数　＜第２回入試＞（50分）＜満点：100点＞

### 解　答

1 (1) 14203　(2) $1\frac{5}{18}$　(3) $\frac{1}{5}$　(4) 2700　2 (1) 42個　(2) 63.25cm$^2$　(3) 12番目　(4) 7：3　3 (1) **どちらが先か**…A，**何mの差**…0.25m　(2) 5.3m　4 (1) 20.25cm$^2$　(2) 18cm　(3) 6 cm　5 (1) 15個　(2) 15個　(3) 30個　6 (1) (i) 8　(ii) 3　(2) 16

### 解　説

**1 計算のくふう，逆算，四則計算**

(1) 32×73＋45×36＋43×73＋56×36＋52×73＋36×36＝32×73＋43×73＋52×73＋45×36＋56×36＋36×36＝(32＋43＋52)×73＋(45＋56＋36)×36＝127×73＋137×36＝9271＋4932＝14203

(2) $\left\{\frac{3}{8}+\frac{9}{16}\times\left(\square+\frac{1}{18}\right)\right\}\div1\frac{1}{8}=1$ より，$\frac{3}{8}+\frac{9}{16}\times\left(\square+\frac{1}{18}\right)=1\times1\frac{1}{8}=1\frac{1}{8}=\frac{9}{8}$，$\frac{9}{16}\times\left(\square+\frac{1}{18}\right)=\frac{9}{8}-\frac{3}{8}=\frac{6}{8}=\frac{3}{4}$，$\square+\frac{1}{18}=\frac{3}{4}\div\frac{9}{16}=\frac{3}{4}\times\frac{16}{9}=\frac{4}{3}$　よって，$\square=\frac{4}{3}-\frac{1}{18}=\frac{24}{18}-\frac{1}{18}=\frac{23}{18}=1\frac{5}{18}$

(3) $\frac{1}{8}+\frac{1}{24}+\frac{1}{48}+\frac{1}{80}=\frac{30}{240}+\frac{10}{240}+\frac{5}{240}+\frac{3}{240}=\frac{48}{240}=\frac{1}{5}$

(4) 1.25×32×2.5×27＝40×2.5×27＝100×27＝2700

**2 *N*進法，面積，図形と規則，相似**

(1) ボールが３個たまるごとに次のコップにボールを入れていくので，規則に従うと，Ａのコップにボールを３個入れるごとに，Ｂのコップにボールが１個入ることになる。また，Ｂのコップにボールを３個入れるごとに，Ｃのコップにボールが１個入るから，Ａのコップにボールを，３×３＝９(個)入れるごとに，Ｃのコップにボールが１個入ることがわかる。同じように考えると，Ａのコップにボールを，３×３×３＝27(個)入れるごとに，Ｄのコップにボールが１個入る。すると，Ａ，Ｂ，Ｃ，Ｄに入っているボールの個数がそれぞれ２，０，２，１となるとき，Ａのコップにボールを全部で，１×２＋３×０＋９×２＋27×１＝47(個)入れたことになる。いまコップに残っているボールは全部で，２＋０＋２＋１＝５(個)なので，捨てたボールは，47－５＝42(個)とわかる。

(2) 右の図１で，斜線(しゃせん)部分のうち，辺BCより下にある半円の部分は，斜線の引かれていない半円の部分と面積が等しいので，矢印のように移動させると，斜線部分全体の面積は太線で囲んだ部分の面積に等しいことがわかる。太線で囲んだ部分の面積は，半径，６÷２＝３(cm)の半円と半径，８÷２＝４cmの半円，三角形ABCの面積の和となるので，３×３×3.14÷２＋４×４×3.14÷２＋６×８÷２＝(９＋16)×3.14÷２＋24＝39.25＋24＝63.25(cm$^2$)と求められる。

図１

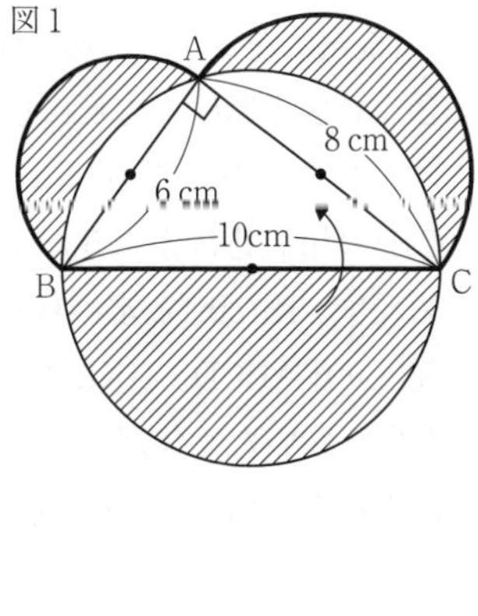

(3)　１番目の玉の個数は，１＝１×１(個)，２番目は，１＋３＝４＝２×２(個)，３番目は，１＋３＋５＝９＝３×３(個)，４番目は，１＋３＋５＋７＝16＝４×４(個)，…のようになるので，□番目では，玉の個数が(□×□)個になることがわかる。よって，144個になるのは，144＝12×12より，12番目である。

(4)　右の図２で，DFとCBが平行なので，三角形DHFと三角形BHCは相似になる。ここで，AF：FD＝１：２より，FD：AD＝FD：CB＝２：(１＋２)＝２：３となる。よって，三角形DHFと三角形BHCの相似比は２：３だから，FH：HC＝２：３である。また，EGとDBが平行，つまり，EGとDHが平行なので，三角形CDHと三角形CEGは相似となる。これより，HC：GC＝DC：EC＝(１＋１)：１＝２：１だから，点GはHCの真ん中の点とわかる。したがって，FHの長さを２とすると，HCの長さは，$2\times\frac{3}{2}=3$，HG，GCの長さは，３÷２＝1.5と表せるから，FG：GC＝(２＋1.5)：1.5＝3.5：1.5＝７：３と求められる。

図２
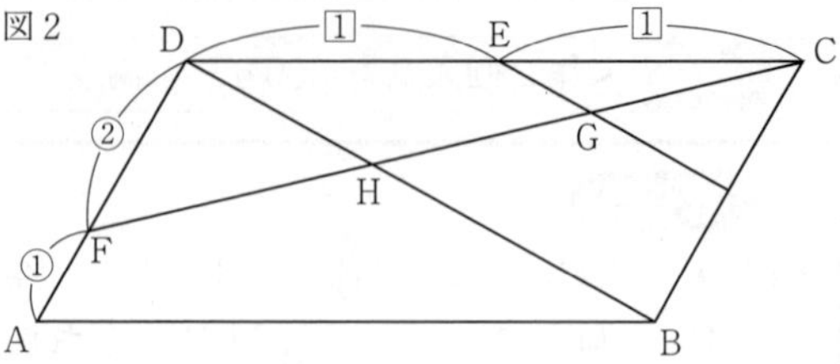


## 3　速さと比

(1)　Aさんが100m走る間にBさんは，100－５＝95(m)走るので，AさんとBさんが同じ時間に走る距離(きょり)の比(速さの比)は，100：95＝20：19とわかる。いま，Aさんがスタートラインの５m後ろから走るとき，Aさんはゴールするまでに，100＋５＝105(m)走る。Aさんが105m走る間にBさんは，$105\times\frac{19}{20}=99.75$(m)走るので，Aさんが先に，100－99.75＝0.25(m)の差をつけてゴールするとわかる。

(2)　Bさんが100m走る間にAさんが走る距離は，$100\times\frac{20}{19}=105.26\cdots$(m)より，105.3mになる。よって，Bさんのスタート位置を変えずに２人が同時にゴールするには，Aさんがゴールまでに105.3m走るようにすればよいので，Aさんはスタートラインから，105.3－100＝5.3(m)下がればよい。

## 4　立体図形―相似，面積，長さ

(1)　右の図のように，現れる影(かげ)を四角形IJKLとすると，点J，K，Lはそれぞれ O から出た光がB，C，Dを通って平面αにとどく点である。この図で，三角形OABと三角形OHJは相似であり，OAの長さが20cmのとき，相似比は，20：30＝２：３だから，AB：HJ＝２：３より，HJの長さは，$3\times\frac{3}{2}=4.5$(cm)となる。同様に，HLの長さも4.5cmになるから，影の面積は，4.5×4.5＝20.25($cm^2$)とわかる。

(2)　できる影は正方形になるから，影の面積が25$cm^2$のとき，25＝５×５より，HJの長さは５cmとなる。よって，三角形OABと三角形OHJの相似比は３：５だから，OA：OH＝３：５より，OAの長さは，$30\times\frac{3}{5}=18$(cm)と求められる。

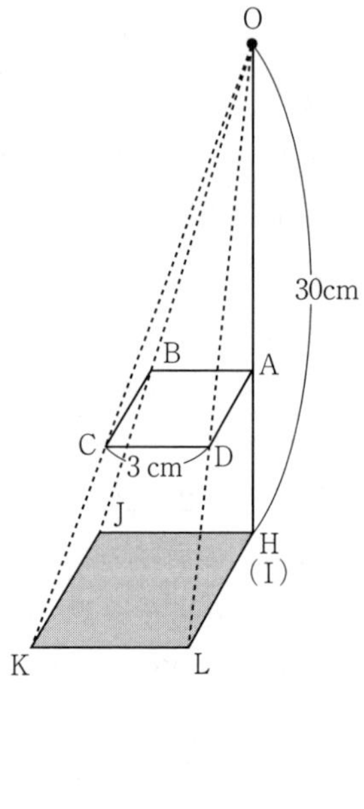


(3)　立体ABCD－IJKLは，四角すいO－IJKLから四角すいO－ABCDを取り除いた立体だから，その体積が四角すいO－ABCDの体積の$\frac{61}{64}$倍のとき，四角すいO－IJKLの体積は四角すいO－ABCDの体積の，

$1+\frac{61}{64}=\frac{125}{64}$(倍)となる。したがって，四角すいO－IJKLと四角すいO－ABCDの体積の比は，$\frac{125}{64}$：1＝125：64となる。ここで，125＝5×5×5，64＝4×4×4より，その相似比は5：4となることがわかる。よって，OI：OA＝5：4だから，OAの長さは，$30\times\frac{4}{5}=24$(cm)となり，AH(＝AI)の長さは，30－24＝6(cm)と求められる。

**5 分数の性質**

(1) $1\frac{1}{3}=1\frac{4}{12}$，$16\frac{1}{4}=16\frac{3}{12}$なので，$1\frac{4}{12}$より大きく，$16\frac{3}{12}$より小さい分母が12の分数を考えればよい。このうち，整数となるものは，約分したときに2から16になる分数だから，16－2＋1＝15(個)ある。

(2) 約分すると分母が2の既約分数となるとき，分母と分子を，12÷2＝6で割っているから，もとの分数の分子は6の倍数である。ただし，分子が12の倍数だと，分母と分子を12で割ることができるので，分母が2の既約分数にはならない(整数になってしまう)。よって，分子は6の倍数であり，12の倍数ではない数とわかる。このような分数は，帯分数で表したとき，分子が6となる分数だから，$1\frac{6}{12}$，$2\frac{6}{12}$，$3\frac{6}{12}$，…，$15\frac{6}{12}$の15個ある。

(3) 約分すると分母が6の既約分数となるとき，分母と分子を，12÷6＝2で割っているから，もとの分数の分子は2の倍数である。分子が2の倍数である分数を帯分数で表したとき，その分数の部分は$\frac{2}{12}$，$\frac{4}{12}$，$\frac{6}{12}$，$\frac{8}{12}$，$\frac{10}{12}$のいずれかになるが，このうち，既約分数になるまで(約分できなくなるまで)約分したときに分母が6となるものは，$\frac{2}{12}\left(=\frac{1}{6}\right)$と，$\frac{10}{12}\left(=\frac{5}{6}\right)$の2つである。つまり，約分すると分母が6の既約分数となる分数は，帯分数に直したとき，分数の部分が$\frac{2}{12}$か$\frac{10}{12}$になる。このような分数のうち，帯分数に直したときの整数の部分が1のものは$1\frac{10}{12}$の1個，2から15のものはそれぞれ2個ずつ，16のものは$16\frac{2}{12}$の1個ある。よって，全部で，1＋2×14＋1＝30(個)ある。

**6 約束記号，整数の性質**

(1) (i) 〈2，3〉は2を3回かけた数だから，2×2×2＝8となる。　(ii) 5を□回かけた数が125となる。125＝5×5×5より，125は5を3回かけた数だから，□＝3である。

(2) 〈2，$a$〉は2を$a$回かけた数，〈2，$b$〉は2を$b$回かけた数で，これらをかけると64になるから，2を($a+b$)回かけると64になる。64＝2×2×2×2×2×2より，64は2を6回かけた数だから，$a+b=6$(…㋐)とわかる。また，〈$a$，2〉は$a$を2回かけた数，〈$b$，2〉は$b$を2回かけた数で，これらをかけると64になるから，($a\times a$)×($b\times b$)＝64となる。これより，($a\times b$)×($a\times b$)＝64であり，64＝8×8だから，$a\times b=8$(…㋑)とわかる。㋐，㋑より，$a$と$b$は足すと6，かけると8になる数で，そのような2つの数の組み合わせは，($a$，$b$)＝(2，4)，(4，2)の2つが考えられる。($a$，$b$)＝(2，4)のとき，〈$a$，$b$〉は2を4回かけた数だから，2×2×2×2＝16になり，($a$，$b$)＝(4，2)のとき，〈$a$，$b$〉は4を2回かけた数だから，4×4＝16になる。よって，どちらの場合も，〈$a$，$b$〉＝16になる。

## 国　語　＜第２回入試＞（50分）＜満点：100点＞

### 解　答

一　問１　①　さっしん　②　おかん　③　いちじる(しい)　④　のぞ(む)　問２　下記を参照のこと。　二　問１　①　明かす　②　ふで　③　百　問２　①　望　②　勝　三　問１　Ａ　イ　Ｂ　ア　問２　ア　問３　イ　問４　(例)　考えると家族の健康のためにムーを捨てるという決意がゆらぐ(から。)　問５　エ　問６　(例)　問題は解決していないが，不本意な結論を出さずにすんだ(から。)　問７　イ　四　問１　ウ　問２　②　ア　⑥　ウ　問３　(例)　大の語学好きで，語学によって新しい考えを生み出せると信じて，生涯を通して珍しいことばの学習をしていた　問４　出題者の予～なんだろう　問５　創造性　問６　エ　問７　イ　問８　エ　問９　エ

●漢字の書き取り

一　問２　①　聖火　②　尊厳　③　装置　④　干(す)　⑤　許(す)　⑥　祭典

### 解　説

**一　漢字の読みと書き取り**

問１　①　悪いところを改めて，すっかり新しいものにすること。　②　発熱によって起こる，体がぞくぞくするようなさむけ。　③　音読みは「チョ」で，「著名」などの熟語がある。訓読みにはほかに「あらわ(す)」がある。　④　音読みは「リン」で，「臨海」などの熟語がある。

問２　①　オリンピック期間中に，競技場の正面にともされる神聖な火で，ギリシャのオリンポスから運ばれる。　②　尊くおごそかなこと。　③　機械や道具などのしくみやしかけ。　④　音読みは「カン」で，「干潮」などの熟語がある。訓読みにはほかに「ひ(る)」がある。　⑤　音読みは「キョ」で，「許可」などの熟語がある。　⑥　祭りの儀式(ぎしき)。

**二　ことわざの完成，三字熟語の完成**

問１　①　「鼻を明かす」は，「鼻をへし折る」と似た意味の言葉である。　②　「弘法(こうぼう)にも筆のあやまり」は，「さるも木から落ちる」「かっぱの川流れ」と同じような意味のことわざになる。　③　「すずめ百までおどりを忘れず」は，「三つ子のたましい百まで」と似た意味のことわざである。

問２　①　「希望的」は，そうであってほしいと希望をかけるようす。「展望台」は，遠くまで見わたせるようにつくられた高い建物。　②　「名勝負」は，心に刻まれるようなすばらしい勝負や試合。「決勝点」は，勝利を決める得点。

**三　出典は阿部夏丸(あべなつまる)の『父のようにはなりたくない』所収の「捨てることのできないもの」による。**

猫(ねこ)の抜(ぬ)け毛(げ)が妻と娘(むすめ)の喘息(ぜんそく)の原因になっていると知った「私」は，猫のムーを捨てようとするが，結局捨てられずに朝をむかえる。

問１　Ａ　検査結果を伝えようとする母の顔を，かたずをのんで見つめるようすを表す言葉が入るので，相手の顔に視線が深く入りこむようにじっと見つめるようすを表すイがよい。　Ｂ　家族の健康のためにやむを得ずムーを捨てる決意をしたものの，「私」もムーとの別れをつらく感じている。「私」がムーを捨てようと抱(だ)き上(あ)げ，車庫に向かうときの足音なので，「私」の気持ちを映し

た「悲しい」音のはずである。

**問2**　猫の抜け毛が喘息の原因だと知った早紀は，喘息の原因である猫とは暮らせないので，ムーを捨てなければならないと母が言おうとしていることを感じ取り，だまっている。この後，なやんでどうすればよいかと問いかけた母に「……捨てるの？」と早紀が言ったことからも，アが選べる。

**問3**　妻と娘の喘息が悪化しないように，「私」はムーを捨てる決意をした。喘息になったのがお父さんだったとしても，やはりお父さんはムーを捨てるのだろうかと考えた早紀を，妻は「大人になった」と言っているので，イが選べる。なお，父に向かってそう言ったわけではないので，ウは誤り。

**問4**　喘息になったのが自分だったら，自分ががまんすればよいからといって，ムーを捨てることはしないだろうと考えてしまいそうなので，「私」はあえてそうしたことを考えまいとしている。心を鬼にして家族の健康のためにムーを捨てようとしているのに，そのように考えるとその決意がゆらぐため，考えるのをためらったのである。

**問5**　甘えてくるムーを撫でると，ムーは首を振って応える。そんなやり取りのうち，これから捨てられようとしていることも知らずに甘えるムーがいじらしく，かわいくてたまらない気持ちでいっぱいになり，「私」は涙を流したと考えられる。

**問6**　結局，「私」はムーを捨てることができなかったので，家族の健康とムーのどちらを取るかという難題は解決していない。だが，本当はムーを捨てたくなかった「私」は不本意な結論を出さずにすんだため，朝日をすがすがしく感じていると思われる。

**問7**　ⓑの後，「私」はムーを捨てなければいけない理由を理性的に説明し，祐也に納得してもらおうとしている。ここでの「大人らしく」とは，子どもを押さえつけようと高圧的にという意味ではなく，理性的に落ち着いてという意味なので，イが選べる。

**四**　**出典は外山滋比古の『ものの見方，考え方　発信型思考力を養う』による。**語学が創造性を高めるのに有効だという考え方について述べている。

**問1**　最初の段落に，筆者の友人の数学者の「語学のできる人は独創的な頭の持ち主」だという考えが，三番目の段落には，「ソ連科学の創造性の高さ」は外国語教育に熱心だからだという話が取り上げられている。これらを受けてのぼう線①は，「創造性を高めるための語学」という意味になる。

**問2**　②「折紙をつける」は，“確かだと保証する”という意味。　⑥「泣きどころ」は，弱点。急所。

**問3**　「皮肉」は，期待に反した結果になること。完成する文では，「と思われたが」とあるので，空欄内には後半と逆の，語学は思考力を養うのに適するという考え方にあたる内容が入る。二段落前に，「寅彦は語学によって新しい考えを生み出すことができると信じて～珍しいことばの学習をしていたのではないかと思われる」という表現があることにも注目し，この段落で紹介された，「語学好き」な寺田寅彦の考え方と行動をまとめるとよい。

**問4**　最初の段落に，筆者の友人の数学者の仮説が引用されている。「出題者の予期しなかったような～頭の持ち主なんだろう」という部分が，数学者が語った仮説にあたる。

**問5**　「それ」とは，勉強を積みかさねて語学者になると消えてしまう，「独創的」であることを指す。これは，二文先にある，教育を受けると低下する「創造性」と言い換えられる。

**問６**　「脱線する」とは，「レールからあえて外れる」ことで，レールのように確立して日常的に使われている「イディオム」を離れ，新しい道をつくることにあたる。続く三段落に注目する。創造的でない母国語的イディオムの世界と，創造的だが人間の感覚が扱いにくい数学的世界との中間にある外国語を使い，「母国語でも数学でも難しいような言語的創造を行なうこと」が「脱線する」ことになる。

**問７**　ぼう線⑧は，直前の，イディオムを使って「新しいことを見つけ，考え出そうとする」ことをたとえた内容で，直前の二文にあるとおり，思うようにならず，簡単にはいかないと筆者は述べている。よって，イがあてはまる。

**問８**　問６でみたように，前の段落で，外国語は，「創造に好都合でない」母国語と，「創造的思考」に申し分ない数学との中間にあり，「母国語でも数学でも難しいような言語的創造を行なうことができる」と筆者は述べている。よって，外国語が母国語に近づくと，創造に好都合だという外国語の良さがなくなってしまうことになるので，エがふさわしい。

**問９**　本文最後のほうで，新しいものを創造するには「日常性から離脱」しなければならないと書かれているので，エが選べる。

# 2022年度　広尾学園小石川中学校

〔電　話〕　(03) 5940－４１８７
〔所在地〕　〒113－8665　東京都文京区本駒込２－29－１
〔交　通〕　都営三田線 —「千石駅」Ａ１出口より徒歩２分
JR山手線 —「巣鴨駅」,「駒込駅」より徒歩13分

**【算　数】**〈第３回入試〉(50分)〈満点：100点〉

《注意事項》円周率は3.14として計算してください。

**1** 次の□に当てはまる数を答えなさい。

(1)　$247 \times 13 + 221 \times 24 + 195 \times 17 = \square$

(2)　$(13462 + 46213 + 62134 + 21346 + 34621) \div 16 = \square$

(3)　$15.25 \div \square = 19$ あまり $0.05$

(4)　$\dfrac{1}{15} + \dfrac{1}{105} + \dfrac{1}{315} + \dfrac{1}{693} + \dfrac{1}{1287} = \square$

(5)　$\left\{(2 + 0.6 \times 0.75) \times \square - 1.29 - 0.675 \div 0.5\right\} \times 1.25 = 0.375$

**2** 次の問いに答えなさい。

(1)　Ａ，Ｂ，Ｃの３つの歯車がこの順にかみ合っています。Ａの歯車が５回転したとき，Ｂの歯車は４回転しました。また，Ｂの歯車が10回転したとき，Ｃの歯車は14回転しました。このとき，歯車Ｃの歯の個数は125個でした。歯車Ａの歯の個数はいくつか求めなさい。

(2)　０.2468925246892524６…はある規則に従って並べた小数です。小数第１位から小数第50位までの各位の数の和を求めなさい。

(3)　学校で40人の生徒が遊園地に行き，２種類の乗り物Ａ，Ｂに乗りました。１人あたりの料金はＡは250円，Ｂは300円です。Ａだけに乗った人は10人，両方とも乗らなかった人は５人でした。料金の合計は12000円でした。Ｂだけに乗った人は何人か求めなさい。

(4)　右の図のような平行四辺形を，直線$\ell$を軸(じく)として１回転させたときにできる立体の体積を求めなさい。すい体の体積は（底面積）×（高さ）×$\frac{1}{3}$で求められます。

図

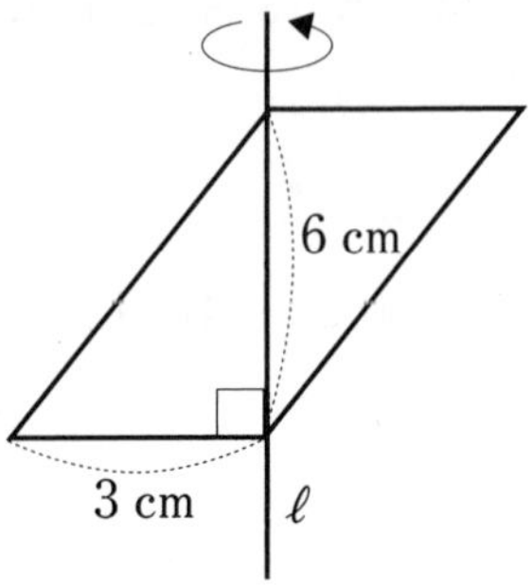


**3**　１以外に公約数を持たないものを「互(たが)いに素(そ)」といいます。
たとえば，15と９は公約数１と３を持つので，「互(たが)いに素(そ)」ではありません。
一方で，15と８は公約数を１以外に持たないので，「互(たが)いに素(そ)」になります。
また，15と１も公約数を１以外に持たないので，「互(たが)いに素(そ)」になります。
次の問いに答えなさい。

(1)　10と「互(たが)いに素(そ)」になる10以下の正の整数はいくつあるか求めなさい。

(2)　100と「互(たが)いに素(そ)」になる100以下の正の整数はいくつあるか求めなさい。

(3)　2022と「互(たが)いに素(そ)」になる2022以下の正の整数はいくつあるか求めなさい。

**4**

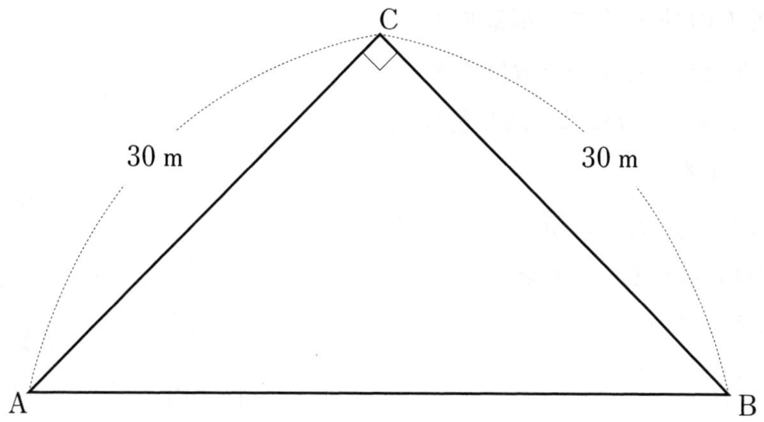


上図のような直角二等辺三角形ＡＢＣにおいて，頂点Ａに点Ｐ，頂点Ｂに点Ｑがあります。

点Ｐは　Ａ→Ｃ→Ｂ→Ｃ→Ａ→Ｃ…

点Ｑは　Ｂ→Ｃ→Ａ→Ｃ→Ｂ→Ｃ…

のように三角形の辺の上を進みます。

点Ｐ，点Ｑはそれぞれ秒速３ｍ，秒速２ｍの速さのとき，次の問いに答えなさい。

(1)　５秒後の三角形ＡＢＱの面積を求めなさい。

(2)　初めて点Ｐと点Ｑが出会うのは何秒後か求めなさい。

(3)　４回目に三角形ＡＢＰと三角形ＡＢＱの面積が等しくなるのは何秒後か求めなさい。

**5** 右図は関東地方の地図です。都道府県を赤，青，黄の３色を使ってぬり分けます。ただし，となり合う部分には，同じ色は使わないことにします。
また，栃木と埼玉，及(およ)び，群馬と茨城はとなり合ってはいないものとします。
次の問いに答えなさい。

(1) 埼玉が赤色，栃木が黄色にぬられていたとき，千葉と東京はそれぞれ何色にぬられていますか。

(2) 色のぬり方は何通りあるか求めなさい。

**6** 木の棒を使って，図のように一辺を共有した五角形をつくっていきます。
次の問いに答えなさい。

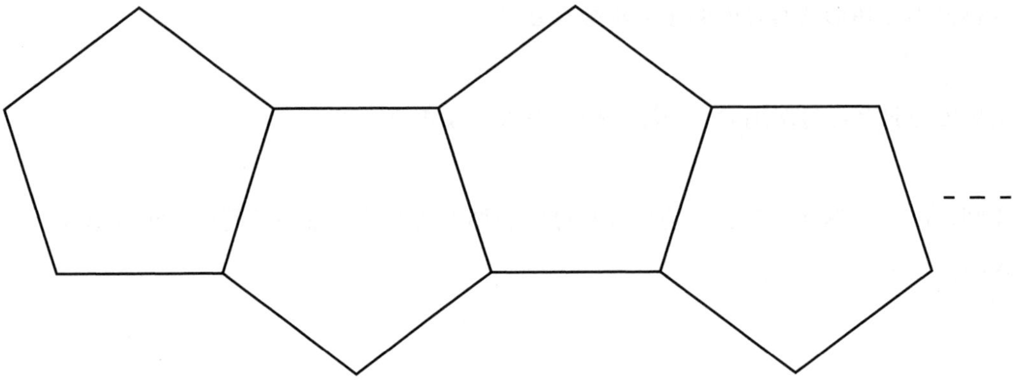

(1) 五角形を 80 個つくったとき，必要な木の棒は何本か求めなさい。

(2) 木の棒が 1825 本あるとき，五角形はいくつできるか求めなさい。

(3) 五角形をつくったように，一辺を共有した十二角形をつくっていきます。
木の棒が 8680 本あるとき，十二角形はいくつできるか求めなさい。

問四　――線②「科学は不確かなことこそ誠実に伝える必要がある」とありますが、それはなぜですか。最もふさわしいものを次から一つ選び、記号で答えなさい。
ア　科学の力ではどうにもならないことがあることを伝えることで、あきらめることが肝心だということに気づくから。
イ　科学の力ではどうにもならないことがあることを伝えることで、別の選択肢を考えるきっかけが生まれるから。
ウ　科学の力ではどうにもならないかもしれないが、それを伝えることで、必ず新しい技術を完成することができるから。
エ　未熟な人間では完全な科学を完成できないことがわかれば、巨額な税金の無駄遣いがなくなるから。

問五　――線③『光が当たらない「影」の部分』とありますが、どういうことですか。本文全体の内容をふまえて、五〇字以上七〇字以内で答えなさい。

問六　――線⑥「せっかく原発があるのだから使うべきだ」とありますが、なぜ、そのような主張をすると考えられますか。その理由として最もふさわしいものを次から一つ選び、記号で答えなさい。
ア　同じ場所で大地震が起きることは、ここ数百年ないので、原発の安全性は問題ないと考えているから。
イ　原発を使わなければ、電力不足は解消できないので、国民のためにもなると考えているから。
ウ　廃炉にする方法も原発のゴミ問題も将来的には科学力でどうにかしてくれると信じているから。
エ　使うにしても使わないにしても完全な答えにはならないので、うやむやに使っていれば国民も忘れてくれるだろうから。

問七　――線⑦『「分からないから、お任せします」とは言えない』とありますが、なぜ言えないと筆者は考えていますか。その理由として最もふさわしいものを次から一つ選び、記号で答えなさい。
ア　電力会社にお任せしていたら、電気代が2倍にも3倍にもされてしまうから。
イ　原発問題は日本だけでなく、世界的な問題なので、自分たちだけで答えを出しては世界の人たちに迷惑がかかるから。
ウ　原発問題は日本で暮らす国民自身の問題なので、自分たちでどうすべきなのか考える必要があるから。
エ　答えが一つではないので、誰も答えを出せない以上、答えが出る時代まで待つべきだから。

[C]、試験問題と違って、答えは一つではありません。公式にあてはめて「はい、ご名答！」というわけにはいかないから、余計にややこしいのです。まして、そんな問題を出されて⑦「分からないから、お任せします」とは言えない時代が来ているのです。

〔元村有希子『カガク力(りょく)を強くする！』（岩波ジュニア新書）による〕

問一　——線④「目を配る」の意味として最もふさわしいものを後から一つ選び、記号で答えなさい。また、——線⑤「楽観的」の対義語を漢字で答えなさい。

④「目を配る」

ア　注意してあちこちをよく見る
イ　知らなかった事実や考え方に気づき新しい境地を見出す
ウ　驚いて目を大きく見開く
エ　信じられないほど不思議に思う

問二　[A]・[B]・[C]に入る語句の組み合わせとして最もふさわしいものを次から一つ選び、記号で答えなさい。

ア　A　しかし　B　しかも　C　そして
イ　A　しかし　B　そして　C　しかも
ウ　A　そして　B　しかし　C　しかも
エ　A　そして　B　しかも　C　しかし

問三　——線①「想定外のこと」の例として、この文章では「東日本大震災」を具体例としてあげていますが、この一・二年くらいの出来事で、筆者のいう「想定外のこと」としてあなたが思いつく事例を一つあげて答えなさい。

は「一〇億分の一」を示す極小の単位です。これを人間が吸い込むと、肺の細胞の中にまで入り込み、遺伝子を壊してがんなどを引き起こすのではないか、と言われているのです。安全性をていねいに見きわめた上で、研究を進め、社会に出す必要があります。

暮らしを豊かにし、苦しみを減らす「光」の部分と、③光が当たらない「影」の部分。科学・技術は、その両方を併せ持ちます。1章でもふれましたが、「光」だけに注目するのではなく、「影」の部分についても、科学・技術は検証を続けることが必要ですし、社会もまた、そのことに④目を配る必要があるといえます。

日本には原発があります。二〇一一年の東日本大震災までは、海岸沿いに五四基の原子炉（ろ）が建設されていました。福島第一原発事故で、六基の廃炉が決まり、さらに全国の原発が一時ストップしました。けれど最近になって、一部の原発では「再び動かして発電を再開しよう」という計画が進んでいます。

大きな地震が起きても、壊れないし津波は来ない。津波が来たとしても、防潮堤（ぼうちょうてい）を超えてくることはない。もし津波におそわれて停電しても、非常用発電機があるから大丈夫。福島原発事故は、このような「～はずがない」という⑤楽観的な見立てに基づいて用意された事故対策が、結果的に使いものにならなかった例です。

その苦い経験を忘れたように、電力会社は「⑥せっかく原発があるのだから使うべきだ」と主張しています。

この問題は、大事故に発展した福島第一原発の近くに住む人だけでなく、日本で暮らす国民自身の問題でもあるのです。なぜなら、電気を利用するのは私たち国民だからです。

原子力発電をやめるかどうか。

やめるとしたら、いまある原発を、どのように廃炉にするか。

やめたとしても、大量にある「原発のゴミ＝高レベル放射性廃棄物（はいきぶつ）」をどこにどうやって保管していくか。

やめなければ、増え続けるこれらの廃棄物を、どうやって処分するか。

原発をやめたことで電力が足りなくなったら、どうするか。

生活が不便になっても我慢するのか、それとも別の発電方法を確立するために電気代が高くなっても許容するか。

少し考えただけでも、たくさんのことを考えながら選択しなければならないことが分かるでしょう。

**四** 次の文章を読み、後の問に答えなさい。

科学者は決して、わざと想定を小さく見積もったわけではありません。ですが、①想定外のことが起きれば、科学者の責任が問われます。

地震学者たちは、地震の直前予知を目指して研究してきました。巨額の税金が研究に投じられました。しかしながら、東日本大震災ほどの大きな地震を予測できた科学者はいなかったのです。

今までの研究は何だったのか。［　Ａ　］、私たち記者はそうした「不確かさ」を含む科学の成果を、確定したことのように伝えてきたのではないか。この責任を、誰が取ればいいのか。そんな気持ちにとらわれ、しばらくは専門家と話をしても、すぐに信用することができませんでした。

その気持ちは、私だけではなかったようです。文部科学省が震災の翌月に行った世論調査では、「専門家の話や意見を信じますか」という問いに、「信じられる」「まあまあ信じられる」と答えた人の割合は、震災前の半分以下、四〇・六％にまで減りました。同時に、伝える側にいる自分についても考えさせられました。

あの大事故を通して科学記者が学んだ最大のことは、「科学はまだまだ未熟なものであり、それを取り扱う人間こそ、未熟な存在である」ということ。そして「②科学は不確かなことこそ誠実に伝える必要がある」ということです。

科学記事の多くは「〜であることが分かった」「〜を発見した」「〜を確かめた」といったニュースです。これからは、たとえば地震予知の技術がそれほど完成していない現状をきちんと書いて、「現段階では予知に頼るより、地震に強い街作りが必要です」と主張することの方が大切かもしれません。

先端的で新しいものほど珍しがられ、歓迎される傾向がありますが、良いことばかりとは限らない。その新しい何かによって、想像もしなかった「副作用」が生まれ、それに悩まされることだってあります。

「カーボンナノチューブ」という新素材が注目されています。炭素（カーボン）原子が結合しあって、軽くてしなやかで強い素材ができました。重くて硬い金属の代わりにこれを使って物作りができないか、そんな研究が進んでいます。

［　Ｂ　］最近、このカーボンナノチューブに、健康被害を引き起こす恐れがあることが分かってきました。「ナノ」というの

問七　僕と母親の関係について、最もふさわしいものを次から一つ選び、記号で答えなさい。

ア　二人は実の親子ではなく、性格も正反対なところから、普段も仲が悪い。

イ　二人は実の親子ではなく、性格も正反対なところがあるが、仲が良い。

ウ　二人は実の親子であるが、先生と比較されるのがいやで、あまり仲が良くない。

エ　二人は実の親子ではないが、性格も似ているため、息がぴったりなほど仲が良い。

問八　文章中の～～線ａ～ｄの表現の説明としてふさわしくないものを次から一つ選び、記号で答えなさい。

ア　～～線ａ「どーんと構えて」は、たわいもない子どもの質問に親であれば、わざとうその答えを言えるような余裕を表している。

イ　～～線ｂ「太陽のすぐそばを黄色い鳥が飛んでいる」は、由紀ちゃんの明るい性格や親子関係が良好なことを暗示している。

ウ　～～線ｃ「わざわざ僕の目を見て」は、青田先生が、僕が捨て子であることを悟られないように信じ込ませるためにした行為であることを表している。

エ　～～線ｄ「ガラガラと音を立ててうがいをする」は、おおざっぱで豪(ごう)かいな気質の母親であることを表している。

問一　――線①「リアクション」の意味として、最もふさわしいものを次から一つ選び、記号で答えなさい。

ア　反応　　イ　現実味　　ウ　表情　　エ　要素

問二　空らん A ・ B に入る語句として最もふさわしいものを後からそれぞれ一つずつ選び、記号で答えなさい。

A　ア　おどけた　　イ　おさない　　ウ　冷淡な　　エ　バカにした

B　ア　平然と　　イ　ごまかしながら　　ウ　いやそうに　　エ　疑いながら

問三　この文章を三つに分けるとしたら、どこで分けるのがよいですか。二段落目と三段落目の最初の四字を答えなさい。ただし、句読点やカッコも字数と数えます。

問四　――線②「なめられている」とありますが、青田先生が生徒になめられていると、なぜそう言えますか。六十字以内で説明しなさい。

問五　僕が抱く青田先生の印象を比喩（ひゆ）的に表現している部分を十字以内でぬき出して答えなさい。

問六　この文章から分かる僕の性格としてふさわしいものを、次から二つ選び、記号で答えなさい。

ア　感受性が豊かである。　　イ　何事にもおおざっぱである。

ウ　ささいなことも気になる。　　エ　ひねくれている。

オ　とても聡明（そうめい）である。

「ねえ、へその緒見せて」

母さんがドアを開けたのと同時に、玄関に飛んでいった僕がそう言うと、母さんはしかめっ面(つら)をした。

「なんなのそれ。まずは、母さんお帰り。今日もお仕事ご苦労様。でしょう」

「母さんお帰り。ねえ、へその緒っていうの出して」

「へその緒？」

母さんはしかめっ面のままきょとんとした。

「ほら、母さんのおなかと子どもを繋げているやつ」

「ほう。日本にはそんな便利な代物(しろもの)があるのか」

母さんは、大人のくせにへその緒の存在をまるで知らなかったかのようにとぼけた声を出した。

「どこの家にもあるんじゃないの？見せてよ」

「またおかしな知識を身につけてきたのね。まったく学校ってのはろくなこと教えないねえ」

母さんは他人事(ひとごと)のように言いながら、洗面所に向かっていってしまった。

「あるの無いの？」

dガラガラと音を立ててうがいをする母さんに向かって僕は声を張り上げた。

「あるんじゃないの。どこの家にもあるんだったら」

母さんは口をタオルで乱暴に拭(ふ)いた。

「その前に夕飯夕飯。母さんが何ゆえに働くか。それは食べるため。人生の楽しみの半分は食にあるんだから、愛する育生のためとてそれは譲(ゆず)れないわ」

僕は一刻も早くへその緒を見たかったけど、母さんに従うことにした。

母さんはふわふわのオムレツとほうれん草とベーコンのサラダを作って食卓に並べた。僕はばあちゃん家(ち)でもらってきた蛸(たこ)と大根の煮物をレンジで温めて、ご飯を茶碗(ちゃわん)に盛った。夕飯の準備をする僕と母さんの息はぴったりだと思う。

［瀬尾まいこ『卵の緒』（新潮文庫）による］

先生に渡された絵を僕も見てみた。空は薄い水色で雲もふわふわで確かに丁寧に描かれていたけど、b太陽のすぐそばを黄色い鳥が飛んでいるというのが笑えた。

「ねえ、先生」

「何?」

呼ぶと、必ず微笑んで「何?」とか「どうしたの?」って聞いてくれる。そういうところが青田先生のすてきなところだと思う。

「今日さ、へその緒の話してたじゃない」

「そうね」

「あれってうちの家にもあるかな」

僕はそう言ってから、最後の一枚を貼り終えると足台にしていた机から飛び降りた。

「もちろんよ」

先生はきっぱりと言って、にっこり笑った。青田先生の笑顔は完璧だと僕はいつも思う。薄いピンク色の唇が両端とも同じだけギュッと上がって、僕に春を思わせる。

「へその緒はね、お母さんと子どもを繋いでいるものなの。だから、お父さんがいなくても、鈴江君の家にもちゃんとあるわよ」

「ふうん」

先生に優しげな目で見られて照れくさくなった僕は、適当な返事をして余った押しピンを先生の手のひらに返した。青田先生はcわざわざ僕の目を見て、とても丁寧にありがとうと言った。

ついに長年にわたった僕の捨て子疑惑を明らかにする時がやってきた。へその緒一つで今までのもやもやがすっきりするのだ。やっぱり先生っていうのはすごい物知りだ。

僕は母さんが仕事から帰ってくるのをどきどき待ちわびた。あまりにどきどきしすぎて炊飯器のスイッチを入れ忘れそうになったくらいだ。小学校一年生の時から、ご飯を炊くのは僕の役目になっている。

六時少し前に母さんの足音が聞こえた。僕の家はマンションの五階にあって、エレベーターを使わないのは母さんだけだから母さんの帰りはすぐわかる。

三　次の文章を読み、後の問に答えなさい。

僕は捨て子だ。子どもはみんなそういうことを言いたがるものらしいけど、僕の場合は本当にそうだから深刻なのだ。

まず、「僕は捨て子なの？」と聞いた時のばあちゃんやじいちゃんの①リアクションが怪しい。二人ともギョッとした顔をした後で、「何バカなこと。そんなわけないじゃないの」と笑う。冗談はやめてというような［　A　］口調がなんともうそくさいし、敏感な僕がその時の二人の目に哀れみが含まれているのを見逃さずにいられるわけがない。だいたい本当に捨て子じゃないなら、こんなたわいもない子どもの質問にはａどーんと構えて、「そうよ。あんたは大和川の橋の下で拾ってきたのよ」などと切り返すのがいいのだ。

そして、驚くことに母さんの僕に対する知識があやふやなのだ。「え？育生ってトマトダメだったっけ？」などと今頃になって言い出したりする。これには僕も参ってしまう。僕に捨て子だと悟られないように、もっと勉強しておくべきだ。僕がおかしいと抗議すると、「あら、どうして？別に育生のこと知らなくたっていいじゃない。いつも育生がそばにいるんだからその時々に聞けば、育生は子どもなんだから、常に成長するでしょ？変わっていくんだから、覚えたって損よ」と［　B　］言ってのける。ばあちゃんやじいちゃんと違って、毎日僕と一緒にいるから、捨て子を扱うことに慣れているのだ。

ついでに言うと、僕の家には父さんがいない。僕の記憶にも、さっぱり残っていない。でも、そのことについて僕は母さんに聞いたことはない。「父さんのことは口にしないほうがいい」今よりずっと小さい時から、僕は悟っていた。

「この間みんなが描いた空の絵を後ろに貼るから、何人か残って手伝ってね」

青田先生がそう言って頼んだのに、結局残って手伝っているのは僕だけだった。

「鈴江君は本当に頼りになるわ」

青田先生は押しピンを僕に渡しながらそう言ったけど、小学四年生ごときに②なめられている先生が頼りなさすぎるのだ。僕だって、早く帰って磯田君の家でゲームをやりたかった。でも、先生一人で二十枚ちょっとの絵を貼るのは大変だろうって思ったし、「女には優しくするのが男の基本」というのが母さんの教えだから仕方ない。

「さ、あと二枚。これは水野さんのね。かわいい絵。由紀ちゃんらしいわ」

二　次の各問に答えなさい。

問一　次の漢字に同じ部首をつけると、意味のある熟語になります。例にならってその熟語を作りなさい。

《例》　月・音　……　明暗

① 乎・及

② 非・憂

③ 旨・軍

問二　次の□に漢字を入れ、――部の慣用句を完成させなさい。

① □をすっぱくして注意する。

② 問題が難しすぎて□が立たない。

# 二〇二二年度 広尾学園小石川中学校

【国　語】〈第三回入試〉（五〇分）〈満点：一〇〇点〉

一　次の各問に答えなさい。

問一　――線の漢字の読みをひらがなで書きなさい。

① 昨今の国際情勢。
② 河原でキャンプする。
③ 税金を納める。
④ 穀物を使った料理を考える。

問二　――線のカタカナを漢字に改めなさい。

① 必要なお金や品物をクメンする。
② 健康診断でサイケツする。
③ 米を倉庫にチョゾウする。
④ 商品カチを高める。
⑤ 気性のハゲしい人だ。
⑥ 資源のマズしい国に援助する。

# 2022年度 広尾学園小石川中学校 ▶解答

※ 編集上の都合により，第３回入試の解説は省略させていただきました。

## 算数 ＜第３回入試＞（50分）＜満点：100点＞

解答

1 (1) 11830 (2) 11111 (3) 0.8 (4) $\frac{35}{429}$ (5) 1.2 2 (1) 140個 (2) 254 (3) 17人 (4) 98.91$cm^3$ 3 (1) 4個 (2) 40個 (3) 672個 4 (1) 150$m^2$ (2) 12秒後 (3) 48秒後 5 (1) **千葉**…黄色 **東京**…青色 (2) 36通り 6 (1) 321本 (2) 456個 (3) 789個

## 国語 ＜第３回入試＞（50分）＜満点：100点＞

解答

一 **問１** ① さっこん ② かわら ③ おさ(める) ④ こくもつ **問２** 下記を参照のこと。 二 **問１** ① 呼吸 ② 俳優 ③ 指揮 **問２** ① 口 ② 歯 三 **問１** ア **問２** **A** ア **B** ア **問３** **二段**…「この間 **三段**…僕は母さ **問４** (例) みんなが描いた絵を後ろに貼るから何人か残って手伝ってねと頼んだのに，結局残って手伝っているのは僕だけだったから。 **問５** 僕に春を思わせる(。) **問６** ア，ウ **問７** イ **問８** ウ 四 **問１** ④ ア ⑤ 悲観的 **問２** ウ **問３** (例) 新型コロナウイルス感染拡大 **問４** イ **問５** (例) 先端的で新しい科学・技術が暮らしを豊かなものにする一方で，想像もしなかった「副作用」を生み出し人間に害や苦しみを与えてしまうこと。 **問６** イ **問７** ウ

**●漢字の書き取り**

一 **問２** ① 工面 ② 採血 ③ 貯蔵 ④ 価値 ⑤ 激(しい) ⑥ 貧(しい)

# 2021年度　広尾学園小石川中学校

〔電　話〕　(03) 5940－４１８７
〔所在地〕　〒113－8665　東京都文京区本駒込２－29－１
〔交　通〕　都営三田線 ―「千石駅」Ａ１出口より徒歩２分
JR山手線 ―「巣鴨駅」,「駒込駅」より徒歩13分

**【算　数】**〈第１回入試〉（50分）〈満点：100点〉

《注意事項》円周率は3.14として計算してください。

**1**　次の□に当てはまる数を答えなさい。

(1)　$999.98+99.98+9.98+0.98+0.08=\square$

(2)　$\left(1.5+\frac{5}{6}\right)\times 0.25+\frac{2}{7}\div\left(1.4-\frac{5}{7}\right)=\square$

(3)　$18.84\times 2-6.28\times 3+3.14\times 4=\square$

(4)　$\frac{1}{3}+\frac{1}{15}+\frac{1}{35}+\frac{1}{63}+\frac{1}{99}=\square$

**2**　次の問いに答えなさい。

(1)　2021年の１月10日は日曜日です。この年の８月26日は何曜日か求めなさい。

(2)　図のように中心角が90°のおうぎ形と正方形があります。
この正方形の面積が32 $cm^2$のとき，斜線(しゃせん)部の面積を求めなさい。

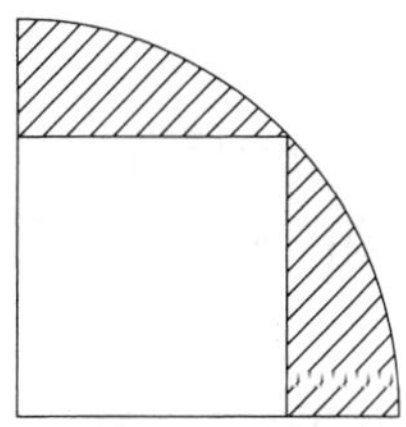

(3)　長女，次女，三女の三姉妹がいます。
現在長女の年れいは三女の年れいの２倍より５さい小さく，長女と次女の年れいの和は三女の年れいの３倍です。
16年後には３人の年れいをたすと100さいになります。現在，次女の年れいは何さいか求めなさい。

(4)　A君１人ですると３日で全体の$\frac{1}{3}$，B君１人ですると３日で全体の$\frac{1}{5}$を仕上げることができる仕事があります。この仕事をはじめの１日だけはA君が１人で働き，残りの仕事を２人で仕上げます。この仕事を仕上げるには，A君は全部で何日働くことになるか求めなさい。

**3**　A，B，C，D，E，Fの記号がついた箱が右の図のようにならんでいます。
はじめA，B，C，D，E，Fの 箱には，
１，２，３，４，５，６と書かれたカード
がそれぞれ１枚ずつ入っています。
次のように①～⑥の移動を１回とかぞえ，
この移動を繰り返します。

| | | | | | |
|---|---|---|---|---|---|
| A | B | C | D | E | F |

【移動方法】
①Aの箱に入っているカードをDにうつす
②Bの箱に入っているカードをEにうつす
③Cの箱に入っているカードをAにうつす
④Dの箱にもとから入っていたカードをBにうつす
⑤Eの箱にもとから入っていたカードをFにうつす
⑥Fの箱にもとから入っていたカードをCにうつす

(1)　３回の移動が終了したときA，B，C，D，E，Fの箱に入っているカードを求めなさい。

(2)　５回の移動が終了したときA，B，C，D，E，Fの箱に入っているカードを求めなさい。

(3)　100回の移動が終了したときA，B，C，D，E，Fの箱に入っているカードを求めなさい。

**4** 図のような台形ＡＢＣＤがあります。
点Ｐは毎秒２cmの速さで，Ａを出発し，
Ｂを通ってＣまで動きます。
次の問いに答えなさい。

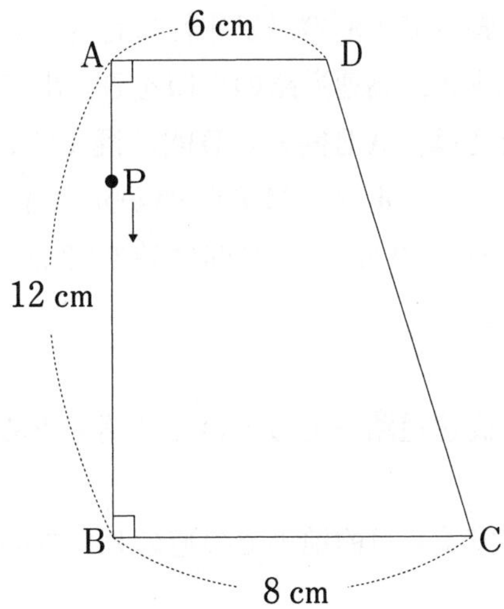


(1) Ａを出発してから４秒後の三角形ＣＤＰの面積を求めなさい。

(2) Ａを出発後，
三角形ＣＤＰの面積が43 cm²になることが
２回あります。
それぞれ何秒後かを求めなさい。

**5** ＡＢ＝５ cm，ＢＣ＝12 cm，ＡＣ＝13 cmの直角三角形の中に
図のようにＡＣに接し，中心がＢＣ上にある半円が２つあります。

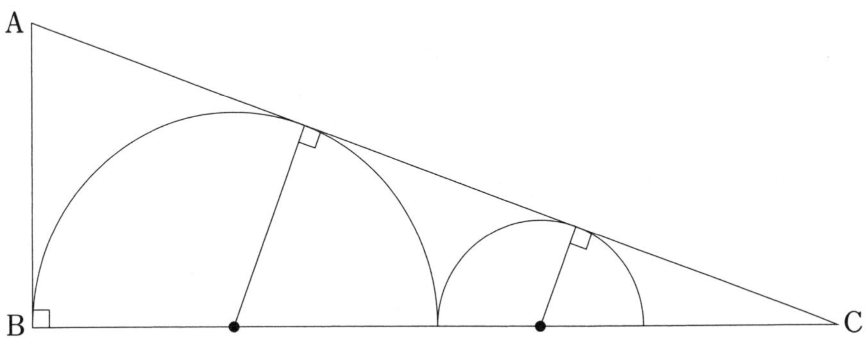


(1) 大きい半円の面積を求めなさい。

(2) 大きい半円と小さい半円の面積比を求めなさい。

**6** 自動車で１泊の温泉旅行に行きました。
家をＡ，高速道路の入口をＢ，出口をＣ，目的地の温泉をＤとします。
行きは，ＡＢ間とＣＤ間は混んでいたため時速30 km，ＢＣ間の高速道路は時速80 kmで走り合計６時間かかりました。帰りは空いていたのでＤＣ間とＢＡ間は時速40 km，ＣＢ間は時速80 kmで走ったところ，合計５時間30分かかりました。

(1) 高速道路を走っていた時間を求めなさい。

(2) 家から目的地までの道のりを求めなさい。

**【社　会】**〈第１回入試〉（30分）〈満点：50点〉

**1**　ヒロシくんは，学校の授業で班ごとに都道府県についての調べ学習をすることになりました。どこの都道府県にするか迷ったヒロシくんでしたが，班員が歴史好き，特に幕末に興味がある人たちだったので，戊辰戦争で主な戦場となった東日本の都道県について調べることにしました。

調べた結果，主な戦場となった都道県は，山梨県・神奈川県・東京都・千葉県・栃木県・新潟県・福島県・山形県・秋田県・岩手県・北海道の11都道県でした。ヒロシくんの班は８名だったので，そのうちの８都道県を分担して調べることにしました。

問１　次のグラフは，2017年のあるくだものの生産量上位３県とその割合を表したものです。この果物の名前を答えなさい。

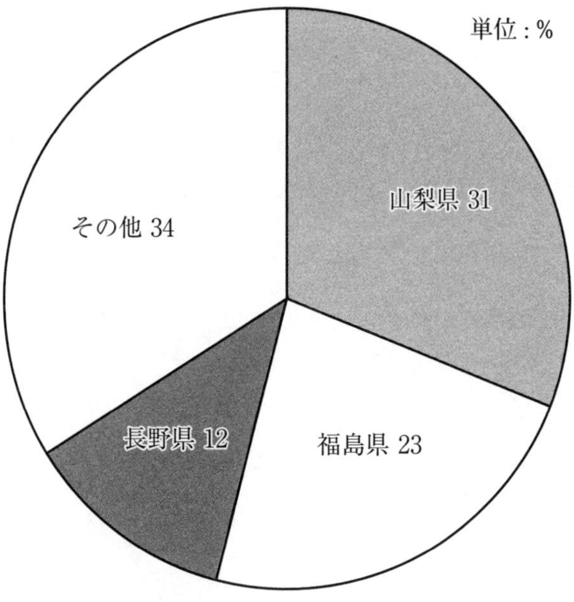


(2019年版『データでみる県勢』による)

問２　次のア～エの中から，栃木県を選び，記号で答えなさい。

ア．

イ．

ウ．

エ．

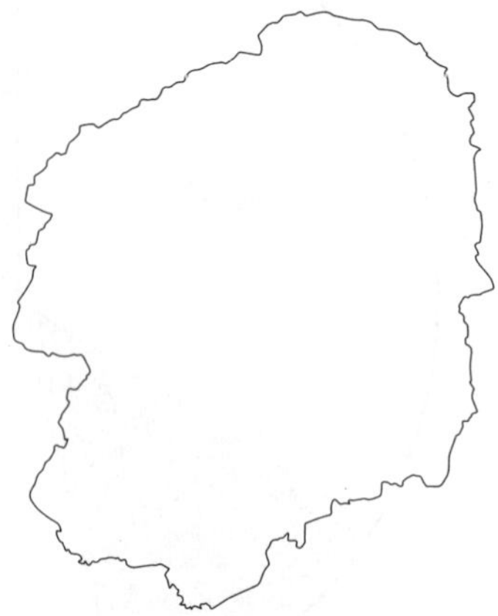

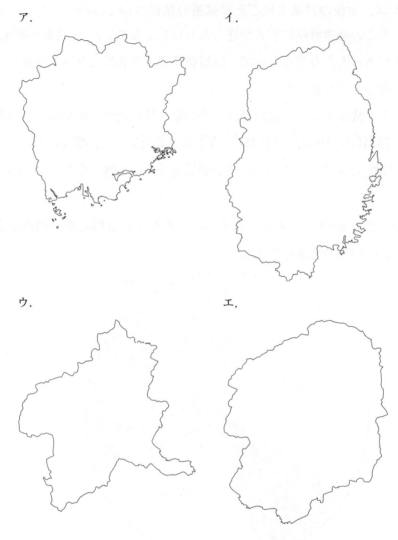

問３　千葉県について説明した文として，誤っているものを次のア～エの中から１つ選び，記号で答えなさい。

ア．流域面積が日本最大の利根川が流れ，九十九里浜に砂浜海岸が発達している。

イ．原料となる原油の輸入に便利な房総工業地域で化学工業がさかんである。

ウ．都市向けに野菜を出荷する近郊(きんこう)農業や花の栽培(さいばい)がさかんである。

エ．成田空港は，国際線発着の中心的空港で，貨物輸送では日本最大の貿易額をほこる。

問４　次の資料Ａ～Ｃのグラフの中で，京浜工業地帯にあたるのはどれか，次のア～ウの中から１つ選び，記号で答えなさい。資料Ａ～Ｃのア，イ，ウは，それぞれ同じ工業地帯を示している。

資料Ａ　生産額の割合（2016年）

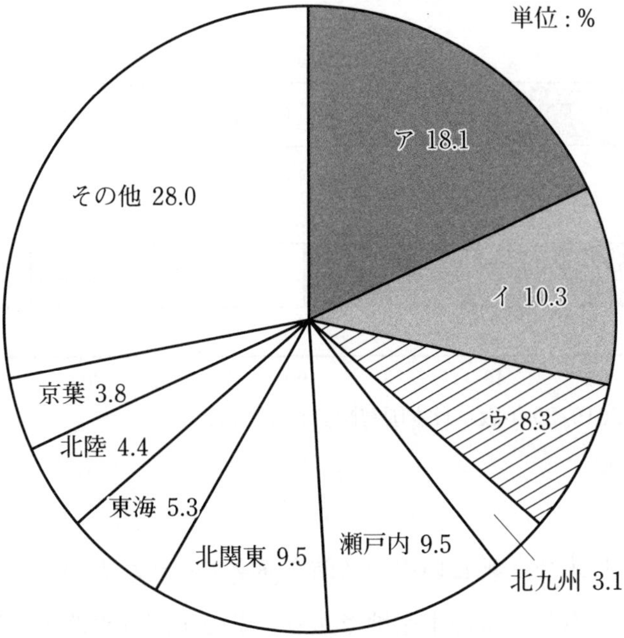


資料Ｂ　出荷割合の変化

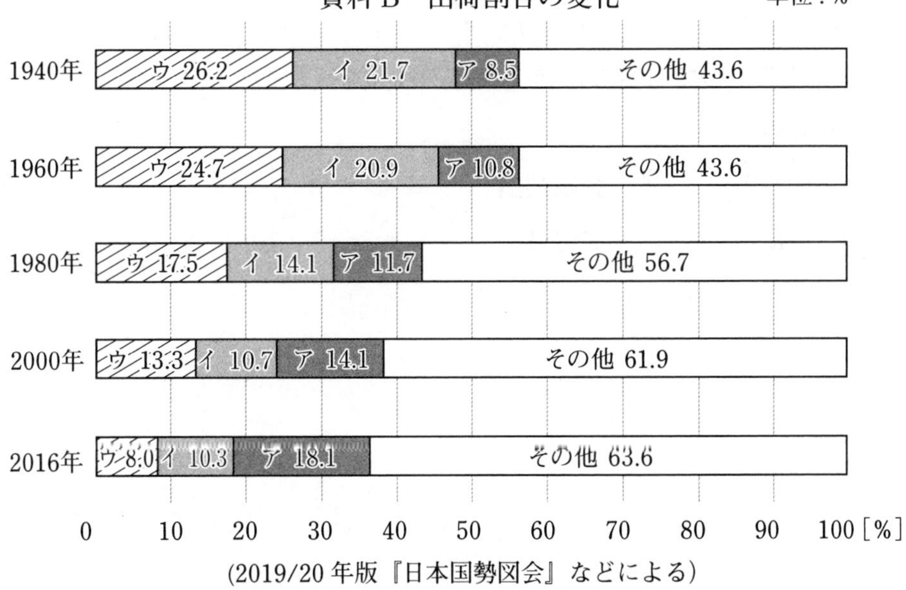


(2019/20年版『日本国勢図会』などによる)

資料Ｃ　出荷額の割合（2016年）

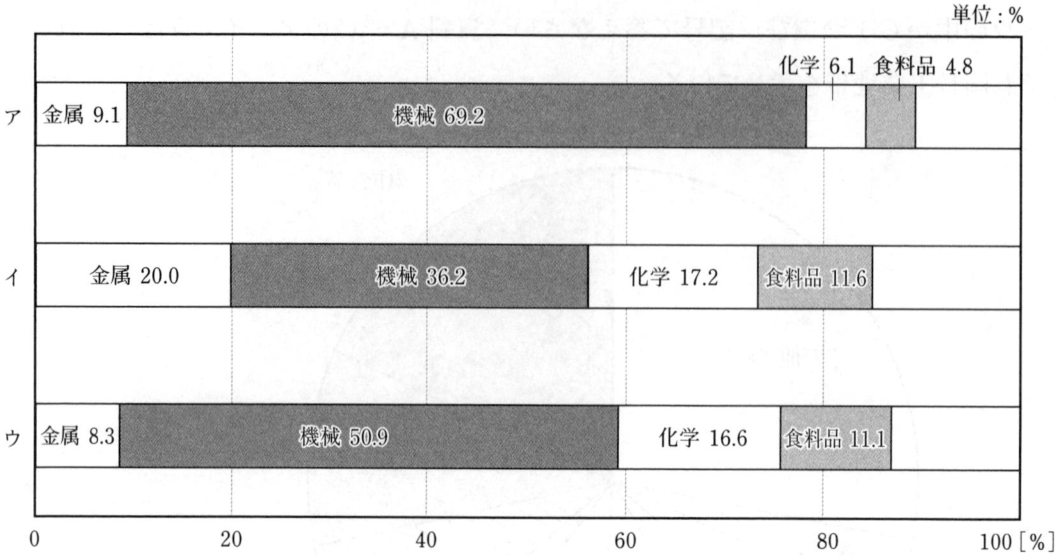


(2019/20年版『日本国勢図会』などによる)

問５　新潟県を流れる，日本で一番長い川の名前を漢字で答えなさい。

問６　秋田県は，日本でも有数の米の生産地である。米の生産は東北・北陸地方でさかんであるが，この地域に共通する米の生産に適した地形・気候の特徴（とくちょう）を１～２行程度で説明しなさい。

問７　福島県の会津若松市で有名な伝統工芸品の種類を，次のア～エから１つ選び，記号で答えなさい。

ア．焼き物（陶磁器（とうじき））　　イ．金属製品

ウ．塗（ぬ）り物（漆器（しっき））　　エ．文房具

問８　次の写真①～③は，函館で撮影されたものです。

写真①

写真②

写真③

地図 A

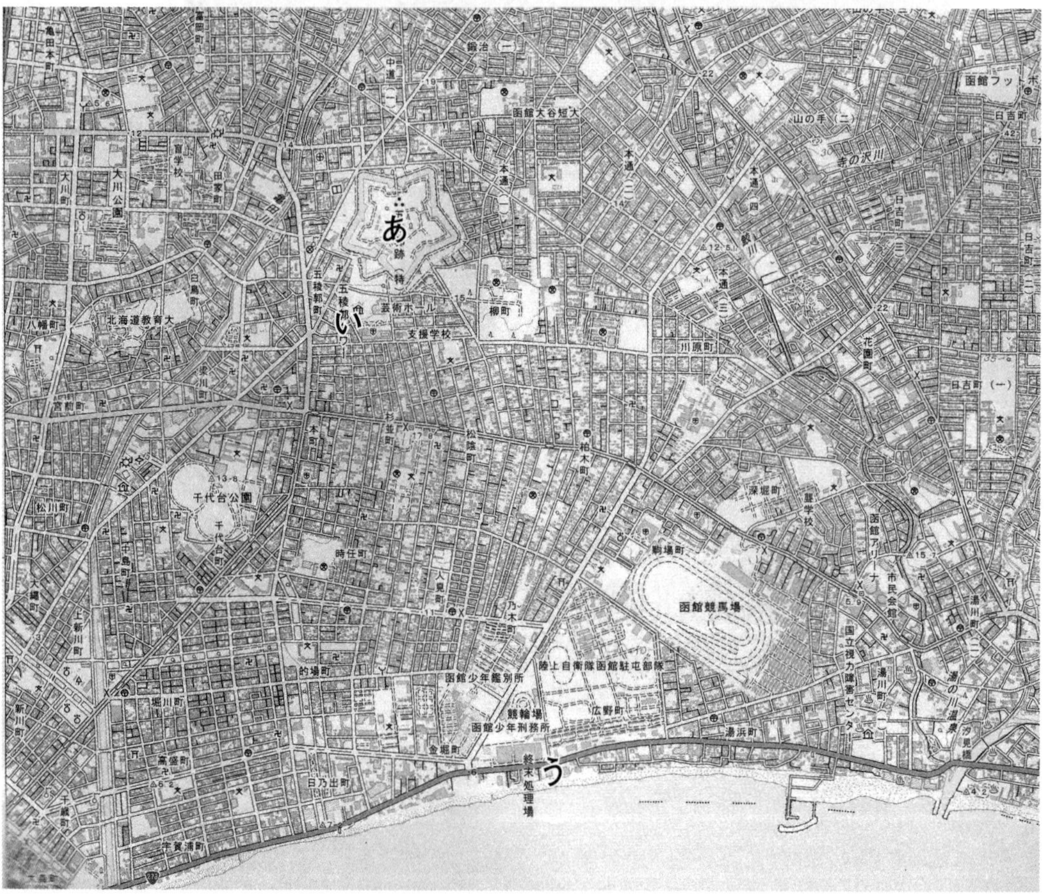
あ
い
う
函館大谷短大
本通
山の手
亀田本町
大川町
大川公園
五稜郭町
芸術ホール
柳町
支援学校
北海道教育大
八幡町
川原町
花園町
日吉町
宮前町
本町
千代台公園
千代台町
松川町
柏木町
深堀町
駒場町
函館アリーナ
市民会館
函館競馬場
陸上自衛隊函館駐屯部隊
函館少年鑑別所
競輪場
函館少年刑務所
広野町
湯浜町
湯川町
湯の川温泉
時任町
的場町
堀川町
高盛町
日乃出町
金堀町
乃木町
新川町
上新川町
終末処理場
宇賀浦町

地図Ｂ

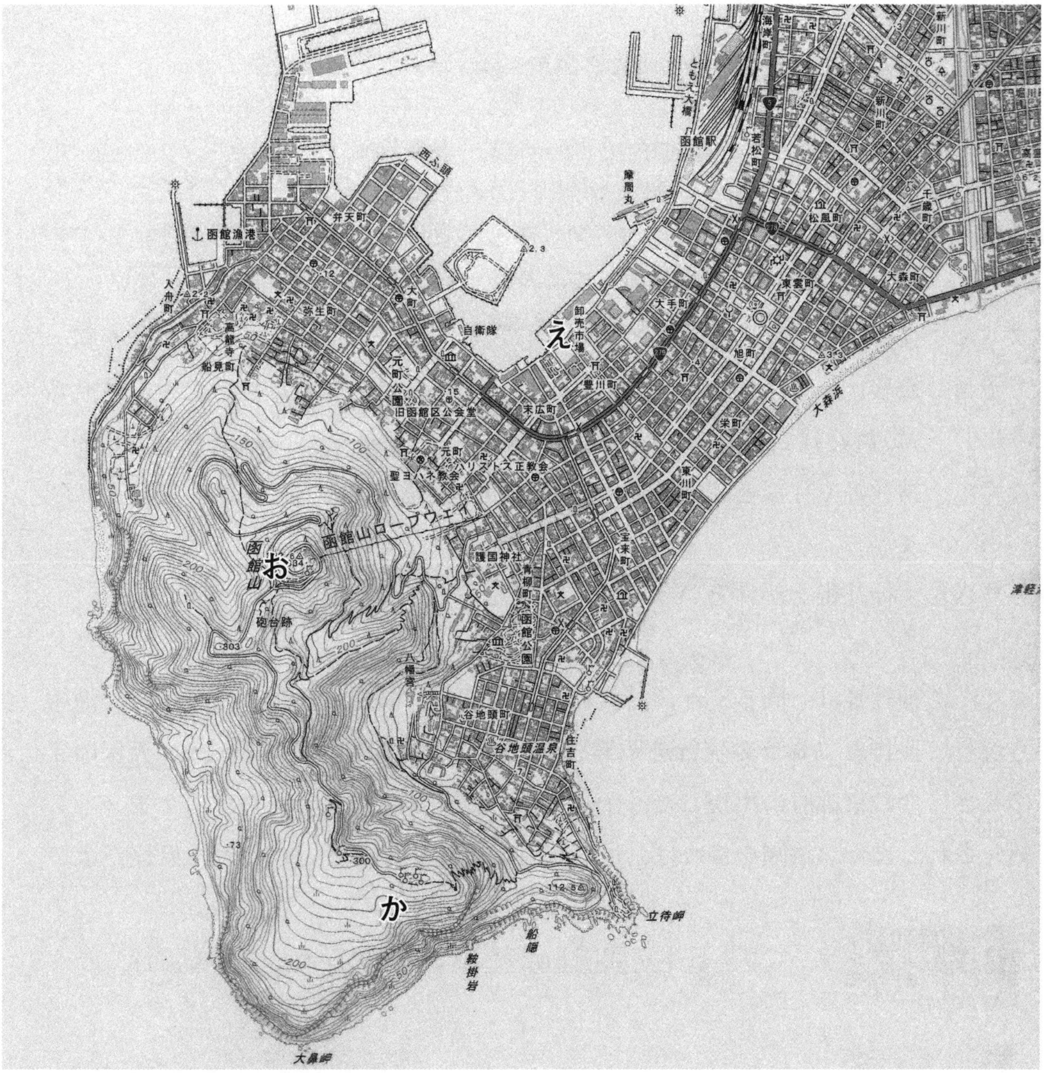


①～③の写真が撮影された場所は，地図Ａ・Ｂ上のあ～かのどこにあたるか。写真と撮影場所の組合せとして正しいものを１つ選び，記号で答えなさい。

ア．①―う　②―お　③―あ

イ．①―え　②―か　③―い

ウ．①―う　②―か　③―あ

エ．①―え　②―お　③―い

オ．①―え　②―か　③―あ

カ．①―う　②―お　③―い

**2** 次の会話文を読んで，あとの問いに答えなさい。

ヒロタくん：何の絵をかいているんだい？

イシカワさん：コロナが早くおさまるようにって，クラスのみんなとアマビエって妖怪の絵をかくことになったんだよ。アマビエってどんな妖怪か知ってる？

ヒロタくん：江戸時代，今の熊本県の海中から現れた妖怪で，今後６年間豊作が続くって予言した後，「その後病気が流行ったら，自分の姿を写した絵を人々に見せるように」，って言い残して，海中に消えたんだよ。もともとは，病気退散の妖怪ではなくて，神社姫(じんじゃひめ)や件(くだん)などの，予言する妖怪の仲間だったんだ。

イシカワさん：神社姫とか件という妖怪もいるんだ？

ヒロタくん：神社姫は，同じく江戸時代に今の佐賀県・長崎県に現れた妖怪で，海中から現れて豊作とコレラの流行を予言した妖怪だよ。件は，江戸時代の①天保の年号のときに今の京都府に出現した，予言したり豊作をもたらしたりするケモノとして紹介(しょうかい)され，また，絵図をはれば，厄病(やくびょう)除け・大豊作となるといわれた妖怪だよ。

イシカワさん：コレラって，②日本が開国したときに外国から入ってきて流行したんじゃないの？

ヒロタくん：よくそういわれるけど，その前にも流行していたみたいだね。今ほど医学が発達していなかったから，石器時代や③縄文時代などの古代から人々は，病気は神様や妖怪などのしわざとしておそれていたんだ。

イシカワさん：妖怪って，④平安時代に現れたんだと思っていたけど…陰陽師とかが退治していたんでしょ？

ヒロタくん：実は，妖怪の多くは，江戸時代や明治時代に現れたり，昭和以降に発見されたりしたものが多いんだよ。でも，日本三大怨霊(おんりょう)といわれる⑤平将門・［ A ］・⑥崇徳(すとく)上皇は，平安時代の人々だね。

イシカワさん：[A]って，学問の神様で，北野天満宮とか太宰府天満宮にまつられている人だよね？遣唐使の廃止(はいし)を提案したり，政治でも活躍(かつやく)したりした人でしょ？

ヒロタくん：そうだよ。憎(にく)しみや悲しみをもって亡くなったと思われた人々は怨霊となってたたると信じられていたんだよ。生きている人も憎しみや悲しみをもっている人は，生霊(いきりょう)となるとされていたんだ。⑦『源氏物語』にも出てきただろう？

イシカワさん：うん。日本人は昔から，妖怪とか霊とかを身近に感じていたんだね。

ヒロタくん：そうだね。でも，日本人は霊とか妖怪だけではなくて，神様も身近に感じて生きてきたんだよ。世界の国々に比べても，宗教由来の行事も多いし，⑧歴史上の人物も死後，神様としてまつられている人も多いんだ。

イシカワさん：日本人にとっては，それだけ神様も身近だってことだね。

問１　下線部①について，天保の改革に関する説明として正しいものを次のア～エの中から１つ選び，記号で答えなさい。

ア．ききんにそなえて諸藩に米をたくわえさせる囲い米の制を定め，借金に苦しむ武士の借金を帳消しにした。

イ．商業を重んじ，株仲間を公認し，商人の経済力を利用して印旛沼・手賀沼の開発を進めた。また，蝦夷地の調査も行わせた。

ウ．株仲間を解散させ，倹約令を出した。また，人返しの法によって都市に出ていた百姓を村に帰らせた。

エ．質素倹約をすすめ，新田の開発に努めた。また年貢を増やし，大名に対しては上げ米の制を設けた。

問２　下線部②について，開国のときに結ばれた日米修好通商条約は日本に不利な条約でした。不利であった２点についてそれぞれ１行程度で述べなさい。

問３　下線部③について，縄文時代の人が豊かな生産を祈るなどの，まじないに使ったとされる人形の名称を何というか。次のア～エの中から１つ選び，記号で答えなさい。

ア．銅鐸　　イ．はにわ　　ウ．土器　　エ．土偶問4　下線部④について，平安時代の説明として，誤っているものを次のア～エの中から1つ選び，記号で答えなさい。

ア．最澄と空海が中国で新しい仏教を学んで帰国し，天台宗と真言宗を広めた。

イ．墾田永年私財法が出され，貴族や寺院による開墾が進められていった。

ウ．坂上田村麻呂が征夷大将軍に任じられ，東北地方の平定を行った。

エ．漢字からひらがなとカタカナがつくられ，使われるようになった。

問5　下線部⑤について，平将門と同じ時期に瀬戸内で反乱を起こした人物名を漢字で書きなさい。

問6　空欄［　A　］に当てはまる人物名を漢字で書きなさい。

問7　下線部⑥について，崇徳上皇は平安時代終わりごろの内乱で負けました。この内乱は，天皇と上皇，藤原氏が対立して，それぞれ源氏と平氏を利用して戦い，武士が地位を高めたものです。この内乱の名称を次のア～エの中から1つ選び，記号で答えなさい。

ア．壬申の乱　　イ．平治の乱　　ウ．承久の乱　　エ．保元の乱

問8　下線部⑦について，『源氏物語』についての説明として正しいものを次のア～エの中から1つ選び，記号で答えなさい。

ア．紫式部が，光源氏を主人公に貴族たちの生活をえがいたものである。

イ．かぐや姫を主人公とする，日本最古の物語である。

ウ．源平の戦いや，平氏の滅亡を語った軍記物である。

エ．清少納言が，宮中の生活や自然を細やかに表したものである。

問9　下線部⑧について，神となった「歴史上の人物」についての説明で，正しいものを次のア～エの中から1つ選び，記号で答えなさい。

ア．後醍醐天皇：室町幕府を倒(たお)して，建武の新政を行ったが，武士の不満により，新政がすぐに崩壊(ほうかい)したため，吉野に朝廷(ちょうてい)を移した。

イ．西郷隆盛：薩摩藩の出身。明治政府の中心的な人物だったが，征韓論の論争に敗れて，鹿児島に帰った。

ウ．豊臣秀吉：明智光秀を倒し織田信長の天下統一事業を引きつぐ。参勤交代や刀狩を行い，全国を統 一した。

エ．源頼朝：平氏打倒(だとう)の兵を挙げ，平氏を破った。全国に守護大名を置き，鎌倉幕府を開いた。

**3**　以下の文章を読んで，あとの問いに答えなさい。

自衛隊は，1950年の朝鮮戦争をきっかけに，連合国軍最高司令官総司令部（GHQ）の命令で1950年に作られた組織が発展したものです。朝鮮戦争が始まると，アメリカ軍が朝鮮半島へ出兵したため，GHQは日本に警備力を強くするように求めました。これを受けて作られたのが自衛隊のもととなった組織です。①この組織が，1952年に改編され，さらに1954年に自衛隊に発展・改組されました。

自衛隊の任務は，主な任務である「防衛出動」と，警察機関のみでは対処困難な場合に自衛隊が対応する任務である治安出動や海上における警備行動のほか，弾道ミサイル等に対する破壊措置，領空侵犯に対する措置など，重要影響事態に対応して行う活動，国際平和協力活動，などがあります。それ以外の任務として，自衛隊が長年にわたって培ってきた技能，経験，組織的な機能などを活用することが適当であるものとして，国賓等の輸送や教育訓練等の受託，運動競技会に対する協力などがあります。また，自衛隊の災害に対する行動としては，「災害派遣」「地震防災派遣」「原子力災害派遣」の３種類を定め，各種災害の発生時に，地方公共団体などと連携・協力し，被災者や遭難した船舶・航空機の捜索・救助，水防，医療，防疫，給水，人員の輸送といった様々な活動を行っています。

「本来任務」においては，近年，②ロシア・朝鮮民主主義人民共和国・③大韓民国・④中華人民共和国などの周辺諸国との緊張の高まりもあり，即応力の強化やミサイル防衛能力の向上など，装備や体制に大きな変化が訪れています。

たびたびの災害による緊急出動などで国民の間での自衛隊の印象は創設当初より向上，2017年の内閣府の世論調査では自衛隊に「よい印象をもっている」とする割合が89.9％に達している一方で，⑤自衛隊の存在に反対する意見もあるのが自衛隊の現状です。

問１　下線部①について，「1950 年に作られた組織」から自衛隊になるまでの，改編された組織名・順番について，正しいものを次のア～カの中から選び，記号で答えなさい。

ア．公安隊→警察予備隊→自衛隊　　イ．公安隊→保安隊→自衛隊

ウ．保安隊→公安隊→自衛隊　　エ．保安隊→警察予備隊→自衛隊

オ．警察予備隊→保安隊→自衛隊　　カ．警察予備隊→公安隊→自衛隊

問２　下線部②について，下の地図のア～エは「北方領土」です。エの島の名前を答えなさい。

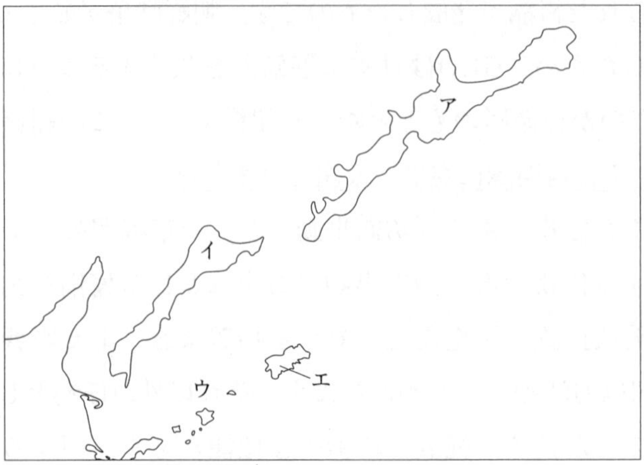


問３　下線部③について，日本政府が国際的な法にもとづき島根県に組み入れた日本固有の領土であるが，韓国が実効(じっこう)支配している島の名前を，日本名で答えなさい。

問４　下線部④について，日本政府が沖縄県に組み入れた日本固有の領土で，沖縄返還(へんかん)のときに日本に復帰したが，中国が領有を主張し始めた諸島の名前を，下のア～カの中から１つ選び，記号で答えなさい。

ア．大隅諸島　　イ．小笠原諸島　　ウ．千島列島

エ．尖閣諸島　　オ．東沙諸島　　カ．南沙諸島

問５　自衛隊が災害による緊急出動を行った災害のひとつに東日本大震災があります。東日本大震災は2011年（平成23年）の何月何日に発生したか，答えなさい。

問６　自衛隊の海外派遣についての説明として，誤っているものを次のア～エの中から１つ選び，記号で答えなさい。

ア．1991年の湾岸戦争の際に，日本も自衛隊派遣を求められたが，日本は資金提供のみを行い，自衛隊を派遣することはなかった。

イ．日本は，1992年に国際平和協力法（PKO協力法）を成立させ，自衛隊の海外派遣を限定的ながら行うこととなった。

ウ．日本は，2001年に同時多発テロを受けてテロ対策特別措置法を成立させ，アメリカ軍の後方支援を行った。

エ．日本は，2003年にはイラク復興支援(しえん)特別措置法を成立させ，イラク戦争後のイラクに自衛隊を派遣した。

問７　下線部⑤について，反対意見では，憲法の第何条にどのように違反(いはん)しているとしているか，１～２行程度で説明しなさい。

**4** 従来ペットと呼ばれてきた動物たちですが，「かわいがるだけの存在」から「人によりそい，心を通わせ，ともに生きる存在」へと変化し，こうした動物たちをさして，「コンパニオン・アニマル」という呼び方が使われるようになってきています。その一方で，安易な気持ちで飼い始め，その後「飼えなくなったから」「かわいくなくなったから」などの理由で捨てたり，施設(しせつ)に引き取りを求めたりする飼い主もいます。施設に引き取られた動物は最終的に殺処分されることになります。

次の資料Ａ～Ｄを参考に，「飼い主」以外の立場から，殺処分を減らすための対策について，自分なりの考えを書きなさい。

資料Ａ

一般家庭で飼育される代表的な動物は犬と猫である。もともと日本では犬の飼育頭数が猫を大きく上回っていたが，その差は次第に縮まり，2017年には順位が逆転した。犬の方が散歩やしつけの必要性が高いこと，居住環境の変化などで屋内飼いが普通になった結果，大型犬は飼いづらくなったことなどが原因と考えられる。飼育されている犬種も，上位３種は小型犬が占(し)めている。

犬・猫の飼育頭数の推移

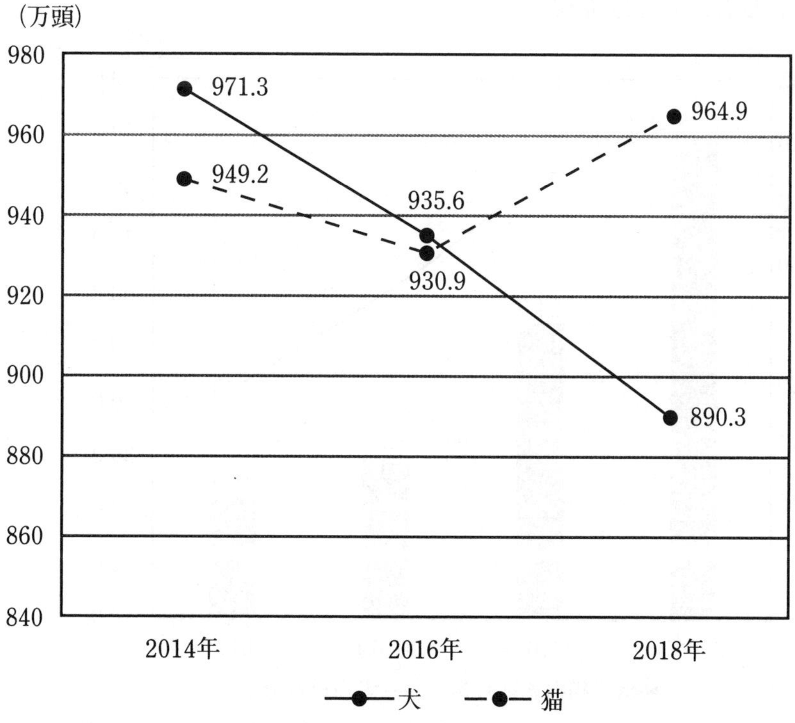


（一般社団法人ペットフード協会「平成30年　全国犬猫飼育実態調査」）

資料Ｂ

動物愛護法では，飼い主の責任として，飼っている動物が死ぬまで適切に飼育しなければならないと定めており，場合によっては懲役刑や罰金刑などの刑罰の対象ともなる。一方でノラ犬やノラ猫だけでなく，「やむを得ない事情」があれば，飼い犬や飼い猫でも自治体が引き取りの義務を負うことになっている。

全国の犬・猫の引き取り数は，1990年代なかばには年間70万頭を超えていたが，その後減少を続け，現在では約10万頭となっている。現在，引き取られた犬猫の半数以上が返還・譲渡されており，特に猫で譲渡数が大きく伸びている。

各自治体の保健所・動物愛護センターに引き取られた犬・猫は，一定の期間保管（保護）されるが，その期間内に返還・譲渡されなかったものは殺処分される。殺処分される率は，特にここ20年ほどの間に９割以上から４割強へと大きく低下しているものの，2017年度時点で，なお年間４万3216頭（犬猫合計）が殺処分されている。

資料C

犬猫の引き取り数推移

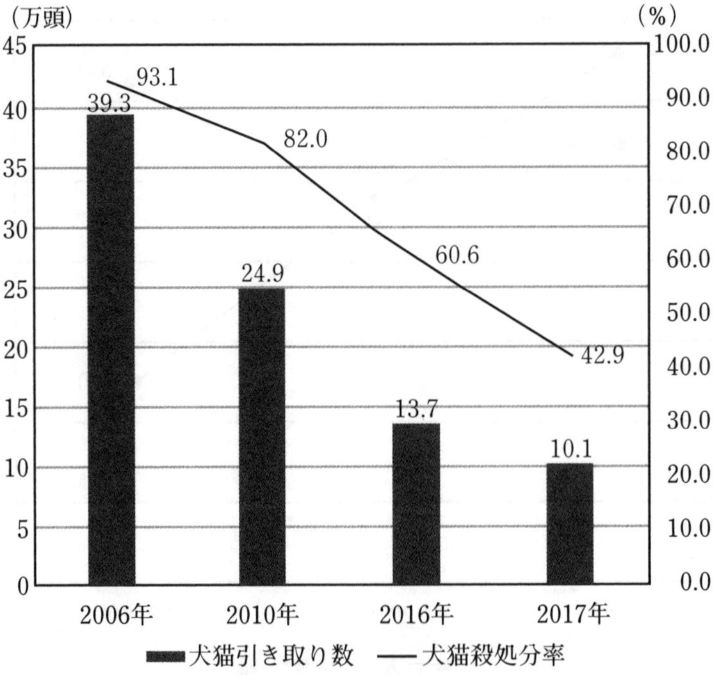


（環境省「犬・猫の引取り及び負傷動物等の収容並びに処分の状況」）

資料Ｄ

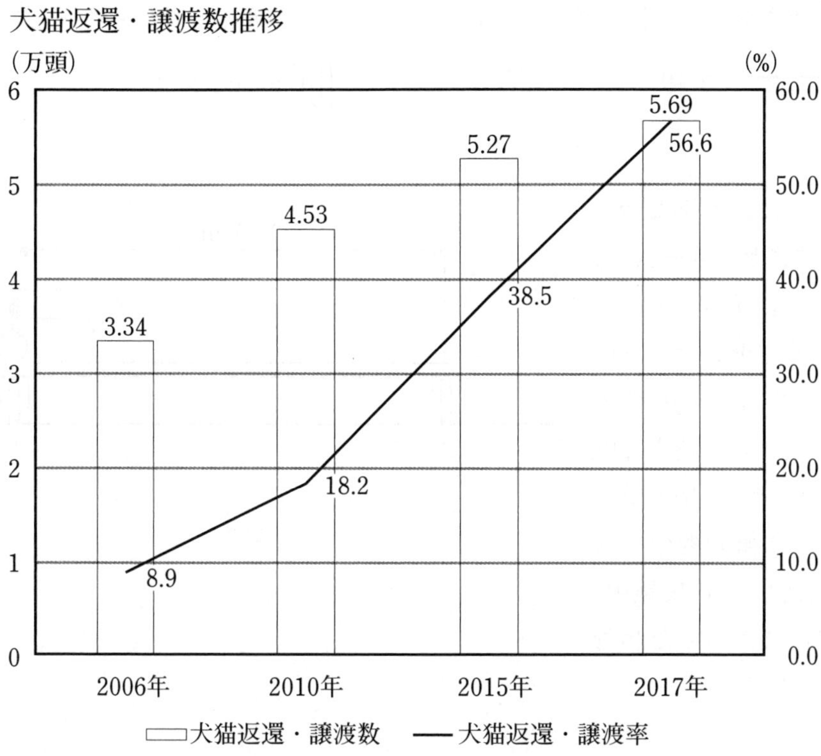


(環境省「犬・猫の引取り及び負傷動物等の収容並びに処分の状況」)

【理　科】〈第1回入試〉（30分）〈満点：50点〉

**1**　棒、球、重さセンサーを用いて実験を行いました。

なお、この重さセンサーは、重さをはかるときに長さが変化しないものとします。

【実験1】

図1のように、水平な台の上に2個の重さセンサーA、Bを置き、その上に重さが一様な棒を乗せた。重さセンサーBの真上に球を置き、図1の左側の方向に向けて、一定の速さで転がした。このとき、2個の重さセンサーが示す値の変化を観察した。 ただし、この実験中、棒が球の重さによってたわむことはなかった。

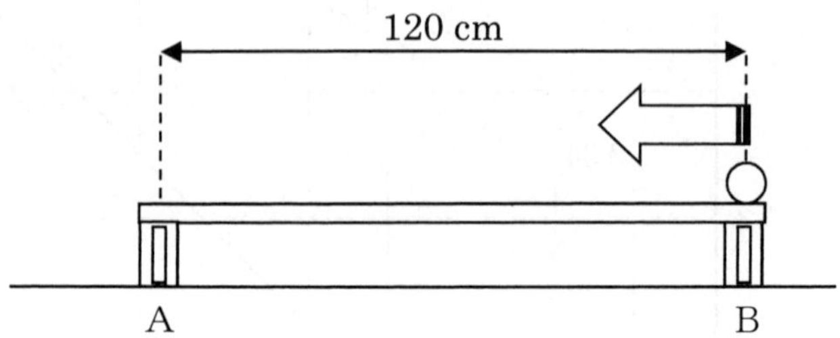


図1

【実験1の結果】

球を図1の左側の方向に向けて転がした距離と、2つの重さセンサーが示す値の関係は表1のようになった。

表1

| | 球の移動距離〔cm〕 | | | | |
|---|---|---|---|---|---|
| | 0 | 30 | 60 | 90 | 120 |
| 重さセンサーAの値〔g〕 | 150 | 175 | 200 | 225 | 250 |
| 重さセンサーBの値〔g〕 | 250 | 225 | 200 | 175 | 150 |

問1　この棒の重さは何gか答えなさい。

問2　この球の重さは何gか答えなさい。

問３　【実験１】で、横軸を球の移動距離〔cm〕、縦軸を重さセンサーAの値〔g〕とするグラフを書くと、どのような形になりますか。最も適当なものを、次のア～エから１つ選び、記号で答えなさい。

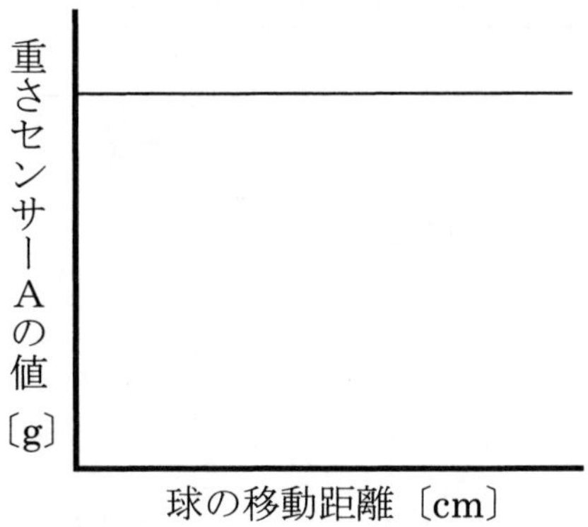


ア

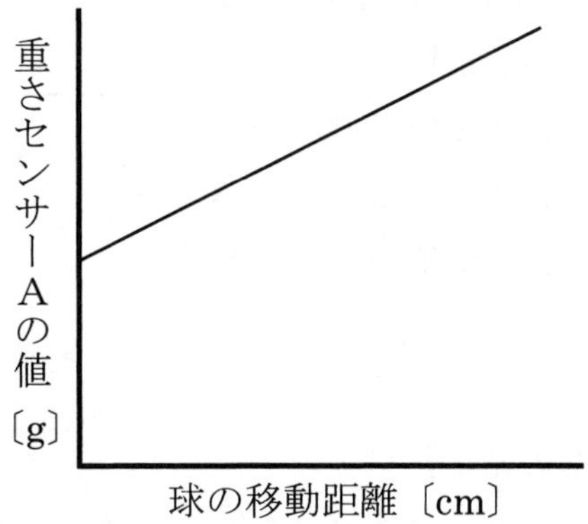


イ

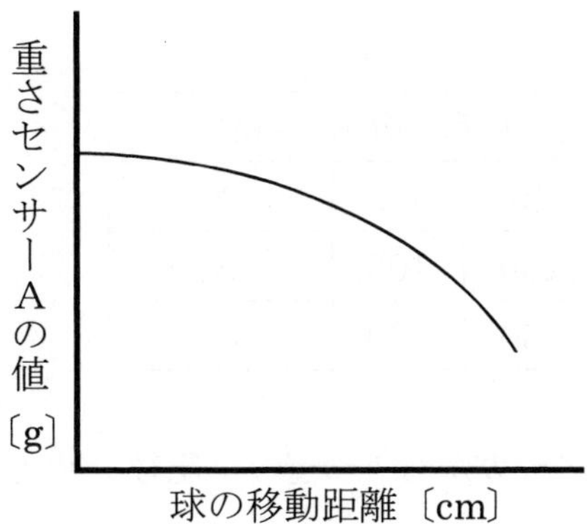


ウ

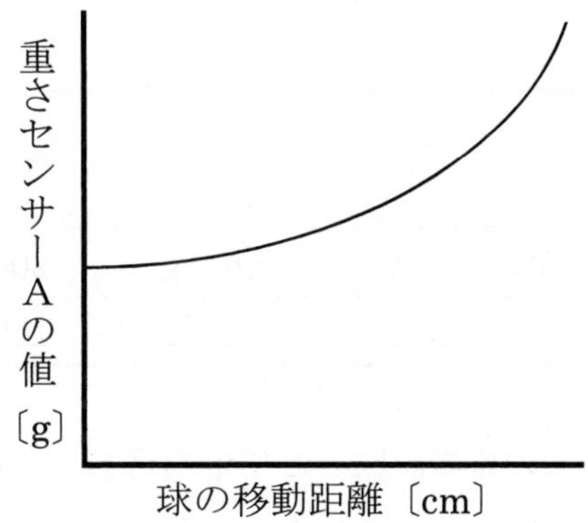


エ

【実験２】

図２のように、水平な台の上に２個の重さセンサーA、Bを置き、その上に【実験１】とは異なる棒を乗せた。重さセンサーBを図２の左側の方向に少しずつずらし、２個の重さセンサーが示す値の変化を観察した。

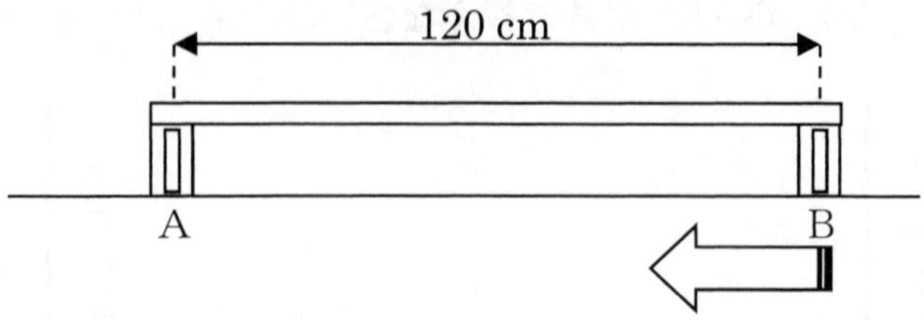


図２

【実験２の結果】

重さセンサーBを図２の左側に移動させた距離と、２つの重さセンサーが示す値の関係は表２のようになった。

表２

| | 重さセンサーBの移動距離〔cm〕 | | | | |
|---|---|---|---|---|---|
| | 0 | 20 | 40 | 60 | 80 |
| 重さセンサーAの値〔g〕 | 200 | 180 | 150 | 100 | ［ X ］ |
| 重さセンサーBの値〔g〕 | 100 | 120 | 150 | 200 | 300 |

問４　この棒の説明として最も適当なものを、次のア～カから１つ選び、記号で答えなさい。

ア．【実験２の結果】の［ X ］の値は０で、
　この棒の重心は棒の中心より重さセンサーA寄りにある。

イ．【実験２の結果】の［ X ］の値は０で、
　この棒の重心は棒の中心より重さセンサーB寄りにある。

ウ．【実験２の結果】の［ X ］の値は150で、
　この棒の重心は棒の中心より重さセンサーA寄りにある。

エ．【実験２の結果】の［ X ］の値は150で、
　この棒の重心は棒の中心より重さセンサーB寄りにある。

オ．【実験２の結果】の［ X ］の値は300で、
　この棒の重心は棒の中心より重さセンサーA寄りにある。

カ．【実験２の結果】の［ X ］の値は300で、
　この棒の重心は棒の中心より重さセンサーB寄りにある。

問５　【実験２】で、横軸を重さセンサーＢの移動距離（80cmまで）、縦軸を重さセンサーＢの値とするグラフを書くと、どのような形になりますか。最も適当なものを、次のア～エから１つ選び、記号で答えなさい。

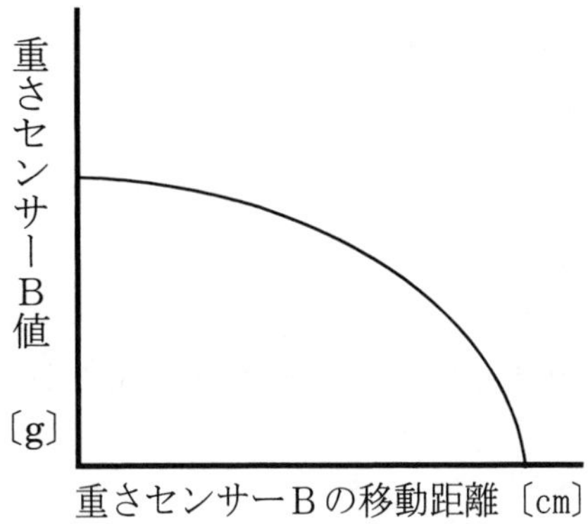


ア

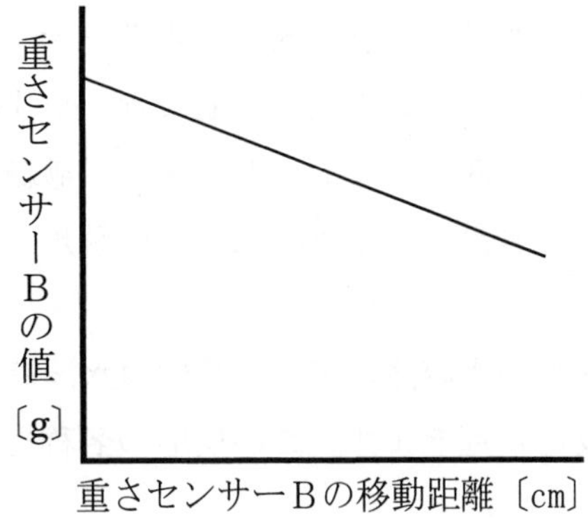


イ

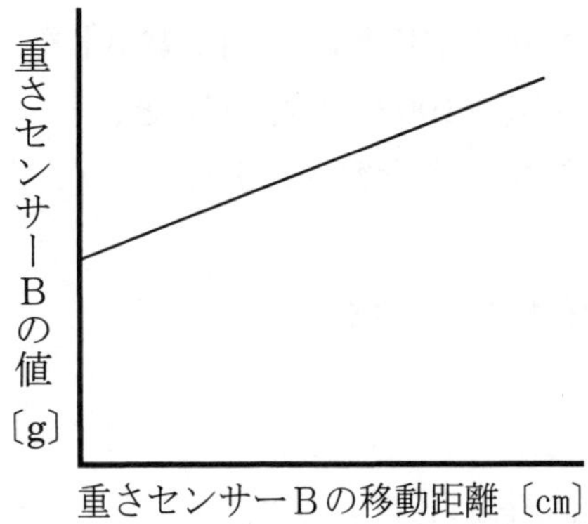


ウ

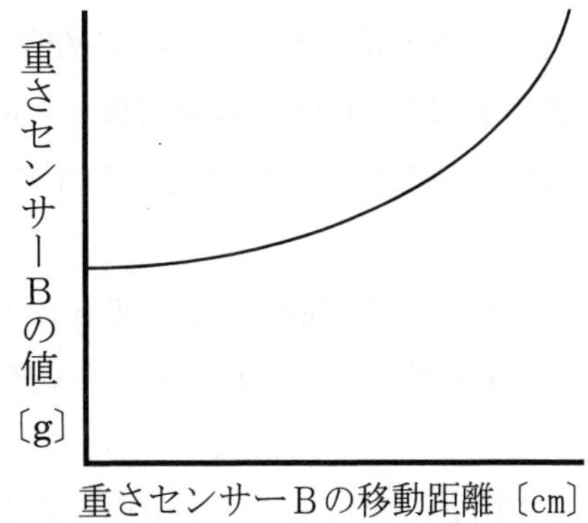


エ

**2** 酸性の水溶液Ａと、アルカリ性の水溶液Ｂを用意しました。

問１　酸性の水溶液の組み合わせとして最も適当なものを、次のア～エから１つ選び、記号で答えなさい。

ア．食酢　　食塩水　　水酸化ナトリウム水溶液　　砂糖水
イ．アンモニア水　　石灰水　　炭酸水　　塩酸
ウ．石灰水　　セッケン水　　砂糖水　　水道水
エ．食酢　　ホウ酸水　　炭酸水　　塩酸

問２　酸性の水溶液とアルカリ性の水溶液を混ぜ合わせたとき、互いの性質が弱まりあう反応が起きます。この反応の名称を答えなさい。

今、水溶液Ａと水溶液Ｂをいろいろな割合で混ぜ合わせる【実験１】～【実験３】を行いました。【実験１】は、実験結果（＝液体の色）から、「100 g の水溶液Ａと、100 g の水溶液Ｂを混ぜ合わせたものはアルカリ性である。」と考察されました。

【実験１】100 g の水溶液Ａと、100 g の水溶液Ｂを混ぜ合わせたものに、BTB 液を加え、液体の色を観察した。

【実験２】110 g の水溶液Ａと、100 g の水溶液Ｂを混ぜ合わせたものに、BTB 液を加え、液体の色を観察した。

【実験３】100 g の水溶液Ａと、110 g の水溶液Ｂを混ぜ合わせたものに、BTB 液を加え、液体の色を観察した。

問３　【実験１】の結果として最も適当なものを、次のア～オから１つ選び、記号で答えなさい。

ア．赤色　　イ．青色　　ウ．黄色　　エ．緑色　　オ．無色

問４　【実験１】の実験結果と考察をもとに推測される、【実験２】の実験結果として最も適当なものを、次のア～オから１つ選び、記号で答えなさい。ただし、【実験２】の結果を推測するのに、【実験１】の実験結果と考察では情報が不足している場合は、カと書きなさい。

ア．赤色になる。　イ．青色になる。　ウ．黄色になる。
エ．緑色になる。　オ．無色になる。

問５　【実験１】の実験結果と考察をもとに推測される、【実験３】の実験結果として最も適当なものを、次のア～オから１つ選び、記号で答えなさい。ただし、【実験３】の結果を推測するのに、【実験１】の実験結果と考察では情報が不足している場合は、カと書きなさい。

ア．赤色になる。　イ．青色になる。　ウ．黄色になる。
エ．緑色になる。　オ．無色になる。

**3**　生物は、外から栄養分を取り込み、その成分を使って体を大きくしたり、仲間を増やしたりします。ヒトの場合、食物中の［　①　］は消化酵素（こうそ）のはたらきで分解され、アミノ酸として吸収されます。食物中の［　②　］は消化酵素のはたらきで分解され、グルコース（＝ブドウ糖）として吸収されます。食物中の［　③　］は消化酵素のはたらきで分解され、脂肪酸とモノグリセリド（または脂肪酸とグリセリン）として吸収されます。また、ヒトは、吸収したアミノ酸を体内で結合させて［　①　］にします。吸収したグルコースを体内で結合させてグリコーゲンにします。吸収した脂肪酸とモノグリセリドなどを体内で結合させて［　③　］にします。

問１　上の文中の［　①　］～［　③　］に入る物質の名称の組み合わせとして最も適当なものを、次のア～エから１つ選び、記号で答えなさい。

| | ① | ② | ③ |
|---|---|---|---|
| ア． | デンプン | タンパク質 | 脂肪 |
| イ． | デンプン | 脂肪 | タンパク質 |
| ウ． | タンパク質 | デンプン | 脂肪 |
| エ． | 脂肪 | タンパク質 | デンプン |

問２　ヒトのだ液、胃液、胆汁（たんじゅう）と、含まれる消化酵素の組み合わせとして最も適当なものを、次のア～エから１つ選び、記号で答えなさい。

| | だ液 | 胃液 | 胆汁 |
|---|---|---|---|
| ア． | アミラーゼ | ペプシン | 消化酵素が含まれない |
| イ． | マルターゼ | ペプシン | アミラーゼ |
| ウ． | 消化酵素が含まれない | アミラーゼ | ペプチダーゼ |
| エ． | アミラーゼ | 消化酵素が含まれない | リパーゼ |

問３　消化の結果に生じたアミノ酸やグルコースや脂肪酸やモノグリセリドなどを吸収する消化器官の名称を**ひらがな**で答えなさい。

問４　問３の消化器官において、吸収される物質と吸収される先の説明として最も適当なものを、次のア～エから１つ選び、記号で答えなさい。

ア. アミノ酸と脂肪酸は血液に入り、グルコースとモノグリセリドはリンパ液に入る。
イ. アミノ酸とモノグリセリドは血液に入り、グルコースと脂肪酸はリンパ液に入る。
ウ. アミノ酸とグルコースはリンパ液に入り、脂肪酸とモノグリセリドは血液に入る。
エ. アミノ酸とグルコースは血液に入り、脂肪酸とモノグリセリドはリンパ液に入る。

今、水にアミノ酸やグルコースや脂肪酸とモノグリセリドなどといった物質（「物質群Ａ」とします。）を加えた液体をシャーレに用意し、ある種類のカビや細菌、ウイルスを入れて、それぞれが増える様子を観察する実験を行いました。このとき、空気を与えた場合と、与えない場合についてそれぞれ観察しました。表１は、この実験の結果を示したものです。

表１　カビ、細菌、ウイルスが増える様子と空気の有無の影響

| | 空気あり | 空気なし |
|---|---|---|
| カビ | 増えた | 増えなかった |
| 細菌 | 増えた | 増えた |
| ウイルス | 増えなかった | 増えなかった |

問５　表１に基づいた考察として最も適当なものを、次のア～エから１つ選び、記号で答えなさい。

ア．カビの増殖には空気が必要である。
イ．細菌の増殖には空気が必要である。
ウ．細菌の増殖は空気によってさまたげられる。
エ．ウイルスの増殖は空気によってさまたげられる。

問６　表１に基づいた考察として最も適当なものを、次のア～エから１つ選び、記号で答えなさい。

ア．カビは空気があれば物質群Ａがなくても増える。
イ．細菌が増えるには空気も物質群Ａも必要である。
ウ．ウイルスは物質群Ａがなければ増える。
エ．この実験では物質群Ａの有無の影響が判断できない。

**4**　地球の公転軌道はおおむね、太陽を中心とした円の円周の形をしています。また、月の公転軌道はおおむね、地球を中心とした円の円周の形をしています。また、月の公転面は地球の公転面に対して約５度の傾きを持っています。

問１　地球の公転周期として最も近いものを、次のア～エから１つ選び、記号で答えなさい。

ア．24時間　　イ．７日間　　ウ．30日間　　エ．365日間

問２　月の公転周期として最も近いものを、次のア～エから１つ選び、記号で答えなさい。

ア．24時間　　イ．７日間　　ウ．30日間　　エ．365日間

問３　地球から月を観察すると、いつも同じ面が見えます。この理由として最も適当なものを、次のア～エから１つ、オ～クから１つ選び、記号で答えなさい。

ア．月の自転の向きは、月の公転の向きと同じだから。
イ．月の自転の向きは、月の公転の向きと反対だから。
ウ．月の自転の向きは、地球の自転の向きと同じだから。
エ．月の自転の向きは、地球の自転の向きと反対だから。

オ．月の自転周期と、月の公転周期が等しいから。
カ．月の自転周期と、地球の公転周期が等しいから。
キ．月の公転周期と、地球の自転周期が等しいから。
ク．月の公転周期と、地球の公転周期が等しいから。

問４　月の公転面が地球の公転面と同一平面上にあると仮定するとき、日食が観察される周期はどのようになると考えられますか。最も適当なものを、次のア～エから１つ選び、記号で答えなさい。

ア．約 24 時間周期で、日食が観察される。

イ．約 30 日周期で、日食が観察される。

ウ．約 365 日周期で、日食が観察される。

エ．日食が一切観察されない。

問５　ある日の皆既日食の変化を東京のある地点で観察したところ、太陽が右側（西側）から左側（東側）に向けて欠けていきました。この日の、太陽と月の天球上の運動について最も適当なものを、次のア～カから１つ選び、記号で答えなさい。

ア．太陽と月の天球上を移動する向きは同じで、
太陽の移動する速度は月の移動する速度よりも速い。

イ．太陽と月の天球上を移動する向きは同じで、
太陽の移動する速度は月の移動する速度よりも遅い。

ウ．太陽と月の天球上を移動する向きは同じで、
太陽の移動する速度は月の移動する速度と等しい。

エ．太陽と月の天球上を移動する向きは互いに逆で、
太陽の移動する速度は月の移動する速度よりも速い。

オ．太陽と月の天球上を移動する向きは互いに逆で、
太陽の移動する速度は月の移動する速度よりも遅い。

カ．太陽と月の天球上を移動する向きは互いに逆で、
太陽の移動する速度は月の移動する速度と等しい。

問6　ある日の部分日食の変化を東京のある地点で観察したところ、正午に「食の始まり」が観察されました。この日食が観察される地域と見え方について最も適当なものを、次のア～カから1つ選び、記号で答えなさい。

ア．東京よりも経度で5度、東の地点（同じ緯度）では、太陽の南中時刻が東京よりも約20分早く、正午よりも早い時刻に食の始まりが観察される。

イ．東京よりも経度で5度、東の地点（同じ緯度）では、太陽の南中時刻が東京よりも約20分早く、正午よりも遅い時刻に食の始まりが観察される。

ウ．東京よりも経度で5度、東の地点（同じ緯度）では、太陽の南中時刻が東京よりも約20分早く、正午に食の始まりが観察される。

エ．東京よりも経度で5度、東の地点（同じ緯度）では、太陽の南中時刻が東京よりも約20分遅く、正午よりも早い時刻に食の始まりが観察される。

オ．東京よりも経度で5度、東の地点（同じ緯度）では、太陽の南中時刻が東京よりも約20分遅く、正午よりも遅い時刻に食の始まりが観察される。

カ．東京よりも経度で5度、東の地点（同じ緯度）では、太陽の南中時刻が東京よりも約20分遅く、正午に食の始まりが観察される。

**5**　現代の日本の生活習慣のひとつに、「一日三食」があります。この習慣が、健康においてどのような効果を及ぼすのかを検証しようと思います。どのような実験を、どのようなことに注意して行い、その実験の結果がどのようになると、「一日三食の生活習慣が、健康面において適切である」と考察できるようになりますか。あなたの考えを答えなさい。

問四　――線③「あの失敗から我々が学ぶべきこととは、本当に津波対策なのだろうか？」とありますが、ここで言う「学ぶべきこと」とは具体的に何ですか。その説明として最もふさわしいものを次から一つ選び、記号で答えなさい。

ア　原子力発電が持つ電気というベネフィットに釣り合わない、自分たちが住む地域が長期間避難対象となるようなリスクを知る必要があること。

イ　原子力発電はその事故が引き起こされる確率の正確な把握が難しいものの、もたらされるリスクを完璧に解消していく必要があること。

ウ　原子力発電は国土に多大な影響を与えるリスクをはらんでいるため、失敗する度に修正することで損失をおさえていく必要があること。

エ　原子力発電は生活に甚大な影響を与えるリスクを持つが、欠かせない発電施設であるため、リスクと共存する手段を知る必要があること。

問五　――線⑤「潜在的な危険性」とはどのような危険性ですか。解答欄の「危険性」につながるように、本文から二十字程度でぬき出して答えなさい。

問六　――線⑥「ずっと受け継がれてきた貴い知恵」とはどういうものか。その説明として最もふさわしいものを次から一つ選び、記号で答えなさい。

ア　発展を遂げるためにリスクを見極める勇敢さのようなもの。

イ　運が悪ければ死ぬというリスクに対する恐れのようなもの。

ウ　リスクを恐れず踏み込んできた科学の歴史のようなもの。

エ　リスクに対する抑制を葬り去ってきた論理の力のようなもの。

問七　――線⑦「これからの人類が対峙すべき知的挑戦の中でも、実は最も重要なものなのかも知れない」とありますが、「最も重要なもの」とはどういうものですか。本文全体の内容をふまえて四十字以上五十字以内で答えなさい。

問一　［Ａ］・［Ｂ］・［Ｃ］に入る語句の組み合わせとして最もふさわしいものを次から一つ選び、記号で答えなさい。

ア　Ａ　しかし　　Ｂ　つまり　　Ｃ　しかも
イ　Ａ　そして　　Ｂ　しかし　　Ｃ　なぜなら
ウ　Ａ　また　　Ｂ　しかし　　Ｃ　しかも
エ　Ａ　しかし　　Ｂ　また　　Ｃ　つまり

問二　――線①「人類社会が新しい技術を取り入れるやり方として優れたものであった」とありますが、その理由の説明として最もふさわしいものを次から一つ選び、記号で答えなさい。

ア　利益がまったく期待できないとしても挑戦を繰り返す中で、勇敢な遺伝子を持つ人物が登場したから。
イ　生物が生き残るために進化を遂げたように、人間も他との競争に勝つために、進化をしてきたから。
ウ　生活の向上や利益を期待して挑戦し、その失敗から学ぶことによって、科学も社会も発展することができたから。
エ　交通事故という身近で最大のリスクを克服することで、長らく人類社会は発展を遂げてきたから。

問三　――線②「どぶに捨てられる」・④「余儀なく」の意味として最もふさわしいものを後からそれぞれ一つずつ選び、記号で答えなさい。

②「どぶに捨てられる」
ア　なかったことにされる　　イ　無駄にされる
ウ　有効に活用される　　エ　他に利用される

④「余儀なく」
ア　余分なものがなく　　イ　儀礼的でなく
ウ　予断なく　　エ　やむを得なく

「闇」の存在を知る我々生き物に、リスクとともに生き続けなければならない我々生き物に、幾億の時を越え、⑥ずっと受け継がれてきた貴い知恵ではないのだろうか。

かつては、そういった「恐れ」に基づいた様々な「抑制」は、「神の戒め」や「村の掟」のような形で、人間社会に存在していたものなのだろう。それを一つずつ葬り去ってきたのが科学の歴史でもある。しかし、現在我々の目の前にあるのは、その結果、現れてきた「強欲資本主義」や「傲慢合理主義」であり、またそれらが生んだ制御できない――それは原子力に象徴される――巨大で破壊的な問題の数々である。論理の力が葬り去ってきた、論理の力が及ばない領域における、ある意味、非論理的な制御や抑制を、どうやったら再び取り戻すことができるのだろうか？　真の知性は、「傲慢合理主義」を超えることができるのか？　それらは⑦これからの人類が対峙すべき知的挑戦の中でも、実は最も重要なものなのかも知れない。

〔中屋敷均『科学と非科学　その正体を探る』(講談社現代新書) による〕

注１　「ベネフィット」…利益。恩恵。ためになること。
注２　「オットー・リリエンタール」…ドイツの航空工学の先駆者（一八四八年～一八九六年）。ハンググライダーを実際に作り、多くの飛行実験を行った。
注３　「天然痘」…天然痘ウイルスを病原体とする感染症。人類史上初めて、唯一根絶に成功した。
注４　「東電」…東京電力株式会社。現在の東京電力ホールディングス株式会社。
注５　「シミュレート」…模擬実験をする。
注６　「坂本龍一」…日本のミュージシャン（一九五二年～）。

ることになる。福島の事故以前に津波による原発事故の事例はなかったし、東電は「とりあえず、ビビらずに、やってみた」のだ。私は当時の常識に照らして、その東電の経営判断が著しく不適切なものだったとは思わない。ただ、結果として、あの事故である。そして、その失敗から学び、修正を加えていくための方策として、日本中の原発で津波対策が行われることになった。それは確かに改善ではあろうが、少し待って欲しい。③あの失敗から我々が学ぶべきこととは、本当に津波対策なのだろうか？

福島原発事故では幸いなことに、原発をまったくコントロールできなくなる事態にはならなかった。しかし、もしそうなっていたら、半径１７０キロメートルの範囲で避難指示、同２５０キロメートルの範囲が計画的避難対象地域になっていたとシミュレート[注5]されている。関東北部から、新潟県、そして北東北の一部を除く東北のほぼ全域という広大な地域が避難対象となり、それによる推定避難者数はなんと３０００万人を超えることになる。

その「最悪」を逃れた現実の事故でも、自宅から離れざるを得なかった避難者は35万人というとてつもない数で、高齢者を中心に少なくない方がそのストレスで亡くなったとされている。事故から8年たった今なお数万人の人々が避難生活を④余儀なくされている。

こういった原発事故の影響はあまりに甚大（じんだい）であり、失敗したから次に修正すればいいというレベルを超えているようにも思える。電気など、他の手段でも作れるもので、どう考えてもリスクとベネフィットが釣（つ）り合っていないのだ。原発事故を引き起こすリスクには、津波以外にも、直下型地震、火山の噴火、テロ、ミサイル攻撃などが以前から指摘されているが、これらのリスクも現在の科学では、起こる確率の正確な把握が難しい、例の領域に潜（ひそ）んでいる。

本当に考えないといけないのは、坂本龍一[注6]氏の言ではないが「たかが電気のために」広大な国土が長期にわたり使えなくなるようなリスクを持ち続ける必要があるのか、という点である。原子力発電には、真のコストの算出や高レベル廃棄物の長期管理といった深刻な問題もあるが、もっと単純に潜在的な事故被害の甚大さに想像を働かせるべきではないかと思う。大雑把に言って、原発１基には広島型原爆の約1万発分の放射性物質が、廃棄物も含めると存在している。そのわずか1万分の1が漏（も）れても、原爆1発分である。その⑤潜在的な危険性はあまりに甚大で、［　C　］「リスクはゼロにはならない」のだ。

「恐れ」が過剰な対策や無駄なコストを招いているとか、リスクを恐れず踏み込まなければ、何かを成し遂げることなどできないといった指摘は真実だろう。確かに生物はそうやって進化してきたのだ。しかし、その生物の進化の中でどうして「恐れ」のようなものが受け継がれてきたのか、少し立ち止まって考える必要のある問題も、また存在するのではないかと思う。それはＡＩとは違い、

**四**　次の文章を読んで、後の問に答えなさい。

当たり前と言えば当たり前だが、結局のところ、私たちは「リスクとともに生きる」、言葉を変えれば、「運が悪ければ死ぬ」という道しか選択肢がない。良いも悪いもなく、我々に必要なのは「リスクはゼロにできない」という認識と覚悟であり、それを踏まえた上での選択なのである。

その「ゼロにできないリスク」を前に、勇敢な遺伝子を持つ人たちは、怯えて立ち止まるより、ベネフィット[注1]が期待できるのなら、とりあえずやってみるという選択をしてきた。人類の歴史を振り返れば、我々の祖先によるそういった様々な〝挑戦〟により、科学も社会も発展を遂げてきたことが分かる。空を目指したオットー[注2]・リリエンタールがそうなら、天然痘[注3]ワクチンを開発したエドワード・ジェンナーや、初めて納豆を食べた人だってその一人だろう。［A］、もっと身近で、現在進行形の例を挙げれば、自動車の問題もある。

実は我々の身近にあるリスクの中で最大のものは、飛行機事故でも、地震・台風でもなく、交通事故である。実際これはかなり深刻なもので、直近の50年間で日本において約50万人もの方が交通事故により亡くなっている。この累積数で大雑把に計算すれば、この50年を生きた日本人のおよそ２００人に一人は車の事故で亡くなっていることになる。驚くべき高いリスク率だ。人類が自動車という技術に手を出さなければ、この50万人もの人は亡くならずに済んだはずだが、車の持つ利便性、つまりベネフィットを利用することを我々は選んだのだ。そして、数々の悲劇を経験しながらも、少しずつ車の性能向上や交通ルールの改正といったリスク対策を重ねた結果、交通事故による年間死亡者数は１９７０年の１万６７６５人をピークとして、近年では４０００人程度にまで減少してきている。今後、自動車の自動運転などの技術が進歩すれば、この数はさらに減っていく可能性もあるだろう。リスクを前に立ち止まるのではなく、とりあえずやってみて、失敗から学び修正を加えて改善していくというのは、生物進化の様式にも似て、①人類社会が新しい技術を取り入れるやり方として優れたものであったことは間違いはない。

しかし、一方、そういったやり方が何にでも通用するのだろうかと思わせたのが、たとえば福島第一原発の事故である。あの事故は原発敷地の高さである10メートルを超える津波により、建屋が浸水して電源喪失が起きたことが原因だった。そのような大きな津波が襲ってくるリスクは、過去の太平洋沿岸における事例の検証から、東電[注4]でも認識されていた。［B］、対策に要する費用は数百億円という巨額なものであり、原発が稼働している40～60年の間にそんな津波が来なければ、その費用は②どぶに捨てられ

問五　――線⑤「露骨」・⑥「吹聴して」の意味としてふさわしいものを後からそれぞれ一つずつ選び、記号で答えなさい。

⑤「露骨（ろこつ）」

ア　すんなりと　　イ　ぴったりと

ウ　はっきりと　　エ　げんなりと

⑥「吹聴（ふいちょう）して」

ア　言いふらして　　イ　聞き流して

ウ　熱心に聞いて　　エ　言いふくめて

問六　――線⑦「地面の上で、二つの影は頭と肩の部分がくっついて一つの影になって見えた」とありますが、この描写はどのようなことを暗示していると考えられますか。その説明として最もふさわしいものを次から一つ選び、記号で答えなさい。

ア　トシとワタルが、様々な出来事を経験し成長していくことを暗に示している。

イ　トシとワタルが、徐々にお互いを理解し始めていることを暗に示している。

ウ　トシとアカリの関係が、友好的なものから険悪なものになることを暗に示している。

エ　トシとワタルが、切っても切れない関係になっていくことを暗に示している。

問七　文章中の〰〰線ⓐ～ⓓの表現の説明としてふさわしくないものを次から一つ選び、記号で答えなさい。

ア　〰〰線ⓐ「オトモダチ」とカタカナで表記することによって、クラスメートが特別な存在ということを表している。

イ　〰〰線ⓑ「友達になる」と傍点を付けることによって、友達が自然とできるのではないことを強調している。

ウ　〰〰線ⓒ「そういうの」の「の」は、体言と同じ働きをし、ここでは「瞬間」を表している。

エ　〰〰線ⓓ「キョトキョトと。どこか怯えるように」という二つを並列にすることでワタルの人物像を際立たせている。

問一　――線①「けれどトシにとってワタルは〝友達〟ではなかった」とありますが、「トシ」は「友達」になるためには何が必要だと考えていますか。「トシ」の考えを本文の語句を使って四十字以上五十字以内で説明しなさい。

問二　――線②「女子の一人が、得意気にトシの前にずいっと歩み出た」とありますが、このときの「女子（アカリ）」の心情として最もふさわしいものを次から一つ選び、記号で答えなさい。

ア　打算的な性格をしているので、トシの反応を見て自分の態度を決めようと思っている。
イ　自分だけが知っている情報を教えることによって、トシと仲良くなれると考えている。
ウ　恋心を抱いているので、ほかの人たちからも人気があるトシの気を惹こうとしている。
エ　友達になりたい一心で、自分の知っていることをトシにも教えようとしている。

問三　――線③「意外だった。ワタルと万引き」とありますが、トシはなぜ「意外」だったのですか。最もふさわしいものを次から一つ選び、記号で答えなさい。

ア　お店のものを、金を払わないで黙(だま)ってとるということが普通の生活からは想像できないから。
イ　万引きということばのイメージがわかず、ワタルとはかけ離れたものだったから。
ウ　ワタルは普段から気が弱く、自分一人では何もできなそうだったから。
エ　クラスの女子に嫌われているワタルが、そのような大胆なことはできそうになかったから。

問四　――線④「こんな恥ずかしい言葉をよく真顔で使えるものだ。言われている自分の方が恥ずかしくなってしまう」とありますが、このときのトシの心情として最もふさわしいものを次から一つ選び、記号で答えなさい。

ア　友達とはなりたいと言われてなるものではないと考え、あらたまって言う気持ちがわからなかったから。
イ　同じクラスの仲間はそれだけで友達であり、いまさら友達になりたいと言われるのはてれくさいから。
ウ　友達とは自分が好きな人だけで十分であり、それ以外の人とは平等にはつき合えないと思っているから。
エ　同じクラスのクラスメートでも、最低一回は一緒に遊ばないと友達とは言えないと感じているから。

「うん」

ワタルはトシが頷いたのを見て、嬉しそうに笑った。それきり黙って空を見ていた。別に地平線が見えるわけではないし、夕日がくっきり見えるわけでもない。空を見るには、住宅街の団地や高いビルが視界を大きく占領して邪魔(じゃま)している。けれど、ワタルは満足そうだった。トシが来る前からもずっとそうしていたのだろう。ビルや団地の灰色の壁に反射する赤い陽を、飽(あ)きることなく見つめている。トシも黙って、それにならった。

どれくらいの時間が過ぎたろう。赤い世界がかすみ始めてきた頃、トシはワタルの方に顔を向けた。そして唐突に聞いた。

「なぁ、ワタル。マルミ堂で万引きしてるって本当？」

ワタルは驚いたようだった。夕焼けからトシの顔へぱっと視線が切りかわる。が、次の瞬間、「うん」と頷いた。躊躇(ためら)うことなく、反省している様子もなく。

「したけど、どうして知ってるの？」

そう言って笑った。一点の曇りもない、すごくいい顔だった。

その瞬間だった。

こいついいじゃないか、トシの心が快哉(注3かいさい)を叫んだ。うまく言えないけど、とにかくいいと思ったんだから仕方がない。だって、万引きだ。トシの常識では信じられないことだ。自分より気弱で鈍臭(どんくさ)いワタルが、それを悪びれるでもなくひょうひょうと語る。

トシは大きく息を吸う。ワタルと友達になりたいと思った。

［辻村深月『ロードムービー』（講談社文庫）による］

注１　「理不尽」　…　物事の筋道が通らないこと。
注２　「辟易」　…　うんざりすること。
注３　「快哉」　…　胸がすっとするように気持ちがいいこと。

い。それどころか、この先ずっと、これと同じ色を見ることはできないかもしれないのだ。

曲がり角を一つ折れたその時だった。唐突(とうとつ)に視界に飛び込んできたものがあって足を止める。急いでいたトシの興味を惹いたもの。それがワタルだった。

曲がり角を折れた先には、小さな児童公園がある。住宅地の一角。三角形の土地の中にブランコやジャングルジムが置かれている。本当は名前がきちんとあるらしいけど、トシたちはみんなそこを『三角公園』と呼んでいた。

三角公園には鉄棒が三つある。ワタルはその中では一番高い、左端の一つに腰かけて、ぼんやりと空を眺めていた。トシには気付いていない。鉄棒の前にギア付きの自転車が横倒しにされている。銀色の車体にオレンジ色の光が降り注ぎ、長く影を伸ばしていた。

「ワタル」

呼ぶと、ワタルの目が夕焼けからそれる。近づくトシの顔を捉え、それからにぃと歯を見せて笑った。上の前歯が一つ欠けていた。

「トシちゃん」

「何してんの？　一回家帰ったの？」

「うん」

ワタルが横倒しにしてる自分の自転車を見る。

「帰ってから、自転車で来たの。トシちゃんは？　今帰り？」

「うん」

倒れた自転車の上に自分のランドセルを放り投げる。ワタルの隣の鉄棒に同じように「よっ」と身を乗り上げた。つかんだ鉄棒が温かかった。トシはバランスを取りながら、背後の真っ赤な地面の上に伸びる自分の影を目で追った。高い鉄棒に乗ったワタルの影の横、それよりは少し低い自分の影がワタルを追いかけるように伸びている。⑦地面の上で、二つの影は頭と肩の部分がくっついて一つの影になって見えた。

「すごいよね」

前を向くと、ワタルはまた空を見上げていた。

「本当にすごい。真っ赤だよね」

聞いたことがある。今も、笑っているけれどおなかの中では別にトシとなんか友達にはなりたくないのかもしれない。このクラスでも多分トシが学級委員をすることになるだろうから、仲良くしてた方が得だとか、あるいは人気のあるトシを敵に回すと厄介(やっかい)だからとか。そういう計算を頭の中で働かせているのかもしれない。

小さな声で彼女に「よろしく」と言う。その一言にアカリはぱっと顔を輝(かがや)かせ、「うん！」と、さっきよりもより深くえくぼを顔に刻んだ。

小学校五年生の一学期は、トシが学級委員長だった。アカリは副委員長に立候補し、トシの行く先行く先にくっついてきた。クラスの班替えも、学校の行き帰りも教室移動も、全てアカリと、それから彼女の取り巻きというか仲のいい女子数人が一緒だった。トシは注2辟易(へきえき)し、それからアカリのことをひどく打算的だと思った。

たいていの場合、人間は相手に対して自分が持っている感情を、そのままその相手にも持たれていることが多い。

これは、トシの母さんの言葉だった。ある程度知った仲なのだったら、これはあてはまると教えてくれた。あいつが嫌いだと思ったら、トシも相手に嫌われているし、逆もまた然(しか)り。ただし、恋愛だけはそう単純じゃないみたいだけどな。母さんが笑いながら、言っていた。

アカリがトシに恋心を持っているとは思えないから、あの子も多分、楽しくないのを無理しているのだろう。アカリも確かに人気者だけど、自分以外のほかの人気者が教室の中にいるのがきっと面白くないのだ。だったら敵を自分の味方にしてしまおう、という魂胆(こんたん)なんじゃなかろうか。

だから、学級委員長の用事で先生に遅くまで残された時、トシは久しぶりに帰り道にアカリが一緒じゃないことにほっとしていた。本当言うと、校門のところで待っていたらどうしようとちょっと心配だった。

その日は金曜日だった。週末だから、一週間使い込んだ体操着の入った袋を手に、トシはいつもよりゆっくり歩いて帰った。袋のひもをだらりとさげ、膝(ひざ)のあたりに袋をあてる。ぶらぶらした袋をサッカーボールのように蹴りながら、何げなく空を見た。遅い下校のせいで、夕日が真っ赤だった。いつもよりずっと。見事な夕焼けだった。

真っ赤な光が通学路わきのビニールハウスに反射しているのを見て、袋を蹴る足が軽くなる。足元も、手も赤い。家に帰ったら、母さんを外に連れ出そう。多分まだ仕事をしていて、外なんかろくに見てもいないだろうから。

考えると、歩みが速くなった。この赤い空が夜になるのがもったいない。今日を逃してしまうと、明日の今頃にはもうこの空はな

ルをチラと見る。ワタルのものの方がきれいだった。大事にされているのかも、と思った。

トシがワタルの席を見たのを見て、新田アカリが「ねぇ」と嬉しそうに笑った。

「みんなみたいに、『トシちゃん』って呼んでいい？」

「いいけど」

アカリを見る。

「どうして名前知ってんの？」

もっとも、トシだってアカリのことはそれなりに知っているけど。アカリはふふっとまた笑った。新田アカリは笑うとえくぼができる。頬っぺたの上のあたりがポコンと凹む。

「だって、トシちゃんは有名だもん。学級委員、毎回してるでしょ？　作文や水泳も全校の前でよく表彰されるし、同じクラスになれたらいいなって思ってたんだ。友達になりたいなって」

「うん」

返事に困りながら、トシはあいまいに頷いた。「友達になりたい」なんて、④こんな恥ずかしい言葉をよく真顔で使えるものだ。言われている自分の方が恥ずかしくなってしまう。

トシは、自分が学年でちょっとした人気者だということを知っている。運動神経は昔からいいし、何より学級委員とか人の上に立つ仕事が好きだ。他のクラスメートたちがみんなぼけっと話を聞き流して何となく生活している中、自分には役目があって、いろんな仕組みを理解しながら学級運営に参加している、っていうあの充実感が好きだ。新田アカリの今の言い方ほど⑤露骨じゃなくても、トシと友達になりたがるヤツは多い。

それに、これを言うといよいよイヤミっぽいかもしれないけど、トシはものすごくモテるのだ。「隣のクラスの○○がトシちゃんのこと好きなんだって！」とかなんとか。話もしたことのないヤツが、自分のことを好きだと友達に⑥吹聴して回るらしく、そのせいで注1理不尽にからかわれることも珍しくない。

ただ、モテるし人気者だという自覚はあるけれど、特にそれを嬉しいことだとも思っていなかった。自分を好きでいてくれる人の全てと気が合うとは思えない。友達なんて、自分が好きなヤツだけがいればいいんだ。そんなにたくさんとは平等につきあえない。

新田アカリは、かわいい顔をしてえくぼを作って笑うけど、その実すごく気が強い。前のクラスの男子たちがそう話しているのを

がいかにもできなそうな静かなヤツだった。何回か話したことがあったけど、その時はいつも上目遣いにこっちを見た。ⓓキョトキョトと。どこか怯えるように。

　そこが気に食わない、というのならわかる。でも「嫌い」とか「近づかない方がいい」という評価はワタルには似合わない気がした。そんな感想を持つほど、アイツの個性は強くない。

　②女子の一人が、得意気にトシの前にずいっと歩み出た。違うクラスだったけど、名前と顔は知っている。新田アカリ。トシにはどこがいいのかさっぱり見当もつかないが、学年で男子に一番人気のある女子だ。長い髪の毛を二つにしばり、赤いボンボンのついたゴムをいつも結んでる。

　彼女はもったいぶるような口調で言った。「何か、私もよく知らないんだけど」と前置きをつけて。

「ワタルくん、万引きとかしてるんだって」

「万引き？」

「そう」

　新田アカリの目が、嫌だよねぇとばかりに細くなる。そうやって仕草で相づちを促しながら、さらに声を低くする。

「シャーペンとか、ケシゴムとか。K団地の近くに小さい文房具屋さんあるでしょ？　マルミ堂。そこでよくやってるんだって。二組のヨシヒコくんが、ワタルくんからそこで万引きした練りケシもらったんだって」

「ワタルが自分から万引きしたって言ったの？」

「うん。いる？　ってへらへら笑ってたって。私、そういうの許せない」

「へぇ」

　③意外だった。ワタルと万引き。

だけど、不思議とアカリの期待に添うような不快な感じはわいてこなかった。万引きという言葉は馴染みが薄いせいか、具体的なイメージが全然できない。むしろ、「人やお店のものを盗んではいけません」という常識を超えた響きは、非日常の好奇心を刺激する。店のものを金を払わないで黙ってとる。考えたこともなかった。

　朝の会の始まる前の教室に、ワタルの姿はなかった。まだ登校してないわけじゃないと思う。席には黒いランドセルがもうちょこんと載っていた。小学五年にもなると、ランドセルは表面に皺が寄って革がペラペラになる。トシは机の横にかけた自分のランドセ

三　次の文章を読んで、後の問に答えなさい。

トシとワタルが友達になったのは五年生の春だった。ちょうど一年前の四月だ。

トシの通う相澤(あいざわ)東小学校はそう大きな学校ではない。トシの学年は入学からずっと二クラスで編成されていて、五年生になる時の組替えでトシはワタルと同じクラスになった。けれど、それは何も初めてのことではなかった。組替えは二年に一度。三年・四年の二年間は別々だったけど、入学した時の一年・二年は同じ。だから、トシもワタルもお互いのことは知っていた。

クラスの違った二年間も、お互いに挨拶(あいさつ)をしたり必要なことがあれば話もしていた。①けれどトシにとってワタルは〝友達〟ではなかった。クラスが同じだった低学年の時でさえ、友達だとは思っていなかった。単なる知り合い、クラスメートだ。

よく担任の先生が「同じクラスのⓐオトモダチ」とかなんとか言うけど、クラスが同じでも友達でない場合なんかたくさんある。休み時間、誰と遊ぶか。一緒に遊んだことが一度もない奴(やつ)は友達と呼べるだろうか？　例えば、三年と四年が同じクラスだった佐川アツシや遠藤キミカは一度も話したことがないし、別に友達じゃない。

友達はⓑ友達になる瞬間(しゅんかん)があるのだ。今までの単なる知り合いやクラスメートが急に自分にとって身近な存在になる時がその瞬間だ。ある日突然、ソイツが自分と同じテレビ番組が好きだってことが発覚して急に盛り上がったりとか、ケシゴムを忘れた時に近くの席のヤツがすごく快く貸してくれるとか、ⓒそういうの。

トシにとって、友達の条件は絶対だった。その瞬間があること、相手がとにかく自分の興味を惹(ひ)きつけてくれること。

五年生に進級して新しいクラスになった春、トシはクラスの女子たちが噂(うわさ)しているのを聞いた。「ワタルくんが嫌(きら)い」「ワタルくんには近づかない方がいい」

そのひそひそ話をしていた女子たちは、トシとは三・四年が違うクラスで、ワタルと同じクラスだった子たちだった。新しいクラスメート一人一人をちらちらチェックしながら、誰と仲良くしたらいいか、誰がどんな個性を持っているのか、彼女たちは互いの知っている限りの情報交換をしていた。

「何で？」

後ろで話してた女子を、トシは振り返った。彼女らのお喋(しゃべ)りがはたと止まる。

ワタルは気が弱い。トシと同じクラスだった一・二年の時から、いつもちょっとおどおどしてて、自分一人で何かするということ

**二** 次の各問に答えなさい。

問一　空らん［a］と［b］、［c］と［d］、［e］と［f］に、例にならって、それぞれ対義の関係にある漢字を入れ、四字熟語を完成させなさい。

《例》　一［x］一［y］（良い面と悪い面をあわせ持っていること）　→　x＝長　y＝短

① 古今［a］［b］（昔から今までと、すべてのところ。いつでもどこでも）
② 針［c］棒［d］（ちょっとしたことを大げさに言うこと）
③ 半［e］半［f］（本当かどうかわからず完全には信じられないこと）

問二　例にならって、（　）の中にはあとの〈語群〉からふさわしいものを選び、□の中にはひらがなを入れて、正しい慣用句を完成させなさい。ただし、□一つにはひらがなが一字入ります。

《例》　（　）□まつり　→　（答）（あと）［の］まつり

① （　）□金棒
② （　）□涙

〈語群〉　目　・　鬼　・　胸　・　すずめ　・　あと

# 二〇二一年度 広尾学園小石川中学校

【国　語】〈第一回入試〉（五〇分）〈満点：一〇〇点〉

一　次の各問に答えなさい。

問一　――線の漢字の読みをひらがなで答えなさい。

①　仮病で会社を休む。
②　静かなお寺の境内にたたずむ。
③　解熱作用のある食品。
④　険しい山道を進む。

問二　――線のカタカナを漢字に改めなさい。

①　ケツエキ型を調べる。
②　サンソを吸入する。
③　ヒョウジュン的な体重を保つ。
④　キュウゴ活動を行う。
⑤　犬をカう。
⑥　物音に驚いて馬がアバれる。

**2021年度**

# 広尾学園小石川中学校 ▶解説と解答

## 算　数　＜第１回入試＞（50分）＜満点：100点＞

### 解　答

**1** (1) 1111　(2) 1　(3) 31.4　(4) $\frac{5}{11}$　**2** (1) 木曜日　(2) 18.24cm$^2$　(3) 18さい　(4) 6日　**3** (1) **A** 5　**B** 3　**C** 2　**D** 6　**E** 1　**F** 4　(2) **A** 4　**B** 5　**C** 1　**D** 2　**E** 6　**F** 3　(3) **A** 2　**B** 6　**C** 4　**D** 5　**E** 3　**F** 1　**4** (1) 44cm$^2$　(2) **1回目**…3.5秒後，**2回目**…$6\frac{5}{12}$秒後　**5** (1) $17\frac{4}{9}$cm$^2$　(2) 81：16　**6** (1) 4時間　(2) 380km

### 解　説

**1** **計算のくふう，四則計算**

(1) $999.98+99.98+9.98+0.98+0.08=999.98+99.98+9.98+0.98+(0.02+0.02+0.02+0.02)=(999.98+0.02)+(99.98+0.02)+(9.98+0.02)+(0.98+0.02)=1000+100+10+1=1111$

(2) $\left(1.5+\frac{5}{6}\right)\times0.25+\frac{2}{7}\div\left(1.4-\frac{5}{7}\right)=\left(\frac{3}{2}+\frac{5}{6}\right)\times\frac{1}{4}+\frac{2}{7}\div\left(\frac{7}{5}-\frac{5}{7}\right)=\left(\frac{9}{6}+\frac{5}{6}\right)\times\frac{1}{4}+\frac{2}{7}\div\left(\frac{49}{35}-\frac{25}{35}\right)=\frac{14}{6}\times\frac{1}{4}+\frac{2}{7}\div\frac{24}{35}=\frac{7}{3}\times\frac{1}{4}+\frac{2}{7}\times\frac{35}{24}=\frac{7}{12}+\frac{5}{12}=\frac{12}{12}=1$

(3) $18.84\times2-6.28\times3+3.14\times4=3.14\times6\times2-3.14\times2\times3+3.14\times4=3.14\times12-3.14\times6+3.14\times4=3.14\times(12-6+4)=3.14\times10=31.4$

(4) $\frac{1}{3}+\frac{1}{15}+\frac{1}{35}+\frac{1}{63}+\frac{1}{99}=\left(\frac{2}{3}+\frac{2}{15}+\frac{2}{35}+\frac{2}{63}+\frac{2}{99}\right)\times\frac{1}{2}=\left(\frac{2}{1\times3}+\frac{2}{3\times5}+\frac{2}{5\times7}+\frac{2}{7\times9}+\frac{2}{9\times11}\right)\times\frac{1}{2}$となる。ここで，$\frac{1}{1}-\frac{1}{3}=\frac{3}{1\times3}-\frac{1}{1\times3}=\frac{2}{1\times3}$より，$\frac{2}{1\times3}=\frac{1}{1}-\frac{1}{3}$と表せる。同様に，$\frac{2}{3\times5}=\frac{1}{3}-\frac{1}{5}$，$\frac{2}{5\times7}=\frac{1}{5}-\frac{1}{7}$，$\frac{2}{7\times9}=\frac{1}{7}-\frac{1}{9}$，$\frac{2}{9\times11}=\frac{1}{9}-\frac{1}{11}$と表せる。よって，$\left(\frac{2}{1\times3}+\frac{2}{3\times5}+\frac{2}{5\times7}+\frac{2}{7\times9}+\frac{2}{9\times11}\right)\times\frac{1}{2}=\left(\frac{1}{1}-\frac{1}{3}+\frac{1}{3}-\frac{1}{5}+\frac{1}{5}-\frac{1}{7}+\frac{1}{7}-\frac{1}{9}+\frac{1}{9}-\frac{1}{11}\right)\times\frac{1}{2}=\left(1-\frac{1}{11}\right)\times\frac{1}{2}=\frac{10}{11}\times\frac{1}{2}=\frac{5}{11}$

**2** **周期算，面積，年れい算，分配算，仕事算**

(1) 2021年の１月11日から１月31日までは，31－10＝21(日)あり，２月は28日，３月は31日，４月は30日，５月は31日，６月は30日，７月は31日，８月１日から８月26日までは26日あるので，８月26日は１月10日の，21＋28＋31＋30＋31＋30＋31＋26＝228(日後)となる。これは，228÷７＝32あまり４より，32週間と４日後だから，８月26日は１月10日(日曜日)の４日後の曜日と同じで，木曜日とわかる。

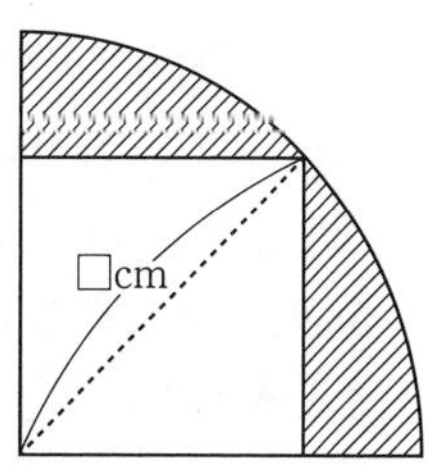


(2) 右の図のように，正方形の対角線の長さを□cmとすると，正方形の面積は，(対角線)×(対角線)÷２で求められるので，□×□÷２＝32(cm$^2$)と表せる。よって，□×□＝32×２＝64＝８×８より，□＝８(cm)だから，おうぎ形の半径も８cmとなる。よって，おうぎ形の面積は，８

$\times 8 \times 3.14 \times \frac{90}{360} = 16 \times 3.14 = 50.24$(cm²)だから，斜線部の面積は，$50.24 - 32 = 18.24$(cm²)と求められる。

(3) 16年後の3人の年れいの和が100さいで，3人の年れいの和は16年間で，16×3＝48(さい)増えるから，現在の3人の年れいの和は，100−48＝52(さい)である。また，現在の三女の年れいを①とすると，長女と次女の現在の年れいの和は③だから，現在の3人の年れいの和は，③＋①＝④と表せる。よって，現在の三女の年れいは，①＝52÷4＝13(さい)となり，現在の長女の年れいは，現在の三女の年れいの2倍より5さい少ないから，13×2−5＝21(さい)とわかる。したがって，現在の次女の年れいは，52−(13＋21)＝18(さい)と求められる。

(4) この仕事全体の量を1とすると，A君1人では1日に，$\frac{1}{3} \div 3 = \frac{1}{9}$，B君1人では1日に，$\frac{1}{5} \div 3 = \frac{1}{15}$の仕事ができるので，2人で働くと1日に，$\frac{1}{9} + \frac{1}{15} = \frac{8}{45}$の仕事ができる。このとき，A君が1人で1日働くと，残りの仕事の量は，$1 - \frac{1}{9} \times 1 = \frac{8}{9}$になるから，残りを2人で仕上げるのにかかる日数は，$\frac{8}{9} \div \frac{8}{45} = 5$(日)となる。よって，A君は全部で，1＋5＝6(日)働くことになる。

**3 調べ，周期算**

(1), (2) 右の図のように，1のカードは，1回目に①によってDへ，2回目に④によってBへ，3回目に②によってEへ，4回目に⑤によってFへ，5回目に⑥によってCへ移動し，6回目に③によってAへもどる。2～6のカードについても同じように考えると，それぞれ図のようになる。よって，3回の移動が終了したとき，Aには5，Bには3，Cには2，Dには6，Eには1，Fには4のカードが入っている。また，5回の移動が終了したとき，Aには4，Bには5，Cには1，Dには2，Eには6，Fには3のカードが入っている。

| | はじめ | 1回目 | 2回目 | 3回目 | 4回目 | 5回目 | 6回目 |
|---|---|---|---|---|---|---|---|
| 1… | A | →D | →B | →E | →F | →C | →A |
| 2… | B | →E | →F | →C | →A | →D | →B |
| 3… | C | →A | →D | →B | →E | →F | →C |
| 4… | D | →B | →E | →F | →C | →A | →D |
| 5… | E | →F | →C | →A | →D | →B | →E |
| 6… | F | →C | →A | →D | →B | →E | →F |

(3) 図より，6回移動するごとにすべてのカードがもとの箱にもどることがわかる。よって，100回の移動が終了したとき，100÷6＝16あまり4より，それぞれの箱に入っているカードは，4回の移動が終了したときの状態と同じになるから，Aには2，Bには6，Cには4，Dには5，Eには3，Fには1のカードが入っている。

**4 平面図形―図形上の点の移動，面積**

(1) Aを出発してから4秒後には，下の図1のように，点Pは辺AB上にあり，APの長さは，2×4＝8(cm)である。よって，三角形APDの面積は，6×8÷2＝24(cm²)，三角形BPCの面積は，8×(12−8)÷2＝16(cm²)で，台形ABCDの面積は，(6＋8)×12÷2＝84(cm²)だから，三角形CDPの面積は，84−24−16＝44(cm²)となる。

(2) 三角形CDPが1回目に43cm²になるとき，下の図2のように，点Pは辺AB上にある。ここで，三角形CDPの面積は，点PがAにあるとき，6×12÷2＝36(cm²)で，点PがBにあるとき，8×12÷2＝48(cm²)である。また，点PがAからBまで動くのに，12÷2＝6(秒)かかるので，点Pが辺AB上にあるとき，三角形CDPの面積は1秒あたり，(48−36)÷6＝2(cm²)ずつ大きくなることがわかる。よって，三角形CDPの面積が43cm³になるのは，点PがAを出発してから，(43−36)÷2＝3.5(秒後)である。次に，三角形CDPの面積が2回目に43cm²になるとき，下の図3のように，点Ｐは辺BC上にある。このとき，PCの長さを□cmとすると，□×12÷２＝43(cm$^2$)だから，□＝43×２÷12＝$\frac{43}{6}$(cm)となる。よって，このときまでに点Ｐが動いた長さ，つまり，ABとBPの長さの和は，12＋８－$\frac{43}{6}$＝$\frac{77}{6}$(cm)なので，三角形CDPの面積が２回目に43cm$^2$になるのは，$\frac{77}{6}$÷２＝$\frac{77}{12}$＝6$\frac{5}{12}$(秒後)とわかる。

図１

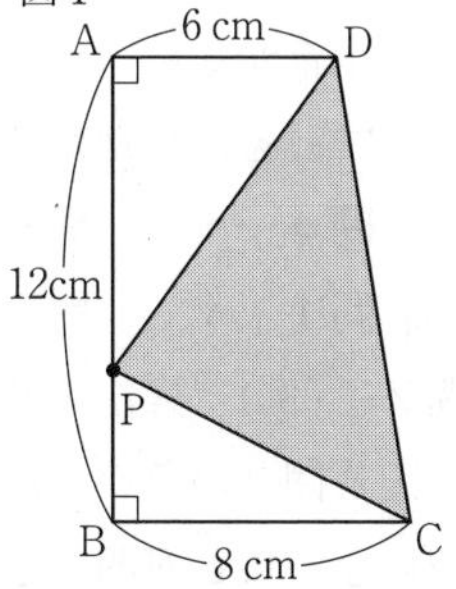


図２

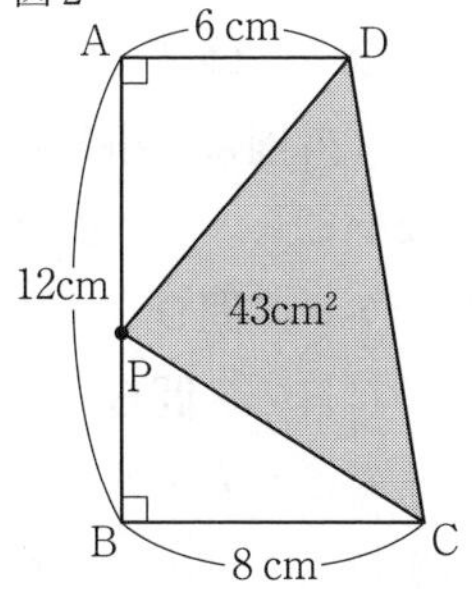


図３

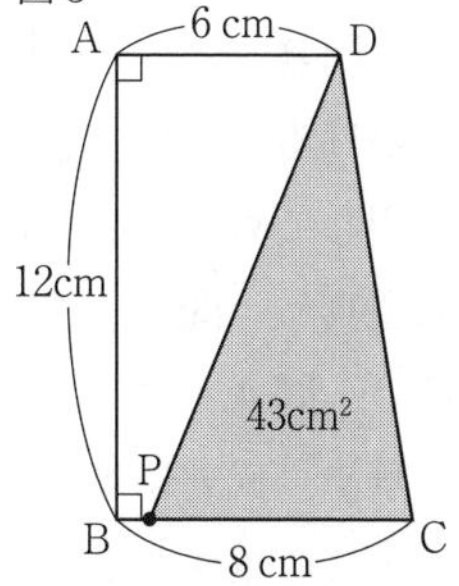


**5 平面図形―相似，面積**

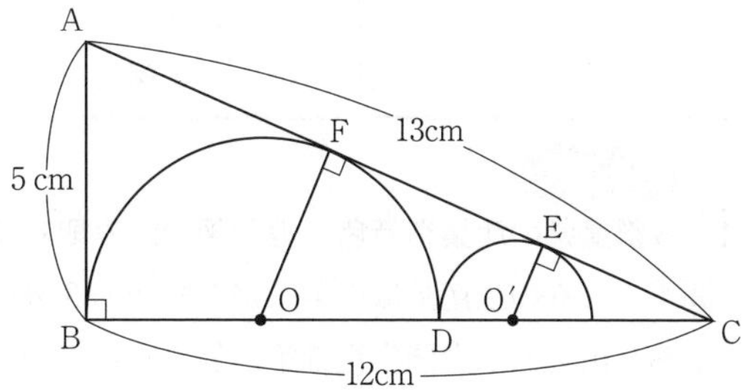


⑴　右の図で，三角形OFCと三角形ABCは，角Ｆと角Ｂが90度で等しく，角Ｃは共通なので相似である。すると，CO：OF＝CA：AB＝13：５となる。また，大きい半円の半径は等しいので，OB＝OFより，CO：OB＝13：５とわかる。よって，大きい半円の半径は，12×$\frac{5}{13+5}$＝$\frac{10}{3}$(cm)である。したがって，大きい半円の面積は，$\frac{10}{3}$×$\frac{10}{3}$×3.14÷２＝$\frac{157}{9}$＝17$\frac{4}{9}$(cm$^2$)と求められる。

⑵　図で，BDの長さは，$\frac{10}{3}$×２＝$\frac{20}{3}$(cm)だから，DCの長さは，12－$\frac{20}{3}$＝$\frac{16}{3}$(cm)である。また，三角形O′ECと三角形ABCは，角Ｅと角Ｂが直角で等しく，角Ｃは共通な角で等しいから，残りの角O′と角Ａも等しくなり，相似となる。⑴と同様にして求めると，小さい半円の半径は，$\frac{16}{3}$×$\frac{5}{13+5}$＝$\frac{40}{27}$(cm)である。したがって，大きい半円と小さい半円の半径の比は，$\frac{10}{3}$：$\frac{40}{27}$＝９：４だから，面積の比は，(９×９)：(４×４)＝81：16と求められる。

**6 速さと比**

⑴　行きと帰りで，高速道路を時速80kmで走ったのは同じだから，かかった時間の差である，６時間－５時間30分＝30分は，高速道路以外を時速30kmで進むのにかかった時間と時速40kmで進むのにかかった時間の差にあたる。また，高速道路以外を時速30kmと時速40kmで進むのにかかった時間の比は，$\frac{1}{30}$：$\frac{1}{40}$＝４：３だから，この比の，４－３＝１にあたる時間が30分となる。よって，行きに高速道路以外を時速30kmで進むのにかかった時間は，30×４＝120(分)，つまり，２時間なので，高速道路を走っていた時間は，６－２＝４(時間)とわかる。

⑵　⑴より，高速道路の道のりは，80×４＝320(km)で，高速道路以外の道のりは，30×２＝60(km)だから，家から目的地までの道のりは，320＋60＝380(km)と求められる。

## 社　会　＜第１回入試＞（30分）＜満点：50点＞

### 解　答

**1** **問１**　もも　**問２**　エ　**問３**　イ　**問４**　ウ　**問５**　信濃川　**問６**　（例）　平野や盆地が多く，流量の多い川や豊富な雪どけ水にめぐまれていて，夏の気温が高くなる地域。　**問７**　ウ　**問８**　エ　**2** **問１**　ウ　**問２**　（例）　関税自主権がなく，外国からの輸入品に関税をかけることができないこと。／外国に領事裁判権（治外法権）を認めたため，外国人が日本で罪を犯しても日本の法律で裁けないこと。　**問３**　エ　**問４**　イ　**問５**　藤原純友　**問６**　菅原道真　**問７**　エ　**問８**　ア　**問９**　イ　**3** **問１**　オ　**問２**　色丹島　**問３**　竹島　**問４**　エ　**問５**　３月11日　**問６**　ア　**問７**　（例）　憲法第９条には，国の起こす戦争や，武力によるおどし，または武力を使うことで，国と国との争いを解決するようなことは永久に放棄することや，戦力を持たず，国の交戦権を認めないことが明記されており，これに違反している。　**4**　（例）　自治体に引き取られた動物の返還・譲渡数を増やすために相談会を開いたり，保健所・動物愛護センター・民間の保護施設などで動物を保護・飼育する期間を延ばすために人員と物質を確保したりする。

### 解　説

**1**　**８都道県の産業や特色，地形図の読み取りについての問題**

**問１**　ももの生産量は山梨県が全国の約３分の１を占めて最も多く，福島県，長野県がこれにつぐ。なお，山梨県が全国生産量第１位のくだものにはぶどうもあるが，第２位は長野県，第３位は山形県となっている。統計資料は『日本国勢図会』2019／20年版などによる（以下同じ）。

**問２**　栃木県は，右上がりの平行四辺形に近い形をしている。アは岡山県，イは岩手県，ウは群馬県の形。

**問３**　千葉県の東京湾岸を中心に広がっているのは京葉工業地域で，製造品出荷額等に占める化学工業の割合が最も多いことが特徴となっている。よって，イが誤っている。

**問４**　京浜工業地帯は東京都と神奈川県の東京湾岸を中心に広がる工業地帯で，かつては日本の工業地帯・地域の中で製造品出荷額等が最も多かった。しかし，東京都でさかんな出版業が統計上の分類で工業から外れたことなどから製造品出荷額等が減り，現在は，京浜・中京・阪神という三大工業地帯の中で最も製造品出荷額等が少ない。よって，ウがあてはまる。なお，アは中京工業地帯，イは阪神工業地帯。

**問５**　信濃川（367km）は日本最長の河川で，長野県内では千曲川とよばれる。千曲川は関東山地の甲武信ケ岳を水源とし，長野市で最大の支流である犀川と合流する。新潟県に入って信濃川と名を変え，おおむね北東へと流れて越後平野を通り，新潟市で日本海に注ぐ。

**問６**　稲はもともと温暖で雨の多い気候を好む植物で，平野や盆地など平らな土地が広がっていて水が豊富に得られる場所が生育に適している。東北・北陸地方の平野部は，田植えのころに雪どけ水が川を流れて水田をうるおしてくれることも好条件となり，米づくりがさかんなところが多い。

**問７**　福島県西部の会津地方では，会津塗とよばれる塗り物（漆器）の生産が受け継がれている。会津塗の生産は安土桃山時代から始まり，1975年には国の伝統的工芸品に指定された。

**問８**　①　右手に港が見えることから，海岸線が直線的な「え」があてはまる。「う」の地点の海岸には，砂浜が広がっている。　②「か」の地点は山の南側の斜面にあり，山は北西に向かってさらに高くなっている。そのため，この地点の北東にある函館市の市街地をながめようとしても，山にさえぎられて見えない。よって，「お」となる。　③　五稜郭の中央にある「あ」の地点からでは，星形をした五稜郭の全体をながめることはできないので，「い」となる。

**2**　**各時代の歴史的なことがらについての問題**

**問１**　水野忠邦は19世紀前半に江戸幕府の老中になると，1841年から，天保の改革とよばれる幕政改革に取り組んだ。天保の改革では，江戸に出てきていた百姓を強制的に村に帰す人返しの法や倹約令，江戸・大阪周辺の土地を幕府の領地にする上知令などが出され，物価の引き下げを目的として株仲間の解散が命じられたが，こうした政策に対する各身分からの反発が強く，改革は２年あまりで失敗に終わった。なお，アは老中松平定信が行った寛政の改革，イは老中田沼意次の政策，エは第８代将軍徳川吉宗が行った享保の改革に関する説明。

**問２**　1858年，江戸幕府の大老井伊直弼は，朝廷の許可を得ずにアメリカとの間で日米修好通商条約を結び，オランダ，フランス，ロシア，イギリスとも同様の条約を結んだ(安政の五か国条約)。この条約は，日本に関税自主権がなく，外国に領事裁判権(治外法権)を認めたという点で日本に不利な内容をふくむ不平等条約であった。関税は，おもに自国の産業を保護することを目的として輸入品に課す税で，日本にはこれを自主的に決める権利が認められなかったため，外国産の安い製品が大量に流入し，国内産業を圧迫した。また，法制度が未発達だった日本は，日本の法律で外国人を裁判することが認められず，日本で罪を犯した外国人は，その国の領事がその国の法律にもとづいて裁判を行うこととされた。

**問３**　土偶は，縄文時代の人々が，多産や安産，実りやえものが豊かであることなどを祈るまじないのさいに用いたと考えられている土製の人形で，女性をかたどったものが多い。

**問４**　奈良時代には，人口増加などによって口分田が不足するようになった。そこで，朝廷は開墾をすすめて田を増やすため，743年に墾田永年私財法を出し，新たに開墾した土地の永久私有を認めた。よって，イが誤っている。墾田永年私財法によって公地公民の原則がくずれるとともに，貴族や寺院による開墾が進み，のちに荘園とよばれる私有地が広がっていった。

**問５**　939年，関東地方で平将門が反乱を起こしたのとほぼ同じ時期に，藤原純友が瀬戸内で海賊を率いて反乱を起こした。純友は，国司の任務についていた伊予国(愛媛県)を拠点として，瀬戸内海沿岸の国府や北九州の大宰府を襲撃するなどしたが，源経基や小野好古らによって941年に鎮圧された。

**問６**　菅原道真は，894年に遣唐使の廃止を提案して受け入れられるなど，宇多天皇，醍醐天皇に重く用いられ，右大臣にまでなった。しかし，左大臣の藤原時平のたくらみによって901年に大宰府に左遷され，２年後にその地で亡くなった。このころ，都の平安京では天変地異や貴族の死があいつぎ，これが道真の怨霊のしわざとしておそれられたことから，道真の霊を鎮めるため，北野天満宮が建てられた。道真は詩文に優れていたことから，その後，学問の神様として信仰を集めるようになり，各地に道真をまつる天満宮がつくられた。

**問７**　1156年，皇位をめぐる崇徳上皇と後白河天皇の対立に，摂政・関白の地位をめぐる藤原氏の内部争いが結びついて，保元の乱が起こった。上皇方・天皇方のいずれも源氏，平氏を味方につけて戦い，平清盛や源義朝(頼朝の父)らを味方につけた天皇方が勝利した。その後の1159年には平治の乱が起こり，平清盛が源義朝を破って実権をにぎった。なお，アは飛鳥時代の672年，ウは鎌倉時代の1221年に起こった戦乱。

**問８**　『源氏物語』は紫式部が著した長編小説で，主人公の光源氏と女性たちとの恋愛のようすを中心に，当時の貴族社会のようすが生き生きとえがかれている。なお，イは『竹取物語』，ウは『平家物語』，エは『枕草子』についての説明。

**問９**　ア「室町幕府」ではなく「鎌倉幕府」が正しい。　イ　西郷隆盛について正しく説明している。　ウ　参勤交代は江戸幕府の政策で，第３代将軍徳川家光が武家諸法度を改定して制度化した。　エ　源頼朝は1185年に平氏を滅ぼすと，国ごとに守護，荘園と公領ごとに地頭を置くことを朝廷から認められた。守護大名は，室町幕府が守護の権力を強化したことにともない，一国を支配するほどに成長した大名のことである。

**３　自衛隊を題材にした問題**

**問１**　1950年に朝鮮戦争が始まると，日本の占領統治を中心的に担っていたアメリカ軍が，大韓民国(韓国)を支援するために日本から出撃した。そこで，連合国軍最高司令官総司令部(GHQ)の最高司令官であるマッカーサーは，日本国内の治安を維持するという名目で，警察予備隊の創設を命じた。警察予備隊は1952年に保安隊，1954年に自衛隊と拡大強化され，現在にいたっている。

**問２**　アの択捉島，イの国後島，ウの歯舞群島，エの色丹島は合わせて北方領土とよばれ，日本固有の領土であるが，第二次世界大戦末期にソビエト連邦に占領され，現在もそのあとを引きついだロシアによる実効支配が続いている。

**問３**　竹島は隠岐諸島の北西に位置する島で，島根県隠岐の島町に属している。韓国は1950年代に竹島が自国の支配下にあると一方的に宣言し，現在も警備隊を常駐させて実効支配を続けているため，日本との間で領土問題になっている。

**問４**　尖閣諸島は，沖縄本島から約400km西の東シナ海上に浮かぶ無人島群で，沖縄県石垣市に属している。1970年代，付近の大陸棚に油田があると指摘されて以降，中国が領有権を主張するようになり，たびたび船や飛行機を接近させて緊張状態を生んでいる。

**問５**　2011(平成23)年３月11日，宮城県の牡鹿半島沖を震源とするマグニチュード9.0の東北地方太平洋沖地震が発生した。また，この地震の揺れによって巨大津波が発生し，東日本の太平洋岸に押し寄せた。この地震によって，東日本を中心とする各地では建物の倒壊，火災，地面の液状化などの被害が生じたほか，沿岸地域では津波によって多くの命が失われた。また，東京電力福島第一原子力発電所では，放射性物質が外部にもれ出すという重大な事故が発生した。こうした一連の災害を，東日本大震災という。

**問６**　1990年にイラクがクウェートに侵攻すると，アメリカを中心に編成された多国籍軍が1991年１月にイラクを空爆し，湾岸戦争が始まった。このとき日本は多国籍軍には加わらず，資金提供のみを行ったが，国内外からの批判を受けて６月に海上自衛隊をペルシャ湾に派遣し，機雷の除去にあたらせた。

**問７**　日本国憲法第９条は，１項で戦争放棄をかかげるとともに，２項で「陸海空軍その他の戦力は，これを保持しない」と定め，日本は戦力としての軍隊を持たないことを明記している。現在，自衛隊は自国防衛のための最低限の実力と解釈されているが，これを戦力ととらえた場合には，憲法に違反することになる。

**4 殺処分を減らすための対策についての問題**

資料Ｂより，「各自治体の保健所・動物愛護センターに引き取られた犬・猫は，一定の期間保管(保護)されるが，その期間内に返還・譲渡されなかったものは殺処分される」ことがわかる。返還・譲渡数がさらに伸びればこうした殺処分を減らせるのだから，対策としては，返還・譲渡にたずさわる人を増やしたり，相談会の開催を行ったりして，各自治体とペットを買いたいと思う人を結びつける機会を増やすことが考えられる。また，これにかかわる予算や人員を増やし，保健所や民間の保護施設などで保護・飼育する期間を延長することも有効だろう。あるいは，資料Aにあるように，ペットを買いたいと思う人のニーズが変化しているのだから，ペットの販売にかかわる人は，ニーズに合わせた適切な種類や頭数を調整する必要があるといえる。

## 理　科　＜第１回入試＞（30分）＜満点：50点＞

**解　答**

**1** **問１**　300ｇ　**問２**　100ｇ　**問３**　イ　**問４**　ア　**問５**　エ　**2** **問１**　エ　**問２**　中和(反応)　**問３**　イ　**問４**　カ　**問５**　イ　**3** **問１**　ウ　**問２**　ア　**問３**　しょうちょう　**問４**　エ　**問５**　ア　**問６**　エ　**4** **問１**　エ　**問２**　ウ　**問３**　ア，オ　**問４**　イ　**問５**　ア　**問６**　イ　**5**（例）**方法**…一日一食にする。**注意点**…一日に食べるものや量を，三食の場合と同じにする。　**結果**…体調をくずす。

**解　説**

**1 棒のつり合いについての問題**

**問１**　図１で，棒の重さが一様なので，この棒の重さは，棒の両端にある重さセンサーＡと重さセンサーＢに半分ずつに分かれてかかっている。ここで，球の移動距離が０cmのとき，球は重さセンサーＢの真上にあり，その重さはすべて重さセンサーＢにかかる。よって，このとき重さセンサーＡが示している150ｇが棒の重さの半分であることがわかるから，棒の重さは，150×２＝300(ｇ)である。

**問２**　球の移動距離が０cmのとき，重さセンサーＢが示している250ｇの値は，棒の重さの半分と球の重さの合計である。したがって，球の重さは，250－150＝100(ｇ)とわかる。

**問３**　表１を見ると，球の移動距離が30cm増えるたびに，重さセンサーＡの値は25ｇずつ増えている。よって，増え方が一定なので，グラフはイのようになる。

**問４**　重さセンサーＢの移動距離に関係なく，重さセンサーＡの値と重さセンサーＢの値の合計はつねに一定で，200＋100＝300(ｇ)である。したがって，重さセンサーＢの移動距離が80cmのときの重さセンサーＡの値は，300－300＝０(ｇ)となる。また，このことから，重さセンサーＢの移動距離が80cmのときには，棒の重さがすべて重さセンサーＢにかかっていることがわかる。これは，棒の重心が重さセンサーＢの真上にあることを示しているので，棒の重心が棒の中心より重さセンサーＡ寄りにあることがわかる。

**問５**　表２を見ると，重さセンサーＢの移動距離が20cm増すごとに，重さセンサーＢが示す値の増え方は20ｇ，30ｇ，50ｇ，100ｇとしだいに大きくなっているので，グラフはエのようになる。

**2 水溶液の中和反応についての問題**

**問１**　ここで取り上げられている水溶液は，食酢，炭酸水，塩酸，ホウ酸水が酸性，食塩水，砂糖水，水道水が中性，水酸化ナトリウム水溶液，アンモニア水，石灰水，セッケン水がアルカリ性である。なお，水道水は実際には弱い酸性や弱いアルカリ性を示すこともある。

**問２**　酸性の水溶液とアルカリ性の水溶液を混ぜ合わせると，互いの性質が弱まり合う反応が起こる。これを中和反応という。

**問３**　実験１では混ぜ合わせたものがアルカリ性であると考察されたのだから，BTB液を加えたときに青色を示したと考えられる。なお，BTB液は加えた溶液が，酸性のときは黄色，中性のときは緑色，アルカリ性のときは青色を示す。

**問４**　実験１から，水溶液Ａと水溶液Ｂを同じ重さずつ混ぜ合わせるとアルカリ性になることがわかる。しかし，水溶液Ａと水溶液Ｂが完全に中和するときの重さの比はわからない。よって，実験２では，実験１よりも酸性の水溶液Ａを10ｇ多く混ぜ合わせているが，アルカリ性のままなのか，中性や酸性になるのかを判断することができない。

**問５**　実験３では，実験１よりもアルカリ性の水溶液Ｂを10ｇ多く混ぜ合わせているので，実験１よりも強いアルカリ性になる。したがって，BTB液は青色を示す。

**3 消化のはたらきについての問題**

**問１**　食物中の養分はヒトの体内で分ぴつされる消化酵素によって，タンパク質はアミノ酸に，デンプンはグルコース（ブドウ糖）に，脂肪は脂肪酸とモノグリセリドにそれぞれ分解されて，体内に吸収される。

**問２**　だ液に含まれる消化酵素はデンプンに作用するアミラーゼ（プチアリン），胃液に含まれる消化酵素はタンパク質に作用するペプシンである。胆汁は脂肪の消化を助けるはたらきをするが，消化酵素を含んでいない。

**問３**　消化された養分を体内に吸収する消化器官は小腸である。

**問４**　消化された養分は小腸のかべにある柔毛から吸収され，アミノ酸やグルコースは毛細血管を流れる血液に，脂肪酸とモノグリセリドはリンパ管を流れるリンパ液にそれぞれ取りこまれる。

**問５**　ア　カビは空気があるときには増え，空気がないときは増えなかったので，増殖には空気が必要であると考えられる。　　イ，ウ　細菌は空気があってもなくても増えているので，増殖に空気は関係がないといえる。　　エ　ウイルスは空気があってもなくても増えていないので，増殖が空気によってさまたげられているとはいえない。

**問６**　ここでは物質群Ａがない場合の実験を行っていないので，物質群Ａの有無がカビや細菌，ウイルスの増殖にどのような影響をおよぼしているかは判断できない。

**4 月の動きと日食についての問題**

**問１，問２**　地球は太陽のまわりを約１年（約365.25日）で公転し，月は地球のまわりを約１か月（約27.3日）で公転している。

**問３**　月は公転する向きと自転する向きが同じで，さらに，公転周期と自転周期が同じであるため，つねに地球に対して同じ面を向けている。

**問４**　日食は，太陽―月―地球の順に一直線に並び，月のかげが地球に届いたときに起こる現象である。このとき必ず新月となる。もし月の公転面と地球の公転面が同じ平面にあれば，新月のたびに(約30日ごとに)日食が起こる。しかし，実際には月の公転面が地球の公転面に対して少し傾(かたむ)いているため，新月のたびに日食が起こるということにはならない。

**問５**　天球上を移動する向きは，地上から空を見たときの太陽や月の動く向きと考えてよい。太陽も月も空を東から西へと動いていく。また，日の出は翌日もほぼ同じ時刻であるのに対して月の出は約50分ずつ遅(おそ)くなる(太陽は１日で約360度動いているが，月は１日では360度動いていない)ことからも考えられるように，太陽の方が月よりも動く速さが速い。そのため，東側にある太陽が西側にある月に追いつくと，太陽は右側(西側)から欠けはじめ，やがてぴったり重なって皆既(かいき)日食となる。

**問６**　地球は西から東に向かって自転しているので，太陽の南中時刻は東の地方ほど早い。また，日食が太陽の西側から始まるから，日食が始まるのは西の地方ほど早く，東の地方ほど遅い。

**5　ある事象に対する検証実験についての問題**

ここでは「一日三食の生活習慣が，健康面において適切である」という考察ができるように，一日三食の場合とそうでない場合(たとえば一日一食)の実験を行って，その結果(体調の変化など)を比べるとよい。なお，一日三食の場合とそうでない場合で，１日に食べる回数以外の条件(たとえば１日に食べるものや食べる量)はできるだけそろえる必要がある。

## 国語　＜第１回入試＞(50分)＜満点：100点＞

### 解答

**一**　**問１**　①　けびょう　②　けいだい　③　げねつ　④　けわ(しい)　**問２**　下記を参照のこと。　**二**　**問１**　①　a　東　b　西　②　c　小　d　大　③　e　信　f　疑　**問２**　①　鬼に(金棒)　②　すずめの(涙)　**三**　**問１**　(例)　相手が急に自分にとって身近な存在になる瞬間があることか，とにかく自分の興味を惹きつけてくれること。
**問２**　イ　**問３**　ウ　**問４**　ア　**問５**　⑤　ウ　⑥　ア　**問６**　エ　**問７**　ア
**四**　**問１**　ウ　**問２**　ウ　**問３**　②　イ　④　エ　**問４**　ア　**問５**　広大な国土が長期にわたり使えなくなるような(危険性)　**問６**　イ　**問７**　(例)　論理の力が葬ってきた非論理的な制御や抑制を再び取り戻すことと「傲慢合理主義」を超えること。

●漢字の書き取り

**一**　**問２**　①　血液　②　酸素　③　標準　④　救護　⑤　飼(う)　⑥　暴(れる)

### 解説

**一　漢字の読みと書き取り**

**問１**　①　病気のふりをすること。　②　寺や神社の囲いの中。　③　病気などで高くなった体温を下げること。　④　音読みは「ケン」で，「険悪」などの熟語がある。

**問２**　①　血管を通って酸素や栄養を供給し，二酸化炭素を運び去る液体。　②　空気の中にふくまれる，生物が生きるためになくてはならない気体。　③　ふつうであるようす。　④　困っている人や病人などを助けたり，世話をしたりすること。　⑤　音読みは「シ」で，「飼育」などの熟語がある。　⑥　音読みは「ボウ」「バク」で，「暴力」「暴露」などの熟語がある。

**□二 四字熟語の完成，慣用句の完成**

**問１**　①　a，b　「古今東西」は，昔から今までと，世界のありとあらゆる場所。　②　c，d　「針小棒大」は，小さなことを大げさに言うこと。　③　e，f　「半信半疑」は，半分信じて半分疑うようす。

**問２**　①　「鬼に金棒」は，強い者がさらに強くなるようす。　②　「すずめの涙」は，ごくわずかであるようす。

**□三 出典は辻村深月の『ロードムービー』による。**万引きをしていることを悪びれずに認めたワタルに，トシは惹かれるものを感じ，友達になりたいと思う。

**問１**　トシにとっての「友達」の条件が二段落後と三段落後に書かれている。相手が「急に自分にとって身近な存在になる」瞬間があること，「とにかく自分の興味を惹きつけてくれること」が友達になるために必要な条件だと考えているのである。

**問２**　「ワタルくんが嫌い」「近づかない方がいい」と噂をしていたアカリたちに，トシが理由をたずねた後の場面である。話しかけられたアカリは，もったいぶって，さも得意そうにワタルの情報を伝えた後，「みんなみたいに，『トシちゃん』って呼んでいい」かと言っている。つまり，アカリはワタルについて話すことをきっかけとして，トシと仲良くなろうと考えていたのだから，イがよい。

**問３**　波線ⓓをふくむ段落に，トシから見たワタルの印象が書かれている。ワタルは気が弱く，「自分一人で何かするということがいかにもできなそうな静かな」タイプで，万引きというだいたんなことをするようにはトシには思えなかったのだから，ウが合う。

**問４**　相手が急に身近な存在になる瞬間があることか，自分の興味を惹きつけてくれることが友達の条件だと考えていたトシにとって，友達はなりたいと言われてなるものとは思えず，そう言ってくる気持ちがわからなかったと考えられる。よって，アがあてはまる。

**問５**　⑤　あからさまなようす。　⑥　「吹聴する」は，“言いふらす”という意味。

**問６**　「二つの影」は，鉄棒に並んで乗ったトシとワタルの影である。二人の影が一つの影のように見えたのだから，二人が一心同体のように切っても切れない関係になることを暗示していると考えられる。

**問７**　クラスが同じでも友達でない場合は多いと考えているトシにとって，「同じクラスのオトモダチ」という言葉はしっくりこないものだった。カタカナ表記は，その違和感を示すものだと考えられるので，アがふさわしくない。

**□四 出典は中屋敷均の『科学と非科学―その正体を探る』による。**リスクを承知で挑戦することで科学や社会は発展してきたが，原発事故などのリスクを持ち続ける必要はあるかと問うている。

**問１**　A　前には，「ゼロにできないリスク」を承知のうえでやってみるという選択をし，科学や社会を発展させた人の例があげられている。後には，現在進行形の同じような例として自動車の問題があげられているので，前のことがらを受けて，さらにつけ加える意味を表す「そして」か「また」が合う。　B　福島第一原発の事故原因になった，10メートルを超える津波に襲われるリスクは，東電も認識していたと前にある。後には，対策費用が巨額で，それ以前に津波による原発事故がなかったため，東電はリスクを承知で原発を稼働させたと後にある。よって，前のことがらを受けて，それに反する内容を述べるときに用いる「しかし」が入る。　C　原発の潜在的な事故被害の大きさについて述べた部分である。前には，潜在的な危険性はあまりに甚大だとある。後には，リスクはゼロにはならないと続く。よって，前のことがらを受けて，さらに別のことを加えるときに使う「しかも」がよい。

**問２**　ぼう線①は，リスクを恐れず利益を期待して挑戦し，失敗から学んで修正を加え，改善していくことについて述べた内容である。この結果，直前の段落にあるように，科学も社会も発展をとげたのだから，ウがあてはまる。

**問３**　②「どぶに捨てる」は，“価値のあるものを無駄にする”という意味。　④　そうするしかなく。やむを得ず。

**問４**　三・四段落後に，原発事故のリスクはゼロにはならないこと，原発事故の影響は甚大で，失敗したら修正すればいいというレベルを超えているし，電気は原発以外の手段でもつくれるので，リスクとベネフィットが釣り合っていないと筆者が考えていることが書かれているので，アがよい。

**問５**　ぼう線⑤の「危険性」は原子力発電の危険性を指しているので，同じ段落の最初の文にある「広大な国土が長期にわたり使えなくなるような」危険性のことになる。

**問６**　同じ段落の内容を整理する。「恐れ」が過剰な対策や無駄なコストを招いているとか，リスクを恐れず踏み込まなければ，何かを成し遂げることなどできないといった指摘はもっともで，確かに生物はそうして進化を遂げてきたが，「恐れ」を持つことで「リスク」を回避し生き永らえてきたこともまた事実だと筆者は述べている。つまり，「運が悪ければ死ぬ」リスクとともに生きていかなければならない我々にとって，「恐れ」は自分達を守るための「貴い知恵」なのだから，イがふさわしい。

**問７**　ぼう線⑦のように言われるものは，同じ文中の「それら」である。最も重要な知的挑戦かもしれない「それら」とは，直前にある，論理の力が葬り去ってきた「非論理的な制御や抑制」を再び取り戻すことと，「傲慢合理主義」を超えることを指す。

# 2021年度　広尾学園小石川中学校

〔電　話〕　(03) 5940－４１８７
〔所在地〕　〒113－8665　東京都文京区本駒込２－29－１
〔交　通〕　都営三田線 ―「千石駅」Ａ１出口より徒歩２分
JR山手線 ―「巣鴨駅」,「駒込駅」より徒歩13分

**【算　数】**〈第２回入試〉（50分）〈満点：100点〉

《注意事項》円周率は3.14として計算してください。

**1**　次の□に当てはまる数を答えなさい。

(1)　$\left(1\frac{7}{9}-1\frac{2}{3}\times\frac{3}{4}\right)\div 2\frac{2}{9}\div\left(\frac{7}{16}-\frac{1}{5}\right)=\square$

(2)　$\left\{1\frac{2}{5}+7\frac{2}{7}\div\left(1\frac{4}{5}-\square\right)\times\frac{2}{17}\right\}\div 3\frac{6}{7}=\frac{17}{27}$

**2**　次の問いに答えなさい。

(1)　Ａ，Ｂ，Ｃ，Ｄはこの順で並ぶ連続する整数です。次の式がなり立つとき，Ａを求めなさい。
(Ａ＋Ｂ)×(Ｃ＋Ｄ)＝2021

(2)　Ａ君は本を２日間で次のように読みました。１日目には全体の$\frac{1}{5}$より８ページ多く読み，２日目には残りの$\frac{1}{6}$より６ページ少なく読みました。
また，２日目に読んだページ数は１日目の半分でした。
この本は全部で何ページか求めなさい。

(3)　三角定規を組み合わせました。
斜線(しゃせん)部分の面積を求めなさい。

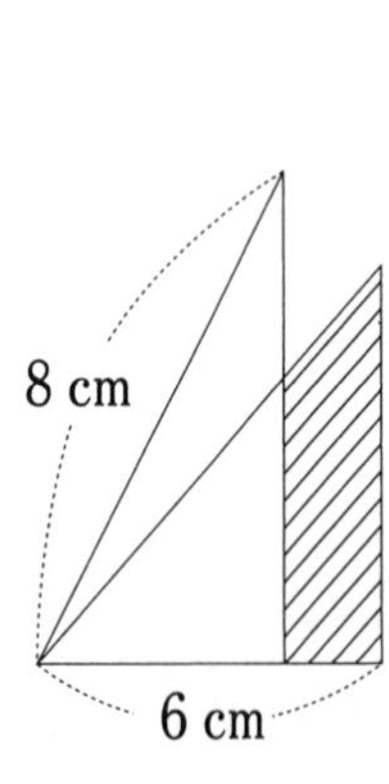

(4) 右図のように円すいから円すいを切り取った立体を円すい台と言います。
右の円すい台の表面積を求めなさい。

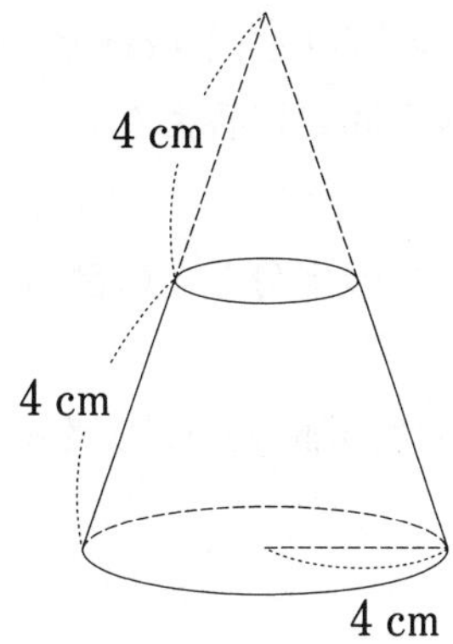


**3** 濃(こ)さが４％，６％，10％の食塩水が，別々の容器に入っています。それぞれに入っている食塩水の量は異なります。次の問いに答えなさい。

(1) ４％の食塩水からその量の$\frac{1}{2}$を，６％の食塩水が入っている容器からその量の$\frac{1}{4}$を取り出し，混ぜ合わせると４.５％になりました。４％の食塩水と６％の食塩水のはじめに容器に入っていた量の比を求めなさい。

(2) ６％の食塩水が入っている容器の残りの$\frac{2}{3}$と10％の食塩水が入っている容器の$\frac{3}{5}$を混ぜたところ７.５％になりました。４％，６％，10％の食塩水がはじめに容器に入っていた食塩水の量の比を求めなさい。

**4** 下の図は半径４cmと半径６cmの半円を２つ組み合わせた図です。
次の問いに答えなさい。

(1) アの部分とイの部分の面積の和を求めなさい。

(2) アの部分とウの部分の面積の差を求めなさい。

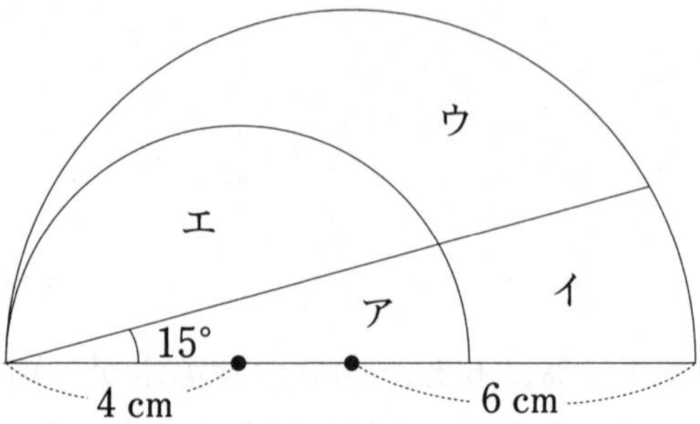


**5** 下の図のように正三角形を一定の規則にしたがって並べていきます。
できた図形の点と辺の数について次の問いに答えなさい。

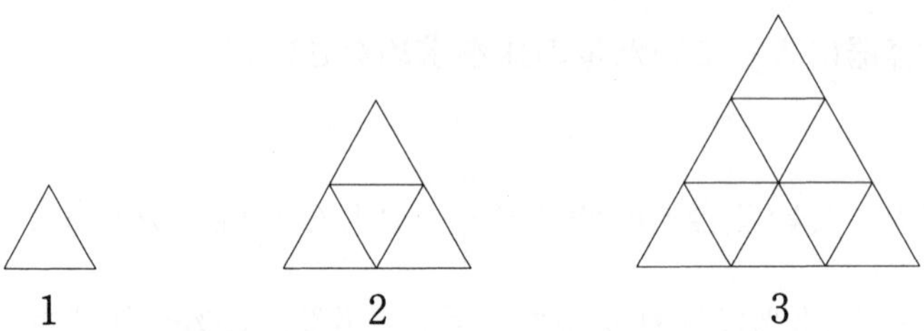


たとえば，２番目の図形の点の数は６つ，辺の数は９本です。

(1) ８番目の三角形の図形の点の数を求めなさい。

(2) ９番目の図形の辺の数を求めなさい。

(3) 辺の数が234本となるのは何番目の図形か求めなさい。

(4) 点と辺の数の差が9800になりました。何番目の図形か求めなさい。

**6** ウサギとカメが山のふもとから山頂まで，競走することになりました。
ウサギは30分走ったところで昼寝をはじめました。
カメはウサギが寝始めてから３時間30分後ウサギをぬき去りました。
その18分後に起きたウサギはカメに抜かれたことに気がつき，追いかけましたが，さらにその２分後カメがゴールしたとき，ウサギはゴールの手前40ｍのところにいました。

(1) ウサギとカメの速さの比を求めなさい。

(2) ウサギが昼寝をしたのはゴールまでの道のりの何分のいくつのところか求めなさい。

(3) ふもとからゴールまでの道のりを求めなさい。

(4) カメの速さを求めなさい。

問四　――線②「言葉づかいも、舌足らずの人のようだった」とありますが、ここでの「舌足らず」の意味として最もふさわしいものを次から一つ選び、記号で答えなさい。

ア　発言の内容がよく理解できないこと
イ　舌が短いために言っていることがはっきり聞こえないこと
ウ　遠慮がちで謙虚な言い方のこと
エ　口数が多くおしゃべりがうまいこと

問五　[1]に入る言葉として、最もふさわしいものを、次の中から選び、記号で答えなさい。

ア　はさみ　　イ　甲羅（こうら）　　ウ　えび　　エ　やどかり

問六　――線③「思い固辞した」とありますが、なぜ渋沢栄一は大蔵大臣や日本銀行の総裁になるよう打診されたことを断ったのですか。その理由として最もふさわしいものを、次の中から選び、記号で答えなさい。

ア　大蔵大臣や日本銀行の総裁ではなく、どうせなるなら権力のトップである内閣総理大臣になりたかったから。
イ　名誉よりも実を取る人で大蔵大臣や日本銀行の総裁よりも実業界にいた方が、お金がもうかると考えていたから。
ウ　大蔵大臣や日本銀行の総裁にふさわしい力量が自分にはないし、今の仕事が適任だと思っているから。
エ　職業は他人からすすめられてつくものではなく、あくまでも自分で決めるという強い意志を持っていたから。

問七　渋沢栄一はこの文章を通して、人はどうあるべきだと述べていますか。「身の丈」「バランス」「誠実」という言葉を使って、五十字以上六十字以内で答えなさい。

「何事も誠実さを基準とする」
　ということに外ならない。

［渋沢栄一著　守屋淳訳『現代語訳　論語と算盤』（ちくま新書）より］

問一　――線「喜怒哀楽」とありますが、次にあげる四字熟語のうち、「喜怒哀楽」と構成が同じものを、次から一つ選び、記号で答えなさい。

ア　右往左往　　イ　絶体絶命　　ウ　危機一髪　　エ　春夏秋冬

問二　［A］・［B］・［C］に入る語句の組み合わせとして最もふさわしいものを次から一つ選び、記号で答えなさい。

ア　A　しかし　　B　そして　　C　たしかに
イ　A　まるで　　B　しかし　　C　そのうえ
ウ　A　そして　　B　しかし　　C　たしかに
エ　A　まるで　　B　さらに　　C　しかし

問三　――線①「箸の上げ下ろしの間の心がけ」とありますが、どういうことですか。最もふさわしいものを次から一つ選び、記号で答えなさい。

ア　一挙一動、細かい動作にも気を配ること
イ　常に上品に、優雅にふるまうこと
ウ　何事にもてきぱきと行動すること
エ　作法の中でも食事の作法が一番重要だということ

世間には、随分と自分の力を過信して、身の丈をこえた望みを持つ人もいる。［C］進むことばかり知って、身の丈を守ることを知らないと、とんだ間違いを引き起こすことがある。わたしは、

「蟹は［1］に似せて穴を掘る」

という主義で、「渋沢の身の丈」を守ることを心がけている。わたしのようなものでも、今から十年ばかり前に「ぜひ大蔵大臣になってくれ」だの「日本銀行の総裁になってくれ」だのという交渉を受けたことがあった。しかし自分は、明治六（一八七三）年に感ずることがあって、

「実業界に穴を掘って入ったのであるから、今さらその穴を這い出すこともできない」

と③思い固辞した。孔子は、

「進むべきときは進むが、止まった方がいいときは止まり、退いた方がいいときは退く」

ともいっておられるが、たしかに人はその出処進退―仕えるときと辞めるときの決断が大切なのだ。そうはいっても、身の丈に満足するからといって、意欲的に新しいことをする気持ちを忘れては何もできない。だからこそ、

「なすべきことを完成させない限り、死んでも故郷に帰らない」

「大きな仕事を成し遂げるためには、細事にこだわるべきではない」

「男子たるもの、一度決意したなら、ぜひとも伸るか反るかの快挙を試みるべきだ」

といった格言を旨とするのが大切なのだ。そして同時に、自分の身の丈を忘れないようにして、バランスをとらなければならない。孔子は、

「欲望のままに振舞っても、ハメを外さない」

といわれたが、この言葉通りに、身の丈に満足しながら進むのがよいのである。

次に、若い人がもっとも注意すべきことに、喜怒哀楽がある。いや、若い人だけではない。およそ人間が世間とのつきあい方を誤るのは、だいたいにおいて、さまざまな感情が暴発してしまうからなのだ。孔子も、

「関雎という昔の音楽は、楽しさの表現に走りすぎず、哀しさの表現に溺れすぎなかった」

と述べている。つまり、喜怒哀楽はバランスをとる必要があるというのだ。わたしも酒は飲むし、遊びもするが、常に「走りすぎず、溺れすぎず」を限度と心得ている。これを一言でいえば、わたしの主義は、

**四** 次の文章を読み、後の問に答えなさい。

わたしは社会に生きていく方針として、今日まで「忠恕」―良心的で思いやりある姿勢を一貫するという考え方で、通してきた。

昔から、宗教家や道徳家といった人々のなかには、立派な学者がたくさん生まれて、道を教えたり、法を立ててきた。しかし結局それは「修身」―自分を磨くということに尽きているのだろうと思う。その自分を磨くということも、まわりくどくいえばむずかしくなるが、わかりやすくいってしまえば、①箸の上げ下ろしの間の心がけにも十分その意義が含まれているだろうと思われる。わたしはその意味において、家族に対しても、客に対しても、その他手紙など何かを見るのにも、誠意を尽くしている。

孔子はこの意味を、次の一節のなかであますことなく説いている。

「孔子が宮城の門に入るときは、身をかがめてつつしんだ。［　Ａ　］体が門に受け入れてもらえないかのような格好だった。門の真ん中には立たず、通るときに敷居を踏まなかった。

君主の座る席を通りすぎるときは、本人がいなくても緊張した顔つきで、足取りも慎重だった。②言葉づかいも、舌足らずの人のようだった。

着物のすそを持ち上げて、堂にのぼっていくのだが、そのときもつつしんだ様子だった。呼吸をとめて、息をしていないかのように見えた。堂から退出して、階段を一段降りると、顔がゆるんでやわらいだ。階段を降りきって、小走りに進むときはきれいに着物のすそが左右に揺れた。自分の席にもどると、またうやうやしい態度となった」

［　Ｂ　］、礼祭のときや、お客様のもてなし、衣服、日々の生活についても順に述べられ、食物に関してもこういわれている。

「飯はできるだけ精白にしたもの、膾はなるべく細かく刻んだものを食べた。飯がすえて味が変わっていたり、魚や肉がいたんでいたり腐っていたりしていると、口にしなかった。色の変わったもの、悪臭を放つものも食べなかった。また、生煮えのもの、季節はずれのもの、切り方のまずいもの、ソースが料理に合っていないものも、口にしなかった」

これらはごく身近な例だが、道徳や倫理はこれら身近なかにあるのだろうと思う。

こうして箸の上げ下ろしの間の心がけができれば、次に心がけるべきは、

「己を知る」

ということになる。

問三　――線③「オラがとった。じゃけん、……もうやめてくれ」とありますが、このときの「篤義」の心情について五十字以上六十字以内で説明しなさい。

問四　――線⑥「そのわけは、すぐに思い当たった」とありますが、「そのわけ」とはどのようなことですか。その説明として最もふさわしいものを次の中から一つ選び、記号で答えなさい。

ア　「篤義」が鉛筆研ぎを「千代子」が盗んだように見せかけたこと。
イ　「篤義」が「千代子」が鉛筆研ぎを盗んだと疑っているということ。
ウ　「俊博」が「千代子」のことを、鉛筆研ぎを盗んだ犯人だとしたこと。
エ　「篤義」が自分自身にうそをついて、何も言わずにだまっていること。

問五　[ 1 ]～[ 3 ]には、次のア～ウのセリフが入ります。[ 1 ]～[ 3 ]に入るのにふさわしいものを次の中からそれぞれ一つずつ選び、記号で答えなさい。

ア　それにおまえは、千代子をしおめし言うた。しおめしの何がわりいかも言うてみい！
イ　それしか言えんがか、おまえは
ウ　なぜ千代子がやったがか言うてみい！

問六　～～線「篤義の中に、とぐろを巻いた大蛇の身体が、自分を取り巻きながら動き始めた印象が現れた」とありますが、「大蛇」は何を暗示していると考えられますか。その説明として最もふさわしいものを次から一つ選び、記号で答えなさい。

ア　蛇は脱皮を繰り返すので、篤義の心が「生まれ変わる」ことを暗に示している。
イ　蛇はとぐろを巻くので、篤義の心が「混乱している」ことを暗に示している。
ウ　蛇は巻き付くイメージがあるため、篤義の心を「しめつける」ことを暗に示している。
エ　蛇は獲物を丸のみにするので、篤義が俊博を「見下している」ことを暗に示している。

注3　「しおめし」　…　千代子の貧しさをからかうことば。
注4　「被害者然」　…　被害者のように
注5　「もんちょらん」　…　「もどっていない」の意味。

問一　――線①「わるびれずに」、④「立て役者」、⑤「釘をさした」の意味として、最もふさわしいものを、後のア～エからそれぞれ一つずつ選び、記号で答えなさい。

①「わるびれずに」
ア　悪者であるように　　イ　ふざけるように
ウ　はずかしがらずに　　エ　めずらしがらずに

④「立て役者」
ア　中心人物　　イ　被害者
ウ　わき役　　エ　引き立て役

⑤「釘をさした」
ア　言い出した　　イ　口をはさんだ
ウ　気をつけた　　エ　念を押した

問二　――線②「篤義は、周囲の空気の流れが、変わり始めたことを伏し目に感じていた」とありますが、「周囲の空気の流れ」は、どのように変わったのですか。その説明として最もふさわしいものを次から一つ選び、記号で答えなさい。
ア　ふでばこの中身が散らかったことで、俊博の主張に根拠がないことが分かり、みんながしらけてしまった。
イ　ふでばこが落ちたことによって、それまでの千代子を非難する空気が、まったくなくなってしまった。
ウ　ふでばこの中身を見て千代子を追及する空気が消えかけたのが、俊博の声で正義感がさらに強まった。
エ　ふでばこが落ちてしまい、それまで千代子を追いつめていた空気が、篤義に向かってきた。

「なせ千代子が犯人か言うてみい」

彼は、喋（しゃべ）りながら俊博に歩み寄った。全身に怒気（どき）が溢（あふ）れていた。

「　1　」

「おまえ。しおめしの味方か」

そう言いながら、俊博の顔が引きつるように歪（ゆが）んでいるのを、篤義は、はっきりと見ていた。もう目を外すことはなかった。

「そんなこと聞きよらん！　はよ言うてみい！」

「……」

「　2　」

「……」

実際のところ篤義は、自分がこんなにスムーズに喋（しゃべ）ることができるとは思ってもみなかった。長いあいだ、自分の中に閉じこめ、そして考え続けた言葉が、今大蛇の顔めがけて叩きつけるように言い放たれている。彼は、自分の中に一種の陶酔（とうすい）さえ感じていた。

「言えんがじゃろう。言えざったら、はじめから何ちゃ言うな」

俊博の表情に、怒気が表れた。しかし彼の顔は、屈辱（くつじょく）のために引きつるように歪んでいた。

「やぁるかー！」

俊博は、席を立って篤義に向かいあった。いつもなら、これで自分の勝ちと正義が決定する。彼は、喧嘩（けんか）にかけては、絶対と言えるほどの自信と実績を誇（ほこ）っていた。篤義とやりあったことはないが、篤義など自分からすれば、喧嘩の対象ですらないのだ。彼の表情は、『これで、勝ちである』ことを宣言していた。

「　3　」

篤義の、驚くほど落ち着いた声が、静まりかえった教室に低く響き渡った。

〔笹山久三『四万十川　あつよしの夏』（河出文庫）による〕

注１　「鉛筆研ぎ」　…　鉛筆けずりのこと。

注２　「封殺」　…　無理やり押さえつけること。

うしろのほうから、逸子の声が聞こえてきた。
「ウチもとっちょらん。全部見せちゃる！」
千代子は、言うが早いが、自分の鞄の中身を全部机の上にぶちまけた。
「ウチも」
逸子も、同じように自分の持ち物を机の上に曝した。
「アツは、白状したがぞ」
俊博は、余裕を失ったかのような口調で反撃した。
「けんど、アツは藤の木に登りよったがぞ」
だれかの声が、俊博に反撃した。
「木の上に隠したがじゃ！」
だれかが、真相を見つけたかのように、得意げに大声を上げた。
「けんど……アツ君、ウチらぁが遊び決めよったとき出ていったがぜ。いつとったが？」
由美子の小さな声が、周囲を圧倒した。
「アツ君……」
千代子の目が、真剣な表情で篤義の目を捉えた。
「ウチ、ほんとにとっちょらんがぜ」
千代子の目に、涙が溜まった。一文字に結んだ唇が震えている。
「……」篤義は、千代子の怒りが自分にも……いや、自分自身に向いているように感じた。⑥<u>そのわけは、すぐに思い当たった。</u>
「オラもとっちょらん！」
篤義は、大声で千代子の目に応えた。それと同時に、千代子の気持を傷つけてしまった自分をぶちこわしてしまいたいような嫌悪が、彼の中を駆けぬけた。彼の思いは、俊博らへの怒りとなって高まり、自己嫌悪は、自分を守ることを彼に放棄させた。
「俊博！」
篤義の表情が、あおざめた。体が震えているのがはた目にも分かった。

象が現れた。彼は、自分を支配しようとするその「力」を、自分の中で、叩き潰すように打ち壊した。勇気が、そうさせたのではない。「もう、それどころではなかった」のだ。

そのざわめきの中で彼は、次の手だてを考えていた。『父ちゃんに、買ってきて貰おう。あした戻すことにしよう……』そう思ったが、篤義の考えはすぐ壁に突きあたった。彼は、その鉛筆研ぎを一度も見ていなかったのだ。それがどういう物か聞く訳にもいかなかった。

「はよ戻せ、アツ」

幸雄が、被害者然[注4]として、篤義の前に立った。事件解決の④立て役者、俊博もつき添っている。

「あした戻すけん」

「今、戻せ！」

「……」

「泥棒にゃ貸しちゃれんがじゃと」

俊博が、横から口を出した。

「捨てたけん。おんなじが、あした買って戻すけん」

篤義は追い詰められたように感じた。口が裂けても、それがどんな鉛筆研ぎか、聞くわけにはいかなかった。

「おんなじがぞ」

幸雄が、あらためて⑤釘をさした。

「……」

「泥棒に、しおめしか。ええコンビじゃ」

俊博が、周囲にアピールするように大声で言い放った。

「アツ君は、とっちょらん。アツ君じゃない！」

俊博のアピールに応えるように、耳元で、千代子の声が大きく響いた。

一瞬、シンッと静まりかえった。

「アツ君は、みんなと一緒に出ていってから、いっぺんももんちょらん[注5]。アツ君はとっちょらん」

て俊博に渡したのだ。

「やめて！」

千代子は、必死にふでばこにしがみつこうとした。俊博が、それを振りはらった瞬間、彼女のふでばこは、二人の手を離れ通路になっている空間に落ちた。ガシャンと音がして中の物が飛び散った。

鉛筆研ぎは、なかった。その代わりに、使えないほどにちびた鉛筆と（使えるぐらい長い物も一本だけあった）黒ずんで小さくなった消しゴムが、惨め(みじ)な姿をさらけだすように、あちこちに散乱していた。

「何するが！」

逸子が、駆(か)け寄って、散乱した鉛筆や消しゴムを拾い集めはじめた。

「こんながしかもっちょらん。おい、やっぱり〃しおめし〃[注3]が怪(あや)しいぞ」……俊博は①わるびれずに、周囲に呼びかけた。一旦(いったん)ひるみかけた取りまきも、その呼びかけに元気を取り戻し、千代子の詮議を続け始めた。……彼女は、又(また)うつむいて表情を閉ざし、今度は、自分の膝を握るようにして、じっと堪(た)えていた。

②篤義は、周囲の空気の流れが、変わり始めたことを伏(ふ)し目に感じていた。

「鞄(かばん)じゃ。かばん調べれ」

俊博の指示が飛んだ。……篤義の中に、千代子の鞄が開けられ、中から鉛筆研ぎが転がりでる絵が浮かんだ。『千代子が、メチャクチャんなる！』それは、絶対あってはならないことだった。

「待て！　……待ってくれ」

篤義は、次の言葉を捜(さが)した。周囲の目が自分に集まったことを、全身に感じた。

「③オラがとった。じゃけん、……もうやめてくれ」

篤義は、思いついた言葉をとぎれとぎれに、やっと口に出した。

「おーい。アツが白状したぞ」

俊博が得意満面に、周囲にアピールした。自分の手柄(てがら)であるとばかりに。

教室の中にざわめきが起こり、そのざわめきは、いつまでも止まぬかのように、篤義の上を波打ちながら通り抜け、また、戻って来るかのように彼を去らなかった。そのとき、篤義の中に、とぐろを巻いた大蛇(だいじゃ)の身体(からだ)が、自分を取り巻きながら動き始めた印

なしていた。
「オラが調べちゃる」
「オラも」
「オラも」
俊博を頭に、四、五人のグループが近づいてきた。教室の中の空気は、彼らの行動に、「正義」を与(あた)えてしまった。
「ウチも教室におった。なせ、千代子(ちよこ)ちゃんばっかり！」
逸子(いつこ)の声が、大きく響(ひび)いた。
「おまえも、あとで詮議しちゃろうか」
俊博の言葉の前に、抗議(こうぎ)の声は広がることを封殺(ふうさつ)[注2]され、正義は俊博らのグループに独占(どくせん)された。
「千代子。ふでばこ出せ」
落ち着き払った俊博の声が、間近に聞こえた。千代子と自分のつながった机が、小さな集団に取り囲まれた。
「ウチ、とらんけん。ウチ知らんけん」
「詮議すりゃあ分かるけん」
「そうじゃ、そうじゃ」
「とらんかったら見せられるがぞ」
「そうじゃ、そうじゃ」
正義感に燃えた取りまきから、次々に言葉が浴びせられた。千代子は、じっと堪(こら)えるように下を向いて表情を閉ざし、膝(ひざ)の所で拳(こぶし)を握(にぎ)りしめていた。
篤義は、何か言おうとした。言葉が思いつかなかった。もう一度何かを言おうとしたとき、俊博の意地悪そうに、落ち着きはらった視線にぶつかった。その瞬間(しゅんかん)、篤義の中を恐怖感のようなものが貫(つらぬ)いた。篤義は、また目を伏(ふ)せた。
『あの蛇の目は、俊博の目じゃったがじゃろうか……』
彼は、目を伏せながらそう考えてみた。そう考えるゆとりが、自分に芽生(めば)えていることには気づかなかった。
突然、千代子と俊博のあいだで、ふでばこの取りあいが始まった。だれかが机の下棚(したたな)の中から、彼女のふでばこを引っ張りだし

三　次の文章を読んで、後の問に答えなさい。

「篤義(あつよし)」は小学校三年生。高知の四万十川(しまんとがわ)の大自然の中、温かな家族に見守られて育っている。一学期も残りわずかの自習時間、同じクラスの「幸雄(ゆきお)」の新しい鉛筆研ぎ(注1えんぴつと)がなくなってしまった。

篤義が教室に入ると、みんなが妙にざわついていた。
「何かあったがか」
篤義は、席に座ると、千代子に話しかけた。
「幸雄君の、鉛筆研ぎのうなったがと」
「どうしたがじゃろ」
「わからん」
「持ってこにゃええがに」
教室の中に緊張感が漂(ただよ)い始めた。
「だれかが盗(と)ったがぞ！」だれかが大きい声を上げた。その声が、教室の空気をいっそう緊張させた。子供らの集団の中で、紛失事件が発生すると、一人ひとりが、『自分に疑いが向けられるのではないか』という不安を覚える。その意識が、集団を緊張させる。だれもが事件の早期解決を願うが、その願いは、集団の中に発生した空気によって、ときとして、その集団を異様な行動に駆り立ててしまうのである。
「教室に、千代子が残っちょったぞ」俊博(としひろ)の声が響いた。
「千代子が怪しい」
「そうじゃ、そうじゃ」
千代子の顔が、悔しそうに歪(ゆが)んだ。
「詮議(せんぎ)じゃ。詮議！」また俊博の声である。
「詮議」という言葉は、子供らの中の一種の「はやり言葉」で、子供らは、それをそのときどきの状況によって、意地悪く使いこ

**二** 次の各問に答えなさい。

問一　次の①～③の空らんに、例にならって言葉を補い、下にある（　　）の中の言葉と同じ意味になる慣用句を作りなさい。ただし、□にはひらがな一字を入れること。

《例》　お茶を［に］［ご］［す］。（いいかげんにしてその場をごまかす）

①　水の□□。（せっかくの努力がむだになること）

②　□□をそろえる。（まとまったお金を不足なく用意する）

③　念を□□。（十分に確かめる）

問二　次の①・②の□に適当な漢字を入れ、たて横ともに三字熟語が成り立つようにしなさい。

①

| | | |
|---|---|---|
| | 不 | |
| 許 | □ | 制 |
| | 能 | |

②

| | | |
|---|---|---|
| | 非 | |
| 日 | □ | 的 |
| | 識 | |

# 二〇二一年度 広尾学園小石川中学校

【国語】〈第二回入試〉（五〇分）〈満点：一〇〇点〉

一 次の各問に答えなさい。

問一 ――線の漢字の読みをひらがなで答えなさい。

① 習字のおけいこに精進する。
② 権力者に従属する。
③ 軽率な行動はつつしむ。
④ 夜店で綿あめを買う。

問二 ――線のカタカナを漢字に改めなさい。

① アメリカの大トウリョウ選挙が行われた。
② ボウエキの自由化を進める。
③ ケイヒをさく減する。
④ 米の作柄状況をササツする。
⑤ ヒタイに汗（あせ）して働く。
⑥ よくコえた土地に改良する。

2021年度

# 広尾学園小石川中学校　▶解説と解答

## 算　数　＜第２回入試＞（50分）＜満点：100点＞

### 解　答

[1] (1)　1　(2)　$\frac{29}{30}$　[2] (1)　21　(2)　340ページ　(3)　10cm$^2$　(4)　138.16cm$^2$
[3] (1)　3：2　(2)　3：2：1　[4] (1)　18.42cm$^2$　(2)　12.98cm$^2$　[5] (1)　45
(2)　135　(3)　12番目　(4)　99番目　[6] (1)　8：1　(2)　$\frac{12}{13}$　(3)　2600m　(4)
10m/分

### 解　説

**[1] 四則計算，逆算**

(1)　$\left(1\frac{7}{9}-1\frac{2}{3}\times\frac{3}{4}\right)\div2\frac{2}{9}\div\left(\frac{7}{16}-\frac{1}{5}\right)=\left(\frac{16}{9}-\frac{5}{3}\times\frac{3}{4}\right)\div\frac{20}{9}\div\left(\frac{35}{80}-\frac{16}{80}\right)=\left(\frac{16}{9}-\frac{5}{4}\right)\div\frac{20}{9}\div\frac{19}{80}=\left(\frac{64}{36}-\frac{45}{36}\right)\div\frac{20}{9}\div\frac{19}{80}=\frac{19}{36}\times\frac{9}{20}\times\frac{80}{19}=1$

(2)　$\left\{1\frac{2}{5}+7\frac{2}{7}\div\left(1\frac{4}{5}-\square\right)\times\frac{2}{17}\right\}\div3\frac{6}{7}=\frac{17}{27}$より，$1\frac{2}{5}+7\frac{2}{7}\div\left(1\frac{4}{5}-\square\right)\times\frac{2}{17}=\frac{17}{27}\times3\frac{6}{7}=\frac{17}{27}\times\frac{27}{7}=\frac{17}{7}$，$7\frac{2}{7}\div\left(1\frac{4}{5}-\square\right)\times\frac{2}{17}=\frac{17}{7}-1\frac{2}{5}=\frac{17}{7}-\frac{7}{5}=\frac{85}{35}-\frac{49}{35}=\frac{36}{35}$，$7\frac{2}{7}\div\left(1\frac{4}{5}-\square\right)=\frac{36}{35}\div\frac{2}{17}=\frac{36}{35}\times\frac{17}{2}=\frac{306}{35}$，$1\frac{4}{5}-\square=7\frac{2}{7}\div\frac{306}{35}=\frac{51}{7}\times\frac{35}{306}=\frac{5}{6}$　よって，$\square=1\frac{4}{5}-\frac{5}{6}=\frac{9}{5}-\frac{5}{6}=\frac{54}{30}-\frac{25}{30}=\frac{29}{30}$

**[2] 整数の性質，相当算，面積，表面積**

(1)　2021＝43×47だから，$A+B=43$，$C+D=47$とわかる。したがって，$A$と$B$は差が１の整数だから，右の図１より，$A=(43-1)\div2=21$と求められる。

図１

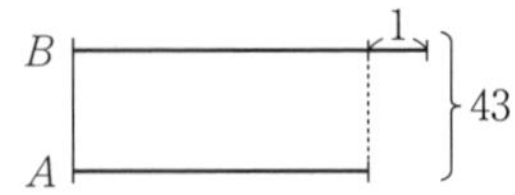


(2)　右の図２のように，この本のページ数を$\boxed{1}$とすると，１日目に読んだページ数は，$\boxed{\frac{1}{5}}+8$（ページ）で，２日目に読んだページ数はその半分だから，$\left(\boxed{\frac{1}{5}}+8\right)\times\frac{1}{2}=\boxed{\frac{1}{5}}\times\frac{1}{2}+8\times\frac{1}{2}=\boxed{\frac{1}{10}}+4$（ページ）となる。これは，１日目に読んだ残りの$\frac{1}{6}$よりも６ページ少ないから，１日目に読んだ残りの$\frac{1}{6}$は，$\boxed{\frac{1}{10}}+4+6=\boxed{\frac{1}{10}}+10$（ページ）となる。よって，１日目に読んだ残りのページ数は，$\left(\boxed{\frac{1}{10}}+10\right)\times6=\boxed{\frac{1}{10}}\times6+10\times6=\boxed{\frac{3}{5}}+60$（ページ）だから，本全体のページ数は，$\left(\boxed{\frac{1}{5}}+8\right)+\left(\boxed{\frac{3}{5}}+60\right)=\boxed{\frac{4}{5}}+68$（ページ）と表され，これが$\boxed{1}$と等しくなる。したがって，$\boxed{1}-\boxed{\frac{4}{5}}=\boxed{\frac{1}{5}}$が68ページにあたるから，この本のページ数（$\boxed{1}$にあたるページ数）は，$68\div\frac{1}{5}=340$（ページ）と求められる。

図２

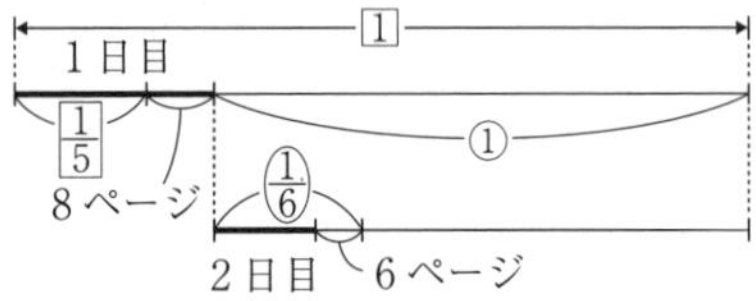


(3)　右の図３で，三角形ABCは，正三角形を２等分してできる直角三角形だから，ACの長さはABの長さの半分で，８÷２＝４（cm）となる。また，

図３

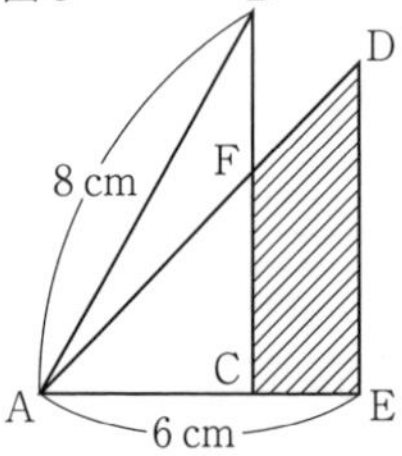

三角形ADEは直角二等辺三角形なので，DEの長さはAEの長さと同じ6cmとなる。さらに，三角形AFCも直角二等辺三角形になるから，FCの長さはACの長さと同じ4cmとなる。よって，斜線(しゃせん)部分は上底が6cm，下底が4cm，高さが，$6-4=2$ (cm)の台形だから，その面積は，$(6+4)\times 2\div 2=10$ (cm²)と求められる。

(4) 右の図4のように，もとの円すいを㋐，切り取った円すいを㋑とすると，円すい㋐と㋑は相似で，その相似比は，$(4+4):4=8:4=2:1$だから，㋑の底面の半径は，$4\times\frac{1}{2}=2$ (cm)となる。よって，円すい台の表面積のうち，上の円の面積は，$2\times 2\times 3.14=4\times 3.14$ (cm²)で，下の円の面積は，$4\times 4\times 3.14=16\times 3.14$ (cm²)である。また，円すいの側面積は，(母線の長さ)×(底面の半径)×(円周率)で求められるので，㋐の側面積は，$8\times 4\times 3.14=32\times 3.14$ (cm²)，㋑の側面積は，$4\times 2\times 3.14=8\times 3.14$ (cm²)となり，円すい台の側面積は，$32\times 3.14-8\times 3.14=(32-8)\times 3.14=24\times 3.14$ (cm²)とわかる。したがって，円すい台の表面積は，$4\times 3.14+16\times 3.14+24\times 3.14=(4+16+24)\times 3.14=44\times 3.14=138.16$ (cm²)と求められる。

図4

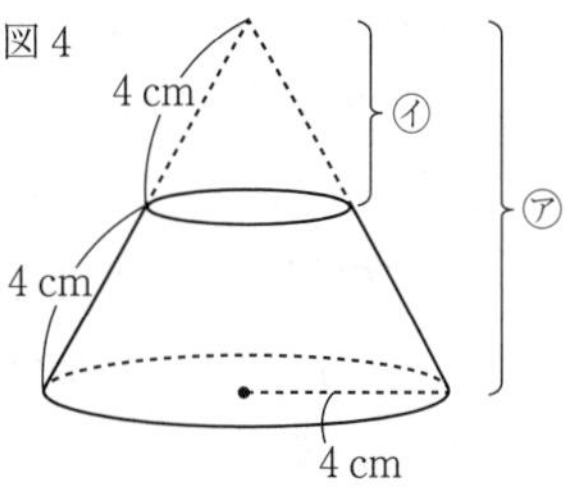


## 3 濃度(のうど)，比の性質

(1) 4%の食塩水と6%の食塩水を混ぜ合わせて濃度が4.5%になったとすると，右の図1のように表せる。図1で，かげをつけた部分の面積は，混ぜ合わせた2つの食塩水に含(ふく)まれる食塩の量の和を表し，太線で囲んだ部分の面積はできた4.5%の食塩水に含まれる食塩の量を表すから，これらの面積は等しい。よって，アとイの部分の面積も等しくなり，アとイのたての長さの比は，$(4.5-4):(6-4.5)=0.5:1.5=1:3$だから，横の長さの比は，$\frac{1}{1}:\frac{1}{3}=3:1$とわかる。したがって，はじめに容器に入っていた4%の食塩水の量の$\frac{1}{2}$と，6%の食塩水の量の$\frac{1}{4}$の比が3：1だから，はじめに容器に入っていた4%の食塩水と6%の食塩水の量の比は，$\left(3\div\frac{1}{2}\right):\left(1\div\frac{1}{4}\right)=6:4=3:2$と求められる。

図1

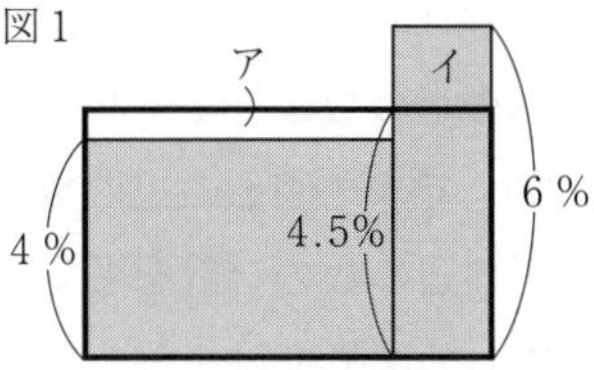


(2) (1)と同様に，6%と10%の食塩水を混ぜたようすを，右の図2のように表して考えると，ウとエの部分の面積は等しい。ウとエのたての長さの比は，$(7.5-6):(10-7.5)=1.5:2.5=3:5$だから，横の長さの比，つまり，混ぜ合わせた6%の食塩水と10%の食塩水の量の比は，$\frac{1}{3}:\frac{1}{5}=5:3$となる。また，(1)のときに6%の食塩水を混ぜた後の残りは，はじめの量の，$1-\frac{1}{4}=\frac{3}{4}$なので，6%の食塩水は，はじめの量の，$\frac{3}{4}\times\frac{2}{3}=\frac{1}{2}$にあたる量を10%の食塩水と混ぜたことになる。よって，はじめに容器に入っていた6%の食塩水の量の$\frac{1}{2}$と，10%の食塩水の量の$\frac{3}{5}$の比が5：3だから，はじめに容器に入っていた6%の食塩水と10%の食塩水の量の比は，$\left(5\div\frac{1}{2}\right):\left(3\div\frac{3}{5}\right)=10:5=2:1$とわかる。したがって，はじめに容器に入っていた4%，6%，10%の食塩水の量の比は3：2：1である。

図2

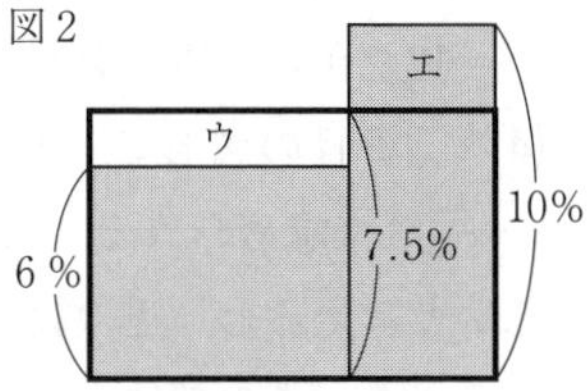


## 4 平面図形―面積

(1) アの部分とイの部分の面積の和は，下の図で三角形AOBとおうぎ形OBCの面積の和となる。

三角形AOBは，OA＝OBの二等辺三角形で，角OBAの大きさは角OABの大きさと同じ15度だから，内角と外角の関係より，角BOC＝15＋15＝30(度)になる。よって，点ＢからOCに垂直な直線BHを引くと，三角形OBHは正三角形を２等分した直角三角形とわかる。すると，BHの長さはOBの長さの半分で，６÷２＝３(cm)だから，三角形AOBの面積は，６×３÷２＝９(cm²)となる。また，おうぎ形OBCは半径が６cm，中心角が30度なので，面積は，$6\times6\times3.14\times\frac{30}{360}$＝9.42(cm²)である。したがって，アの部分とイの部分の面積の和は，９＋9.42＝18.42(cm²)と求められる。

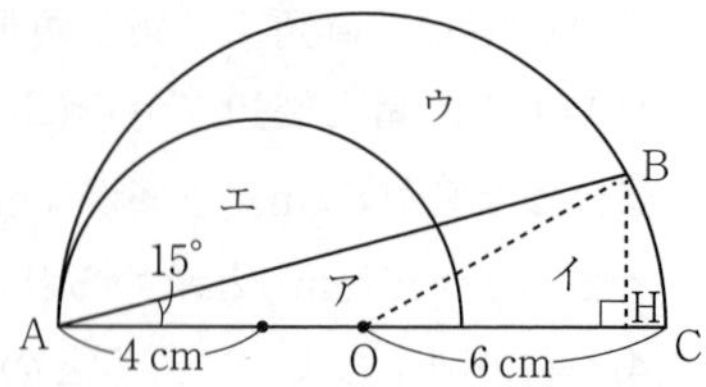


⑵　アの部分とウの部分の面積の差は，(ア＋イ)の部分の面積と(ウ＋イ)の部分の面積の差と等しくなる。まず，⑴より，(ア＋イ)の部分の面積は18.42cm²である。また，(ウ＋イ)の部分の面積は，半径６cmの半円の面積から半径４cmの半円の面積をひいて，６×６×3.14÷２－４×４×3.14÷２＝18×3.14－８×3.14＝(18－８)×3.14＝10×3.14＝31.4(cm²)となる。よって，アの部分とウの部分の面積の差は，31.4－18.42＝12.98(cm²)と求められる。

## 5　図形と規則

⑴　１番目の図形の点の数は，１＋２＝３(個)，２番目の図形の点の数は，１＋２＋３＝６(個)，３番目の図形の点の数は，１＋２＋３＋４＝10(個)，…のように計算できる。よって，８番目の図形の点の数は，１＋２＋３＋…＋９＝(１＋９)×９÷２＝45(個)と求められる。

⑵　できた図形の辺の数を求めるには，右の図のかげをつけた三角形の辺の数の合計を考えればよい。かげをつけた三角形の数は，１番目の図形では１個，２番目の図形では，１＋２＝３(個)，３番目の図形では，１＋２＋３＝６(個)，…のようになるから，９番目の図形では，１＋２＋３＋…＋９＝45(個)となる。よって，９番目の図形の辺の数は，３×45＝135(本)と求められる。

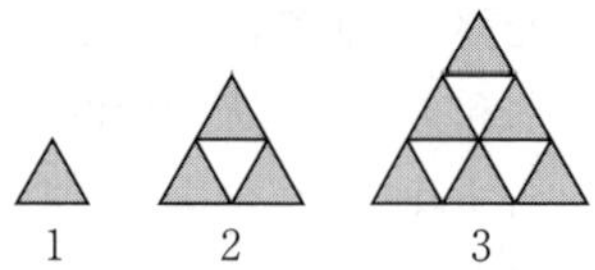


⑶　⑵より，□番目の図形の辺の数は，３×(１＋２＋３＋…＋□)で求められるから，辺の数が234本のとき，１＋２＋３＋…＋□＝234÷３＝78になる。よって，１＋２＋３＋…＋12＝78より，□＝12だから，辺の数が234本となるのは12番目の図形とわかる。

⑷　□番目の図形で，点の数は，１＋２＋３＋…＋□＋(□＋１)，辺の数は，３×(１＋２＋３＋…＋□)で求められる。ここで，１＋２＋３＋…＋□＋(□＋１)と，１＋２＋３＋…＋□がほぼ等しいと考えると，辺の数は点の数のおよそ３倍とみることができるので，点と辺の数の差が9800になるとき，点の数は，およそ，9800÷(３－１)＝4900と考えられる。そこで，１から順に整数をたした和がおよそ4900になる場合を調べると，１＋２＋３＋…＋99＝4950がある。これより，□は99に近い数になるという見当がつく。□＝99とすると，点の数は，１＋２＋３＋…＋100＝5050(個)，辺の数は，３×(１＋２＋３＋…＋99)＝３×4950＝14850(本)だから，点と辺の数の差は，14850－5050＝9800となり，条件に合う。したがって，点と辺の数の差が9800になるのは99番目の図形とわかる。

## 6　速さと比

⑴　ウサギが昼寝をした地点をＡ地点とすると，ふもとからＡ地点まで，ウサギは30分，カメは，30分＋３時間30分＝４時間＝240分かかったから，ウサギとカメが同じ道のりを進むのにかかる時

間の比は，30：240＝１：８である。よって，ウサギとカメの速さの比は，$\frac{1}{1}$：$\frac{1}{8}$＝８：１とわかる。

(2) カメはA地点からゴールまで，18＋２＝20(分)かかったので，カメがふもとからA地点までかかった時間と，A地点からゴールまでかかった時間の比は，240：20＝12：１とわかる。よって，ふもとからA地点までと，A地点からゴールまでの道のりの比も12：１だから，A地点，つまり，ウサギが昼寝をした地点は，ゴールまでの道のりの，$\frac{12}{12+1}=\frac{12}{13}$のところにある。

(3) カメがA地点からゴールまで進む間に，カメとウサギが進んだ道のりの比は，(１×20)：(８×２)＝20：16＝５：４となる。この差が40mなので，比の１にあたる道のりが，40÷(５－４)＝40(m)とわかる。よって，A地点からゴールまでの道のりは，40×５＝200(m)とわかるので，ふもとからゴールまでの道のりは，200×$\frac{13}{1}$＝2600(m)と求められる。

(4) カメは2600m進むのに，240＋20＝260(分)かかったので，カメの速さは分速，2600÷260＝10(m)とわかる。

## 国語 <第２回入試>（50分）<満点：100点>

### 解答

一 **問１** ① しょうじん ② じゅうぞく ③ けいそつ ④ わた **問２** 下記を参照のこと。 二 **問１** ① あわ ② みみ ③ おす **問２** ① 可 ② 常 三 **問１** ① ウ ④ ア ⑤ エ **問２** ウ **問３** (例) このままだと，千代子が鉛筆研ぎをとった犯人であることがばれてしまうので何としても千代子を守ろうとして自分のせいにした。 **問４** イ **問５** １ ウ ２ ア ３ イ **問６** ウ 四 **問１** エ **問２** エ **問３** ア **問４** ウ **問５** イ **問６** ウ **問７** (例) 何事も誠実さを基準とし，走りすぎず，溺れすぎずバランスをうまくとり，身の丈にあった生き方をすべきである。

**●漢字の書き取り**

一 **問２** ① (大)統領 ② 貿易 ③ 経費 ④ 査察 ⑤ 額 ⑥ 肥(えた)

### 解説

**一 漢字の読みと書き取り**

**問１** ① 一所けん命努力すること。 ② 強い者につきしたがうこと。 ③ 軽はずみなようす。 ④ 音読みは「メン」で，「綿花」などの熟語がある。

**問２** ① 「大統領」は，共和国での政治の最高責任者。 ② ほかの国と品物の売り買いをすること。 ③ 物事をするのに必要な費用。 ④ 物事が規定のとおりに行われているかどうかを調べること。 ⑤ 音読みは「ガク」で，「全額」などの熟語がある。 ⑥ 音読みは「ヒ」で，「肥料」などの熟語がある。訓読みにはほかに「こえ」がある。

**二 慣用句の完成，漢字のパズル**

**問１** ① 「水のあわ」は，“台無し”，“ご破算”と同じような意味の言葉。 ② 「みみをそろえる」は，“全額を不足なく用意する”という意味。　③「念をおす」は，“重ねて注意したり確認したりする”という意味。

**問2**　①「不可能」は，できないこと。「許可制」は，禁止したことがらを，個人の申し立ての正当性に応じて許可する方法。　②「非常識」は，常識をはずれているようす。「日常的」は，毎日のようにくり返されるようす。

三 **出典は笹山久三の『四万十川—あつよしの夏』による。**幸雄の鉛筆研ぎをとったと決めつけられた千代子を救おうと，篤義は自分がとったと言ったり，千代子を追及する俊博を非難したりする。

**問1**　①「わるびれる」は，“おどおどする”“はずかしがる”という意味。　④　中心になって働く重要な人物。　⑤「釘をさす」は，“念を押す”という意味。

**問2**　前の部分に注意する。鉛筆研ぎをとったのは千代子だと俊博は決めつけたが，散らばった千代子のふでばこの中身には鉛筆研ぎはなかった。そのため千代子を追及する空気は一旦うすれたが，やはり千代子が怪しいと言う俊博の声に，俊博の仲間は気持ちを立て直し，より自分たちの正義を通そうという気持ちを強めたものと想像できる。よって，ウが合う。

**問3**　ぼう線②から後の部分に注目する。千代子の鞄を調べろと俊博が言うのを聞いた篤義は，千代子の鞄の中から盗んだ鉛筆研ぎが出てくるだろうと思い，何としても千代子を守らねばととっさに自分のせいにしている。篤義は千代子が犯人だと思い，ばれないように守ろうとしたのである。

**問4**　「そのわけ」とは，千代子の怒りが自分に向けられていると篤義が感じた理由を指す。千代子の鞄を俊博が調べようとしたときに篤義が犯人だと名乗り出たのは，篤義が千代子を犯人だと思っていたからだと千代子は思い，それに傷ついたことが直前の千代子の言動からうかがえる。

**問5**　**1**　この後，篤義に「おまえ。しおめしの味方か」と聞いてきた俊博に向かい，篤義はくり返し，自分の質問に答えろとつめ寄っている。空らん1の直前で篤義は，千代子が犯人だとする理由を言えと俊博にせまっているので，同じ内容のウが入る。　**2**　千代子が犯人だと決めつける理由が言えない俊博に，篤義がたたみかけた内容である。千代子をしおめしと言ってばかにすることについて，しおめしのどこが悪いのかとするアがふさわしい。　**3**　追いつめられた俊博は篤義を力で押さえつけようとして，「やぁるかー！」と喧嘩を売っている。これに対し，篤義は冷静に対応したのだから，それしか言えないのかという意味のイがよい。

**問6**　次の文から，「大蛇」は篤義を支配しようとする力を表し，篤義はそれを打ち壊したことがわかる。よって，篤義の心を「しめつける」ものを暗示していると考えられる。

四 **出典は渋沢栄一著，守屋淳訳の『現代語訳　論語と算盤』による。**渋沢栄一が考える，社会で生きていくうえでの心がけが述べられている。

**問1**　「喜怒哀楽」は喜びと怒りと悲しみと楽しみをいい，四字すべてが別の意味を表す構成なので，四季を表すエが選べる。

**問2**　A　後にある，たとえを表す「ような」と対応する形で，似ていることを表す「まるで」が入る。　B　前には，宮城での孔子のうやうやしく，つつしみ深いようすが述べられている。後には，礼祭のときや日常でのようすについて加えられているので，前のことがらに別のことをつけ加えるときに使う「さらに」か「そして」がよい。　C　前には，身の丈をこえた望みを持つ人もいると書かれている。後には，身の丈を守らないと失敗することがあると続く。よって，前のことがらを受けて，それに反する内容を述べるときに用いる「しかし」があてはまる。

**問３**　前後に注意する。ぼう線①には「自分を磨く」ということの意義がふくまれ，だれに対しても何事に対しても誠意を尽くすことが大事だとされているので，アがよい。

**問４**　この段落では，宮城での孔子のつつしみ深さが描写されているので，ウがふさわしい。

**問５**　身の丈を守ることが大切だという教えとして引用された言葉である。「蟹は甲羅に似せて穴を掘る」とは，蟹は自分の大きさに合った穴を掘るところからきたことわざで，身分や力量にふさわしい言動をしたり，望みを持ったりすることのたとえ。

**問６**　「固辞」は，固く辞退すること。実業界に入ったのだから身の丈に合った実業界の仕事をしようと考え，大蔵大臣や日本銀行総裁の座は固辞したという渋沢の言葉が直前で引用されている。よって，ウが選べる。

**問７**　本文の後半に，「自分の身の丈を忘れないようにして，バランスをとらなければならない」，「走りすぎず，溺れすぎず」，「何事も誠実さを基準とする」といった渋沢の考えが述べられている。一方で，身の丈に満足するからといって，「意欲的に新しいことをする気持ち」を忘れてはいけないともあるので，これを入れてまとめてもよいだろう。

# 2021年度　広尾学園小石川中学校

〔電　話〕　(03) 5940－４１８７
〔所在地〕　〒113－8665　東京都文京区本駒込２－29－１
〔交　通〕　都営三田線 —「千石駅」Ａ１出口より徒歩２分
JR山手線 —「巣鴨駅」,「駒込駅」より徒歩13分

【算　数】〈第３回入試〉（50分）〈満点：100点〉

《注意事項》円周率は3.14として計算してください。

**1**　次の□に当てはまる数を答えなさい。

(1)　$\left\{2021 \times \left(\frac{3}{43} - \frac{2}{47}\right)\right\} \div 1\frac{4}{7} = \square$

(2)　$\left(5\frac{1}{5} \times \frac{3}{7} - 1.5 \times \frac{1}{2}\right) \div \square = 1.875$

(3)　$57\frac{3}{7}$ cm のテープがあります。$3\frac{1}{4}$ cm ずつ切り取って，カードを作るとき，あまりは□ cm になります。

(4)　4で割ると2あまり，5で割ると3あまり，6で割ると4あまる整数を小さい順に並べるとき，25番目の数は□になります。

**2**　次の問いに答えなさい。

(1)　２を579回かけたとき，１の位の数を求めなさい。

(2)　右の図は，等しい辺が６cm と４cm の直角二等辺三角形です。２つの三角形が重なっている部分の面積を求めなさい。

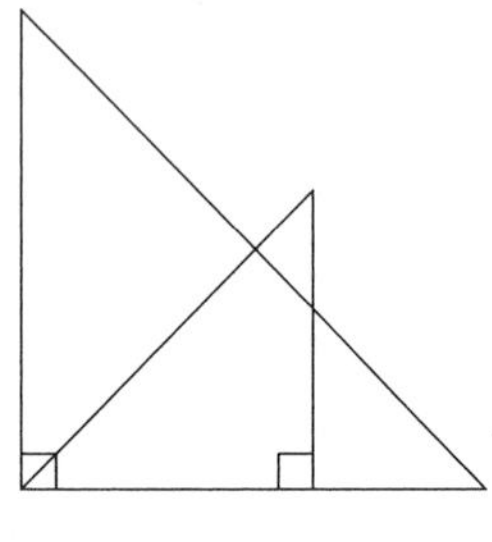

(3) ポンプ３つを使って，水そうに水を入れます。
ポンプＡだけで10分，ポンプＢだけで15分で満水にすることができます。
ポンプＣだけで満水にする時間とポンプＡとポンプＢを同時に使って満水にする時間が同じでした。３つのポンプを使って満水にするとき，何分で満水にすることができるか求めなさい。

(4) ４時から５時までの１時間で長針と短針が重なる時刻を求めなさい。

**3** 点Ｏを中心とする半径１cmの円と半径２cmの円があります。
点Ａは点Ｐから，点Ｂは点Ｑからそれぞれ，反時計回りに点Ａは18秒で，点Ｂは72秒で１周します。
点Ａが１周するまで，点Ｂは移動し続けます。

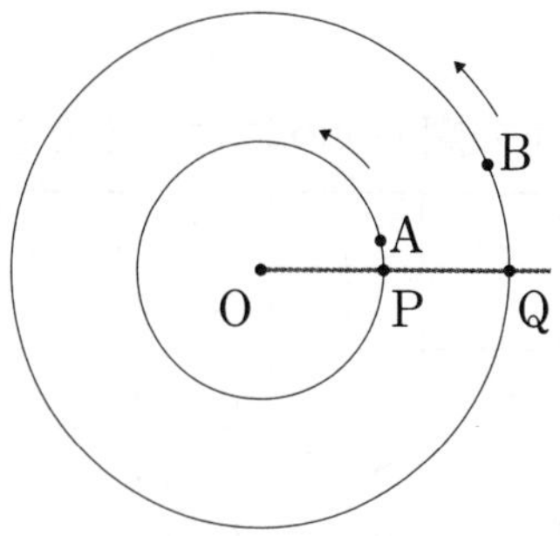


(1) 点Ａがちょうど１周したとき，点Ｂの移動した道のりを求めなさい。

(2) 点Ｏ，Ａ，Ｂが一直線上に並ぶのはスタートしてから何秒後であるか求めなさい。
ただし，出発時を除きます。

(3) 三角形ＯＡＢの面積が一番大きくなるのは，スタートしてから何秒後ですか。
考えられるすべてを求めなさい。

**4** １から225までの数字が書かれたカードが１枚ずつあります。
縦15，横15の表にすべてのカードを並べます。下の図のように並べたとき
上から１段目，左から４番の数は（１，４）
上から２段目，左から14番の数を（２，14）のように表します。

(1) 下の図のように並べるとき(○，△)＝100　となる○と△の値を求めなさい。

| | | | | | | |
|---|---|---|---|---|---|---|
| 1 | 2 | 3 | 4 | … | 14 | 15 |
| | | | | … | 17 | 16 |
| | | | | | | |

(2) 下の図のように並べるとき(○，△)＝100　となる○と△の値を求めなさい。

| | | | | | |
|---|---|---|---|---|---|
| | | | … | 17 | |
| | 7 | 6 | 5 | 16 | |
| | 8 | 1 | 4 | 15 | |
| | 9 | 2 | 3 | 14 | |
| | 10 | 11 | 12 | 13 | |
| | | | | | |

**5** 面積が288 cm$^2$の正三角形を直線上に一定の間かくで並べた図について，次の問いに答えなさい。

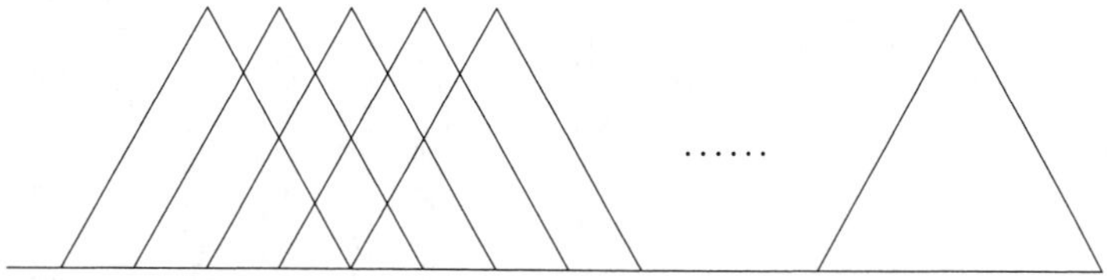

(1) 正三角形が４つ重なっている部分の面積の合計が378 cm$^2$のとき，
正三角形は全部でいくつ並んでいるか求めなさい。

(2) 正三角形が重なっていない部分の面積が396 cm$^2$のとき，
正三角形は全部でいくつ並んでいるか求めなさい。

**6** 右の図は正方形と円がそれぞれ接している図です。
太線の正方形の１辺が４ｃｍであるとき，次の問いに答えなさい。

(1) 斜線（しゃせん）の部分の面積を求めなさい。

(2) 外側の正方形の面積を求めなさい。

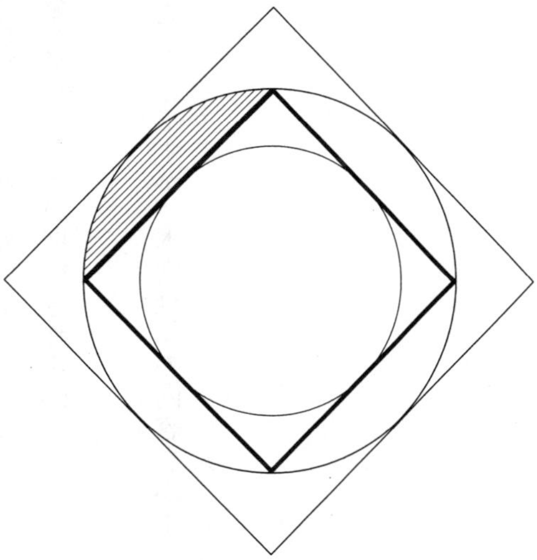

問五　――線⑤「〝第三者〟」とありますが、本文において「第三者」としてふさわしくないものを次から一つ選び、記号で答えなさい。

ア　マイクロバイオーム
イ　腸内フローラ
ウ　腸内の善玉菌
エ　ある種のオリゴ糖

問六　――線⑥「腸内細菌をいかにコントロールするかというテクノロジーに注目が集まっています」とありますが、その理由の説明として最もふさわしいものを次から一つ選び、記号で答えなさい。

ア　腸内細菌を減らしていくことによって、健康を維持することが可能になるから。
イ　腸内細菌がいない状態を維持することは、健康にいい影響を与えると判明したから。
ウ　腸内細菌の中で善玉菌を増やすことだけが、健康維持につながるかもしれないから。
エ　腸内細菌を制御することで、さまざまな病気の発症を防ぐことが期待されるから。

問七　――線⑦「〝三位一体〟で考えること」とはどのようなことですか。本文全体の内容をふまえて六十字以上八十字以内で答えなさい。

問一　――線①「食品機能学」とありますが、どのような学問ですか。最もふさわしいものを次から選び、記号で答えなさい。
ア　生活習慣病の予防対策として、健康維持へ食品を利用することを目指す学問。
イ　食品がもつ三つの働きを、嗜好特性に特化して機能させることを目指す学問。
ウ　栄養の不足を改善することで、人々の感覚を活発にさせることを目指す学問。
エ　健康の三大ファクターを突き詰め、ヒトの寿命を延ばすことを目指す学問。

問二　――線②「健康を維持し、病気にならないように予防する」とありますが、そのために必要なことは何ですか。本文から四十五字以内で探し、最初と最後の五字をぬき出して答えなさい。句読点や記号も字数にふくみます。

問三　――線③「普遍的」・④「王道」の意味として最もふさわしいものを後からそれぞれ一つずつ選び、記号で答えなさい。
③「普遍的」
ア　変わらないもの　　イ　すべてに共通するもの
ウ　特別なもの　　エ　普通のもの
④「王道」
ア　ただ一つの方法　　イ　てっとり早い方法
ウ　最も正当な方法　　エ　避けられない方法

問四　[A]・[B]・[C]に入る語句の組み合わせとして最もふさわしいものを次から一つ選び、記号で答えなさい。
ア　A　つまり　　B　そして　　C　または
イ　A　さらに　　B　しかし　　C　つまり
ウ　A　さらに　　B　または　　C　しかし
エ　A　そして　　B　または　　C　しかし

康への④王道だと考えられています。

[ B ]近年、その食べものとヒト以外の⑤〝第三者〟が、私たちの健康にかなり影響を及ぼしていることがわかってきました。それは、私たちの身体に住みつく微生物群「マイクロバイオーム」です。腸内に限らず、人体すべてに拡張した概念がマイクロバイオームですが、その研究の最前線は、腸内細菌、腸内フローラです。

２０１５年、科学誌『Nature』が、マイクロバイオームについての特集増刊号「Innovations in the Microbiome」を出しました。その背景には、２００５年からマイクロバイオームの解析に「メタゲノミクス」というイノベーション[注3]がもたらされたことが大きく関係しています。この微生物の網羅的な解析手段によって、腸内フローラが、腸の病気だけではなく、免疫、アレルギー、肥満とやせ、がん、糖尿病、うつ、認知症など、ありとあらゆる病気に関わっている可能性が示唆されています。

腸内細菌の人体への影響、健康との関わりが明らかになるにつれて、次はその⑥腸内細菌をいかにコントロールするかというテクノロジーに注目が集まっています。腸内細菌のマネジメント[注4]は、日常的に口にいれるもの、[ C ]食べものなどによって、自分の健康に良い微生物の集団として制御することが、一番簡単で効果的です。ふだん私たちは〝自分〟にとって都合の良いごはんを考えますが、健康維持のためには、「自分にとってのごはん」と同様に、自分のお腹にいる「腸内細菌にとってのごはん」も入念に考えなければならなくなるでしょう。

ある種のオリゴ糖などの「プレバイオティクス」のように、腸内の善玉菌を増殖させる成分もすでに明らかになってきていますが、年齢や性別、体調や病気、さらには自分の遺伝子によって、腸内細菌の種類と割合などをよりきめ細やかにコントロールする時代がやってくるでしょう。そうなると健康は、これまでの「食べもの」と「ヒト」の二者の相互関係を考えるだけでは不十分で、「食べもの」「ヒト」「腸内細菌」の関係を⑦〝三位一体〟で考えることが必要となります。

［石川伸一『「食べること」の進化史　培養肉・昆虫食・３Ｄフードプリンタ』（光文社新書）による］

注１　「単離」　…　混合物から一つのものを分離して取り出すこと。
注２　「ファクター」　…　要因。要素。
注３　「イノベーション」　…　新しい発展。技術革新。
注４　「マネジメント」　…　管理。

四　次の文章を読み、後の問に答えなさい。

近年まで、食べものには「栄養特性」と「嗜好(しこう)特性」の2つの特性があるとされてきました。栄養特性とは、食品成分である糖質、タンパク質、脂質やビタミン、ミネラルなどの栄養素がエネルギー源になることや、身体の構成成分として利用されることです。嗜好特性は、食べた人が楽しむおいしさの性質のことで、食品中の色素成分、味成分、香り成分、食感に関わる成分がそれぞれ視覚、嗅覚(きゅうかく)、触覚などのヒトの感覚に作用することです。この2つの特性が示すのは、人類が歴史の中で、「栄養」になり、「おいしいもの」を食べものとして認識してきたということです。

その一方で、「医食同源」や「薬食同源」という言葉からも、食も薬も元々同じような素材からできており、「疾病(しっぺい)予防や健康維持に関わる働きが、食品にも存在する」という考えが世界中で伝承されてきました。食品素材から活性成分を単離[注1]して医薬品として利用するということも盛んに行われてきました。

日本では1980年代に、食品が生体に及(およ)ぼす働きは、1次機能（かつての栄養機能）、2次機能（かつての嗜好機能）、そして3次機能（生体調節機能）に分類されるようになりました。

栄養〝不足〟から栄養〝過剰(かじょう)〟へと移り変わってきた時代背景もあり、増え続ける生活習慣病の予防対策として、食品の健康増進機能に対する期待が高まっていた時期でした。1991年、日本は世界に先駆(さきが)けてこの3次機能を対象とした食品の法的な位置付けとして「特定保健用食品制度」を設け、世界の注目を集めました。現在では、健康維持(いじ)への利用を目指した食品機能の研究が、世界中で活発に行われています。この研究分野は「①食品機能学」として、食品学の中の新しい学問領域になりました。

現在は、ヒトの健康寿命(じゅみょう)を延ばすことがますます重要視され、医学は病気を治すという治療(ちりょう)中心から、②健康を維持し、病気にならないように予防する方向へとシフトしています。

人の願望はいろいろありますが、「健康」は古今東西を問わず、③普遍(ふへん)的に切望されているもののひとつでしょう。私たちのふだんの生活の中で、健康に関係する三大ファクター[注2]といえば、「食事」と「運動」と「休養」です。「健康は、バランスの良い食事をし、適度な運動、［　A　］、しっかりと休養することで手に入れられます！」といった言葉を、私たちはどこかしらで耳にしています。

「食べられる側」と「食べる側」、つまり「食べもの」と「ヒト」両方を考えましょうということが、それらの言葉の基盤(きばん)にあります。より具体的にいえば、「食べもの」のエネルギー、栄養素、機能性、「ヒト」の代謝、ホルモン、遺伝子などを知ることが健

問四　――線④「両手の指をそろえて口の中へ押しこんで、それをぎゅっと歯でかみしめながら」とありますが、このときの私の心情として最もふさわしいものを次の中から一つ選び、記号で答えなさい。

ア　寒さで震える体を、必死に落ち着かせようとする気持ち。

イ　妹を助けに行ってくれた若い男に感謝する気持ち。

ウ　妹が感じているであろう苦しみを、共に感じようとする気持ち。

エ　妹が波に流されていくのを見て、叫びたいのを我慢する気持ち。

問五　――線⑥「心の中をそこらじゅうから針でつかれるようでした」とありますが、このときの「私」の心情について四十字以上五十字以内で説明しなさい。

問六　本文中の「私」の心情の変化として最もふさわしいものを次の中から一つ選び、記号で答えなさい。

ア　安堵　↓　反省　↓　あきらめ　↓　喜び

イ　後悔　↓　喜び　↓　安堵　↓　反省

ウ　あきらめ　↓　喜び　↓　悲しさ　↓　反省

エ　さびしさ　↓　反省　↓　後悔　↓　喜び

問七　本文の内容と合致するものを次の中から一つ選び、記号で答えなさい。

ア　「私」は自分の命のことしか考えず、妹を見捨てて岸に泳いだ。

イ　「M」はおぼれかけた「妹」を助けるために、漁夫を連れて来た。

ウ　若者は「私」たちに妹を助けた恩を着せようとはしなかった。

エ　おばあさまは孫が死んだものと思い込んで、「M」と砂山を駆け上った。

問一　――線①「これまでとはかけはなれて大きな波が、両手を広げるような恰好で押し寄せて来るのでした」とありますが、この部分に使われている表現技法として最もふさわしいものを次の中から一つ選び、記号で答えなさい。

ア　倒置法　　イ　擬人法　　ウ　反復法　　エ　体言止め

問二　――線②「ごらんなさい」・⑤「もろともに」の本文中での意味として、最もふさわしいものを、後のア～エからそれぞれ一つ選び、記号で答えなさい。

②「ごらんなさい」

ア　見なさい　　イ　考えなさい

ウ　注目　　エ　案の定

⑤「もろともに」

ア　別々に　　イ　同時に

ウ　一緒に　　エ　瞬時に

問三　――線③「私を睨みつけるように見えます」とありますが、なぜ「睨みつける」ように見えたのですか。最もふさわしいものを次の中から一つ選び、記号で答えなさい。

ア　妹がおぼれかけているのに自分だけ助かろうとする兄を恨んだから。

イ　妹の助かりたいという思いと私の助けることをためらう気持ちから。

ウ　私が漁夫に助けてもらおうとしていることを妹がずるいと思ったから。

エ　私が自分の命だけが助かりたくて妹を見捨てようとしたから。

三度して帰って行ってしまいました。

「Mさんが駈けこんで来なすって、お前達のことをいいなすった時には、私は眼がくらむようだったよ。おとうさんやお母さんから頼まれていて、お前達が死にでもしたら、私は生きてはいられないから一緒に死ぬつもりであの砂山をお前、Mさんより早く駈け上がりました。でもあの人が通り合わせたおかげで助かりはしたもののこわいことだったねえ、もうもう気をつけておくれでないとほんに困りますよ」

おばあさまはやがてきっとなって私を前にすえてこうおっしゃいました。日ごろはやさしいおばあさまでしたが、その時の言葉には私は身も心もすくんでしまいました。少しの間でも自分一人が助かりたいと思った私は、⑥心の中をそこらじゅうから針でつかれるようでした。私は泣くにも泣かれないでかたくなったままこちんとおばあさまの前に下を向いて坐りつづけていました。しんしんと暑い日が縁の向こうの砂に照りつけていました。

若者の所へはおばあさまが自分でお礼に行かれました。そして何かお礼の心でおばあさまが持って行かれたものをその人はなんといっても受け取らなかったそうです。

〔有島武郎『溺れかけた兄妹』（ハルキ文庫）による〕

注１　「ひき」　…　引き波のこと。浜に打ち寄せたのち沖へ引いていく波。
注２　「横のし泳ぎ」　…　日本の古式泳法の一つ。横向きに泳ぐ泳法。
注３　「間」　…　長さの単位。約一・八メートル。
注４　「曲泳ぎ」　…　おもしろみのある泳ぎ方。
注５　「得いわない」　…　うまく言えない。

もしているのではないかと思われるほどでした。それでもそんなことをしているうちに、二人はだんだん岸近くなって来て、とうとうその顔までがはっきり見えるくらいになりました。が、そこいらは打ち寄せる波が崩れるところなので、二人は⑤もろともに幾度も白い泡の渦巻きの中に姿を隠しました。やがて若者は這うようにして波打ち際にたどりつきました。妹はそんな浅みに来ても若者におぶさりかかっていました。私は有頂天になってそこまで飛んで行きました。

飛んで行って見て驚いたのは若者の姿でした。せわしく深く気息をついて、体はつかれきったようにゆるんでへたへたになっていました。妹は私が近づいたのを見ると夢中で飛んで来ましたがふっと思いかえしたように私をよけて砂山の方を向いて駆け出しました。その時私は妹が私を恨んでいるのだなと気がついて、それは無理のないことだと思うと、このうえなく淋しい気持ちになりました。

それにしても友達のMはどこに行ってしまったのだろうと思って、私は若者のそばに立ちながらあたりを見廻すと、遥かな砂山の所をおばあさまを助けながら駆け下りて来るのでした。妹は早くもそれを見付けてそっちに行こうとしているのだとわかりました。

それで私は少し安心して、若者の肩に手をかけて何かいおうとすると、若者はうるさそうに私の手を払いのけて、水の寄せたり引いたりする所に坐りこんだまま、いやな顔をして胸のあたりを撫でまわしています。私はなんだか言葉をかけるのさえためらわれて黙ったまま突っ立っていました。

「まああなたがこの子を助けてくださいましたんですね。お礼の申しようもござんせん」

すぐそばで気息せき切ってしみじみといわれるおばあさまの声を私は聞きました。妹は頭からずぶ濡れになったままで泣きじゃくりをしながらおばあさまにぴったり抱かれていました。

私達三人は濡れたままで、衣物やタオルを小脇に抱えておばあさまと一緒に家の方に帰りました。若者はようやく立ち上がって体を拭いて行ってしまおうとするのをおばあさまがたって頼んだので、黙ったまま私達のあとからついて来ました。

家に着くともう妹のために床がとってありました。妹は寝衣に着かえてねかしつけられると、まるで夢中になってしまって、熱を出して木の葉のようにふるえ始めました。おばあさまは気丈な方で甲斐甲斐しく世話をすますと、若者に向かって心の底からお礼をいわれました。若者は挨拶の言葉も得（注5）いわないような人で、ただ黙ってうなずいてばかりいました。おばあさまはようやくのことでその人の住まっている所だけを聞き出すことが出来ました。若者は麦湯を飲みながら、妹の方を心配そうに見ておじぎを二、

駈けずりまわりながらも妹の方を見ることを忘れはしませんでした。波打ち際からずいぶん遠い所に、波に隠れたり現われたりして、かわいそうな妹の頭だけが見えていました。

浜には船もいません、漁夫もいません。その時になって私はまた水の中に飛び込んで行きたいような心持ちになりました。大事な妹を置きっぱなしにして来たのがたまらなく悲しくなりました。

その時Ｍが遥かむこうから一人の若い男の袖(そで)を引っぱってこっちに走って来ました。私はそれを見ると何もかも忘れてそっちの方に駈け出しました。若い男というのは、土地の者ではありましょうが、漁夫とも見えないような通りがかりの人で、肩に何か担っていました。

「早く……早く行って助けてください……あすこだ、あすこだ」

私は、涙を流し放題に流して、地だんだをふまないばかりにせき立てて、震える手をのばして妹の頭がちょっぴり水の上に浮かんでいる方を指しました。

若い男は私の指す方を見定めていましたが、やがて手早く担っていたものを砂の上におろし、帯をくるくると解いて、衣物(きもの)を一緒にその上におくと、ざぶりと波を切って海の中にはいって行ってくれました。

私はぶるぶる震えて泣きながら、④両手の指をそろえて口の中へ押しこんで、それをぎゅっと歯でかみしめながら、その男がどんどん沖の方に遠ざかって行くのを見送りました。私の足がどんな所に立っているのだか、寒いのだか、暑いのだか、すこしも私には分かりません。手足があるのだかないのだかそれも分かりませんでした。

抜手(ぬきて)を切って行く若者の頭もだんだん小さくなりまして、妹との距(へだ)たりがみるみる近よって行きました。若者の身のまわりには白い泡がきらきらと光って、水を切った手が濡(ぬ)れたまま飛魚(とびうお)が飛ぶように海の上に現われたり隠れたりします。私はそんなことを一生懸命に見つめていました。

とうとう若者の頭と妹の頭とが一つになりました。私は思わず指を口の中から放して、声を立てながら水の中にはいってゆきました。けれども二人がこっちに来るののおそいことおそいこと。私はまたなんのわけもなく砂の方に飛び上がりました。そしてまた海の中にはいって行きました。どうしてもじっとして待っていることが出来ないのです。

妹の頭は幾度も水の中に沈みました。時には沈みきりに沈んだのかと思うほど長く現われて来ませんでした。若者もどうかすると水の上には見えなくなりました。そうかと思うと、ぽこんと跳ね上がるように高く水の上に現われ出ました。なんだか曲泳ぎ[注4]です。いい合わさないでも私達は陸の方をめがけて泳げるだけ泳がなければならないということがわかったのです。
三人は黙ったままで体を横にして泳ぎはじめました。けれども私達にどれほどの力があったかを考えてみてください。Ｍは十四でした。私は十三でした。妹は十一でした。Ｍは毎年学校の水泳部に行っていたのでとにかくあたり前に泳ぐことを知っていましたが、私は横のし泳ぎ[注2]を少しと、水の上に仰向け(あおむ)けに浮くことを覚えたばかりですし、妹はようやく板を離れて二、三間[注3]泳ぐことが出来るだけなのです。
②ごらんなさい私達はみるみる沖の方へ沖の方へと流されているのです。私は頭を半分水の中につけて横のしでおよぎながら時々頭を上げて見ると、そのたびごとに妹は沖の方へと私から離れてゆき、友達のＭはまた岸の方へと私から離れて行って、しばらくのちには三人はようやく声が届くぐらいお互いに離ればなれになってしまいました。そして波が来るたんびに私は妹を見失ったりＭを見失ったりしました。私の顔が見えると妹は後ろの方からあらん限りの声をしぼって
「兄さん来てよ……もう沈む……苦しい」
と呼びかけるのです。実際妹は鼻の所ぐらいまで水に沈(しず)みながら声を出そうとするのですから、そのたびごとに水を呑(の)むと見えて真っ蒼(さお)な苦しそうな顔をして③私を睨(にら)みつけるように見えます。私も前に泳ぎながら心は後ろにばかり引かれました。幾度(いくど)も妹のいる方へ泳いで行こうかと思いました。けれども私は悪い人間だったと見えて、こうなると自分の命が助かりたかったのです。妹の所へ行けば、二人とも一緒に沖に流れて命がないのは知れ切っていました。私はそれが恐ろしかったのです。なにしろ早く岸について漁夫(りょうし)にでも助けに行ってもらうほかはないと思いました。今から思うとそれはずるい考えだったようです。
でもとにかくそう思うと私はもう後ろも向かずに無我夢中で岸の方を向いて泳ぎ出しました。力がなくなりそうになると仰向けに水の上にねてしばらく気息(いき)をつきました。それでも岸は少しずつ近づいて来るようでした。一生懸命に……一生懸命に……、そして立ち泳ぎのようになって足を砂につけてみようとしたら、またずぶりと頭まで潜ってしまいました。私は慌てました。そしてまた一生懸命で泳ぎ出しました。
立ってみたら水が膝(ひざ)の所ぐらいしかない所まで泳いで来ていたのはそれからよほどたってのことでした。ほっと安心したと思うと、もう夢中で私は泣き声を立てながら、
「助けてくれえ」
といって砂浜を気ちがいのように駈(か)けずりまわりました。見るとＭは遥(はる)かむこうの方で私と同じようなことをしています。私は

三　次の文章を読み、後の問に答えなさい。

私と私の友人Mと私の妹の三人は、九月にはいってから三日目、海水浴場に行った。波はうねっていたが私たちはおもしろがってだんだん深みに進んでいってしまった。そのうち大きな波がやってきて……。

「あら大きな波が来てよ」

と沖のほうを見ていた妹が少し怖そうな声でこういきなりいいましたので、私達も思わずその方を見ると、妹の言葉通りに、①これまでとはかけはなれて大きな波が、両手を広げるような恰好で押し寄せて来るのでした。泳ぎの上手なMも少し気味悪そうに陸の方を向いていくらかでも浅い所までにげようとしたくらいでした。私達はいうまでもありません。腰から上をのめるように前に出して、両手をまたその前に突き出して泳ぐような恰好をしながら歩こうとしたのですが、なにしろひき[注1]がひどいので、足を上げることも前にやることも思うようには出来ません。私達はまるで夢の中で怖い奴に追いかけられている時のような気持ちがしました。

後ろから押し寄せて来る波は私達が浅い所まで行くのを待っていてはくれません。みるみる大きく近くなって来て、そのてっぺんにはちらりちらりと白い泡がくだけ始めました。Mは後ろから大声をあげて、

「そんなにそっちに行くと駄目だよ、波がくだけると捲きこまれるよ。今のうちに波を越すほうがいいよ」

といいました。そういわれればそうです。私と妹とは立ち止まってしかたなく波が来るのを待っていました。高い波が屏風を立てつらねたように押し寄せて来ました。私達三人はちょうど具合よくくだけないうちに波の背を越すことが出来ました。私達は体をもまれるように感じながらもうまくその大波をやりすごすことが出来たのでした。三人はようやく安心して泳ぎながら顔を見合わせてにこにこしました。そして波が行ってしまうと三人ながら泳ぎをやめてもとのように底の砂の上に立とうとしました。

ところがどうでしょう、私達は泳ぎをやめると一しょに、三人ながらずぼりと水の中に潜ってしまいました。水の中に潜っても足は砂につかないのです。私達は驚きました。慌てました。そして一生懸命にめんかきをして、ようやく水の上に顔だけ出すことが出来ました。その時私達三人が互いに見合わせた眼といったら、顔といったらありません。顔は真っ青でした。眼は飛び出しそうに見開いていました。今の波一つでどこか深い所に流されたのだということを私達はいい合わさないでも知ることが出来たので

**二** 次の各問に答えなさい。

問一 空らん a と b 、 c と d 、 e と f に、例にならって、それぞれ対義の関係にある漢字を入れ、四字熟語を完成させなさい。

《例》 一 x 一 y （良い面と悪い面をあわせ持っていること） → x ＝ 長 y ＝ 短

① a 往 b 往 （うろたえあわてること）

② c 耕 d 読 （のんびりとした日常生活のこと）

③ e 肉 f 食 （つよいものがよわいものに勝って栄えること）

問二 例にならって、（　）の中にはあとの〈語群〉からふさわしいものを選び、□の中にはひらがなを入れて、正しい慣用句を完成させなさい。ただし、□一つにはひらがな一字入ります。

《例》 （　）□まつり → （答）（あと）の まつり

① 手□（　）にぎる

② （　）□なでおろす

〈語群〉 足 ・ 鼻 ・ 汗 ・ 胸 ・ あと

# 二〇二一年度 広尾学園小石川中学校

## 【国語】〈第三回入試〉（五〇分）〈満点：一〇〇点〉

一 次の各問に答えなさい。

問一 ――線の漢字の読みをひらがなで答えなさい。

① 貧富の差を解消する。
② 定規で線を引く。
③ 体育で持久走を行った。
④ 生徒を率いて遠足に行く。

問二 ――線のカタカナを漢字に改めなさい。

① ソンガイをこうむる。
② ジュンジョよく乗車する。
③ ショクムに忠実な人。
④ 考え方のコンカンをなす経験。
⑤ 布をオる。
⑥ 熱いスープを飲んでシタをやけどする。

2021年度

# 広尾学園小石川中学校 ▶解　答

※　編集上の都合により，第３回入試の解説は省略させていただきました。

## 算　数　＜第３回入試＞（50分）＜満点：100点＞

解　答

1 (1)　35　(2)　$\frac{138}{175}$　(3)　$2\frac{5}{28}$cm　(4)　1498　2 (1)　8　(2)　7 $cm^2$　(3)　3分　(4)　4時$21\frac{9}{11}$分　3 (1)　3.14cm　(2)　12秒後　(3)　6，18秒後　4 (1)　○…7，△…10　(2)　○…4，△…13　5 (1)　24　(2)　6　6 (1)　2.28$cm^2$　(2)　32$cm^2$

## 国　語　＜第３回入試＞（50分）＜満点：100点＞

解　答

一 問１　①　ひんぷ　②　じょうぎ　③　じきゅう　④　ひき(いて)　問２　下記を参照のこと。　二 問１　①　a　右　b　左　②　c　晴　d　雨　③　e　弱　f　強　問２　①　(手)に汗(にぎる)　②　胸を(なでおろす)　三 問１　イ　問２　②　エ　⑤　ウ　問３　イ　問４　エ　問５　(例)　おばあさまの様子を見て，ほんのわずかな間でも自分一人が助かりたいと思った自分を責めている。　問６　イ　問７　ウ　四 問１　ア　問２　「食べもの～を知ること　問３　③　イ　④　ウ　問４　イ　問５　エ　問６　エ　問７　(例)　栄養が過剰になった現代で健康を維持するために，自分にとって都合がいいだけでなく，腸内細菌をコントロールするためのごはんを考えること。

●漢字の書き取り

一 問２　①　損害　②　順序　③　職務　④　根幹　⑤　織(る)　⑥　舌

Memo

# 出題ベスト10シリーズ

①国語読解ベスト10

②漢字合格の2790題

③計算合格の820題

④図形問題ベスト10

■過去の入試問題から出題例の多い問題を選んで編集・構成。受験関係者の間でも好評です！

# 有名中学入試問題集

●男子校編

●女子校編

■中学入試の全容をさぐる!!
■首都圏の中学を中心に、全国有名中学の最新入試問題を収録!!

※表紙は昨年度のものです。

# 算数の過去問25年分

■筑波大学附属駒場
■麻布
■開成

○名門３校に絶対合格したいという気持ちに応えるため過去問実績No.1の声の教育社が出した答えです。

# 都立中高一貫校 適性検査問題集

■都立一貫校と同じ検査形式で学べる！

●自己採点のしにくい作文には「採点ガイド」を掲載。
●保護者向けのページも充実。
●私立中学の適性検査型・思考力試験対策にもおすすめ！



スーパー過去問の 解説執筆・解答作成スタッフ（在宅）募集！

※募集要項の詳細は、10月に弊社ホームページ上に掲載します。


2025年度用

中学スーパー過去問

■編集人 声の教育社・編集部
■発行所 株式会社 声の教育社

〒162-0814 東京都新宿区新小川町8-15
☎03-5261-5061(代) FAX03-5261-5062
https://www.koenokyoikusha.co.jp


※本書の内容についての一切の責任は当社にあります。内容・解説・解答・その他は当社ホームページよりお問い合わせ下さい。

カコを追いかけ
ミライをつかめ
「今の説明、もう一回」を何度でも
web過去問
ストリーミング配信による入試問題の解説動画
もっと古いカコモンないの?
カコ過去問
「さらにカコの」過去問をHPに掲載(DL)
声の教育社
詳しくはこちらから

ストリーミング配信による入試問題の解説動画

# 2025年度用web過去問 ラインナップ

■ **男子・女子・共学(全動画) 見放題**
**36,080円**(税込)

■ **男子・共学 見放題**
**29,480円**(税込)

■ **女子・共学 見放題**
**28,490円**(税込)

## ● 中学受験「声教web過去問(過去問プラス・過去問ライブ)」(算数・社会・理科・国語)

3〜5年間 **24校**

**過去問プラス**

| | | | | |
|---|---|---|---|---|
| 麻布中学校 | 桜蔭中学校 | 開成中学校 | 慶應義塾中等部 | 渋谷教育学園渋谷中学校 |
| 女子学院中学校 | 筑波大学附属駒場中学校 | 豊島岡女子学園中学校 | 広尾学園中学校 | 三田国際学園中学校 |
| 早稲田中学校 | 浅野中学校 | 慶應義塾普通部 | 聖光学院中学校 | 市川中学校 |
| 渋谷教育学園幕張中学校 | 栄東中学校 | | | |

**過去問ライブ**

| | | | | |
|---|---|---|---|---|
| 栄光学園中学校 | サレジオ学院中学校 | 中央大学附属横浜中学校 | 桐蔭学園中等教育学校 | 東京都市大学付属中学校 |
| フェリス女学院中学校 | 法政大学第二中学校 | | | |

## ● 中学受験「オンライン過去問塾」(算数・社会・理科)

3〜5年間 **50校以上**

| | | | | | | | | | |
|---|---|---|---|---|---|---|---|---|---|
| 東京 | 青山学院中等部 | 東京 | 国学院大学久我山中学校 | 東京 | 明治大学付属明治中学校 | 千葉 | 芝浦工業大学柏中学校 | 埼玉 | 栄東中学校 |
| | 麻布中学校 | | 渋谷教育学園渋谷中学校 | | 早稲田中学校 | | 渋谷教育学園幕張中学校 | | 淑徳与野中学校 |
| | 跡見学園中学校 | | 城北中学校 | | 都立中高一貫校 共同作成問題 | | 昭和学院秀英中学校 | | 西武学園文理中学校 |
| | 江戸川女子中学校 | | 女子学院中学校 | | 都立大泉高校附属中学校 | | 専修大学松戸中学校 | | 獨協埼玉中学校 |
| | 桜蔭中学校 | | 巣鴨中学校 | | 都立白鷗高校附属中学校 | | 東邦大学付属東邦中学校 | | 立教新座中学校 |
| | 鷗友学園女子中学校 | | 桐朋中学校 | | 都立両国高校附属中学校 | | 千葉日本大学第一中学校 | 茨城 | 江戸川学園取手中学校 |
| | 大妻中学校 | | 豊島岡女子学園中学校 | 神奈川 | 神奈川大学附属中学校 | | 東海大学付属浦安中等部 | | 土浦日本大学中等教育学校 |
| | 海城中学校 | | 日本大学第三中学校 | | 桐光学園中学校 | | 麗澤中学校 | | 茗溪学園中学校 |
| | 開成中学校 | | 雙葉中学校 | | 県立相模原・平塚中等教育学校 | | 県立千葉・東葛飾中学校 | | |
| | 開智日本橋中学校 | | 本郷中学校 | | 市立南高校附属中学校 | | 市立稲毛国際中等教育学校 | | |
| | 吉祥女子中学校 | | 三輪田学園中学校 | 千葉 | 市川中学校 | 埼玉 | 浦和明の星女子中学校 | | |
| | 共立女子中学校 | | 武蔵中学校 | | 国府台女子学院中学部 | | 開智中学校 | | |

## web過去問 Q&A

過去問が動画化!
声の教育社の編集者や中高受験のプロ講師など、
過去問を知りつくしたスタッフが動画で解説します。

Q **どこで購入できますか?**
A 声の教育社のHPでお買い求めいただけます。

Q **受講にあたり、テキストは必要ですか?**
A 基本的には過去問題集がお手元にあることを前提としたコンテンツとなっております。

Q **全問解説ですか?**
A 「オンライン過去問塾」シリーズは基本的に全問解説ですが、国語の解説はございません。「声教web過去問」シリーズは合格のカギとなる問題をピックアップして解説するもので、全問解説ではございません。なお、「声教web過去問」と「オンライン過去問塾」のいずれでも取り上げられている学校がありますが、授業は別の講師によるもので、同一のコンテンツではございません。

Q **動画はいつまで視聴できますか?**
A ご購入年度2月末までご視聴いただけます。
複数年視聴するためには年度が変わるたびに購入が必要となります。

# よくある解答用紙のご質問

01

## 実物のサイズにできない

拡大率にしたがってコピーすると，「解答欄」が実物大になります。配点などを含むため，用紙は実物よりも大きくなることがあります。

02

## A3用紙に収まらない

拡大率164％以上の解答用紙は実物のサイズ（「出題傾向＆対策」をご覧ください）が大きいために，Ａ３に収まらない場合があります。

03

## 拡大率が書かれていない

複数ページにわたる解答用紙は，いずれかのページに拡大率を記載しています。どこにも表記がない場合は，正確な拡大率が不明です。

04

## １ページに２つある

１ページに２つ解答用紙が掲載されている場合は，正確な拡大率が不明です。ほかの試験回の同じ教科をご参考になさってください。

広尾学園小石川中学校

# 【別冊】入試問題解答用紙編

**禁無断転載**

**解答用紙は本体からていねいに抜きとり、別冊としてご使用ください。**

※　実際の解答欄の大きさで練習するには、指定の倍率で拡大コピーしてください。なお、ページの上下に小社作成の見出しや配点を記載しているため、コピー後の用紙サイズが実物の解答用紙と異なる場合があります。

## ●入試結果表

— は非公表

| 年度 | 回 | 項目 | | 国語 | 算数 | 社会 | 理科 | 2科合計 | 4科合計 | 合格者 |
|---|---|---|---|---|---|---|---|---|---|---|
| 2024 | 第1回 | 配点(満点) | | 100 | 100 | 50 | 50 | | 300 | 最高点 |
| | | 合格者平均点 | 本科 | 72.8 | 45.5 | 30.7 | 23.2 | | 172.2 | — |
| | | | インターSG | 68.5 | 51.8 | 31.7 | 26.9 | | 178.9 | |
| | | 受験者平均点 | 本科 | 60.5 | 32.3 | 25.4 | 19.3 | | 137.5 | 最低点 |
| | | | インターSG | 61.2 | 38.0 | 27.5 | 21.6 | | 148.3 | 本科 161 |
| | | キミの得点 | | | | | | | | インター 168 |
| | 第2回 | 配点(満点) | | 100 | 100 | | | 200 | | 最高点 |
| | | 合格者平均点 | 本科 | 73.1 | 72.4 | | | 145.5 | | — |
| | | | インターSG | 72.7 | 73.8 | | | 146.5 | | |
| | | 受験者平均点 | 本科 | 60.2 | 48.5 | | | 108.7 | | 最低点 |
| | | | インターSG | 60.6 | 49.4 | | | 110.0 | | 本科 135 |
| | | キミの得点 | | | | | | | | インター 141 |
| | 第3回 | 配点(満点) | | 100 | 100 | | | 200 | | 最高点 |
| | | 合格者平均点 | 本科 | 86.1 | 73.6 | | | 159.7 | | — |
| | | | インターSG | 85.0 | 77.1 | | | 162.1 | | |
| | | 受験者平均点 | 本科 | 75.8 | 42.5 | | | 118.3 | | 最低点 |
| | | | インターSG | 75.9 | 43.1 | | | 119.0 | | 本科 152 |
| | | キミの得点 | | | | | | | | インター 158 |
| 2023 | 第1回 | 配点(満点) | | 100 | 100 | 50 | 50 | | 300 | 最高点 |
| | | 合格者平均点 | 本科 | 60.8 | 56.8 | 32.1 | 29.5 | | 179.2 | — |
| | | | インターSG | 62.9 | 56.9 | 33.4 | 29.7 | | 182.9 | |
| | | 受験者平均点 | 本科 | 52.8 | 40.7 | 27.9 | 26.5 | | 147.9 | 最低点 |
| | | | インターSG | 52.8 | 43.4 | 28.5 | 25.9 | | 150.6 | 本科 160 |
| | | キミの得点 | | | | | | | | インター 167 |
| | 第2回 | 配点(満点) | | 100 | 100 | | | 200 | | 最高点 |
| | | 合格者平均点 | 本科 | 66.4 | 58.8 | | | 125.2 | | — |
| | | | インターSG | 68.1 | 63.5 | | | 131.6 | | |
| | | 受験者平均点 | 本科 | 56.9 | 46.8 | | | 103.7 | | 最低点 |
| | | | インターSG | 57.3 | 47.2 | | | 104.5 | | 本科 115 |
| | | キミの得点 | | | | | | | | インター 122 |
| | 第3回 | 配点(満点) | | 100 | 100 | | | 200 | | 最高点 |
| | | 合格者平均点 | 本科 | 73.6 | 82.7 | | | 156.3 | | — |
| | | | インターSG | 74.7 | 85.4 | | | 160.1 | | |
| | | 受験者平均点 | 本科 | 64.7 | 63.4 | | | 128.1 | | 最低点 |
| | | | インターSG | 65.6 | 65.7 | | | 131.3 | | 本科 150 |
| | | キミの得点 | | | | | | | | インター 156 |

〔参考〕満点(合格者最低点)　2022年：第1回 300(本科 179/インターSG 187)　第2回 200(本科 135/インターSG 138)
第3回 200(本科 153/インターSG 158)
2021年：第1回 300(本科 164/インターSG 194)　第2回 200(本科 131/インターSG 145)
第3回 200(本科 137/インターSG 158)

※　表中のデータは学校公表のものです。ただし、2科合計・4科合計は各教科の平均点を合計したものなので、目安としてご覧ください。

# ２０２４年度　広尾学園小石川中学校

## 算数解答用紙　第１回

| 番号 | | 氏名 | | 評点 | ／100 |
|---|---|---|---|---|---|

**1**

| (1) | | (2) | | (3) | | (4) | | (5) | |
|---|---|---|---|---|---|---|---|---|---|

**2**

| (1) | $cm^3$ | (2) | 通り | (3) | $cm^2$ | (4) | 個 | (5) | 人 |
|---|---|---|---|---|---|---|---|---|---|

**3**

| | | | | | |
|---|---|---|---|---|---|
| (1) | 通り | (2) | 通り | (3) | 通り |
| (4) | 通り | (5) | 通り | (6) | 通り |

**4**

| (1) | 時　分　秒 | (2) | km |
|---|---|---|---|

**5**

| (1) | | (2) | 点以上 |
|---|---|---|---|

(3)
【考え方】

【答え】
点以上　点以下

**6**

| | | | | | | | | | | | |
|---|---|---|---|---|---|---|---|---|---|---|---|
| あ | | い | | う | | え | | お | | か | |
| き | | く | | け | | こ | | さ | | し | |

（注）この解答用紙は実物を縮小してあります。Ｂ５→Ｂ４（141％）に拡大コピーすると、ほぼ実物大の解答欄になります。

〔算　数〕100点(推定配点)

1 各４点×５　2 各５点×５　3 (1)～(3)　各３点×３　(4)～(6)　各２点×３　4 各６点×２　5 (1)　２点　(2)　３点　(3)　考え方…6点，答え…２点<完答>　6 あ・い　３点　う・え　３点　お・か　３点　き～け　３点　こ～し　３点

# ２０２４年度　広尾学園小石川中学校

社会解答用紙　第１回

| 番号 | | 氏名 | | 評点 | ／50 |
|---|---|---|---|---|---|

**1**

| 問1 | | 問2 | | 問3 | |
|---|---|---|---|---|---|

| 問4 | (1) | | | | | | | (2) | | 問5 | |
|---|---|---|---|---|---|---|---|---|---|---|---|

| 問6 | (1) | あ | | い | | (2) | | 問7 | | |
|---|---|---|---|---|---|---|---|---|---|---|

**2**

| 問1 | | 問2 | (1) | | (2) | | 問3 | (1) | | (2) | |
|---|---|---|---|---|---|---|---|---|---|---|---|

| 問4 | (1) | | (2) | |
|---|---|---|---|---|

| 問5 | (1) | | (2) | |
|---|---|---|---|---|

**3**

| 問1 | | 問2 | |
|---|---|---|---|

| 問3 | (1) | | (2) | | 問4 | |
|---|---|---|---|---|---|---|

| 問5 | | 問6 | X | | Y | | 問7 | |
|---|---|---|---|---|---|---|---|---|

**4** Ⅰ

| |
|---|
| |

**4** Ⅱ

| |
|---|
| |

（注）この解答用紙は実物を縮小してあります。Ｂ５→Ｂ４（141%）に拡大コピーすると、ほぼ実物大の解答欄になります。

〔社　会〕50点(推定配点)

1 問1　2点　問2, 問3　各1点×2　問4　(1)　2点　(2)　1点　問5　1点　問6　(1)　各2点×2　(2)　1点　問7　2点<完答>　2 問1　1点　問2　(1)　2点　(2)　1点　問3　各1点×2　問4　各2点×2　問5　(1)　1点　(2)　2点　3 問1　1点　問2, 問3　各2点×3<問2は完答>　問4, 問5　各1点×2　問6　各2点×2　問7　1点　4 各4点×2

2０２４年度　　広尾学園小石川中学校

理科解答用紙　第１回

| 番号 | | 氏名 | | 評点 | ／50 |
|---|---|---|---|---|---|

**1**

| 問1 | cm² | 問2 | g | 問3 | mm |
|---|---|---|---|---|---|

問4 （20／40／50字のマス目）

| 問5 | cm | 問6 | 倍 |
|---|---|---|---|

**2**

| 問1 | | 問2 | | 問3 | |
|---|---|---|---|---|---|

| | |
|---|---|
| 問4 | |
| 問5 | |

**3**

| 問1 | | 問2 | |
|---|---|---|---|

| | |
|---|---|
| 問3 | |
| 問4 | 先に駆除すべき動物 |
| | 理由 |

**4**

| 問1 | | | 問2 | |
|---|---|---|---|---|

問3

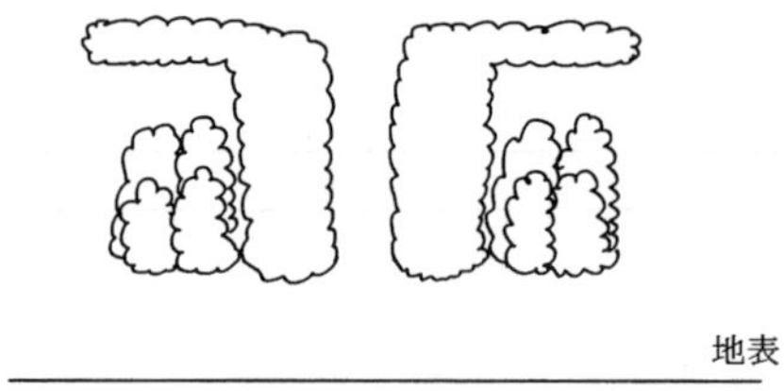


問4

（注）この解答用紙は実物を縮小してあります。Ｂ５→Ｂ４（141%）に拡大コピーすると、ほぼ実物大の解答欄になります。

〔理　科〕50点（推定配点）

1　問１～問３　各２点×３　問４　３点　問５，問６　各２点×２　2　問１～問３　各２点×３＜問１は完答＞　問４　４点　問５　２点　3　問１　２点　問２，問３　各３点×２＜問２は完答＞　問４　先に駆除すべき動物…２点，理由…３点　4　問１，問２　各２点×３　問３，問４　各３点×２

# ２０２４年度　広尾学園小石川中学校

国語解答用紙　第一回

| 番号 | | 氏名 | | 評点 | ／100 |
|---|---|---|---|---|---|

一
問一 ①　②　③　④ える
問二 ①　②　③ く　④　⑤ かる　⑥ く

二
問一 ①　②　③
問二 ① A B　② A B

三
問一 Ⅰ Ⅱ Ⅲ Ⅳ
問二 20
問三
問四
問五 50 60
問六
問七
問八

四
問一 A B C D
問二
問三 70 80
問四
問五
問六
問七 80 90

（注）この解答用紙は実物を縮小してあります。Ｂ５→Ａ３（163%）に拡大コピーすると、ほぼ実物大の解答欄になります。

〔国　語〕100点(推定配点)

一　各１点×10　二　各２点×５　三　問１　各２点×４　問２～問４　各４点×３　問５　８点　問６～問８　各４点×３　四　問１　各２点×４　問２　４点　問３　８点　問４～問６　各４点×３　問７　８点

# ２０２４年度　広尾学園小石川中学校

## 算数解答用紙　第２回

| 番号 | | 氏名 | | 評点 | ／100 |
|---|---|---|---|---|---|

**1**

| (1) | | (2) | | (3) | | (4) | | (5) | 月　日 |
|---|---|---|---|---|---|---|---|---|---|

**2**

| (1) | 円 | (2) | 時　分 | (3) | ： | (4) | | (5) | ： |
|---|---|---|---|---|---|---|---|---|---|

**3**

| (1) | | (2) | 分 |
|---|---|---|---|

**4**

| (1) | 秒後 | (2) | $cm^3$ |
|---|---|---|---|

**5**

| (1) | 人 | (2) | 人 |
|---|---|---|---|

**6**

| (1) | 円 |
|---|---|
| (2) | 【考え方】<br>【答え】　月 |
| (3) | 円 |

（注）この解答用紙は実物を縮小してあります。Ｂ５→Ａ３（163％）に拡大コピーすると、ほぼ実物大の解答欄になります。

〔算　数〕100点（推定配点）

1　各４点×５　2　各５点×５　3～5　各６点×６　6　(1)　５点　(2)　考え方…６点，答え…２点　(3)　６点

2024年度　広尾学園小石川中学校

国語解答用紙　第二回

| 番号 | | 氏名 | | 評点 | ／100 |
|---|---|---|---|---|---|

一

問一 ① ② ③ ④ く えるく

問二 ① ② ③ ④ ⑤ れる ⑥ づく

二

問一 ① ② ③

問二 ① A B ② A B

三

問一 a b

問二

問三

問四

問五 Ⅰ Ⅱ 10

問六

問七 80 100 と信じたいという思い。

問八

（注）この解答用紙は実物を縮小してあります。B5→A3（163%）に拡大コピーすると、ほぼ実物大の解答欄になります。

四

問一 A B C D

問二

問三

問四

問五

問六 80 100

問七

問八

〔国　語〕100点（推定配点）

一 各1点×10　二 各2点×5　三 問1 各2点×2　問2～問6 各4点×6　問7 8点　問8 4点　四 問1 各2点×4　問2～問5 各4点×4<問3は完答>　問6 8点　問7，問8 各4点×2

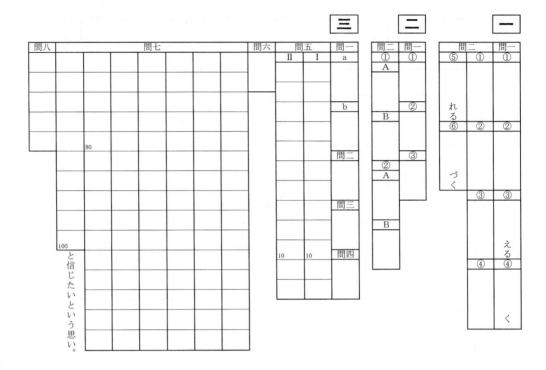

# ２０２４年度　広尾学園小石川中学校

## 算数解答用紙　第３回

| 番号 | | 氏名 | | 評点 | ／100 |
|---|---|---|---|---|---|

**1**

| (1) | | (2) | | (3) | | (4) | | (5) | |
|---|---|---|---|---|---|---|---|---|---|

**2**

| (1) | 度 | (2) | $cm^3$ | (3) | 通り | (4) | 円 |
|---|---|---|---|---|---|---|---|

**3**

| (1) | 日 | (2) | 日目 | (3) | ア | | イ | |
|---|---|---|---|---|---|---|---|---|

**4**

| (1) | | (2) | |
|---|---|---|---|

(3)
【考え方】

【答え】
行目の　　列目

**5**

| (1) | ： | (2) | ： | (3) | 枚 |
|---|---|---|---|---|---|

**6**

| (1) | 分　秒 | (2) | m | (3) | 分速　m |
|---|---|---|---|---|---|

（注）この解答用紙は実物を縮小してあります。Ｂ５→Ｂ４（141％）に拡大コピーすると、ほぼ実物大の解答欄になります。

〔算　数〕100点(推定配点)

1, 2　各４点×９　3　各５点×３＜(3)は完答＞　4　(1), (2)　各４点×２　(3)　考え方…６点，答え…２点　5　各５点×３　6　各６点×３

２０２４年度　広尾学園小石川中学校

国語解答用紙　第三回

| 番号 | | 氏名 | | 評点 | ／100 |
|---|---|---|---|---|---|

一

問一 ①　②　③ やすら　④
問二 ①　②　③　④　⑤ え　⑥ く

二

問一 ①　②　③
問二 ① A　B　② A　B

三

問一 ①　②
問二
問三 A　B　C　D
問四
問五
問六
問七 80　100

四

問一
問二
問三 最初　最後　とき。
問四 X　Y
問五
問六
問七 80　100
問八 ア　イ　ウ　エ

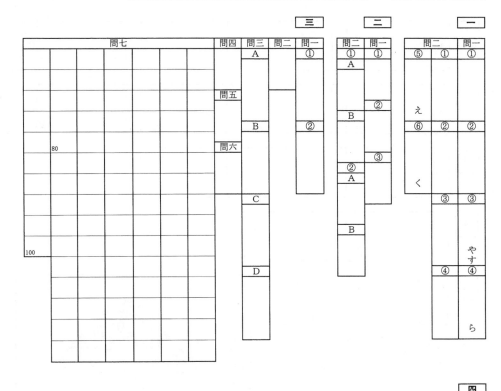

（注）この解答用紙は実物を縮小してあります。B5→A3（163％）に拡大コピーすると、ほぼ実物大の解答欄になります。

〔国　語〕100点(推定配点)

一 各１点×10　二 各２点×５　三 問１　各２点×２　問２　５点　問３　各２点×４　問４～問６　各５点×３　問７　８点　四 問１，問２　各２点×２　問３～問６　各４点×５　問７　８点　問８　各２点×４

# 2023年度　広尾学園小石川中学校

算数解答用紙　第１回

| 番号 | | 氏名 | | 評点 | ／100 |
|---|---|---|---|---|---|

**1**

| (1) | | (2) | | (3) | | (4) | | (5) | |
|---|---|---|---|---|---|---|---|---|---|

**2**

| (1) | $cm^3$ | (2) | $cm^2$ | (3) | 通り | (4) | 点 | (5) | 円 |
|---|---|---|---|---|---|---|---|---|---|

**3**

| (1) | cm | (2) | cm | (3) | cm |
|---|---|---|---|---|---|

**4**

| (1) | km | (2) | km |
|---|---|---|---|

**5**

| (1) | ア | | イ | | ウ | |
|---|---|---|---|---|---|---|

(2)

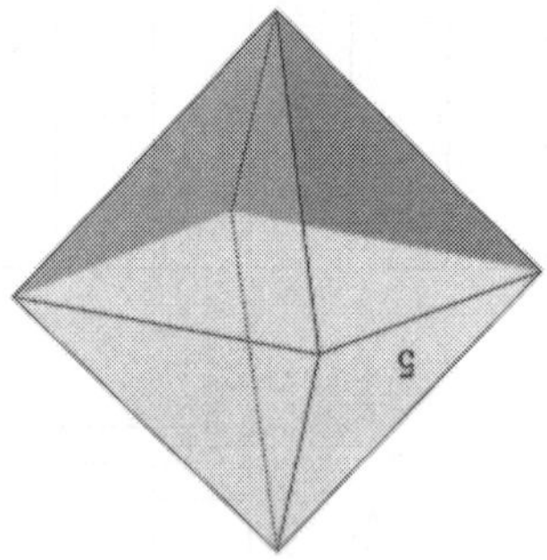


**6**

(1)

(2)

答え

(3)　番目

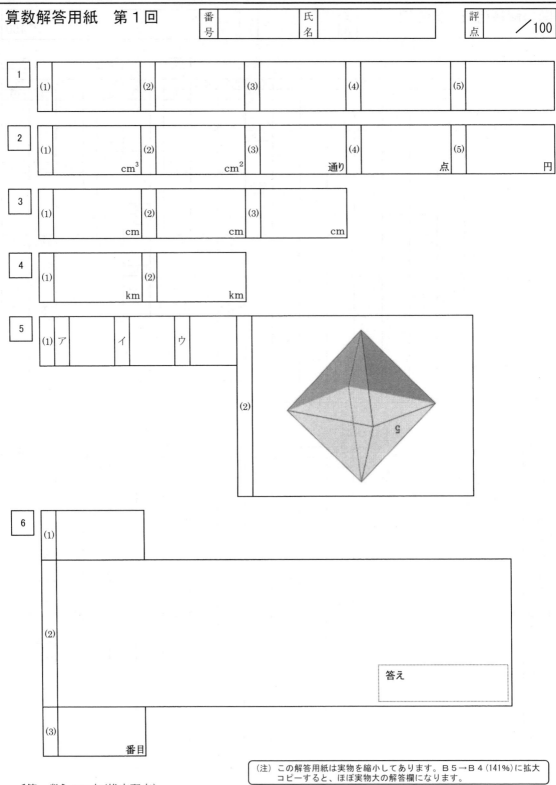

（注）この解答用紙は実物を縮小してあります。Ｂ５→Ｂ４（141％）に拡大コピーすると、ほぼ実物大の解答欄になります。

〔算　数〕100点（推定配点）

1　各４点×５　2，3　各５点×８　4　各６点×２　5　(1)　各２点×３　(2)　数字…３点＜完答＞，向き…３点＜完答＞　6　(1)，(2)　各４点×２　(3)　８点

# ２０２３年度　広尾学園小石川中学校

社会解答用紙　第１回

| 番号 | | 氏名 | | 評点 | ／50 |
|---|---|---|---|---|---|

**1**

| 問1 | 月　日 | 問2 | | | | | | |
|---|---|---|---|---|---|---|---|---|
| 問3 | (1) | A | | B | | C | | (2) |
| 問4 | | 問5 | | 問6 | (1) | | (2) | |

**2**

| 問1 | | 問2 | | 問3 | (1) | 貿易 | (2) | |
|---|---|---|---|---|---|---|---|---|
| 問4 | | 問5 | A | | B | | | |
| 問6 | | 問7 | | | | | | |

**3**

| 問1 | | 問2 | (1) | | (2) | | | | | |
|---|---|---|---|---|---|---|---|---|---|---|
| 問3 | (1) | | (2) | | 問4 | | 問5 | | | |
| 問6 | A | | B | | | | | | | |

**4** Ⅰ

**4** Ⅱ

（注）この解答用紙は実物を縮小してあります。Ｂ５→Ｂ４（141％）に拡大コピーすると、ほぼ実物大の解答欄になります。

〔社　会〕50点(推定配点)

1 問1，問2　各1点×2<問2は完答>　問3　(1)　各1点×3　(2)　2点　問4，問5　各2点×2　問6　(1)　1点　(2)　2点　2 問1，問2　各2点×2　問3　各1点×2　問4　2点　問5　各1点×2　問6，問7　各2点×2　3 問1　1点　問2　(1)　2点　(2)　1点　問3～問5　各2点×4<問4は完答>　問6　各1点×2　4 各4点×2

# ２０２３年度　広尾学園小石川中学校

理科解答用紙　第１回

| 番号 | | 氏名 | | 評点 | ／50 |
|---|---|---|---|---|---|

**1**

| 問1 | 秒 | 問2 | | 問3 | 秒 |
|---|---|---|---|---|---|
| 問4 | | | | | |
| 問5 | | | | | |

**2**

| 問1 | A | B | C | D | E |
|---|---|---|---|---|---|
| 問2 | | | | | |
| 問3 | | 問4 | | | |

**3**

| 問1 | | 問2 | | 問3 | | | | 問4 | | |
|---|---|---|---|---|---|---|---|---|---|---|

**4**

| 問1 | 金星 | 火星 | 問2 | 図2 | 図3 |
|---|---|---|---|---|---|
| 問3 | | 問4 | | 問5 | |

（注）この解答用紙は実物を縮小してあります。Ｂ５→Ｂ４(141%)に拡大コピーすると、ほぼ実物大の解答欄になります。

〔理　科〕50点(推定配点)

1 問1～問3　各2点×3　問4，問5　各3点×2　2 問1　各1点×5　問2，問3　各3点×2　問4　2点　3 各3点×4<各々完答>　4 問1～問4　各2点×5<問1は完答>　問5　3点<完答>

# 二〇二三年度　広尾学園小石川中学校

国語解答用紙　第一回

| 番号 | | 氏名 | | 評点 | ／100 |
|---|---|---|---|---|---|

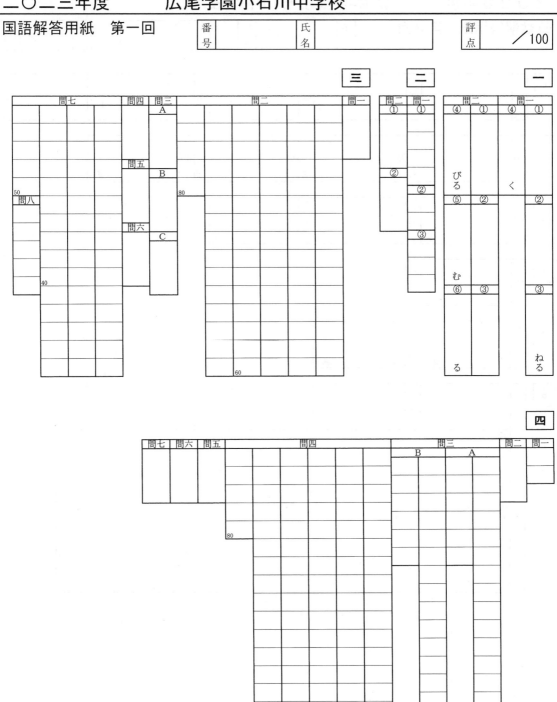

一

問一　①　②　③ ねる　④ く

問二　①　②　③　④ びる　⑤ む　⑥ る

二

問一　①　②　③

問二　①　②

三

問一

問二 (80)(60)

問三　A　B　C

問四

問五

問六

問七 (40)(50)

問八

四

問一

問二

問三　A　B

問四 (80)(60)

問五

問六

問七

（注）この解答用紙は実物を縮小してあります。Ｂ５→Ａ３（163％）に拡大コピーすると、ほぼ実物大の解答欄になります。

〔国　語〕100点（推定配点）

一，二　各１点×15　三　問１　４点　問２　11点　問３　各２点×３　問４～問６　各４点×３　問７　９点　問８　４点　四　問１～問３　各４点×４　問４　11点　問５～問７　各４点×３

# ２０２３年度　広尾学園小石川中学校

## 算数解答用紙　第２回

| 番号 | | 氏名 | |
|---|---|---|---|

| 評点 | ／100 |
|---|---|

**1**

| (1) | | (2) | | (3) | | (4) | | (5) | |
|---|---|---|---|---|---|---|---|---|---|

**2**

| (1) | ① | 日 | ② | 日 | (2) | 度 | (3) | 通り |
|---|---|---|---|---|---|---|---|---|

**3**

| (1) | 円 | (2) | 個 | (3) | 個 |
|---|---|---|---|---|---|

**4**

| (1) | $cm^3$ | (2) | cm |
|---|---|---|---|

**5**

| (1) | 通り | (2) | 通り |
|---|---|---|---|

**6**

| (1) | | (2) | |
|---|---|---|---|

(3) 考え方

答え

（注）この解答用紙は実物を縮小してあります。Ｂ５→Ｂ４（141％）に拡大コピーすると、ほぼ実物大の解答欄になります。

〔算　数〕100点(推定配点)

1 各４点×５　2，3 各５点×７　4 (1) ６点　(2) ７点　5 (1) ６点　(2) ７点　6 (1) ５点　(2) ６点　(3) ８点

# 二〇二三年度　広尾学園小石川中学校

## 国語解答用紙　第二回

| 番号 | | 氏名 | | 評点 | ／100 |
|---|---|---|---|---|---|

一

問一　①　②　③く　④り

問二　①　②　③　④　⑤う　⑥ける

二

問一　①　②　③

問二　①　②

三

問一　①　③

問二

問三　A　B　C　D

問四

問五

問六

問七　80　100

四

問一

問二

問三　ムード　30

問四

問五　60　70

問六

問七

問八

問九　ア　イ　ウ　エ

（注）この解答用紙は実物を縮小してあります。Ｂ５→Ａ３（163%）に拡大コピーすると、ほぼ実物大の解答欄になります。

〔国　語〕100点(推定配点)

一, 二　各１点×15　三　問１　各２点×２　問２　４点　問３　各２点×４　問４～問６　各４点×３　問７　11点　四　問１～問４　各４点×４　問５　10点　問６～問８　各４点×３　問９　各２点×４

# ２０２３年度　広尾学園小石川中学校

算数解答用紙　第３回

| 番号 | | 氏名 | | 評点 | ／100 |
|---|---|---|---|---|---|

**1**

| (1) | | (2) | | (3) | | (4) | | (5) | |
|---|---|---|---|---|---|---|---|---|---|

**2**

| (1) | ：　： | (2) | 年前 | (3) | 時　分 | (4) | 度 |
|---|---|---|---|---|---|---|---|

**3**

| (1) | g | (2) | % | (3) | 容器　から容器　へ　g移動すればよい |
|---|---|---|---|---|---|

**4**

| (1) | m | (2) | m |
|---|---|---|---|

**5**

| (1) | 上側 | ㋐ | 正面 | ㋐ | 横側 | ㋐ | (2) | 個 |
|---|---|---|---|---|---|---|---|---|

**6**

| | | | |
|---|---|---|---|
| (1) | ① | | 適するもの |
| | ② | | 適するもの |
| | ③ | | 適するもの |
| (2) | | | |

（注）この解答用紙は実物を縮小してあります。Ｂ５→Ａ３（163%）に拡大コピーすると、ほぼ実物大の解答欄になります。

〔算　数〕100点（推定配点）

1～4　各５点×14　5　各３点×４　6　(1)　各５点×３　(2)　３点

# 二〇二三年度　広尾学園小石川中学校

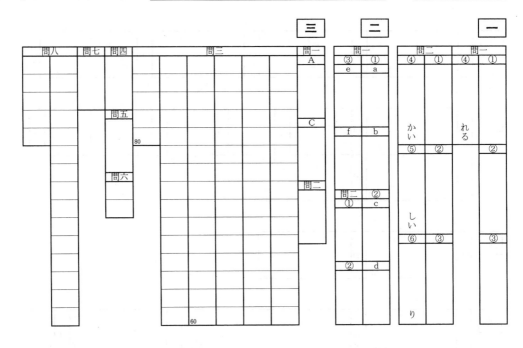

国語解答用紙　第三回

番号　氏名　評点　／100

三

問一　A　C
問二
問三　60　80
問四
問五
問六
問七
問八

二

問一　①a　b　②c　d　③e　f
問二　①　②

一

問一　①　②　③　④れる
問二　①　②　③　④かい　⑤しい　⑥り

四

問一　①　⑤
問二
問三
問四
問五
問六
問七
問八　80　100

（注）この解答用紙は実物を縮小してあります。Ｂ５→Ａ３（163％）に拡大コピーすると、ほぼ実物大の解答欄になります。

〔国　語〕100点（推定配点）

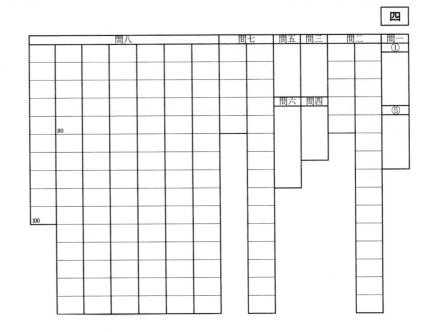

一，二　各１点×18　三　問１　各２点×２　問２　４点　問３　12点　問４～問７　各４点×４　問８　５点　四　問１　各２点×２　問２～問６　各４点×５　問７　５点　問８　12点

# ２０２２年度　広尾学園小石川中学校

## 算数解答用紙　第１回

| 番号 | | 氏名 | | 評点 | ／100 |
|---|---|---|---|---|---|

**1**

| (1) | | (2) | | (3) | | (4) | |
|---|---|---|---|---|---|---|---|

**2**

| (1) | cm | (2) | ア | | イ | | ウ | | エ | | オ | | カ | |
|---|---|---|---|---|---|---|---|---|---|---|---|---|---|---|
| (3) | km | (4) | 倍 | | | | | | | | | | | |

**3**

| (1) | % | (2) | % |
|---|---|---|---|

**4**

| (1) | $cm^3$ | (2) | 分　秒後 | (3) | $cm^3$ | (4) | 分後 |
|---|---|---|---|---|---|---|---|

**5**

| (1) | 通り | (2) | 通り |
|---|---|---|---|

**6**

| (1) | | (2) | | (3) | $cm^3$ |
|---|---|---|---|---|---|

（注）この解答用紙は実物を縮小してあります。Ｂ５→Ｂ４（141％）に拡大コピーすると、ほぼ実物大の解答欄になります。

〔算　数〕100点（推定配点）

1～4　各５点×14＜2の(2)は完答＞　5，6　各６点×５

# ２０２２年度　広尾学園小石川中学校

社会解答用紙　第１回

| 番号 | | 氏名 | | 評点 | ／50 |
|---|---|---|---|---|---|

**1**

| 問1 | | 問2 | | 問3 | | 問4 | | 問5 | (1) | | (2) | |
|---|---|---|---|---|---|---|---|---|---|---|---|---|
| 問6 | | | | | | | | | | | | |
| 問7 | (1) | | (2) | | 雨温図 | | 理由 | | | | | |
| 問8 | | | | | | | | | | | | |

**2**

| 問1 | | 問2 | | 問3 | (1) | | (2) | | 問4 | | 問5 | |
|---|---|---|---|---|---|---|---|---|---|---|---|---|
| 問6 | | 問7 | (1) | | (2) | | 問8 | | 問9 | | 問10 | |

**3**

| 問1 | | 問2 | | 問3 | | 問4 | |
|---|---|---|---|---|---|---|---|
| 問5 | i | | ii | | iii | | |
| 問6 | | | | | | | |

**4**

| 問 | |
|---|---|

（注）この解答用紙は実物を縮小してあります。Ｂ５→Ｂ４（141%）に拡大コピーすると、ほぼ実物大の解答欄になります。

〔社　会〕50点（推定配点）

1　問１　２点　問２～問４　各１点×３　問５　各２点×２　問６　１点　問７　(1)　１点　(2)　雨温図…１点，理由…２点　問８　１点　2　問１，問２　各１点×２　問３　(1)　１点　(2)　２点　問４，問５　各２点×２　問６～問10　各１点×６　3　各２点×８　4　４点

# ２０２２年度　広尾学園小石川中学校

理科解答用紙　第１回

| 番号 | | 氏名 | | 評点 | ／50 |
|---|---|---|---|---|---|

**1**

| 問1 | m | 問2 | 秒間 | 問3 | | 問4 | |
|---|---|---|---|---|---|---|---|
| 問5 | | | | | | | |

**2**

| 問1 | | 問2 | | 問3 | | 問4 | 残った物質 | 量 | 問5 | アルミニウム g | 亜鉛 g |
|---|---|---|---|---|---|---|---|---|---|---|---|

**3**

| 問1 | | 問2 | | 問3 | 図5 | | 図6 | |
|---|---|---|---|---|---|---|---|---|

**4**

| 問1 | | 問2 | | 問3 | | 問4 | |
|---|---|---|---|---|---|---|---|

**5**

| | |
|---|---|
| 目的 | |
| 材料 | |
| 道具の説明 | |

（注）この解答用紙は実物を縮小してあります。Ｂ５→Ａ３（163%）に拡大コピーすると、ほぼ実物大の解答欄になります。

〔理　科〕50点（推定配点）

1　問１，問２　各３点×２　問３，問４　各２点×２　問５　３点　2　問１～問３　各２点×３　問４，問５　各３点×２<各々完答>　3　問１，問２　各２点×２　問３　各３点×２　4　問１，問２　各２点×２　問３，問４　各３点×２　5　５点

# 二〇二二年度　広尾学園小石川中学校

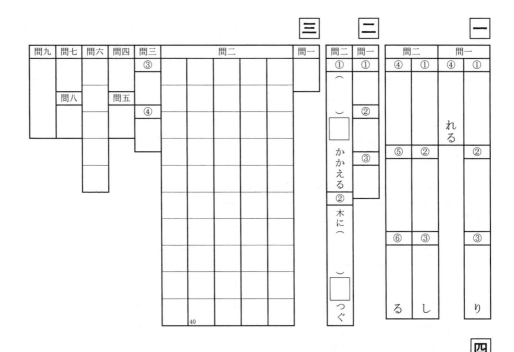

国語解答用紙　第一回

| 番号 | | 氏名 | | 評点 | ／100 |
|---|---|---|---|---|---|

一

問一　①　②　③　り　④　れる

問二　①　②　③　し　④　⑤　⑥　る

二

問一　①　②　③

問二　①（　　）□かかえる　②木に（　　）□つぐ

三

問一

問二　40

問三　③　④

問四

問五

問六

問七

問八

問九

四

問一

問二

問三

問四

問五

問六

問七　15

問八　40

（注）この解答用紙は実物を縮小してあります。B5→A3（163%）に拡大コピーすると、ほぼ実物大の解答欄になります。

〔国　語〕100点(推定配点)

一, 二　各1点×15　三　問1　4点　問2　12点　問3　各2点×2　問4～問9　各4点×6　四　問1～問6　各4点×6　問7　5点　問8　12点

２０２２年度　広尾学園小石川中学校

算数解答用紙　第２回

| 番号 | | 氏名 | | 評点 | ／100 |
|---|---|---|---|---|---|

**1**

| (1) | | (2) | | (3) | | (4) | |
|---|---|---|---|---|---|---|---|

**2**

| (1) | 個 | (2) | $cm^2$ | (3) | 番目 | (4) | : |
|---|---|---|---|---|---|---|---|

**3**

| (1) | どちらが先か | 何mの差 | (2) | |
|---|---|---|---|---|
| | | m | | m |

**4**

| (1) | $cm^2$ | (2) | cm | (3) | cm |
|---|---|---|---|---|---|

**5**

| (1) | 個 | (2) | 個 | (3) | 個 |
|---|---|---|---|---|---|

**6**

| (1) | (i) | | (ii) | | (2) | |
|---|---|---|---|---|---|---|

（注）この解答用紙は実物を縮小してあります。Ｂ５→Ｂ４（141％）に拡大コピーすると、ほぼ実物大の解答欄になります。

〔算　数〕100点（推定配点）

1, 2　各５点×８　3～5　各６点×８<3の(1)は完答>　6　(1)　各３点×２　(2)　６点

# 二〇二二年度　広尾学園小石川中学校

## 国語解答用紙　第二回

| 番号 | | 氏名 | | 評点 | ／100 |
|---|---|---|---|---|---|

一

問一　①　②　③　しい　④　む
問二　①　②　③　④　す　⑤　す　⑥

二

問一　①　②　③
問二　①　②

三

問一　A　B
問二
問三
問四　から。
問五
問六　から。
問七

四

問一
問二　②　⑥
問三
問四　最初　最後
問五
問六
問七
問八
問九

（注）この解答用紙は実物を縮小してあります。B5→A3（163%）に拡大コピーすると、ほぼ実物大の解答欄になります。

〔国　語〕100点(推定配点)

一，二　各1点×15　三　問1　各2点×2　問2，問3　各4点×2　問4　10点　問5　4点　問6　10点　問7　4点　四　問1　4点　問2　各2点×2　問3　12点　問4　5点　問5〜問9　各4点×5

# ２０２２年度　広尾学園小石川中学校

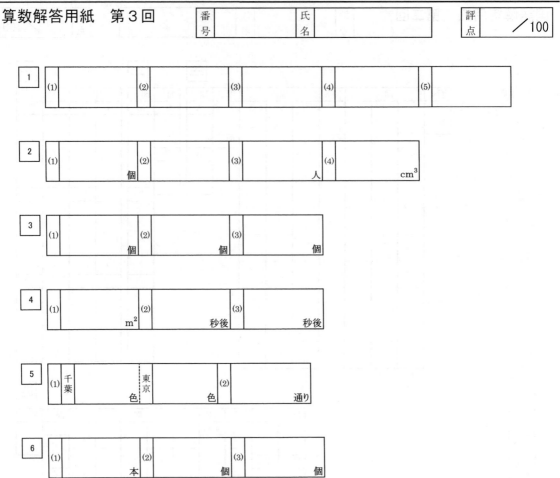

## 算数解答用紙　第３回

| 番号 | | 氏名 | |
|---|---|---|---|

| 評点 | ／100 |
|---|---|

**1**

| (1) | | (2) | | (3) | | (4) | | (5) | |
|---|---|---|---|---|---|---|---|---|---|

**2**

| (1) | 個 | (2) | | (3) | 人 | (4) | $cm^3$ |
|---|---|---|---|---|---|---|---|

**3**

| (1) | 個 | (2) | 個 | (3) | 個 |
|---|---|---|---|---|---|

**4**

| (1) | $m^2$ | (2) | 秒後 | (3) | 秒後 |
|---|---|---|---|---|---|

**5**

| (1) | 千葉 | 色 | 東京 | 色 | (2) | 通り |
|---|---|---|---|---|---|---|

**6**

| (1) | 本 | (2) | 個 | (3) | 個 |
|---|---|---|---|---|---|

（注）この解答用紙は実物を縮小してあります。Ｂ５→Ａ３（163%）に拡大コピーすると、ほぼ実物大の解答欄になります。

〔算　数〕100点（推定配点）

1～6　各５点×20＜5の(1)は完答＞

# 二〇二二年度　広尾学園小石川中学校

国語解答用紙　第三回

| 番号 | | 氏名 | |
|---|---|---|---|

評点　／100

一

問一　①　②　③　めるる　④
問二　①　②　③　④　⑤　しい　⑥　しい

二

問一　①　②　③
問二　①　②

三

問一
問二　A　B
問三　二段　三段
問四
問五
問六
問七
問八

四

問一　④　⑤
問二
問三
問四
問五　50
問六
問七

（注）この解答用紙は実物を縮小してあります。B5→A3（163%）に拡大コピーすると、ほぼ実物大の解答欄になります。

〔国　語〕100点（推定配点）

一，二　各1点×15　三　問1　4点　問2　各2点×2　問3　各4点×2　問4　12点　問5～問8　各4点×5　四　問1　各2点×2　問2　4点　問3　5点　問4　4点　問5　12点　問6，問7　各4点×2

２０２１年度　　広尾学園小石川中学校

算数解答用紙　第１回

| 番号 | | 氏名 | | 評点 | ／100 |
|---|---|---|---|---|---|

**1**

| (1) | | (2) | | (3) | | (4) | |
|---|---|---|---|---|---|---|---|

**2**

| (1) | 曜日 | (2) | $cm^2$ | (3) | さい | (4) | 日 |
|---|---|---|---|---|---|---|---|

**3**

| | A | B | C | D | E | F |
|---|---|---|---|---|---|---|
| (1) | | | | | | |
| (2) | | | | | | |
| (3) | | | | | | |

**4**

| (1) | $cm^2$ | (2) | 1回目 | 秒後 | 2回目 | 秒後 |
|---|---|---|---|---|---|---|

**5**

| (1) | $cm^2$ | (2) | : |
|---|---|---|---|

**6**

| (1) | | (2) | km |
|---|---|---|---|

（注）この解答用紙は実物を縮小してあります。Ｂ５→Ｂ４(141%)に拡大コピーすると、ほぼ実物大の解答欄になります。

〔算　数〕100点(推定配点)

1, 2　各５点×8　3～6　各６点×10＜3は各々完答＞

# ２０２１年度　広尾学園小石川中学校

## 社会解答用紙　第１回

| 番号 | | 氏名 | | 評点 | ／50 |
|---|---|---|---|---|---|

**1**

| 問1 | | 問2 | | 問3 | | 問4 | | 問5 | |
|---|---|---|---|---|---|---|---|---|---|
| 問6 | | | | | | | | | |
| 問7 | | 問8 | | | | | | | |

**2**

| 問1 | | | | | | | | | | | | | |
|---|---|---|---|---|---|---|---|---|---|---|---|---|---|
| 問2 | ・ | | | | | | | | | | | | |
| | ・ | | | | | | | | | | | | |
| 問3 | | 問4 | | 問5 | | 問6 | | 問7 | | 問8 | | 問9 | |

**3**

| 問1 | | 問2 | | 問3 | | 問4 | | 問5 | |
|---|---|---|---|---|---|---|---|---|---|
| 問6 | | | | | | | | | |
| 問7 | | | | | | | | | |

**4**

| 問 | |
|---|---|

（注）この解答用紙は実物を縮小してあります。Ｂ５→Ｂ４（141％）に拡大コピーすると、ほぼ実物大の解答欄になります。

〔社　会〕50点（推定配点）

1　問１〜問６　各２点×６　問７　１点　問８　２点　2　問１　２点　問２，問３　各１点×３　問４〜問６　各２点×３　問７　１点　問８，問９　各２点×２　3　各２点×７　4　５点

2０２１年度　　広尾学園小石川中学校

理科解答用紙　第１回

| 番号 | | 氏名 | | 評点 | ／50 |
|---|---|---|---|---|---|

**1**

| 問1 | g | 問2 | g | 問3 | | 問4 | | 問5 | |
|---|---|---|---|---|---|---|---|---|---|

**2**

| 問1 | | 問2 | 反応 | 問3 | | 問4 | | 問5 | |
|---|---|---|---|---|---|---|---|---|---|

**3**

| 問1 | | 問2 | | 問3 | | 問4 | | 問5 | | 問6 | |
|---|---|---|---|---|---|---|---|---|---|---|---|

**4**

| 問1 | | 問2 | | 問3 | | | 問4 | | 問5 | | 問6 | |
|---|---|---|---|---|---|---|---|---|---|---|---|---|

**5**

| | |
|---|---|
| 方法 | |
| 注意点 | |
| 結果 | |

（注）この解答用紙は実物を縮小してあります。Ｂ５→Ｂ４（141%）に拡大コピーすると、ほぼ実物大の解答欄になります。

〔理　科〕50点（推定配点）

1～5　各２点×25＜4の問３は完答＞

# 二〇二一年度　広尾学園小石川中学校

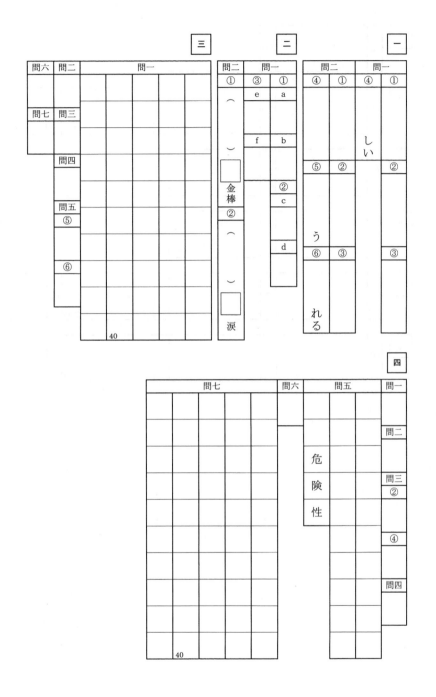

国語解答用紙　第一回

| 番号 | | 氏名 | | 評点 | ／100 |
|---|---|---|---|---|---|

一

問一　①　②　③　④ しい

問二　①　②　③　④　⑤ う　⑥ れる

二

問一　① a　b　c　d　③ e　f

問二　①（　）□金棒　②（　）□涙

三

問一（40）

問二　問三　問四　問五 ⑤ ⑥　問六　問七

四

問一　問二　問三 ② ④　問四　問五 危険性　問六　問七（40）

（注）この解答用紙は実物を縮小してあります。B5→A3（163％）に拡大コピーすると、ほぼ実物大の解答欄になります。

〔国　語〕100点(推定配点)

一　各1点×10　二　各2点×5　三　問1　11点　問2～問4　各5点×3　問5　各2点×2　問6，問7　各5点×2　四　問1，問2　各5点×2　問3　各2点×2　問4～問6　各5点×3　問7　11点

# 2021年度　広尾学園小石川中学校

## 算数解答用紙　第2回

| 番号 | | 氏名 | | 評点 | ／100 |
|---|---|---|---|---|---|

| | | | | | | | | |
|---|---|---|---|---|---|---|---|---|
| 1 | (1) | | (2) | | | | | |
| 2 | (1) | | (2) | ページ | (3) | $cm^2$ | (4) | $cm^2$ |
| 3 | (1) | ： | (2) | ：　： | | | | |
| 4 | (1) | $cm^2$ | (2) | $cm^2$ | | | | |
| 5 | (1) | | (2) | | (3) | 番目 | (4) | 番目 |
| 6 | (1) | ： | (2) | | (3) | m | (4) | m/分 |

（注）この解答用紙は実物を縮小してあります。Ｂ５→Ｂ４（141%）に拡大コピーすると、ほぼ実物大の解答欄になります。

〔算　数〕100点(推定配点)

1～3　各５点×８　4～6　各６点×10

# 二〇二一年度　広尾学園小石川中学校

国語解答用紙　第二回

| 番号 | | 氏名 | | 評点 | ／100 |
|---|---|---|---|---|---|

一

問一　①　②　③　④

問二　①大　②　③　④　⑤　⑥えた

二

問一　①　②　③

問二　①　②

三

問一　①　④　⑤

問二

問三　50

問四

問五　1　2　3

問六

四

問一　問二　問三　問四　問五　問六

問七　50

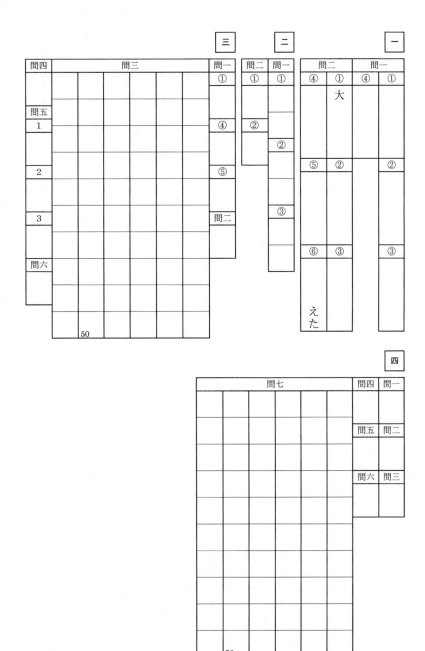

（注）この解答用紙は実物を縮小してあります。B5→A3（163%）に拡大コピーすると、ほぼ実物大の解答欄になります。

〔国　語〕100点(推定配点)

一　各1点×10　二　各2点×5　三　問1　各2点×3　問2　5点　問3　10点　問4　5点　問5　各3点×3　問6　5点　四　問1～問6　各5点×6　問7　10点

## ２０２１年度　広尾学園小石川中学校

### 算数解答用紙　第３回

| 番号 | | 氏名 | | 評点 | ／100 |
|---|---|---|---|---|---|

| | | | | | | | | | |
|---|---|---|---|---|---|---|---|---|---|
| 1 | (1) | | (2) | | (3) | cm | (4) | | |
| 2 | (1) | | (2) | cm² | (3) | 分 | (4) | 時 | 分 |
| 3 | (1) | | (2) | | (3) | | | | |
| 4 | (1) | ○ | △ | | (2) | ○ | △ | | |
| 5 | (1) | | (2) | | | | | | |
| 6 | (1) | cm² | (2) | cm² | | | | | |

〔算　数〕100点(推定配点)

1 (1), (2)　各５点×２　(3), (4)　各６点×２　2～6　各６点×13<3の(3)は完答，4は各々完答>

## 二〇二一年度　広尾学園小石川中学校

### 国語解答用紙　第三回

| 番号 | | 氏名 | | 評点 | ／100 |
|---|---|---|---|---|---|

一

問一　①　②　③

問二　①　いて　②　③　④　⑤　る　⑥

二

問一　①　a　b　②　c　d　③　e　f

問二　①　手　（　）にぎる　②　（　）なでおろす

三

問一　問二　②　⑤　問三　問四　問五　40　問六　問七

四

問一　問二　～　問三　③　④　問四　問五　問六　問七　60

〔国　語〕100点(推定配点)

一 各１点×10　二 各２点×５　三 問１　５点　問２　各２点×２　問３，問４　各５点×２　問５　11点　問６，問７　各５点×２　四 問１，問２　各５点×２　問３　各２点×２　問４～問６　各５点×３　問７　11点

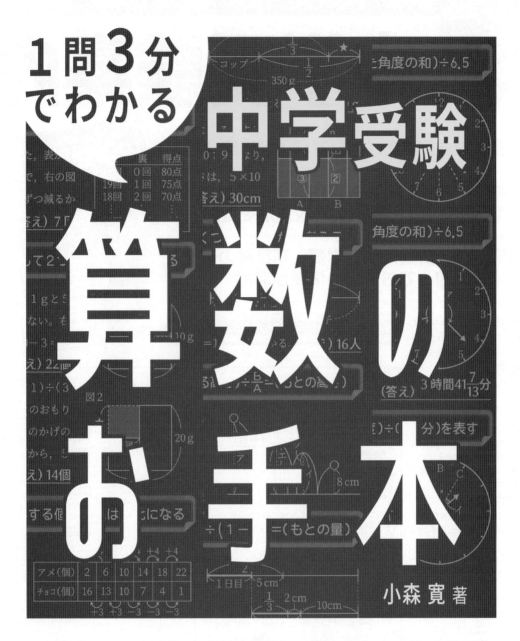

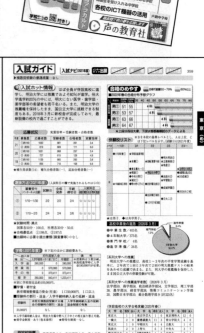

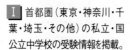

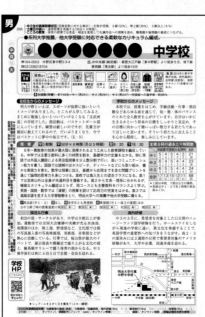

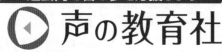